中共中央党校（国家行政学院）
离退休人员科研成果资助出版项目

性别观察与政策倡导

——社会性别论文集

李慧英 著

人民东方出版传媒
People's Oriental Publishing & Media
東方出版社
The Oriental Press

图书在版编目（CIP）数据

性别观察与政策倡导：社会性别论文集 / 李慧英 著 .— 北京：东方出版社，2024.4

ISBN 978-7-5207-2551-4

Ⅰ.①性… Ⅱ.①李… Ⅲ.①性社会学－文集 Ⅳ.① C913.14-53

中国版本图书馆 CIP 数据核字（2022）第 216511 号

性别观察与政策倡导——社会性别论文集

XINGBIE GUANCHA YU ZHENGCE CHANGDAO——SHEHUI XINGBIE LUNWENJI

责任编辑： 李小娜
出　　版： 东方出版社
发　　行： 人民东方出版传媒有限公司
地　　址： 北京市东城区朝阳门内大街 166 号
邮　　编： 100010
印　　刷： 定州启航印刷有限公司
版　　次： 2024 年 4 月第 1 版
印　　次： 2024 年 4 月北京第 1 次印刷
开　　本： 787 毫米 ×1092 毫米　1/16
印　　张： 29
字　　数： 416 千字
书　　号： ISBN 978-7-5207-2551-4
定　　价： 98.00 元
发行电话：（010）85924640

谨以此书献给我的先生和女儿，他们始终如一支持我的事业，认同我的价值理念；谨以此书献给我的学生，期望她/他们热爱性别研究，不断推进这一伟大而崇高的事业；谨以此书献给我的同人，让我们共同关注性别议题，相互切磋交流。

2023年1月

目　录

Contents

第二章
大众传媒的性别分析

第三章
妇女参政与参政主体

第四章
艾滋病调查与政策分析

第五章
性别平等与基本国策

第六章
妇女地权与成员资格

第七章

生男偏好与村规民约修订

第八章

行动研究与政策倡导

自　序

妇女 / 性别研究是我生命中的支撑点

我与妇女研究结缘是在 20 世纪 90 年代初，那时，我作为年轻教师参加了中央党校一项妇女访谈的课题，莫名其妙地对妇女研究产生一种强烈的兴趣。

妇女研究就像一块磁铁，对我有着极大的吸引力。到了召开第四次世界妇女大会的 1995 年，我便情不自禁地踏入妇女研究的领地，并且越陷越深，不能自拔，最后告别了多年从事的文学专业，跻身社会学领域专心致力于妇女 / 性别研究。

步入妇女研究圈子，我结识了一批女界学子。在开诚布公的交流中，在平等真诚的座谈中，我深受触动，精神亢奋，夜不能寐，整个身心沉浸在思绪激荡的状态中，这是一种往日不曾发现的心理体验。我反复自问：究竟是什么打动了我？伴着探究和思考，我终于发现了一种内在的精神、一种人生的境界、一种美丽的灵魂、一种独立的人格。正是这一体验，使我从一个新的生长点审视人生及妇女研究。

妇女研究在中央党校十分边缘，还常常令人不解。1996 年的一天，我参加领导干部培训班的讨论，该班的组织员老师向学员介绍说，这是社会学副教授李慧英，她的专业方向是妇女研究。听到妇女研究，学员发出了一阵笑声，仿佛在说，妇女也用研究？好笑。我却没有笑。还有一次，在校园偶然遇到一位旧相识，她问我干什么去。我答：参加一个妇女会议。她不解地说，世妇会早闭幕了，你怎么还搞妇女研究。我笑了笑，也没有回答。

而后，我在中央党校报刊上写了一篇文章《我为什么要搞妇女研究》，表达了内心的真切感受：我从内心认同妇女研究，它使我的人生丰富充实。虽然外表上一切都没有改变，然而我的精神世界却极大地改变了，可以说妇女研究重塑了我的人生。

含泪力推社会性别与公共政策课程

妇女研究具有极强的行动性，绝不是纯粹的书斋学问。在我国，妇女研究处于边缘，它的意义和超越于自身的价值远远不曾为人们认识，它的视角及对人类认识领域的丰富和扩展远远不曾为人们了解，需要女性主义者多一份普及与推动的自觉。

1995 年第四次世界妇女大会后，妇女研究悄悄向性别研究转变，将社会性别意识纳入决策主流，成为《北京行动纲领》的主题词。我的研究重心也在发生着位移，从关注女领导转向关注公共政策，从妇女问题研究转向社会性别研究，社会性别与公共政策渐渐成为我的专业方向。

1999 年，中央党校科社部社会学教研室获批社会学硕士点，这意味着可以开设一系列社会学课程。对我来说，这也是妇女 / 性别研究纳入社会学的天赐良机，我立即向教研室提出了开设“社会性别与公共政策”课程的想法。结果，这一想法被当时的教研室主任断然拒绝，在他看来，妇女研究与社会学根本不沾边。我实在不甘心，四处寻求教研室同事以及部领导的支持。到了课程设置即将敲定的时候，我再次提出开设社会性别课程的想法，据理力争：社会学研究角度很多，可以从阶层、城乡切入，也可以从性别、年龄切入，性别研究是一个新兴学科，可以成为社会学的一个交叉学科，丰富社会学研究视角。我从文学专业转向社会学专业，一不图名，二不图利，只图妇女研究这个专业方向。我热爱它，我愿意倾尽一生的精力研究它。说着说着，眼泪不由自主地流了出来。见我泪洒教研室，大家深受感动，老师们纷纷表示赞同。部领导一锤定音：就将社会性别与公共政策设为必修课。社会性别与公共政策就这样进入了社会学的专业课程。凭着一股锲而不舍的傻劲，凭着团结就是力量的合力，社会性别与公共政策的课程开进了中央党校的远程教学，开进了社会学在职研究生的专题课，也开进了30多家党校的领导干部大报告与地方中心组学习课程。在领导干部中开设社会性别课程，实际上是一种特殊的妇女参政，可以将女性的声音传递给决策者，可以传播男女平等的基本国策与政府责任的新理念。

进行应用性的性别课题研究

学术研究至少分为两类，一是理论研究，即从研究对象中提炼抽象一般性的特点，二是应用研究，即分析解决现实提出的难题。我的研究兴趣是后者，生活中的性别议题特别容易触动我的神经，可以说，正是一个个研究课题，充实着、拓展着我的学术生涯。

从应用研究来看，我的学术研究可以分为三个阶段：

第一阶段，理解掌握社会性别基本理论，这是我从事妇女 / 性别研究的理论武器和分析工具，1995 年第四次世界妇女大会给我国妇女研究带来的最大变化，就是送来了社会性别理论。在反复研读的过程中，我在《中国妇女报》发表了“社会性别释义”系列文章，介绍社会性别概念和分析方法，与妇女研究学者一起撰写了《社会性别与妇女发展培训手册》，它被称为我国社会性别的蓝宝书。

第二阶段，是运用性别理论分析大众传媒、妇女参政和艾滋病政策等课题。此间，我作为性别研究者深入社区做了深入访谈和量化调查，撰写了一批调查研究报告与研究论文，其中有《村委会直选与妇女参政》《电视剧中的女性形象系列谈》《我国艾滋病政策的性别分析报告》等等，使得许多熟视无睹的性别现象得到关注。

第三阶段，从应用研究转向行动研究。从 2005 年以后，性别平等的政策倡导渐渐占据了我的生活。此时，我不再满足于观察与批判，而期望成为倡导者和行动者。其一，连续不断地宣讲男女平等基本国策。其二，推动父亲育儿假纳入社会保险法，拉动男性参与家务劳动并分担育儿责任，同时在大众媒体上进行倡导，得到公众的热烈回应。其三，持续关注妇女地权与集体成员资格议题，组建课题组与政府合作，在试点村庄推动修订村规民约，从而达到一石三鸟的效果，维护妇女土地权益，促使法律落地生根，纠正生男偏好，探寻治理出生性别比失衡的治本之策。在倡导和推进的同时，记录行动研究的过程。

在这里编辑的社会性别论文集，就是这些研究成果的结集，一共分为八个章节，奉献给各位朋友和读者们，这里蕴含着我的真情实感，记载着我的观察与思考。我愿与读者一起分享交流，留下走过的足迹，以便后来者了解、批评与借鉴。

第一章

社会性别的精神内涵

作者手记

1995年，第四次世界妇女会议在北京召开，《北京行动纲领》设置了十二个关切领域，在每个关切领域都提出“将社会性别意识纳入决策主流”，由此，社会性别概念一下子“闯入”中国大陆，引起妇女研究者的强烈关注，笔者就是其中一员。笔者不断在追问：什么是社会性别？对于妇女研究学者究竟有什么意义？1996年笔者在中央党校组织召开“将性别意识纳入决策主流研讨会”，邀请妇女界的朋友探讨社会性别主流化的意义。同年底，在《中国妇女报》连续发表社会性别的系列文章，在联合国开发署的资助下，与妇女研究同人一起出版了《社会性别与妇女发展培训手册》，1998年参加了天津师范大学举办的社会性别读书会，对于社会性别的来龙去脉有了较为深入的理解。

社会性别理论开阔了笔者的研究视野，使笔者渐渐形成从结构制度文化考虑性别议题的自觉，逐渐从妇女研究转向性别研究；1998年在中央党校中青班组织了第一次社会性别与社会发展参与式培训；1999年在哈佛大学就性别意识在中国的传播作了主旨发言；[①] 2000年在社会学研究生课程中纳入必修课程“社会性别与公共政策”；2002年撰写并主编了我国第一部“社会性别与公共政策”著作；2006年招收了社会性别与公共政策的博士生。由此，社会性别与公共政策成为笔者毕生的研究方向。

---

① 本书中提到我国社会性别意识传播情况时，主要指的是在港澳台之外的我国地区社会意识传播情况。

社会性别：一种睿智的审视

在某种意义上可以说，性别意识并不是寻找并接受现成的性别规范和答案，而是质疑既定的答案和规范，将视为天经地义的性别规范置于理性审判台上进行审视，从而从人/性别角度提出问题并获得新结论。比如，我们经常听到这样的说法：做家务是女人的事情，男子汉就是要闯世界。从性别意识的角度，就会提出这样的问题：为什么女人必须负担家务，男人却无须负担？为什么男人就要闯世界，女人却不能闯世界？把性别推向截然不同的两极，对于人的发展究竟会产生什么影响？又如：女性只要漂亮，即便能力差，问题也不大，因为她可以凭借姿色找个好丈夫，从性别意识的角度会问：女性的价值是什么？女人要不要给自己留后路——把男性作为依靠？

人作为生命个体来到世界上时，他或她的许多方面就已被确定了——国度、种族、时代乃至性别，他或她从社会交往和社会评价中获得了许多社会规范，其中就包括性别规范，这些规范似乎是天经地义、不可置疑的，深深地嵌入人的意识之中。这些规范塑造着他或她的生活方式和行为方式，使他/她充满着幸福的幻想和憧憬。20世纪50年代的美国，流行着关于幸福女人的神话：女人的幸福就是寻找一个好丈夫，抚养一群自己的孩子，拥有现代化的家庭设备。为此，她们不惜放弃大学学业，心甘情愿做个家庭主妇。然而，当她们拥有了称心的丈夫、孩子和家庭，拥有了优越的物质条件之后，她们并未感到幸福和满足。神话破灭了。

当设想的美好愿望被现实碾碎，当现存的规范与内心的需求感受发生冲突时，在困惑和探寻中，思考渐渐取代了盲从。它在发问：这些社会规范是否天经地义？自我的需要究竟是什么？应当确立怎样的性别规范？当人们不再简单接受现成的性别规范而是思考其合理性时，是认识上质的飞跃，也是性别领域自我意识的觉醒。

人的思考过程，是重新审视性别规范、性别观念的过程，是重建新的性别规范的过程，也是变革性别理论的过程。20 世纪 60 年代在美国兴起的新女权主义运动，就是知识女性重新审视幸福女人的神话，重新认识自己的内心需要、重新反思性别规范和社会如何塑造自己的过程，是在解构歧视性的父权制文化、建设平等的两性文化中发展起来的。到了 20 世纪 90 年代，性别意识的思考并未终结，通过 1995 年第四次世界妇女大会，逐渐渗透影响到社会各个阶层，使更多的人获得性别敏感，以怀疑的态度重新认识习以为常的性别观念。我国著名女作家毕淑敏就是通过世界妇女大会，开始特别关注思考性别问题的。她发现中国的女作家几乎无一例外来自都市，老一代女作家更是生长在富有的家庭，她们关注的往往是自己生活的圈子和个体生活的体验，她们描写的更多是都市生活。而男性作家既有都市作家也有乡村作家，他们关注的不仅有都市还有落后的乡村，比起女作家视野更为开阔。从作家创作的性别差异入手，毕淑敏女士进行了深入的思考，她发现这一现象与性别歧视密切相关。由于经济能力的限制和性别歧视，在农村，男孩比女孩拥有更多的接受教育的机会和可能，女孩却受到种种限制。在女孩基础教育都无法保证的情况下，农民女作家怎么可能会出现？与大量的农村妇女相比，女作家是幸运的，因为她们拥有农村女性不曾拥有的机会和条件。正因为如此，女作家便多了一份义不容辞的责任：不要忘记自己的姐妹们。

人的思考过程，也是重新审视自我的过程，是重新塑造自我的过程，同时也是丰富自我的过程。对此，笔者感受颇深，从妇女研究出发，笔者开始比较自觉地关注两性关系和性别角色，获得了性别敏感和性别意识。我们这一代人从未进行过性别教育，性别规范是从长辈和社会习俗中不知不觉接受的，性别角色似乎本该如此，天经地义无可置疑。然而，性别意识赋予笔者一种新的眼光，过去视为理当如此的性别规范如今却成为值得审视的问题，当笔者重新探索思考这些性别规范时，常常获得新的发现和新的结论。

性别意识的思考，给研究者增加了把握事物的难度，同时也使研究增添了一份特殊的魅力。

（原文载于《中国妇女报》1996年12月23日）

社会性别意识的基本精神

通常，一种新的观念输入到国内，研究者最容易犯的毛病是搞文字游戏。其实接受一种新概念，重要的不仅是新概念的使用，更应当是新意义的挖掘。社会性别之所以具有魅力，恰恰在于它的精神品质。

社会性别意识的基本精神包括以下几个方面：

一是用一种变化的发展的眼光，来看待流行的社会性别观念。它从揭示生理性别与社会性别的复杂关系入手，打破生理性别决定论的神话。对宿命的、不可改变的传统性别观念发起挑战，具有革命性和反叛性。不难理解，性别可以分为生理性别与社会性别：生理性别是由生物特征决定的，是与生俱来的恒定事实；社会性别指的是特定社会文化中形成的性别规范、性别角色及两性的行为方式，是后天文化习俗影响的结果，不仅因时间而异，而且因民族、地域而异，是一种社会构成。社会性别不是恒定的，而是变化的。

二是社会性别作为一种构成方式，其深刻之处在于：在考察认识妇女议题时，不是将妇女孤立地提取出来，而是放在为男女两性指派的社会角色和权力结构中来分析，它不是将男性作为对立面，而是指向性别文化、性别制度和性别结构，这种分析有双重意义：一方面，可以看到男女两性之间不平等的权力关系；另一方面，可以看到男女两性受到的不同限制和制约，不仅有助于女性而且也有助于男性反思传统性别规范对自身的束缚，从而形成颠覆传统性别文化的合力。

三是社会性别意识将女性作为主体来看待，不仅要改变女性与男性之间的从属关系，而且要改变女性与国家之间的从属关系。作为主体，女性不是消极地适应环境和社会，不是无原则地妥协和牺牲，而是要勇于维护自己的尊严和权利；作为主体，女性要学会依靠自己，独立面对人生和社会的各种挑战，在情感、心理、精神上告别软弱、依赖和无助，消除各种遏制人成长的羁绊；作为主体，女性与男性结成相互尊重、平等相处的伙伴关系，彼此给予对方生活成长的空间，而不是将牺牲对方作为自身发展的前提；作为主体，女性不是国家或任何社会机构的工具，她们的合理利益与需求应当得到承认和满足，而不是被忽视。

社会性别研究是主要针对社会性别进行的研究，它的意义在于：

一是人们思考性别角色及其行为方式的精神需要。每个人作为生命个体来到世界上时，他或她的许多方面就已经被确定了——国度、种族、时代乃至性别，他或她从社会交往和社会评价中获得了许多社会规范，其中就包括性别规范。这些性别规范一方面下意识地塑造着人们的性别观念和行为方式，另一方面也常常与人的内心愿望发生冲突。于是引起人们的反思和探讨：这些性别规范是怎样产生、怎样发展的？它们对于两性的全面发展是促进还是阻碍？是否可以建立促进两性平等及全面发展的性别规范？社会性别研究就是要满足人们对于社会性别理性思考的需求。

二是深入探讨男女两性的差异性与共同性的需要。众所周知，男女两性存在着明显的生理差异。然而，承认女性不同于男性的差异性，是否意味着女性必然丧失人的尊严和权利，是否意味着女性必须依附于男性？反之，承认女性与男性是同样具有尊严和权利的人，是否意味着否认抹杀男女的差异，使女性的言行举止都向男人看齐？换句话说，当女性拥有人的权利和尊严时，能否依然保留女性的身份；当女性展示女性的特征时，也同时保留人的尊严和权利。在两性发展过程中，一直没有很好地解决两性共性与差异的辩证关系，导致向对立的两极发展。社会性别研究试图深入探讨二者之间的关系，总结历史上的性别经验，从而确立人的自觉和男女两性的自觉。

三是确立性别视角的需要。观察问题都有一定的视角，视角不同，对于问题的看法自然也不同。每一个新的视角都可以打开一个未知世界，都可以获得新的发现及体验。在社会科学领域，有许多观察视角，社会的、心理的、文化的、经济的等已经一一得到了普遍确认，而性别视角在以往人类认识自身和世界的理论中是受忽视的，20 世纪 60 年代以来它渐渐兴起，特别有助于观察社会性别问题，尊重和理解性别的不同意见、看法和经验。比如说，通常女性的价值得到的社会评价是比较低的，女性重感情通常被看作感情用事。性别视角的引入获得了新发现：将感情引入工作和管理领域，会营造一种关爱友好的氛围，有助于改善人际关系和增进亲和力。目前，性别视角正在进入全球的各个领域包括学术领域，掌握性别视角的分析方法，有助于获得对人类和自身的新认识。

四是与世界发展潮流相适应的需要。发展与和平已经成为全球性主题，意味深长地呼吁改变人与人之间的关系，尊重并激发人的内在热情和创造精神，消除压迫平等相处，在维护自身权益的同时也给予其他人生活的空间，每个社会成员包括妇女、儿童和残疾人都有权获得和平健康的生活。这种富于温情的和平与发展的呼声，使一向受到漠视的性别发展与女性价值得到凸显。与之相呼应，近年来世界各地社会性别研究蓬勃兴起，社会性别已经成为一个重要的概念和范畴，正在渐渐进入决策、统计和学术界。在我国开展社会性别研究，有助于与全球发展潮流相适应，有助于推进妇女与社会、经济、政治、文化和环境的协调发展。

（原文载于《妇女研究论丛》1999 年第 3 期）

将性别意识纳入决策主流

所谓性别意识，即从性别的视角观察社会政治经济文化和环境，对其进行性别分析和性别规划，以便防止和克服不利于两性发展的模式和举措。

性别意识至少包括两层含义：第一，具有性别敏感和性别自觉，善于从性别的角度观察社会和现实，审视男女两性的特点和角色定位。女性意识仅仅是性别意识的一部分，而不是全部，因此，不要把女性意识等同于性别意识。第二，促进男女两性的协调发展，避免两性差距的扩大和加深。从这个意义来讲，在招工、招生中对女性的排斥，虽然体现出对性别相当敏感，却不属于性别意识的范畴，只能归为性别歧视。

当我们采用性别意识的眼光来审视社会环境，就会发现在这个由男女共同构成的人类世界里，在这个世界大多数国家已经普遍接纳、认可了男女平等原则的时代，依然普遍地、严重地存在对妇女的歧视，以男性为中心的文化并没有成为历史。妇女承担着人类生命生产的职能，对人类的繁衍具有不可忽视的贡献，然而，她们对于人类的贡献至今未得到文明社会的认可和合理补偿；妇女负担着人类半数的粮食生产和不计其数的无报酬劳动，她们在社会经济领域中发挥了重要的作用。然而，她们的经济贡献并未充分纳入国民经济统计之中，她们的重要作用往往被忽视，她们的收入明显低于男性；妇女日益介入社会、政治、经济领域，职业女性、女企业家、女政治家、女管理者明显增加，这已经成为即将过去的20世纪的社会景观，她们正在不断地影响着人类的政治、经济生活。然而，社会偏见却往往无视她们的参与和创造，偏重强调她们的家庭角色——妻子、母亲，或者把她们和儿童、老人和残疾人归为一类进行保护。

当我们采用性别意识的眼光来审视两性状况，就会发现自然人口相等的男女在资源占有和教育水准上的巨大落差。面对男女两性的特点状况和社会环境，任何不带性别歧视的中性政策，都可能对两性产生不同的影响，甚至某些消极影响超出了决策者的预料，比如，20世纪五六十年代，印度、苏丹等国纷纷在贫困落后的基础上步入西方式的工业化现代化的道路，制定了提高国民生产总值摆脱贫困的国家发展规划。其本意是通过发展经济促进社会发展，而事实上却将社会发展的一部分——妇女排挤在政治经济发展之外，妇女在现代化中受到双向挤压，一方面，她们失去了在自然经济中的地位和优势，在苏丹，妇女是农业中的主力，在印度，妇女大多从事手工业，随着工业化的扩展，传统手工业的失落，妇女的失业率大幅度增加；另一方面，她们在现代化工业中，由于性别歧视和自身素质，经济上往往得不到保证，加重了二等公民的地位。随着妇女在国家发展规划中的失落，妇女成为直接的受害者，她们更为愚昧贫困，妇女的人力资源不能得到开发和利用，同时也使她们的国家陷入低度发展的怪圈，无法从根本上摆脱贫困落后，整个社会蒙受巨大的损失。

东欧在20世纪80年代后期的变革中，再次将妇女从社会发展中排挤出去，本来东欧等国自第二次世界大战以来，奉行的是社会主义和马克思主义，对妇女问题予以高度重视，极力反对传统的两性分工，倡导推动妇女参与社会经济活动。虽然其间有所失误，但是从总的方向来说，有益于妇女与社会相融合，有益于妇女社会地位的提高。然而，东欧各国在政治经济变革中，更为偏重政治经济的转型，性别意识大大退位，忽视妇女发展。在制定国家发展规划时，根本未曾意识到还有一个性别视角，从未考虑过将要出台的政策战略对男女两性会产生什么影响，更不可能及时地克服这些负面影响。因此，伴随改革妇女社会地位急剧跌落，半数以上的妇女被迫离开工作岗位，重新当起家庭主妇，妇女权力参与人数骤减，下降二三十个百分点。这加剧了妇女与社会之间的分离。

正是鉴于历史的经验教训，一些妇女组织开始向“政府的决策是中性的”观念提出挑战，并积极影响国际社会的决策，终于将性别意识纳入第四次世界妇女大会《北京行动纲领》之中，表明性别意识与环境意识、人口意识、人权意识具有同等的意义和价值，是所有的决策者和行动者——无论男女、无论是否分管妇女工作——应当树立的现代意识之一。

将性别意识纳入决策主流，已经成为国际社会的重要发展趋势。性别意识已经引起联合国的关注并对联合国机构调整产生影响。1993 年初，一个新的部门——政策协调与持续发展部建立了。负责这个部门的时任联合国副秘书长尼廷·德赛强调，它的主要任务之一是保证政策的协调发展，透过性别的镜片来观察经济、社会和环境方面的问题。1995 年召开的第四次世界妇女大会在《北京行动纲领》中提出的基本主题就是将性别意识纳入决策主流：各国政府和其他行动者应该推行一种积极的政策，把性别意识纳入政策和方案的主流，从而在作出决定之前分析其对妇女和男子各有什么影响，及时消除和修正不利于妇女或男子发展的方案，坚持以人为中心，保证政策的协调发展。会议敦促各国政府加强性别分析和性别规划，将社会发展、经济发展与妇女发展的规划政策协调起来。

将性别意识纳入决策主流，有利于社会的协调发展。社会协调发展是当代人们关注的热点，它包括经济、文化、政治、环境、妇女等在内的社会整体发展。许多国家的实践表明，经济发展是协调发展的首要因素，市场经济是经济发展的必备条件，但是市场的自然运行并不能实现社会协调发展的目标。市场作为社会资源配置的一种方式，是以生产者和经营者的效用最大化为直接目标的。市场经济在促进经济的迅速发展时，也会带来相应的社会问题，比如妇女的商品化、贫困化及被排斥于社会发展之外，东欧变革时妇女地位大幅度倒退即是一例，社会贫富之间的距离逐渐扩大；社会公共设施因无利可图而无人愿意投资。这些都是与社会协调发展相冲突的。市场缺陷的克服必须依靠政府的政策调控。政策调控涉及政治经济文化及妇女等各个方面，政府在制定政策时注重妇女利益和妇女发展，树立性别意识就会减少和避免对妇女的负面影响。

北欧四国正是通过制定有益于妇女发展的政策来推动妇女与社会协调发展的，以瑞典为例：瑞典政府近年来针对歧视妇女的现象采取了多种措施，建立了比较系统完备的法律法规，如防止性别歧视法、堕胎法、平等机会法等，实行社会福利制度，解除妇女的后顾之忧和双重角色的困扰。瑞典法规规定，妇女产假期间可享受工资的 90%；孩子上托儿所，父母只负担占工资 10% 的费用；学校给上学的孩子免费供应午餐，改变男女角色定型观念，要求男女共同分担家务；国家规定，父母都可享受产假，时间为 12 个月，其中父亲要休假一个月。由于政府主动将性别意识纳入决策，采取了种种有力举措，妇女非但未在市场经济中被淘汰，反而日益明显地参与到政治经济生活中来，与男性结成平等的伙伴关系。

让全社会都来关注这一话题：将性别意识纳入决策主流。

（原文载于《中国妇女报》1996 年 4 月 12 日）

社会发展模式与妇女发展的提出

如果留心20世纪90年代的国际会议及其行动纲领，就会发现妇女发展已经成为国际社会关注的焦点之一，逐渐构成社会协调发展理论的一个重要方面，修正和改变着20世纪五六十年代形成的以经济为中心的社会发展模式。认真研究妇女发展的含义、目标，探讨妇女发展纳入社会发展的过程，可以加深对社会协调发展理论的理解，全面把握中国社会转型的国际背景，突破单纯关注经济增长的思维模式，确立以人为中心的社会发展观，促进社会的全面协调发展。

一、社会发展模式的转变：从经济为主到以人为中心

从20世纪50年代到90年代，人类社会发展模式经历了三个阶段，第一阶段是以经济为中心的发展阶段，第二阶段是以人为中心的发展阶段，第三阶段是性别取代中性的人与社会协调发展的阶段。

1945年，世界上最大的组织——联合国成立后，相继建立了货币基金组织和世界银行，为了衡量借贷国家偿还贷款的能力，世界银行确立了衡量各个国家经济发展的两项指标，一项是国民生产总值（GNP），一项是国土生产指标（GDP）。这两项指标都是对于社会财富的度量。20世纪中叶纷纷摆脱殖民统治走向民族独立的发展中国家将经济作为国家规划的重要内容和首要任务。人们意识到，没有经济增长，没有社会财富的增加，没有市场经济的体制，社会就无法告别贫困，就无法发展教育，就不能增加人们的收入。基于这一认识，渐渐形成了以经济为中心的社会发展模式。

随着社会经济的发展，这一模式的弊端逐渐暴露出来。一个突出的

问题是对于价值的认定存在较大的局限，它仅仅从经济的角度来判断价值，凡是经过市场交换的劳动和产品才有价值，凡是不经过市场交换的都无价值。国民收入的计算是商品市场价格加上雇佣劳动市场价格。这样一来，所有的自然资源都是无价值的，因为它们不经过市场交换；所有的家庭主妇从事的家务劳动和社区服务都是无价值的，因为它们同样不经过市场交换。然而，不具有经济价值的活动并不意味着对于人类自身没有价值，比如空气淡水虽然不经过市场，但对于人类却极其重要；女性的生育活动虽然不经过市场，却是整个人类延续的基础；获取知识强身健体非但没有经济价值反而要增加经济支出，却是人类发展的必备条件。可见，单纯从经济角度来判断价值的经济指标，不能反映出自然资源的价值和其他未经市场交换的劳动的价值，极大地限制了对于人类社会生活其他价值的认定。

这一模式的另外一个弊端是忽视了社会公正。应当说，经济的发展是社会发展的必要因素，它使社会财富增多，是社会保障和国民素质提高的基础。然而有了经济的增长不一定就能够建立社会保障，不一定就能够保障社会成员共同分享社会财富。特别是市场经济的自由发展往往导致两极分化，资金流向少数人手里，1992 年美国《幸福》杂志公布了世界最大的 500 家企业，其中英国的通用公司的资金接近 2000 亿美元，同年的英国国民生产总值是 2.2 万亿美元，该公司掌握着英国国民生产总值的近 10%；有了经济的增长不一定带来社会公正，在早期资本主义一两百年的时间创造了封建社会几千年无法比拟的财富，非人化超强度的经济剥削，导致阶级的严重对立和冲突，导致社会周期性动荡，就是生动的例证；有了经济的发展，不一定使人们的生存环境更美好。一味地追求经济指标，甚至野蛮地掠夺自然资源，往往导致人类生活的星球异常脆弱，著名英国历史学家汤因比在 20 世纪 60 年代已经向人类发出警告：以经济利益为动机的对地球的掠夺，已经危及人类的生存。由此可见，经济增长不等于社会发展。

通过以上分析，不难见出国民核算体系及以经济为主的社会发展模式的局限性，因此不应将国民生产总值视为社会发展的全部，而应促进社会发展模式的转变。20世纪70年代社会发展模式出现了深刻的转型，以人为中心的社会发展模式逐渐得到国际社会的认可，社会发展的内容由单一的经济指标扩展为四个方面：第一，生产率，它是社会发展的基础和条件，以人为中心的模式非但不排斥反而重视经济的增长，而且特别强调必须使人们能够增加其生产率并充分参与有报酬的劳动；第二，公正，即人们必须获得相等的机会，所有对经济和政治机会的壁垒必须被消除，以便让人们参与并从中受益；第三，持续性，必须保障这一代和以后各代都得到机会——物质的、人文的、环境的机会；第四，权能授予，人们必须充分参与形成他们生活的决策和过程。

为了将以人为中心的社会模式量化，通过指标统计予以测量，一个新的指标即人文发展指标（HDI）通过联合国确立下来。人文发展指标测量一个国家在人类基本能力方面的平均成就，包括三个方面：第一，预期寿命，表示人们是否过着长久健康的生活，在这里不是强调医疗技术的水平，而是侧重于医疗技术如何保障人们很好地得到医疗方面的服务。第二，成人识字率和总入学率，测量人类所受教育的情况，即国家使用多少财富提高国民教育程度，使人们获取更多的知识和能力。前两项指标反映出一个国家的社会公正程度。第三，人均收入，测量人们是否过着像样的生活。应当说，人文发展指标不是对社会财富的度量，也不是对幸福的度量，而是对人们获取的基本权能的度量。如果人们具备了以上三种基本选择，便可能得到其他机会的选择。人类发展的内容和指标的确定，丰富和发展了人类对于社会发展模式的理解和认识，是社会发展模式的一个历史性的进步。遵循这一模式推进社会发展，社会发展就会付出较小的代价，获得更大的收益。

随着社会公正意识的出现和普及，人们越来越要求将社会财富均衡地分配给所有的人——男人和女人、穷人和富人，缩小贫富差距，使所有社会成员都可以发展能力，扩大选择性，这就要求人文指标中将男女的差异、贫富的差距反映出来，用性别视角来考察人的状况。

二、以人——男人和女人为中心的社会模式的确立

从以人为中心的社会模式转向性别取代中性的人的社会模式，不是一个简单的推理过程，而是妇女运动持续不断推进的过程。由于妇女运动与国际社会各国政府的合作，逐渐确立了性别发展与社会协调发展的模式。

妇女发展的提出始于20世纪70年代初，当联合国对第一个全球经济发展规划进行评估的时候，有学者明确提出整个社会的发展并不一定必然导致妇女发展，在发展中国家妇女地位有下降的趋势。这一看法引起联合国的注意。1972年联合国制定第二个全球经济发展规划时，将妇女问题引入全面发展的规划之中。与此同时，国际妇女运动在世界各地普遍展开。在北欧，妇女们将男女平等作为一面旗帜，在传统政治生活中寻求变革，挪威妇女几经努力，采取富有实效的策略，终于使妇女在议会中的席位占了多数，从而使许多过去被忽视的妇女问题得以列入政治议事日程，比如，提高最低女雇员工资，推行非全日制工作，男女同工同酬等。为了使人们看到妇女在社会发展中的作用，冰岛各派妇女组织联合在一起，号召全部已婚妇女罢工一天，向世人昭示其工作的重要性。在西欧，新妇女运动组织蓬勃兴起，以前所未闻的新思维、新形式对传统社会和文化发起猛烈攻击。荷兰是新妇女运动兴起较早的国家，20世纪60年代末一些妇女组织相继成立，致力于争取男女权利和机会平等，并期望成为现存政策体制中的压力集团。法国的妇女运动流派较多，出现了一批女权理论家，西蒙娜·德·波伏娃就是一个具有国际影响力的女性主义代表。在运动过程中，出现了对以男女平等作为目标的传统女权主义的批判，强调女性应从过去

肯定追随男性主流文化转向肯定创造女性非主流文化的新历程。

新妇女运动要求自我发展的机会，要求重新调整性别角色的浪潮，引起了全球性组织——联合国的反应。1972年联合国大会将1975年定为“国际妇女年”，并且决定在墨西哥市召开第一次世界妇女会议。至此，新妇女运动从某些国家、某些区域走向世界，出现了跨区域的国际化趋势。为了引起各国普遍关注切实解决现存的妇女问题，联合国决定延长“国际妇女年”，将1976年至1985年确定为联合国妇女十年，宗旨是平等发展与和平。此外，不定期召开世界妇女会议，召集联合国成员国和妇女组织，一起探讨关切的妇女领域，制定明确的行动纲领，监测各国的实施情况。

从此，国际妇女运动进入三方联合的崭新历史阶段。一方是非政府妇女组织，它们是妇女发展的主体，是妇女权益的代言人，是妇女运动的内在推动者，它们可以通过非政府论坛和咨商代表的身份，将意见反映到政府级会议，影响国际决策的制定，同时形成社会压力集团。一方是国家政府，它们是国家法律政策的制定者，是国际公约的执行者，对于本国妇女和国际妇女行动纲领的出台贯彻起着重要的作用。同时，受到非政府组织和联合国的双重压力。还有一方是联合国组织，它是妇女组织影响最成功最有效的国际机构，与各国政府和非政府组织保持密切的关系，是妇女发展的积极推动者，同时受到非政府组织及联合国成员国的监督。

在三方的配合下妇女发展被提到国际议事日程。国际经济合作与发展组织（OECD）的开发援助委员会（DAC）于1983年通过了《开发机构动员妇女在发展中发挥作用的指导原则》，1984年在DAC内设立“WID专家会议”，每年例会讨论与妇女发展有关的问题。从1975年至今的连续四次世界妇女会议的主题都与发展紧密相关，在1995年第四次世界妇女大会形成的《北京行动纲领》中，国际社会和各国政府达成协议：在政府及国际援助机构制定具体的发展计划时，必须考虑到妇女的状况，将妇女发展纳入总体规划。一些国家及联合国的援助项目正在付诸实施，在制定社会发展规划时纳入一种性别意识，在设立各项总体规划时，不是一般地阐述社会的发展，而是从性别的角度提出在规划中妇女是否同样得到发展。为了准确测量两性之间的差异，确定妇女发展的程度和水平，1995年《人类发展报告》设立两项测定男女不平等的指标，一是性别发展指标（GDI），这是对人文发展指标的调整，分性别测定健康知识收入情况；二是性别权能测量（GED），即分性别测定就业、在专业和管理岗位上的份额及议会席位上的份额。至此，性别发展成为社会发展程度水平的一项衡量指标，被纳入到社会发展模式中来。

三、妇女发展的含义及其目标

妇女发展命题具有丰富的含义，我们从以下几个方面来论述。

第一，妇女发展的基础是以“人”为核心，强调妇女发展是为了填补历史上女性在社会发展领域的长期缺席，改变两性之间不平衡发展的格局，促进两性的均衡健康平等发展，使男女共同享有人的尊严和权利。

第二，相对于一般的“立法”而言，妇女发展侧重于可操作的具体政策和步骤。世妇会前后，一些国家着手制定妇女发展纲要，提出本国妇女发展的重点难点、改进的方法步骤及时间日程表，具有极强的操作性。比如菲律宾制定了30年性别发展计划，并建立社会改革议程机制来实施其规划和《北京行动纲领》。倘若说，“立法”为男女平等提供了法律依据，那么可操作的政策为妇女发展提供了现实的途径。

第三，妇女发展命题不是把女性作为关照的对象或工具，而是作为具有自主性、能动性的主体。妇女发展命题用一种新的眼光看待女性，强调其主体性、参与性，最好的方法不仅在于保障妇女的合理利益，而且在于使妇女拥有更多的选择和参与的机会，最好的政策不仅可以满足性别的近期需求，还可以开发妇女的自主性解决性别的长远需求。使妇女在决定与自身命运相关的事情时，更充分地参与决策，把握自身的命运。

第四，妇女发展命题不是基于一般的人的理论，也不是以男性为模式复制自己，而是与女性生活本质相吻合，从女性的特点出发考虑发展问题。应当看到，女性的生活本质不同于男性，具有人类生育和社会生产的双重角色性质。女性的发展包括“生育-生产”两方面的内容，一是生育的权利和健康，二是生产的权利和机会。就是说，当女性拥有生孩子的选择时，同时也拥有生产的权利；当女性获得社会参与的权利时，也不会因此丧失生育的权益保证。任何非此即彼的没有选择的单一模式，都不吻合女性生活本质，都会妨碍妇女发展。这里有两种倾向值得注意：一种是强调女性的社会生产职能，忽略其生育职能，即忽略两性之间的生理差异，将女性等同于男性。另一种是肯定女性的生育职能，把已婚女性赶回家庭，忽略女性与男性的一致性，即都享有社会生产及社会参与的权利。

妇女发展的目标是实现男女权利尊严及机会的平等，使男人和女人都扩大其选择性，得到健康全面的发展。可以简略地概括为三个方面：第一，消除性别歧视的壁垒。目前在世界范围内依然大量地、普遍地存在着对于女性的歧视，女性被视为二等公民，女性的价值和作用不能被充分认可，女性的各种权利不能被充分承认，特别是在市场经济条件下女性充当商品的现象十分普遍。认识女性的社会价值和作用，批判父权文化的性别观念，消除性别歧视的壁垒，认识女性作为人的尊严和主体地位，是妇女发展的目标之一。第二，建立多样化的性别角色，转变刻板僵化的性别模式。在相当长的历史时期，女性与男性的角色被限定在私人领域和公共领域，女性充当的主要是家庭角色，履行的是照顾孩子老人的职责，男性充当的主要是社会角色，在科技、政治、军事、文化中发挥主要作用。科学技术的进步和计划生育的实施，家务劳动的社会化和传统性别角色的改变，性别角色越来越趋于多样化，任何定型的、单一的性别角色模式，都越来越不适合社会发展的需要，也会限制两性的全面平衡发展。第三，改变男强女弱的现状，使倾斜的两性关系建立新的平衡。第二次世界大战以后，妇女的地位明显提高，两性格局发生了重大变化，但是男强女弱的局面尚未得到根本改变。改变倾斜的、畸形发展的两性世界，在健康、独立、富有知识的男性身旁，同样站立着健康、独立、富有知识的女性，是妇女发展的又一目标。

（原文载于《中国社会发展战略》1998 年 3 期）

社会性别理论的发展脉络

一、20 世纪 60 年代：社会性别概念的产生

从 19 世纪至 20 世纪 50 年代，美国社会流行着将男女两性的性别气质归因于生理性别的“科学依据”，生理决定论成为父权制生存巩固的理论基础。独立性、竞争性、进攻性、支配欲和理性被称为男子汉特点，柔顺、依赖、同情、非理性是女性特点。19 世纪心理学和生物学家企图以男女生理上的不同，证实这是自然特性。爱德华·克拉克的理论认为，封闭的能量体系即人体内的能量是固定的，由于妇女体内大量的能量，转入子宫卵巢活动，导致其没有足够的能量进行脑力活动，这是妇女智力低下的根本原因。如果妇女想和男子一样进行脑力活动，她们的生殖功能就会遭到破坏。这就是 19 世纪提出来的“科学依据”。

生理决定论在20世纪60年代受到挑战。斯特勒在《性与性别 》一书中，将性（sex）与性别（gender）作了区分：性指的是男女的生物属性，性别指的是某种心理现象，比如说，男子气，女人味，本研究是要说明这两个概念，并不一定是一个大概念中两个互相取代的平行概念，而是可能各有自己独立的含义。

由此性与社会性别概念渐渐被区分开来。米莉特在《性的政治》一书中提出：性别角色是由后天的力量决定的，而与实验对象的外生殖器这些解剖学和生理学的因素无关。她进一步分析，由于我们的社会环境导致了男女两性实际上是两种文化，他们的生活体验也截然不同。孩童时期的社会化和成年时期男女的不同体验，几乎全都是学习的结果。另外一位学者约翰·莫尼认为，这种传统观念的谬误在于，某种通过学习而获得的因素的力量和持久性被低估了。

社会性别概念一产生就有很强的批判性，这种批判性非常明显地体现在《性的政治》中。作者米莉特在该书中将“权力”这一概念引入到男女两性关系当中，并提出，“现在以及整个历史的进程中，两性的关系就如马克斯·韦伯所定义的，是支配和从属的关系。在我们的社会秩序中，是男人按天生的权力对女人实施的支配，通过这一体制，我们实现了一种十分精巧的内部殖民。就其倾向而言，它比任何形式的种族隔离更坚固，比阶级的壁垒更严酷、更普遍、更持久。不管人类在这方面保持何等一致的沉默，两性之间的这种支配与被支配，已成为我们文化中最普及的意识形态，并毫不含糊地体现出了它根本的权力概念”。作者深入到意识形态、生理学、社会学、宗教、人类学、经济、教育等各个方面，分析权力在两性关系中的表现，从而让读者看清楚社会的各种因素是如何建构男女两性的，印证了法国学者波夫娃的观点，即女人不是生成的而是塑造成的。社会性别决定论就这样渐渐形成了，成为颠覆父权制生理性别决定论的理论基石。

二、社会性别制度的产生与性别研究的兴起

任教于加利福尼亚大学的人类学学者盖尔·卢宾，1975 年发表了硕士论文《女人的交易》，这篇极富批判性挑战性的论文着力于社会性别的差异是怎样建构起来的，是谁建构起来的。作者在写法上独辟蹊径，不是从人类婚姻亲属关系的演变中阐述自己的观点，而是在对三位著名思想家的评论和批判中建构自己的概念——性 / 社会性别制度，否定流行深广的生理性别决定论。她提出，人类的两性生活将永远受到习俗和人的干预和制约，它绝不会是完全自然的，只因为我们这个物种是社会的、文化的、有语言表达能力的。她将社会文化的干预概括为性 / 社会性别制度，即该社会将生物的性转化为人类活动的产品的一整套组织安排。这部分社会生活是对妇女、性生活非常规者以及个人人格的某些方面造成压迫的场所，而这些转变的性需求在这套组织安排中得到满足。作者发现一些著名的思想家在论述阶级时，往往忽略了性别这一范畴，恩格斯在论述社会生活的图画中突出了阶级，忽视了性别，剩余价值和生产理论无法解释同一阶级阶层男女的差异，只有对性别分工进行分析，性压迫的结构才能被勾勒出来。

作者结合列维·施特劳斯的《亲属关系的基本结构》，论证亲属关系正是文化组织强加于生育繁衍事实上的。在这种亲属关系中，女人仅仅是可以交换的礼物，由男人来交换女人，男人是交换女人的受益者，从女人交换制度可以洞察女人在其中缺乏完整权利。此外，人类文化还制造了许多性的禁忌，比如劳动性别分工的禁忌（或称制度），把两性分成两个独特类别的禁忌，一个加深两性生物差异从而创造了社会性别的禁忌，反对任何不包括一男一女的性的安排的禁忌。作者还结合弗洛伊德的精神分析学说，描述了社会规范如何将女孩由恋母情结转向崇拜父亲的，阐述了社会文化是如何将非男非女的婴儿造就成男孩和女孩的，所以说，社会性别是社会

强加于两性的区别，是性的社会关系的产物。盖尔认为，理想目标是必须梦想消灭强制性的性要求和性别角色，最鼓舞人的梦想是建立一个雌雄一体、无社会性别的（但不是无性的）社会，在这个社会中，一个人的生理构造同这个人是谁、是干什么的、与谁做爱都毫不相干。在这里，盖尔对于社会性别理论的突出贡献，是创建了性 / 社会性别制度的概念，他的贡献使人类认识自身时多了一个分析视角。

20 世纪 70 年代末到 20 世纪 80 年代初，社会性别理论富有成效地进入教育体制内部，速度之快可以从以下数据看出：1969 到 1970 学年中全美国高等院校开设 17 门妇女性别课程，到 1970 年底增加到 100 多门妇女性别学的课程。1971 年底增加到了 600 多门课程，1973 年发展为 2000 多门课程，创立了 80 多个妇女性别研究中心。到 1980 年增加到 20000 多门课程和 300 个妇女 / 性别研究中心。涉及的专业从最初的历史学、社会学和文学扩展到心理学、人类学、教育学、政治学和法学。①

妇女 / 性别研究刚诞生的初期，性别研究学者首先发现的是传统学术领域对妇女的疏漏，解决疏漏的对策就是“添加妇女”：在历史中，发掘在历史事件中起过重大作用的妇女；在文艺作品中，挖掘女作家与女艺术家以及女性形象的意义；在社会学和心理学中，收集有关妇女的数据资料。随着社会性别研究的深入，妇女学者渐渐发现不仅要“添加妇女”，还要添加研究的新内容。比如在学术领域中作者对于两性的态度以及价值判断常常是不同的，男性往往被放在了中心位置加以赞扬和肯定，而女性则处于从属的位置，被作为第二性来看待，或者作为男性的对立面进行打压和贬低。针对这种情况，妇女与性别研究学者提出，所谓的人类知识其实是建立在男子经历之上的，由于男子的统治地位，时常表现出男性偏见的知识变成了人类准则。正是这种研究使得社会性别研究的深度和历史感大大增强。

① 王政：《女性的崛起：当代美国的女权运动》，当代中国出版社 1995 年版，第 195 页。

三、社会性别作为一种分析范畴

1988 年，美国历史学家琼·W. 斯科特发表了《社会性别：历史分析的一个有效范畴》，用社会性别的分析工具分析历史，进一步论证了米莉特和盖尔·卢宾的观点，对社会性别进行了具有深度的概括：社会性别是一种以性别差异为基础的社会关系，是区分权力关系的基本方式。斯科特发现，社会性别不仅体现在亲属关系中，还体现在文化象征、学科的诸多领域、社会组织机构和主体的自我认同。作为文化象征，往往蕴含着社会性别观点和评价，比如圣母玛利亚，无欲而充满了母爱，而神话中的潘多拉却是邪恶的化身。作为规范性的概念，则与诸多学科联系密切，如宗教、教育、科学、政治教义、文学作品等，社会性别都会以公开或隐蔽方式蕴含其中，并影响人们的价值取向和判断。作为社会组织和机构，不仅有家属关系，还有劳动力市场，“性别，是通过血缘建立起来的，但还是在一定的经济、政体中建立的，在当今社会里，性别正独立于亲属制度之外发挥着作用”。作为主观认同，着重强调人们对于社会性别的认同和接纳，成为社会性别制度的心理基础。以上四个方面拓宽了对社会性别表现领域的认识。

由此，社会性别作为一个重要概念、作为一个分析范畴已经形成，而且成为与阶级、种族、民族并列的概念，跻身于学科分析之中。与此同时，社会性别理论不断受到挑战。挑战之一来自黑人妇女学者，黑人理论家贝尔·霍克斯在她的《女权主义理论：从边缘到中心》一书中提出，处于社会底层和人权运动边缘地位的黑人妇女能够在女权主义运动中起到特殊作用，因为只有她们才可能彻底地批判一切统治：阶级的、种族的、社会性别的。白人中产阶级妇女感受到的压迫和一个黑人底层妇女感受到的压迫是不尽相同的。白人女权主义者把自己的经历，看作妇女的普遍经历，抹杀了种族、阶级的差异。种族阶级的不平等权力关系不仅反映在同一性别的妇女之间，也存在于女权主义运动之中。她呼吁关注种族及其阶级问题，使妇女运动能够成为有广泛群众基础的社会运动，从而达到根本改造社会的目的。

到了20世纪80年代和90年代后女性研究杂志和出版物纷纷面世，跨学科的杂志有《女权主义研究》《标志》《妇女学》《不吉祥的智慧》和《妇女学国际季刊》。在历史学、文学、心理学、哲学的科学领域中的专科领域共有十多种①。从杂志数量来看，性别研究已经形成气候。

四、社会性别主流化发展战略

从20世纪80年代开始，随着社会性别理论和实践迅速发展，性别的视角不仅常见于女性研究，西方各国政府及联合国等国际组织在出台政策和制定发展战略时也引入了性别分析的框架。1985年提出的哈佛框架，通过对男女在社区中所从事的工作和所拥有的资源的分析及主要区别，说明了将资源分配给女人和分配给男人一样都有经济方面的依据。作为对“妇女参与发展”方式的回应，“社会性别与发展”方式主张在所有发展工作中采取一个综合的社会性别视角，并将重点放在了女性和男性的权利关系上，摩塞框架将社会性别的政策和计划方式由“分析变成了行动”，形成了有效的分析框架。

20世纪90年代，国际社会提出社会性别主流化的发展战略。1997年联合国经社理事会通过一致结论，即：把性别问题纳入主流是一个过程，它对任何领域各个层面上的任何一个计划行动，包括立法、政策或项目计划对妇女和男人产生的影响进行分析。它是一个战略，把妇女和男人的关注、经历作为在政治、经济和社会各领域中设计、执行、跟踪、评估政策和项目计划的不可分割的一部分来考虑，以使妇女和男人能平等受益，不

① 王政：《女性的崛起：当代美国的女权运动》，当代中国出版社1995年版，第195页。

平等不再延续下去。它的最终目的是达到社会性别平等。

为了实施这一战略，不少国家建立禁止性别歧视立法以及性别平等政府部门，选派性别平等顾问对于公共政策进行性别分析评估，在政策执行过程中加入社会性别视角，监测评估整个的政策过程，并要求男女共同参与政策制定和执行过程，将公共资源在男女两性中进行公平的分配、使用，并进行社会性别审计和评估。

（原文载于《女性主义杂志》2004 年第 6 期）

社会性别意识在中国的传播与研究

一、社会性别进入中国时遭遇扭曲

社会性别意识作为女权主义研究的组成部分，从 20 世纪 90 年代初期进入中国大陆，遭遇的阻力比起女权主义要小得多。全国妇联机构对于社会性别意识采取了欢迎态度，并一再向政府官员渗透：应当将社会性别意识纳入决策主流，使性别观念具有和环境意识、人口意识、人权意识同等的意义和价值。无疑，这对于在中国推动建立社会性别意识是非常必要的一个步骤。作为政府依靠和信任的妇联机构的积极呼吁和督促，将有助于政府接纳性别意识，关注社会发展过程中两性协调发展的问题，甚至通过建立分性别统计指标来监测两性发展的程度和状况。

但是，必须清醒地看到，通过在中国推动建立社会性别意识，正在不可避免地导致社会性别意识概念的曲解，就是说社会性别意识在从西方进入东方的传播过程中正在变形和扭曲。这种肢解和曲解表现在以下两方面：

第一，将社会性别意识的丰富内涵肢解开来，抽离主体意识，单纯强调男女两性应拥有在社会发展中的平等机会与权利，从而在国家意识形态允许的范围内建构两性之间的均衡关系，推进中国妇女发展。这种认识背离了社会性别意识的基本精神。社会性别意识的思想基础是人的主体性，它将主体意识引入性别范畴，确定了女性的主体地位。强调女性主体性，不仅要改变女性对于男性的从属关系，而且要改变女性对于国家的从属关系。它不是把女性当作国家的“资源”“手段”，而是将女性当作独立的自主的人，当作目的。国家政策的合理性要接受女性主体的审视和检验，要考虑并能够满足性别的战略需求。从本质上来说，它为中华人民共和国成立以来的妇女运动赋予了一种深刻的批判眼光，有益于中国女性研究学者研究国家是如何塑造女性的，国家在推动男女平等运动时是如何导致女性作为“人”和“女人”的双重失落的，反思并探讨国家与女性之间应确定怎样的关系。

第二，将社会性别意识与马克思主义妇女解放理论相混淆。在社会性别传播过程中，有这样一种观点：性别意识的核心是主张男女都有参与社会发展的平等权利和机会，社会对男女要给予同等的评价。因此社会性别意识的核心与马克思主义妇女解放的基本出发点是一致的。倘若仔细比较二者之间的特点，可以看出明显的区别：马克思主义妇女观从阶级分析入手来审视妇女，强调妇女被压迫的阶级属性，试图通过阶级斗争获得阶级和被压迫的妇女解放。在这里阶级是基本的分析范畴，从阶级分析入手，女性被分为压迫阶级与被压迫阶级，性别不是作为一个基本的范畴，而是从属于阶级的范围。阶级之间的关系，不是通过妥协来实现平等的权利，而是通过阶级反抗消灭另一阶级。从这个意义来看，超越阶级之上的男女权利机会平等不是也不可能是马克思主义妇女观的出发点。而社会性别概念恰恰将性别作为一个与阶级并列的基本的分析范围，通过探讨女性类群体的第二性，揭示鲜为人们关注的性别结构、性别制度并予以颠覆，逐步构建有利于男女享有平等机会与权利的性别结构和制度。从以上分析可以看出，将马克思主义妇女观的出发点与性别意识等同起来，在理论上是不能成立的。然而，这种在理论上几乎很难成立的观念，在现实中却可以存在，甚至成为社会性别概念进入中国的特别通行证。

二、国际项目开启社会性别规划

尽管社会性别概念进入中国时被扭曲，却没有遭遇“红灯”，它已经出现在妇女研讨会上，出现在报纸杂志上，出现在性别意识培训班上，但要纳入决策主流却也绝非易事。

大多数政府官员更多地将妇女发展看作妇联行为而不是政府行为，他们将经济发展视为中心，几乎觉察不到妇女的利益和需求，更看不到经济发展对妇女的负面影响，不自觉地坚持妇女参与发展（WID）的模式，对于在决策中纳入社会性别意识的必要性缺乏认识。因此，政府对社会性别意识与人口意识、环境意识的态度大不相同。对于人口意识和环境意识，大力宣传，制定政策和措施，建立组织网络，层层落实。而对社会性别意识却无反应，面对社会经济的转型过程中女性发展与社会发展的分离一直未能通过公共政策予以遏制。社会性别意识能否进入决策主流、怎样进入决策主流，使其转化为政府行为，是一个亟待研究的课题。

值得关注的是，社会性别意识在政府部门“搁浅”，却在国际社会的推动下通过发展项目朝本土传播。1995 年联合国在北京举办的世界妇女会议形成的《北京宣言》呼吁各国政府将社会性别意识纳入一切决策主流，此后在国际合作项目中制定明确措施：将社会性别作为所有项目的有机组成部分，项目的需求、计划、实施与评估都要进行社会性别意识分析，促使妇女参与到项目的实施中来，成为项目的受益者，推进两性的均衡发展。此后，加拿大、荷兰及联合国等援助中国的项目，开始启动社会性别规划。就是说，国际社会不再仅仅关注并促使中国一个地区、一群人成为项目的受益者，而且关注并促使中国所有地区的两性群体包括妇女受益并成为参与主体。发展项目启动社会性别规划，尽管影响的区域十分有限，对于中国却有着特别的意义。

其一，有利于社会性别意识进入相关的地方机构、政府部门及目标群体，形成跨领域跨性别的传播态势。1995 年，中国仅限于两个领域的极少数人了解社会性别的概念，一是妇女研究领域中的一些女学者，二是全国妇联中有一定见识的女领导。而对于其他社会各界，包括政府部门、项目官员及目标群体，都是一个极其陌生的概念。很难设想，在根本不了解社会性别概念及分析方法的条件下，怎样制定社会性别规划，使妇女成为真正的参与者受益者，而不致成为书面上、嘴巴里的口号。启发人们的性别敏感、掌握性别分析方法的社会性别培训自然而然提上议事日程，成为发展项目的重要内容，它的重要性在于，几乎成为是否可以在发展项目中建立社会性别规划的基础。于是，社会性别培训陆续开办，社会性别培训的对象十分广泛。这里不仅有妇联干部，还有为数众多的政府官员、党政干部、新闻记者、农村夫妻，他们几乎从来不曾意识到改变妇女的状况与自己的观念和工作有联系。社会性别培训向人们传播了许多新观念，使人们获得审视性别状况的新视角、新思路，惊奇地发现自己的工作与妇女地位的紧密联系。可以说，社会性别意识的培训，是推动社会性别传播的一个助力。

其二，有利于推动妇女参与发展向社会性别方式发展模式的转变。中国的妇女发展模式具有以下两个特点：第一，妇女发展游离于社会整体发展之外，构成一个特殊的妇女领域，从而形成妇联工作与政府工作相互脱节的两层皮，在那些本来包含妇女的社会的各个领域，政府部门几乎将性别状况及比例排斥在工作视线以外。以贫困问题为例，政府官员会关注贫困地区、贫困人口、贫困户，却看不到贫困性别的比例，自然更不可能从性别贫困入手改变贫困状况。第二，将妇女从复杂的性别关系、性别制度中分离开来，单方面强调妇女向外向社会的自立自强，而忽视了男性的家庭责任以及减轻女性的家务负担，使发展中的妇女面临着来自家庭的沉重压力。近年的对华国际援助项目（如联合国的贵州农村扶贫与持续发展项目、加拿大的新疆和田地区的扶贫项目等）正在有意识地进行调整，开始将妇女发展还原到社会整体发展进程之中，使政府部门在关注相关的社会领域的同时，意识到其中包含的性别因素，通过政府行为和妇联行为联手来改变性别状况以及相关的社会状况。在从性别入手改变社会状况时，还要有意识地调整社会性别结构，一方面为妇女走向社会创造条件，另一方面教育男性多承担家务。目前，这些具有社会性别意识的项目正在进行之中，需要继续追踪其结果。不难预料，具有社会性别意识的发展模式一旦取代了妇女参与发展的方式，对于中国的社会发展模式会形成不可轻视的冲击。

其三，有利于妇女研究与社会实践的结合以及相互促进。妇女研究说到底不是书斋里的学问，拥有很强的应用性和实践性，需要传播和普及，让更多的人了解它、掌握它，转换成社会实践活动。在发展项目中普遍推行的参与式培训方式，成为妇女研究与社会实践的一个强有力的结合点。这种不同寻常的培训方式，改变了原先惯有的教师单向教授、学生被动接受的局面，形成双向交流主体参与的格局。社会性别的内容不仅要在轻松活泼的讨论中得到传播，而且要在多角度的审视中不断得到检验：是否具有普遍性，是否具有本土性，是否具有针对性。通过检验来升华、丰富、发展理论。

发展项目中社会性别规划的意义不可低估，但又是极为有限的。从空间来看，在中国大陆援助项目仅仅是一些“点”，而不能形成“面”，即便引进了社会性别方式，只能在某一局部起作用，几乎不会对大陆全局产生影响。从时间来看，受到项目期限的左右，往往在项目实施过程中，可以强化性别意识，项目结束以后难以持续发展。因此，只能将发展项目作为推行社会性别意识的辅助力量，而不能依赖它，必须将重心放在中国、放在我们自己身上。

三、妇女研究者是推动社会性别传播的积极力量

在中国大陆，对社会性别概念颇为敏感而积极推行的，是女性研究领域中的一群女学者。她们以巨大的热忱、主体的自省，从有性人的视角切入现实和历史，清理和发现女性的历史，剖析男权中心的性别文化，确立女性的主体地位。这里有海外女学者，也有国内的妇女研究者，她们对于女性研究的重要组成部分——社会性别意识给予了果断而积极的回应：在中国推动建立社会性别意识。从1992年至1997年将近6年的时间，翻译介绍社会性别概念及其内容，成为推行社会性别意识的第一阶段，“拿来主义”几乎可以概括这一阶段女性研究对社会性别意识的基本态度。从1993年天津第一届妇女与发展研讨会上社会性别概念在大陆第一次亮相，到1997年南京妇女与发展研讨会社会性别内容的讨论，从介绍西方不同学科《英汉妇女法律词汇释义》，到专门翻译的《社会性别研究选择》，从《中国妇女报》关于社会性别意识主题的连续报道，到第一本《中国社会性别与发展培训手册》的编写，几乎都是通过不同的形式和途径，介绍和传播西方的社会性别概念和探讨社会性别的有关内容。通过翻译、研讨，社会性别意识终于从海外传入中国，在女性研究领域驻足；通过编写教材、短期培训，一种新的社会发展模式——社会性别方式，正在逐渐向社会各界包括政府部门渗透扩展。

目前，女性研究领域推行社会性别意识，正在从第一阶段转向第二阶段，即把社会性别概念引入中国历史与现实领域，从妇女的视角研究其社会性别结构、社会性别文化乃至社会性别制度，剖析社会性别与民族、阶级、国家、经济体制的互动关系。杜芳琴女士的《中国妇女史学科建设的理论思考》（载北京大学中外妇女问题研究中心主编的《21世纪女性研究与发展国际学术研讨会论文二》）就是自觉引进社会性别范畴，从女性问题切入、从两性关系的角度来研究中国古代性别制度的规范建构及其对妇女产生的影响。这篇具有理论性和本土性的论文，系统提炼出一系列重要问题的线索："中国有无一套完整的社会性别制度？如果有，是从什么时期开始建构形成的？这套制度未形成以前的性别关系是怎样的？后来是怎样形成稳定的社会性别制度的？它的内部构成是什么？该制度与其他的社会关系、结构、制度是如何联结互动的？这种制度对男女两性分别产生了什么影响？他们是怎样在性别制度体系中生存和体认自己的性别身份的？"该论文的价值不仅在于从社会性别角度建立研究中国妇女史的理论框架，同时开启了国内系统化社会性别研究的思路：中国古代形成的社会性别制度到近代发生了哪些变化？在当代是否存在？性别关系在近代以来、五四时期、中华人民共和国成立后的30年、改革开放新时期有哪些特点？性别的内部结构是什么？这些特点和变化是怎样产生的，与其他的社会关系、结构、制度是怎样的互动关系？对于男女两性产生的影响是什么？人们在不同的时期不同的性别关系中怎样塑造自己的性别角色？这些研究的深入开展，会使来自学界种种对妇女研究的非议不攻自破，会使大陆女性研究具有深厚的根基而不是漂在水面上的浮萍。

将社会性别概念引入中国形成社会性别研究，对于在中国推行社会性别意识具有十分重要的意义。在大陆推行社会性别意识，是一件颇具难度的事情。这种难度不是来自人们对于社会性别概念的陌生与无知，而是来自社会性别所张扬的观念与流行的、人们认可的观念的尖锐矛盾与冲突：

社会性别意识对传统的性别分工提出疑问，反对男主外女主内，倡导建立两性全面发展的平等的性别关系；而社会转型正在加大女性传统性别角色的回归，男主外女主内的分工模式得到人们的认可乃至欣赏。社会性别意识反对刻板定型的性别角色，倡导性别角色的多元化；而人们将男人从属社会、女人从属家庭视为天经地义，毋庸置疑。社会性别需求理论要求政策的制定考虑战略性别利益，以两性的发展为目的，调整现行的社会模式；而主流意识形态坚持以经济为中心的社会发展模式，要求性别需求服从国家整体目标。社会性别意识突出性别主体性，提倡两性的权利和尊严；而现行的体制流行的文化使人们默认丧失权利的“和谐”。

应当看到，社会性别意识是非常具有反叛性的，它在向千百年的传统性别文化说“不”，向无视人的社会发展模式说“不”。推动社会性别意识的建立，本质上是一场文化上的革命，是思想上的性别启蒙。那么，在社会性别意识与流行观念的对垒中，怎样使社会性别意识对男权中心文化具有杀伤力，使多数人心悦诚服地乐于接受社会性别观念，怀疑并自愿摆脱流行的社会观念呢？这就要求推行社会性别意识具有强大的理论说服力。社会性别意识的理论说服，只能来自社会性别意识研究自身的深度和力度，需要深厚的、经得起推敲的理论支撑。因此，社会性别研究显得尤为必要，它对于社会性别概念的阐述，它对于性别结构、性别制度的剖析，它对于历史和现实性别观念的阐释，已经超出了单纯的学术价值，成为颠覆男权文化的思想武器，简直就和社会性别意识进入我国的命运联系在一起。

（原文载于《方法》1998 年第 11 期，原为笔者 1999 年在哈佛大学“中国妇女与发展研讨会”上的主旨发言）

对“男才女貌”观念的思考

“男才女貌”的观念，是基于性别的价值判断，通常判断男性的价值更多看中他们的能力和才干，判断女性的价值更多注重于相貌。男性因为才能获得魅力，女性因为相貌取得赏识。这是依照以男性为中心的社会设置的价值标准，是男强女弱的社会地位的折射，是男性眼光的表现。在男权社会，才干对于男性具有特别的意义。男性可以凭借才能成为举人从而升官发财，可以凭借才干从平民百姓成为达官贵人。男人的才干是获得社会承认的手段。女人却无法借此改变自身的命运，因为相貌的特殊意义，它成为女人提高社会地位、改变生活状况的手段。从封建社会留下的文化遗产中，我们处处可以见到才子佳人的模式。

当社会为女性的发展提供越来越多的发展空间时，女性的相貌不再具有唯一的意义。女性可以接受教育，从事脑力劳动；可以凭借才能建功立业，赢得社会尊重；可以经营企业，创造社会财富等等。女子无才便是德的观念，已经不被时代接纳了。然而，不得不承认，迄今为止男女并未走向全面平等，权力和更多的资源基本掌握在男性手中，男性眼光仍然或隐或显地支配着两性价值判断，男性话语仍然是中心话语。他们在审视女性时往往不自觉地将相貌作为衡量女性价值的尺度。

比如，择偶时，大多男性更钟情于女人的相貌，漂亮的女人格外受到有权有势男性的偏爱。对此，男人们毫不避讳他们的好恶，提到介绍朋友，他们常常会问：漂亮吗？不漂亮的女人没有吸引力。古人云：英雄难过美人关，这确实道出男人审视女性的价值取向。再如，挑选演员时，男演员往往不一定要英俊潇洒，哪怕再丑，只要演技高，富有艺术表现力，同样可以走向辉煌。而知名度高的女演员，几乎是清一色的年轻貌美，虽然演技必不可少，但是漂亮却是第一位的。似乎没有美貌，女性就不具备当知名演员的资格。对女演员相貌的看中，恰好与处于主导作用的男导演的眼光相关。

近年来，媒体连连曝光特大毁容事件，这里的共同之处在于：被毁容的几乎都是年轻漂亮的女性，毁容的多是男性。为什么恋爱失败或发生冲突，女性不去毁掉男性的容貌，男性往往想到毁掉女子的面容呢？同样与男才女貌的价值判断相关，正因为相貌对于女性具有特别重要的意义，是她的财富，是她的资本，甚至是她的生命。毁掉了她的相貌就是毁掉了她的一切。对于女性这是最致命的报复；对于男性而言，相貌不是最重要的，因此，毁容就不是有力的报复手段。

从传统的价值尺度审视女性，可以得出这样的结论：女性的价值就是美貌。笔者以为这一判断的弊端有三：

其一，夸大了女性美貌的价值。或许有人会问，女性美是不是一种价值？笔者会肯定地说，是！当笔者以一个女性的眼光去审视一个漂亮的女性时，笔者同样可以强烈地感受到一种美。正如金一虹女士所说：青春和美貌是一笔自然资源，是一笔不可再生的自然资源。从健康的人性出发，就不得不承认它是不可多得的自然美，是一笔宝贵的自然财富，人们常常将女性美貌比作似锦的繁花，像五彩缤纷的花朵在春天里盛开，那么绚丽夺目，那么灿烂辉煌，令人赏心悦目。

然而，相貌却不是也不应当是女性的全部价值，更不应当将非能力因素作为判断能力的尺度。在当代社会，女性的修养、知识、能力、情感，对于女性的发展具有重要的意义，它们可以丰富充实人生，使人体会到创造生活的快感。可是，女性的多种价值往往退居二线，相貌的价值被无限度夸大了。在《女性大趋势》里，著名的未来学家奈比斯特深刻地提出："数千年来在男性统治下，女性的价值是由男人对美的界定来评断的，于是，女性受到时装、美容业推出完善、年轻难以企及的形象的剥削而牺牲。

职业界的女性，不管是平凡的还是有吸引力的，大都是由外观的非能力来被认定。”

其二，大大缩短了女性的生命创造周期。美貌总是与青春相伴，尽管铺天盖地的化妆品广告标榜要使青春永驻，青春依然匆匆而过，年轻貌美成为不可再生的记忆。人的生命周期总是要由青春走向中年的，然而，中年对于男女两性具有不同的意义。中年对于男性是而立之年、不惑之年，是走向成熟收获果实的年代，是大展宏图施展才华的年代。中年对于女人而言是可怕而令人畏惧的，在民间有这样的俗语：40 岁的女人是豆腐渣，这生动地概括了女性的处境和地位，此时她似乎已经一钱不值了，她渐渐失去了最令男人感兴趣的东西，她开始受到冷落，她青春时代的知名度正在跌落。在特别看好形象的演艺圈影视圈，女性大多经历着一个由高向低的发展轨迹。因此，女人比起男性更怕衰老，更恐惧失去青春。

其三，忽略乃至否定了女性的精神属性。学过哲学的人都懂得一个基本知识：人是精神与肉体的统一。这个人自然包括男人以外的女人。然而，当用男性眼光看女人时，女人的外观与肉体突出出来，女人的精神世界却被忽略掩饰起来，形成了认识女性精神属性的盲点。当我们不拘泥于女性的相貌，而是从极少被人们发现更为深刻的精神内涵来体察女性的价值，就会发现一个更丰富、更深邃的世界，发现一个更自主更依赖自身的王国，发现一个生命周期更长更富有朝气的人生阶段。

随着中年的到来，极少被人察觉的精神财富和人生阅历却悄悄成长，女性在执着的追求和生活的磨难中渐渐成熟了，她们懂得了社会，认识了自己，善于确定自己的位置，实现人生的价值。这种特有的精神财富和坚毅自信往往赋予中年女性一种不同于青春女性的成熟美，使她们具有一种特殊的魅力，这种魅力非但不会随着时光消失，反而伴随智慧生长，并把她们推向青春女性无法企及的人生辉煌境地。从英国前首相撒切尔夫人身上可以感受到这种魅力，从女企业家、女学者、女社会活动家身上同样可以感受到这种魅力。她们不再年轻，然而，她们的人生却进入了一个更加辉煌的时期，她们拥有可贵的精神财富，拥有可贵的人生体验，拥有丰硕的果实，拥有充实自豪的人生。她们正在塑造着极富精神深度的智慧型女性形象。

此外，传统的性别价值尺度往往剥夺了男性追求美的权利。当美成为女性价值的标志，男性追求美就有了女性化之嫌，人们常常将爱美的男性斥责为女里女气，不像男人。所以，男人追求美总是顾虑重重。其实，追求美不是也不应当是女性的专利，它应当成为现代人同样包括男人的自主选择。现代社会赋予了美以新的含义：美是人的审美追求，是人的整体形象的表现，是人的气质、修养、知识、审美能力的综合反映。美的衣着、美的打扮，意味着对自己和他人的尊重。因此，应当赋予男性美的权利。

鉴于男才女貌的弊端，需要改变传统的价值界定，从人的角度重新建立性别价值的尺度。这里包含两层含义：

第一，用人的眼光取代男性眼光。男性眼光的最大缺陷是将女人视为物，漂亮的女人是“尤物”，是满足性欲的猎物，而不是把女人看作人。以人的眼光来衡量女人，更看中女人是否可以成为完整的人，成为健康自信的人。这种眼光势必要顾及女人的需要人格及精神内涵。从这个意义上来认识美，美就不仅仅是相貌，自然包含了人的审美情趣、道德修养、气质性格等因素。人对于美的追求，是对于充实自信的自我形象的肯定。因此，美对于男女而言都是一种价值追求。

第二，打破男才女貌的界定，开掘性别价值的丰富内涵，拓宽性别价值的领域，将多种价值统一起来。性别价值是一个丰富的宝藏，有待开垦，比如女性的情感价值，由于性别规范的原因，女性的情感较男性更少受到压抑，更富于同情心，更善于关心人，这就形成了女性管理的人性化特点和女性救助组织。这些价值的开发，既有利于人的发展，也有利于社会，甚至可以改变人们的生活态度。

（原文载于《中华女子学院学报》1998年第3期）

对“男强女弱”观念的反思

“男强女弱”的观念由来已久且根深蒂固。与其说这种观点是对性别现状的某种概括，不如说是对男女两性可能性生活的设定。它的目的并不是描述事实，而是在给定的规范中将其转化为生活事实。在以男性为中心的社会里，男性的选择方向是成为强者，女性则是成为富于依赖性的弱者，两性的发展呈现为逆向性。

在现实中，女性通常被告知：女人是弱者，感情用事，智商低，依赖性强，头发长见识短。当女性认定自己是弱者时，首先导致的是其自信心的缺失，也就是精神的缺失，她会觉得处处不如人，低人一等，形成强烈的自卑心理。对于不公正的环境，往往不是力争改变，而是听凭命运的摆布，最终变成弱者。本来人的生活与物质世界不同，后者是既定的，前者则是给定的，一个人的生活有多种可能性，他/她要成为什么人，怎样生活，不仅与环境相关，也与个人的选择相关。特别是在一个允许个性发展的社会环境里，个人的生活目标、主观意愿和能力意志起着至关重要的作用。这一切的塑造往往取决于个人的自信和能力。心理实验证明：要想使某组的大多数人成为失败者，实验者可以反复强调该组无能，培养其自卑意识，这是一种最有效的失败教育。反之，要想将该组的大多数人塑造成成功者，实验者就要反复强调其一定会成功，培养其自信心，这是一种有效的成功教育。当反复强调女性是弱者，其致命危害是从精神上摧毁了女性的自信，不知不觉培养了女性的自卑意识。

同一阶层的男女两性的心理状态往往不同。一般来说，他/她们的自我评价差异较大，男性常常颇为自信，自我评价较高，比较肯定个人的能力，当工作出现挫折时，往往归因于外在条件。女性自我评价较低，对自己的能力持怀疑态度，工作出现失误时，总是以为个人无能。从招聘干部的报名情况来看，也可以看出这一点。近年来，随着干部人事制度的变革，公开招聘干部屡见不鲜。男性报名者相当踊跃，超过女性几倍乃至十几倍，女性报名者却寥寥无几。报名参加招聘是自我肯定相信自己的表现，女性极少报名意味着许多女性缺乏自信。当一个人对未来不敢设想的时候，自然就提不到创造未来了。

在生活中，男性从小接受的是另外一种教育：要功成名就，要当英雄，要成为强者、征服者、勇士、战士。跌倒了自己爬起来，绝不哭鼻子！这是一种强者教育，它其中蕴含的合理因素不必多言。然而，男人们在渴望成功渴望成为强者的憧憬中，常常陷入另一种困境和压迫中，但人们往往对此毫无察觉。著名的实验心理学家哥德堡教授讲过一段话：男性与女性的最大差异就是，至少说来，女性知道自己处在压迫之下。他的《男性的困境》一书，以大量的实证和分析，富于说服力地揭示了男性的困境和受到的束缚。在强者的教育中，往往把坚强和感情对立起来。感情总是和软弱联系在一起，是女人的专利。男人是坚强的，要征服困难。他们常常被告知：男儿有泪不轻弹，大丈夫不苟言笑。从这种观念出发，被视为最有魅力的男性是日本演员高仓健，他以扮演东方男子汉形象享誉世界。在《远山的呼唤》中，他扮演的逃犯外表冷漠内心坚毅，在见到父亲上吊自杀的尸体时，他痛苦至极，但他决不让眼泪流下来；他由衷地感谢女主人，却从不表露自己的情感，高仓健将男子汉的特征挖掘得淋漓尽致。对于这些吸引了众多女孩的男性英雄，哥德堡认为他们是一群荒唐的人，他们将感情视为男人真正的恐惧。他们害怕感情，压抑感情，极力控制自己的感情，高兴的时候不能喜形于色，悲伤的时候不能泪流满面。久而久之，他们变得冷漠沉默，难以体察人类丰富的感情。

由于性别角色压抑男性的感情，发展女性的感情，也导致男女两性的情感难以互相沟通和理解。20 世纪 80 年代以来，人们对于婚姻质量——爱情的要求越来越高，许多年轻的女子不仅要求配偶事业上进取，同时渴望感情上的交流和关心。后一种要求往往出现在结婚以后或者是恋爱期间，这种看似苛刻的要求实际上是对男性丰富的感情生活的呼唤，是对男女感情平等的不自觉追求，过去单向的母爱式的爱情正在转变为双向的对等的爱情。这无疑是对男性性别角色的一种新期待。当男性不能作出积极的反应，依然固守着贫乏的感情世界时，两性世界就难以沟通，似乎来自两个星球，误解和战争频频发生。电视连续剧《东边日出西边雨》的编剧李晓明洞察了男性恐惧感情背后的悲剧：主人公陆建平醉心于他的陶瓷艺术的成功，而对于女友丹妮的真切关心缺乏关注，单向地满足自己的感情需要，忽视了对方的情绪和感情需要，导致他们之间的感情冲突和最终破裂。

缺乏友情使得男性特别脆弱。他们对于女性有着很强的依赖性。美国国家生命统计系统的资料显示：离了婚的男人每年死亡率比离婚女性高 3 倍。在一项研究中发现，死亡，尤其是由冠状动脉血栓症疾病引起的死亡，在一个丧偶组中男性发病率比他们正常的死亡率高 40%。有关自杀的研究表明：在美国某些地区，未婚男性的自杀率是“老处女”的 4 倍多。一项关于再婚的研究揭示：第一次离婚后，男人再婚比女人再婚要早。

此外，男强女弱的观念又是对两性之间关系的设定，它的假定条件是：男人都必须强大富有、成为强者，女人都必须懦弱、顺从、被动，从而形成两性之间的一种秩序，男性进而获得两性关系上的支配地位和主导地位，男人依靠成功来增加吸引女性的筹码。这意味着如果他失去了地位、金钱、权力，就失去了爱情和吸引力。当这种观念被男女两性普遍接受时，强女人和弱男子同时陷入一种尴尬和困境，他们要为违背性别关系的规则付出代价。

事实上，并不是所有的男性都能成为强者，都能获得金钱与权力。从某种意义而言，成功者只是少数，况且成功者不一定永远成功。相对于出类拔萃的男人，普通男性的群体人数更多。他们没有显赫的声望和诱人的财富，他们从事着正当的职业，他们有着生活的追求，他们有着自己的爱好和选择。然而，他们常常不能堂堂正正、理直气壮地做人。在现实中往往被人看不起，甚至承受着极大的心理压力，特别是受到来自家庭和妻子的责备：责备他们不能赚大钱当大官，责备他们没本事窝囊废。作为正当而普通的男人，他们强烈地感到自己是个失败者，是个没有尊严的人，是个让人瞧不起的人。他们深感：做人难，做普通的男人更难，做弱男子更是难上加难。男强女弱的观念，使他们承受着不应承受的生活压力和精神负担。

如果说，男人作为生活的弱者，常常受到嘲弄和责怪，那么，女性作为生活的强者，也往往不容于社会。现代社会，男女两性都可以追求事业走向成功，但成功的命运迥然不同。男性的成功常常带来家庭的稳定和感情生活的充实。而女性事业的成功却时常导致家庭破裂、夫妻离异，步入爱情的沙漠地带。我们可以毫不费力地开出一长串独身的女强人名单，而且可以说明这是一种跨国界、跨种族的世界现象。在日本、韩国，绝大多数女教授都是单身。在当代 25 个女性国家元首中，大多数是独自生活，或者丧偶，或者离异，或者终身未婚。我国改革开放以来，出现了单身女性大军，其中大部分是学历高、职务高和能力强的女性。她们在事业上是佼佼者，有着充分的自信和顽强意志，有着过人的才华和生活追求，但是，她们的爱情生活却是一大片空白。也许，就其个人而言，会有这样那样的原因，然而就其性别群体而言，却在意味深长地提示人们：这是男强女弱的性别规范，是对于不在性别规则常态上生活的女性的排斥。

作为生活中的女强人，她们同样有着七情六欲和对爱情生活的向往，其择偶对象往往是男性强者，她们悄悄要求改变男强女弱的格局，形成男强女也强的态势。她们寻求精神的共鸣和情感的交融，然而，时常受到男性强者的排斥。男性强者的心态与普通男性不同，往往具有较强的心理优越感，就像贾平凹小说《废都》中的名作家一样感觉良好，更乐于在女性面前扮演师长、指导者和传教士角色，传播知识指点迷津。电视剧《北京人在纽约》中的女主角阿春说过这样一句话：男人（这里专指有才华的男性）不喜欢太聪明的女人，道出了男性强者的隐秘，因为太聪明的女人往往能洞察男人的内心，甚至包括他们不愿让人发现的弱点，使男人忽然发现了自己的脆弱，从而丧失优越感和心理平衡。他们对于能干的女人有着近乎本能的排斥和反感，更谈不到发展感情建立家庭了。于是，女强人陷入了无爱的困境。她们感叹：做人难，做女人难，做强女人更难。如果说对于事业辉煌的男人来说，爱和发展是统一的，而对于出色的女人来说，爱和发展往往是分离的，在生活中她们被迫作出非此即彼的两难选择：或者是选择家庭，这就意味着放弃事业发展，或者是选择事业发展，这就意味着丢弃家庭的温情。

总而言之，男强女弱的观念，对于男女都是一种扼杀。它扼杀女性自信心的同时也压抑男性的感情，将违背规则的弱男子与女强人同时置于困境。要改变这种状况，应当以理性的方式颠覆习以为常的性别角色规定，寻求新的健康的性别关系模式。

健康的性别关系应当是平等的两性关系，男性在发展自身才智和能力的同时，也充分接纳女性的发展，不再扮演导师和指导者的角色，建立新的富有包容精神的心理调节机制，学会欣赏对方的优点和长处，学会尊重对方的意愿和选择，学会民主协商和平等相处；与此同时，女性要善于从自身寻找人生的支撑点，从“替代成功”的心理误区中走出来，勇敢地战胜自卑和软弱，在精神上变得强大起来。男人审视女性的主导眼光，一般说来具有强烈的物化倾向。本来，作为人理应是精神和肉体的统一体，女人自然不应例外。然而在男性眼光中，女性的精神和肉体、心灵和形体是分裂开来的，女性的精神世界变得毫无价值，有价值的是相貌和外形以及隐藏其后的性器具。女性往往是作为性的物品受到男性宠爱的，女性的美貌是这一欲望的精美包装和载体。当女性极力装扮自己取悦男人的时候，恰恰是在按照男性的眼光和欲望塑造自己。因此，女性的商品化不仅是一种经济现象，更是一种性别文化现象，暗示着两性间的不平等地位，反映出具有支配性的男性眼光和价值取向。女性商品化固然与女性属性的主观意愿有一定的关系，更与根深蒂固的男性眼光相通。生活的挑战不是怀疑：我行吗？而是充满自信：我能行！平等的两性关系是这样的关系：一方的发展同时意味着另一方的发展，一方的成功意味着另一方的成功，一方的自主选择意味着另一方的自主选择。扩大男人、女人的选择性，充分发展人的能力和自主性，使男人、女人都得到充分发展。

健康的两性关系应当重新塑造女人和男人，当女性向自身的弱点告别时，依然保留女性身份，肯定女性独特的经验和价值，以女性的丰富感情和关爱之心，改造冰冷而无情的现实世界，建立充满爱心和以人为目的的工作方式和行为方式，将知识与情感融合为一体；男人不仅寻找新知识，也寻找平衡理智与情感的智慧，成为感情丰富精神充实的新男人。萨姆·基恩在《新男人》一书中描述了新男人的特征：新男人有义愤填膺的使命感，但没有暴力。新男人有友谊、有推心置腹的朋友，新男人不仅充满自信，而且特别愿意成为异性的朋友。

（原文载于《新疆大学学报》哲学社会科学版1999年第2期）

性别刻板定型与“文化陷阱”

一、性别差异、个体差异与性别刻板定型

近年来，社会上对于“男孩女性化”的状况深表担忧，一些学校开始搞起了“性别教育”。性别教育的特点是，要求男生有阳刚之气，有男性气质。2006 年成都某中学举办了“阳刚男孩”启动仪式，当天操场上出现了特别的一幕：全校 600 名男生对着天空振臂高呼：“我是阳刚男孩！”“我是男子汉！”他们发誓要做一名阳刚男孩，并且郑重地在条幅上签下了自己的名字。这标志着该校“性别教育”系列活动正式启动。

无独有偶。在广东，一所职业技术学校也办起了现代淑女学堂，倡导新“三从四德”，要求女孩既要自立自强还要相夫教子，要注重仪态举止，讲究生活品位，擅言辞交际，重贤良淑德。总而言之，女性要有女人味，要有女性气质。显然，这里有一种不言自明的假设，男性和女性具有不同的性别特点，具有两类不同的气质，教育的目的就是塑造两性特有的气质。

在探讨男女性别气质时，会遇到一系列问题：男女两性之间的性别差异是什么？在性别差异中有没有心理、行为上的个体差异？性别差异与个性差异是什么关系？性别差异能否取代个体差异？在正视性别差异的同时要不要尊重个体差异？

社会上始终存在对男女特征的一般看法，即人们对于男女在行为、特征等方面予以的要求、期望和一般看法。这种看法承认性别差异的存在，甚至认为性别差异是彼此对立的，是截然相反的，这种看法几乎跨越了不同的种族国家、不同的政治制度和经济制度。

美国社会心理学家珍妮特·西伯雷·海登、B.G. 罗森伯格撰写的《妇

女心理学》一书，呈现出美国社会对男女特征的一般看法，（见表1）其性别观念几乎惊人地相似。

表1　美国社会对男女性特征的一般看法

社会期待的男性特征	社会期待的女性特征
独立性、理性、情绪稳定、支配性、逻辑性强、数学推理能力强、果断作出决策	依赖性、善解人意、温顺雅淑、擅长文学与艺术、爱美貌、整洁干净

到了20世纪70年代，性别差异研究开始成为社会心理学与社会性别学科的一个分支。采取的方法是收集定量的样本进行实验、测试和观察，通过量化统计的方法阐述性别差异。美国心理学家观察男女婴儿的行为，发现几个月大的婴儿在行为上的差异只有两项，女孩分离痛苦和触敏性比男孩强。明显的性别差异出现于青春期，男孩注重成就（46%），女孩注重相貌（60%），大量的心理测试和研究表明，男性在自信心、支配感、攻击性方面高于女性（34%），女性在焦虑、情感感受性、容易遵从和善于交际上高于男性（32%）。性别差异的研究走向了科学，注重以真实的差异为依据，进行量化分析，排除了主观随意性。性别差异研究有利于从总体上把握性别差异的特点、分布以及发展趋势。

需要注意的是，研究中的性别差异只是平均差异，是统计学意义上的差距，不是绝对差异。以注重"成就"的性别差异来看，男孩子注重成就为46%，即便在男生当中也不足一半，女孩子注重成就为29%，在女生中超过1/4。男女之间的差异为17%，应当说并不是天壤之别，更不是截然对立。在同一性别中不同成员之间也存在极大的变动性，个体差异甚至远远高于性别差异。再看性别气质的差异就更小了。早在20世纪70年代，美国心理学家桑德拉·贝姆在美国得克萨斯州立大学75

名学生的抽样试验中发现，只有34%的男生具有男性气质，66%的男生不具有人们期待的男性气质，32%的女生具有女性气质，68%的女生不具备人们期待的女性气质。而且，在同一性别中存在极大的变动性：在66%的男性中，有8%的男生具有女性气质，25%的男生具有非男非女气质，32%的男生具有双性化气质；在68%的女生中，也有14%的女生具有男性气质，28%的女生具有非男非女气质，27%的女生具有双性化气质（见表2）。

表2　男女性别气质的调查结果（单位：%）

类型 性别	双性化	男性气质	女性气质	非男非女
女	27	14	32	28
男	32	34	8	25

所以，具有统计意义的性别差异，在某一特性方面存在着平均性别差异的同时，更重要的是几乎总是存在着更大的个体差异——女性相互之间的差异或男性之间的差异。在通常情况下，个体差异比平均差异更为重要。因为，通常我们面对的是每一个个体，在进行职业的选择、专业的确定、比赛人选的挑选时，个体的兴趣爱好、能力和水平、责任心和竞争力才是至关重要的。

如果将性别平均差异等同于绝对差异，个体差异忽视为零，就会导致性别刻板定型。性别刻板定型的一个重要特点是：将有关性别的“一般性的看法”等同于对每一个人的看法，以偏概全，完全抹杀了个体差异，即将一部分男性擅长数学推理等同于所有男性，将一部分女性具有女性气质等同于所有女性。表现出的特点是：用同一尺度要求衡量同一性别，将不符合同一标准的行为视为“不正常”“另类”。性别刻板定型也叫性别印象、思维定式，这是性别刻板定型的第一个特点。

性别刻板定型的第二个特点，是用一成不变的性别观点看待已经变化的性别现象。性别观念的改变往往比起社会生活要滞后得多。以性别分工为例，在农耕社会，汉民族的性别关系发生了根本性的改变，女性全面退出政治、经济和社会，进入家庭私领域，从此女性成为男性的附属品。男性特别是贵族男性掌管着政治、经济和社会公领域的权力，由此形成了公私领域的性别分离和“男主外、女主内”的性别分工。到了20世纪，男女两性关系经历着历史性的变革，女性从家庭私领域进入专属于男性的社会公领域，接受公共教育，参加经济活动，参与社会公共管理。然而，提到女性的定位，人们首先联想到的是家庭角色。比如，女性为什么要接受教育？人们首先想到的不是女性的教育权，或者经济独立之必须，而是女性的母职：要抚养教育下一代。正如苏联教育家克鲁普斯卡娅所说：如果你在家教育儿子，就是在教育公民，如果你在家教育女儿，就是在培养整个民族。正如春蕾计划的标语所说：今日的女童，明天的母亲。正如洗衣机广告所说，洗衣机是献给母亲的爱。

这种固化的思维还表现在职业身份与性别印象的叠加上。2008—2010年，有在农村进行性别培训的教师，曾经在不同的地区、不同的人群中进行性别印象的测试，测试的内容是：我们到一个村庄去调查，刚进村子，迎面走来一个地地道道的农民。请问，此时你的脑海里所浮现的这位农民是男的还是女的？结果惊人地一致：男的！而且是饱经沧桑的中老年男子。无论是乡镇干部，还是乡村农民，乃至城市市民概莫能外、屡试不爽。然而，事实上，农村人口构成已经发生了巨大的变化，在城镇化和工业化的过程中，男性外出打工转移到城市和企业，妇女接替了原来以男性为主的农业劳动，成为农业生产的主力军，出现了“女耕男工”或曰“农业劳动女性化”的现象。早在2004年农业部就进行了统计，全国3.6亿从事农业生产的劳动力中，妇女人数为2.36亿，占劳动力总数的65.6%，个别地区甚至高达 80%。“娘子军”已经成为当下对中国农业经济贡献最大的劳动大军，传统的“男耕女织”已被“一家两业”“女耕男工”所取代。为什么性别印象与事实有如此大的出入？其结果是出于人们对“农民”的性别刻板印象。

从纵向来看，性别刻板定型的特点之一是指向传统和过去，排斥现在与未来，倾向于将男女看作对立的两极，一方强另一方弱，一方是主另一方是从。往往将历史上形成的性别分工视为天经地义，用恒定的眼光看待两性之间的关系，而不是用变化的眼光看待男女关系。当这种性别印象被绝大多数人接受的时候，就使得传统的性别观念具有极高的稳定性，当这种性别印象被政策制定者接受的时候，就会强化农耕社会的性别分工和性别角色。

二、性别刻板定型与性别歧视

性别刻板定型会产生什么结果呢？从正功能来看，性别刻板定型具有一定的积极意义，人们可以不加思考，对于性别标识作出区别与判断。比如：在公共厕所外用裙子的图示标明“女厕”，用裤子的图示标明“男厕”，就是利用了性别刻板定型，使人们一眼分辨出厕所针对的性别人群。

从负功能来看，性别刻板定型会强化男强女弱的性别关系，将男女推向对立的两极。北京师范大学教育系的女教师专门研究了中小学语文课本，发现法定的教材里存在大量的性别形象定型，几乎所有的战士、科学家、领袖、政治家都是男性形象，纺织工人、幼儿园阿姨、医院护士、照顾孩子的都是女性形象。性别文化的链条就是通过性别定型环环勾连到一起的，将本来丰富多彩的性别形象转变成单一的刻板的形象，当定型的性别形象在教材、媒体、生活、广告中反复大量出现，不断刺激感官，就会潜移默化地影响到年轻人性别观念的塑造。

在 20 世纪 80 年代传统性别观念的塑造下，出现了“干得好不如嫁得好”的新一代女性。上海女性高等教育调查结果显示，赞成女性工作第一的只有10%。中国女性高等教育调查结果显示，赞成女性相夫教子的女生占70%，赞成女比男强、好景不长的女生占68%，广东有六成女性愿意嫁给富二代。2004年，首届亚洲女性论坛在新浪网上进行了30个省市的《当代中国性别期待调查》，对896份问卷调查的分析结果显示，七成半的女性不反对干得好不如嫁得好，40.5%的女性认同“干得好不如嫁得好”。这种性别观恰恰折射出性别刻板定型的文化建构。

性别刻板定型还会导致男女发展机会的不平等。性别刻板定型从思维方式来看是一种固化的或类型化的思维，夸大两大性别的共性而忽视个性。性别定型与一定的专业和职业结合起来，就打上了性别标签，比如空姐、警察叔叔、幼儿园阿姨。就业岗位在对某一性别敞开大门时，同时也会排斥另一性别，在这里男性、女性都不能幸免。上海有一个男大学生特别喜欢幼儿教育，愿意当幼儿园的阿叔，为塑造人类的未来而工作。可是，没有任何一家幼儿园愿意接收他，甚至用质疑的眼光来看他：照顾孩子是女人的事，男人愿意照顾孩子是不是有毛病？在这里，职业的性别标签为男性的另类选择也亮出了红灯。与此同时，女性要进入过去属于男性的职业更是困难重重。历史上外交官几乎都是男性，这些年随着外语系女生比例大幅度地提升（女生高达90%左右），传统的性别格局正受到前所未有的挑战。为了维持原有的性别比例，用人单位提出了苛刻的招聘性别比例1∶1，导致很多优秀的女生无法进入外交官行列。近年来，这种现象正在从就业限制前移到专业限制，表现在外语小语种的招生上，按照男女生相当的比例，导致女生的入学分数线大幅度提升，有的学校女生比男生的分数甚至高出60多分，可以说，剥夺了女生接受高等教育的平等机会。

国际上将限制男女享有平等机会和权利的行为都视为歧视。联合国《消除对妇女一切形式歧视公约》（以下简称《消歧公约》）早在1979年就对性别歧视作了专门规定，提出：基于性别而作的任何区别、排斥或限制，其影响或目的均足以妨碍或否认妇女在男女平等的基础上，享有或行使在政治、经济、社会、文化、公民或其他方面的人权和基本自由，就是性别歧视。《消歧公约》对歧视的界定提升到了基本人权的高度。由此，凡是侵害男女两性基本权益的行为，就属于性别歧视行为。性别歧视包括多种形式，有的属于公开性歧视，还有隐蔽性歧视。《消歧公约》第五条第一款提出，“基于性别而分尊卑观念或基于男女角色定型所产生的偏见、习俗和一切其他做法”，都属于性别歧视。这种性别歧视通过两种方式表现出来：一种是通过文化认同将职业和专业固化于某一性别角色，习惯的说法是“适合论”，女孩子适合学文艺和语言，男孩子适合学竞技和理工。女孩子适合家政、会计、美容美发，男孩子适合计算机、军事航海和主管。当适合论被普遍接受时，性别歧视被合理化了，人们就会落入对于性别刻板定型认同的文化陷阱。另一种是将文化认同与制度强制相结合，某些专业和职业在“适合论”的基础上进行严格规范，允许某一性别而排斥另一性别。比如，国家教委将煤矿开采专业、航海专业列为女性教育的禁区。其结果是，敢于探险的女性无论怎样愿意挑战专业的性别限制，也会变得无能为力，在职业生涯上受到刚性约束。

三、跳出性别刻板定型的文化陷阱

走出性别刻板定型，是一个深刻的文化变革过程，也是持续性的破冰之旅，需要文化变革与制度创新的双轮驱动。

首先，需要性别文化的重新建构。进行文化变革，单单固守中国的传统性别文化是不可能达成的，需要进行跨文化的比较与梳理。变革路径为引入先进的文化——社会性别理论，重新反省司空见惯的性别刻板定型，使之从集体无意识转换成集体有意识，从文化上的单一和强制转换成多元与弹性。在性别文化变革中，北欧国家是先行者，它们善于打破固化的思维模式，将多元的观念与日常生活结合起来，成为国际社会性别平等的旗帜，其性别人文指标和权能指标遥遥领先。

以瑞典为例，性别观念从幼儿园娃娃抓起，注重性别形象的多样化。无论是图片、教材，还是大众传媒的文艺形象，男女形象都富于弹性。女性可以是富有爱心的母亲，也可以是优秀的职业女性，还可以是出色的女政治家；男性可以是企业雇员，也可以是优秀的组织者，还可以是富有家庭责任感的好父亲。在这些丰富多彩的形象背后传递出一种观念：每一个人，无论男人女人都有同等的价值，应当获得同样的尊重。人没有高低贵贱之分。做人需要有丰富的生活和多方面的体验，男人女人都有多方面的才能，应当促进男女的能力都充分发挥出来。

在这种文化重构中，对于很多性别话题都在进行反思。2000 年之后，瑞典家庭暴力问题特别引人关注，不少教育者注意到战争暴力实施者几乎都是男性，刑事犯罪者 90%—96% 是男性，针对妇女的暴力事件中施暴者 100% 是男性。这种暴力倾向与儿童教育是相关的，在未成年教育中，人们赞美男性气质，常常告诉男孩子要依靠武力解决问题，真正的男人不能放弃武器，放弃武器就不是真正的男人。所以，男性气质与暴力纠结在一起。教育工作者收集了许多男孩子玩枪弄炮的图片，有俄罗斯的、瑞典的，也有中国中学生军训的内容。他们提出，要改变男人的暴力，就要改变男孩子的标准和教育，让孩子们学会以非暴力的方式追求和平。与此同时，社会上专门设立了咨询机构，对有暴力倾向的男人进行咨询，提出有暴力倾向的男人往往没有完成从儿童角色到成人角色的转变，儿童角色更容易依靠情绪来处理问题，而成人角色则自主自信，对自己的行为负责任，能够控制自己的情绪和冲动。通过咨询引导暴力男性学会两性平等相处，培养父亲的责任感。在性别文化建构中出现了大量富有家庭责任感的父亲，他们善于从孩子的角度考虑问题，而不是一味地训斥孩子，与孩子建立了信任和友爱的关系。正如一位父亲所说："安全感对我们所有人都是很重要的，尤其是对孩子们。要让孩子们时时刻刻都能对成人抱有信任感。在安全感中成长的孩子们今后才能坚强和取得成就。”在这种文化重构中，出现了大量独立性强的女性，瑞典议会有将近 50% 的女性议员，在行政领导岗位有一半的女部长，她们善于在家庭与工作中寻找平衡，政治上充满智慧，生活上富于情感。在他们看来，家庭责任与社会责任不是对立的，而是一致的，“男女分担家务是一种责任，一个缺乏家庭责任感的人，缺少人情味的人，也很难有社会责任感，不可能关爱他人，也不可能胜任社会工作”。一种相互尊重、平等相待的两性关系正在建立起来。

其次，需要公共政策的积极推动。性别刻板定型的转变，需要文化变革，同时更需要公共政策的拉动。倘若仅仅强调文化变革，忽视刚性制度的建立，就会形成先进文化与传统制度的冲突，甚至还会因为制度的强制性，使得文化观念的变革受阻乃至出现倒退。公共政策怎样推进刻板定型观念的改变呢?

第一，要改变公共政策的思想基础，清除大量的性别偏见和性别印象，转换成尊重个体的基本权利。就是说，公共政策要建立在维护每个人的基本权利的基础上，倡导权利与责任对等，禁止性别歧视。

欧盟的平等待遇指令及所有国家的反歧视法都同时禁止直接的和间接的歧视，并作了明确的定义，例如北欧各国、荷兰、德国、法国、加拿大和美国。在与中国文化传统相近的亚洲各国中，韩国于 1986 年签署联合国《消歧公约》，1988 年制定了《男女雇用平等法》，该法禁止直接的歧视，1999 年修订该法时增加了禁止间接歧视和性骚扰的条款。2001 年韩国制定了《国家人权委员会法》，更加明确地禁止直接和间接的歧视。日本在 1985 年制定了《男女雇用平等法》，只禁止对女性的直接歧视，2006 年修改后的《男女雇用平等法》，核心内容是确立了间接歧视的概念，并从禁止对女性的歧视扩大到禁止对男女两性的歧视。

第二，要取消不利于性别平等的政策条款。目前，在国际社会公开的性别歧视政策大大减少，更多的是隐蔽的性别歧视政策，甚至是保护性的政策。早在20世纪50年代，国际劳工组织就强调对于女职工的劳动保护，设置了不少劳动禁忌，比如不允许女职工从事矿山井下作业，不能上夜班和加班，将女性特殊时期的劳动禁忌扩展为女性所有阶段。在日本，凡是企业允许女工加班就会被视为非法，会受到严厉处罚。这种不考虑个性差异的做法，提高了女性就业的门槛，导致很多企业不愿招收女职工。一些女工为了能够就业，加班加点劳动，却不能列入加班的名册，得不到任何补贴。针对这种过度保护带来的权利受损的问题，国际劳工组织缩小了劳动禁忌的范围，将选择权交给了择业者，由男女根据自己的意愿进行自主选择，尊重个人意愿就是对于权利的尊重，就是对于平等机会的给予。

第三，要推进性别平等政策的执行，着力拉动男女两性关系从不对等的权力关系向平等的权力关系的转化。制定性别平等政策，只是完成了政策运行周期的第一步，还需要执行与不断完善。1974年，瑞典父母保险制度创立，过去只有母亲津贴，即母亲生育可以享有津贴和假期，与父亲无关，现在转变为父母津贴，即父母任何一方都可以享有休假和津贴。这一政策源于对孩子权利的保护，父母双方都和孩子紧密相连，孩子应当从最初来到世界就享有被父母双方照顾的权利。父母亲的保险财政来源于一个所有雇主都需要支付的社会保险，其包括两项内容：一是父母亲育儿补助，通常在小孩0岁至16个月时，父母亲任何一方可以休假照顾婴儿。二是父母亲的临时假，在小孩12岁之前父母每年有7天可以照顾生病的孩子，假期补助是工资的80%。从而，保障父母双方都拥有照顾孩子的家庭责任和享有休假的法定权利。原则上，父母假是被父母双方平分的。然而，事实上很少有父亲休假，家庭责任仍然更多地被女性承担。20世纪90年代，妇女组织调查了200家大公司男性员工休父母假的情况，结果并不令人满意。尽管瑞典在世界上有很完善的父母假保险体制，也只有6家公司明确地支持男性员工主动对他们的家庭承担责任。这些公司认为，如果员工有机会将工作和家庭统一起来是很重要的。他们鼓励的态度表现在：希望男性能够比法定的一个月休更多的假期，并且感到公司有义务帮助、确保男性有更多的机会将家庭和工作统一起来。许多男人宣称自己有更重要的事情要做，从而试图逃避对孩子的责任。家庭责任的天平依然向女性严重倾斜。为了实现男女共同分担家庭责任、保障女性就业权利，瑞典的家庭政策在 1994 年作出了进一步的调整，增加一个月的父亲假，要求所有的父亲在育儿假中必须休假一个月，否则将取消一个月的补助。公共政策开始用少量强制性的配额制取代了选择权。2002 年父亲假又增加了一个月。政策的强制性渐渐发挥了实效，越来越多的男性承担起家庭责任，他们早上送孩子进入托儿所，而下午又接孩子们回来。以前女性照看孩子是生命中最重要的事情，现在，正在同样成为瑞典现代男性的责任。

正是通过文化与制度的双轮驱动，僵化的性别刻板定型正在改变，固化的性别文化陷阱逐渐消除。在北欧国家体现出的平等、尊重和多元的性别文化，应当成为中国各界努力的方向。

（原文载于《妇女研究论丛》2015 年第 3 期）

第二章

大众传媒的性别分析

作者手记

进入改革开放时期，一个重要的成果是大众传媒的典型代表——电视剧活跃起来，曾经消失的爱情主题重新登上艺术舞台。1990 年以来，电视连续剧《渴望》《篱笆·女人和狗》《北京人在纽约》在我国热播，那时几乎是万人空巷，家家户户都在观看，街头巷尾都在热议。每天晚上，笔者和先生都在期望着观看新一集电视剧，会关注那个忘我奉献的刘慧芳的命运，会欣赏令人耳目一新的女老板阿春的风采，会议论编剧笔下的青年男女的恋爱关系。于是，渐渐形成了一个个主题，母亲的美化与女强人的扭曲，女性自立自强的发展以及代价，男性对于女性物质上的给予，女性对于男性恋人权利的出让。于是，在报纸杂志上连续发表系列评论文章。

女性商品化与男性眼光

随着下海潮和经商热的兴起，随着艺术热点追逐社会热点，电视剧中女性形象悄悄发生着变化，传统的忘我的女性形象渐渐退到幕后，新潮的年轻的女性形象来到幕前。后者变得更功利更务实更注重享受，她们或者想方设法寻觅大老板，直接把老板兜里的钱装进自己口袋，或者充当商界的交际花，心甘情愿充当总经理手中的一张牌。电视剧几乎不知不觉地触及了一个新话题：女性的商品化。

在作品里，女性的身份年龄与相关的男性形成强烈的反差：从年龄相貌来看，女性正值青春年华，身材苗条美丽漂亮，男性大多过了而立之年，开始发福相貌平平乃至丑陋；从身份地位来看，女性多为秘书、情人、普通工作人员，男性多为老板、经理和富有政治经济实力的人物；从价值观念来看，女人多追求金钱和享受，男人多追求色相和性欲。在两性关系之间，无法使用爱情的字眼，本质上已经成为实用的交换关系，女人用自身的相貌和身体换取金钱，男人则用金钱和权力获得美貌和性满足。在这里，男人和女人的位置截然不同：女人是被男人观赏的，之后是被男人享用的，女性是男性消费的对象，男性则是享用者消费者。男性的消费方式是一个过程，首先是满足感官和视觉，然后是性的占有和使用。而女性一旦接受了大量的金钱和商品，就成为某个男性老板的专利和私有财产。在主子高兴时，她可以撒娇，却不可以背叛，更不可以不听招呼。因为这时候，她已经不是一个独立的人，而是一件特殊的商品了。

电视剧作品在触及女性商品化这一有价值的主题时，更多强调女性的独立与尊严，表现出对于女性商品化的抵制，例如《东边日出西边雨》中的女主角肖男的塑造就体现了这一意图，肖男凭借年轻聪慧和美貌，充当老板的情人，享有优越的物质生活，未曾有过物化的感觉。直到有一天老板当众打了她，她才忽然发现尽管她拥有享受不尽的荣华富贵，但她活得就像老板的一条狗，自己的脖子上缠着一条金色的项链，像狗一样被支使。当她一旦意识到她处在狗一样的地位，她作为人的尊严感产生了。为了维护人的尊严，她毅然选择了另外一条路：放弃一切物质享受，依靠自己来创造自己的生活。她像娜拉一样离开了供养她生活的男人，开始了艰辛却富于尊严的劳作。应当说，这一人物的塑造是富有深度的，是从女性作为人的角度反抗女性的物化。

女性商品化自然离不开金钱的作用，然而仅仅凭借金钱却无法解释为什么男人总是处于买方而女性总是处于卖方，要弄清这一问题就要分析性别文化及两性的地位和权力关系。进入20世纪以来，人类两性关系渐渐发生着变化，要求男女共同享有平等的权利和尊严，已经成为世界潮流。然而，两性的不平等地位和关系尚未得到根本性的改善，男性依然控制着绝大部分资源，掌握着权力和经济命脉，半数女性却只占有极少的资源，尽管她们已经走向社会，但往往充当男性的雇员，经济收入水平远远低于男性。应当说，电视剧所揭示的两性位置和相互关系反映了现实中真实的两性关系。由于男性处于社会的主流和中心地位，女性处于依附和边缘化的地位，才会构成男女在交换关系中的特定位置：男性总是充当买方，女性充当卖方，男性是消费者，女性是被消费者。在这里男性是主动的支配和控制的一方，女性是被动的受支配和控制的一方。男人不必在意女性的要求和标准，因为他们占有资源和财富，女性却要适应男性消费者的口味，按照男性的尺度来规范自己，否则就得不到资源和财富。因此，男人审视女性的目光和价值取向显得特别重要。

男性审视女性的主导眼光，一般说来具有强烈的物化倾向，本来，作为人理应是精神和肉体的统一体，女人自然不例外。然而在男性眼光中，女性的精神和肉体、心灵和形体是分裂开来的，女性的精神世界变得毫无价值，有价值的是相貌和外形以及隐含其后的性器具，女性往往是作为性的物品受到男性宠爱的，女性的美貌是这一欲望的精美包装和载体。当女性极力装扮自己取悦于男人的时候，恰恰是按照男性的眼光和欲望塑造自己。因此，女性的商品化不仅是一种经济现象，更是一种性别文化现象，暗示着两性间的不平等地位，反映出具有支配性的男性眼光和价值取向。女性商品化固然与女性的主观意愿有一定的关系，更与根深蒂固的男性眼光相通。

当编剧们揭示女性商品化的主题时，缺乏深刻的富于洞察力的眼光，他们仅仅看见女性的自身作用，强调女性自尊自立，却未曾发现深层次的两性不平等地位和主导性的男性眼光，因而缺乏对男性眼光的觉察和反思。结果他们的作品充满矛盾：一方面，编导们（不仅包括男编导也包括女编导）几乎无一例外地反对女性商品化，另一方面，又常常采用商品化后面的主导性的男性眼光来认识女性，把女性的相貌放在突出的位置上来看待，强化了电视剧女主角的外在形象，大大限制了作品对女性商品化的批判深度和力度。

（原文载于《党校报》1997 年 12 月 15 日）

电视剧中的女性形象系列谈：忘我与忍让

20 世纪 80 年代中期，是国内大陆学界理性自省的时期，女性形象也成为观照和审视的对象，中华人民共和国成立以来第一次从人的角度审视女人。那些历来被讴歌的善良无私的女性，开始被放置于理性的审判台上解剖与审视批判，揭示“无我”的悲剧，具有独立和“自我”意识的女性渐渐得到肯定。

电视剧《篱笆·女人和狗》就是一个例证。其作品的主人公枣花是善良的，也是不幸的，她的命运昭示着一个深刻的真理：女人企图通过男人获得幸福的神话是天真的幻想，拯救自己命运的只能是自己。唤起女人的自助意识，批判善良女性内心的软弱以及对自身命运的无奈，是作品的主题之一。狗剩媳妇与枣花的对比，突出了善良的枣花身上的弱点：像一只任人宰割的羔羊，逆来顺受，一味忍让。此时，枣花的形象不再以善良不幸打动人心，而是以自己不能主宰自己的命运发人深省。剧作从寻找男人救助的失败到对枣花性格弱点的解剖，终于找到了善良女人不幸的根源。作为枣花精神上的拯救者，喜鹊的拯救方式是唤起弱者的自助意识，使弱者变成强者，从而达到其命运的改变。

当时，学界的理性自省处于起步阶段，尚不足以消解数千年来积淀下来的文化意识。在无视个体的文化依然成为意识形态话语及大众话语的主导价值判断尺度时，文化走向市场，时常意味着人的主体性的自行失落。20 世纪 90 年代初，社会经济体制的转型，促进了文化进入市场的进程。作为此时的代表作品，《渴望》轰动全国。它讴歌赞美女主角刘慧芳的善良，并且把这种善良推向一种“忘我”“无我”的极致。慧芳在不断“忘我”的过程中，从职业女性退回家庭，斩断了自我发展的一切可能，成为一个最为男权文化认可的母亲角色，完成了男权文化对于现代文化的消解。

刘慧芳的精神特征在《风雨丽人》的母亲形象上得到继续和延伸，女作家几乎下意识地遵从男主外女主内的性别规范，将好女人定义在家庭，总是与孩子联系在一起——就犹如好男人的位置总是在社会，总是与事业联系在一起一样——她们不约而同地选择了最为传统认可的母亲作为歌颂的对象。叶秀清和丁静兰的孩子已经长大成人，是具有主体行为能力的人，母亲在处理个人及家庭的事情时，就涉及自己与孩子的关系。强调道义和责任，无视个体权利，是贯穿整个作品的伦理原则，这一伦理原则的可怕之处不仅在于它扼杀了个体的合理性，而且在于它扼杀了人的权利，还让人以为其是一种高尚的行为，并将此奉为美德。它导致了所有人的不幸和悲剧，首先是母亲的悲剧，叶秀清内心深深爱着一个年轻的军人，为了革命的需要，她在组织的安排下和一个不爱的革命干部结婚，一生没有享受到爱情的快乐。作为母亲，她是无视个体权利的受害者，而后又成为儿女悲剧的制造者，她和丁静兰导致了儿女的婚姻悲剧，使如月、如霞和文生同时陷入不幸。当女作家热情讴歌母亲的忘我精神的时候，不但使母亲的自主性消失殆尽，而且使儿女的自主性也全面消解。无视个体的文化几乎不费吹灰之力就击败了现代文化的努力。与此同时，传统的女性标准——持家的照顾孩子的忘我的女人才是好女人——也伴随母亲的形象得以强化。

（原文载于《妇女研究论丛》1997 年第 3 期，节选）

电视剧中的女性形象系列谈：美化与扭曲

艺术作品中的女性形象作为一定历史时期的文化载体蕴含着不同的意义和内容。封建社会中的女性形象是性别等级观念的产物，巩固和强化着两性的不平等地位和女性的自卑心理，夸大了男女之间的差异并将其演变为性别歧视。20 世纪中叶的中国艺术中的女性形象，在消除性别歧视、缩小性别差异的同时，却走向另外一个极端：人为抹杀两性的差异和生理区别，变成毫无人性丰富内涵的抽象政治符号。那么，与改革开放同步的电视剧中的女性形象，置身于现代文化、传统文化、性别文化与商业文化并存的文化环境中的女性形象，具有哪些特点？体现了哪些文化观念乃至性别文化观念？在这里，让我们从社会性别视角切入电视剧中的女性形象，关注女人是否成为“人”，“人”的命题中是否包含女人，在人的自觉中是否包含着女性的自觉，探讨性别角色定型及性别发展在女性形象中的表现。

在《渴望》和《风雨丽人》中，有两类反差极大对比强烈的女性形象，一类是母亲，另一类是女强人。男女作家们几乎不约而同地把喜爱献给了母亲，将反感留给了女强人。母亲形象总是充满爱心、同情心，富有理解力和牺牲精神，引起周围人的赞叹和夸奖；女强人总是缺乏家庭和母爱，人际关系紧张，心理变态，受到人们的非议。

在作品中母亲形象总是与这样的经历和身份相联系：

她们出身于工农家庭，文化程度偏低，适龄结婚生儿育女，极少有职业女性的特征，或者干脆是地地道道的家庭主妇。当然在这个阶层的女性中，不乏心地善良、善解人意的母亲。但是，由于生活视野的狭小，精神生活的贫乏，与外在世界的隔膜，更多的母亲往往关注生活，缺乏丰富的想象力和对于心理世界的理解力，生活平庸且乏味，缺乏创造，缺少色彩，此外，她们往往把孩子作为自己的私有财产，似乎理所当然地控制支配孩子的生活和选择，缺乏现代民主平等意识。然而，我们的作家在描写母亲的形象时，却把母亲形象写成集善良、忘我、理解、勤劳、宽容于一身的楷模。

何以至此？笔者以为有两个原因。其一，与歌颂忘我的主题相关。中国的文化推崇无我的境界。母爱含有一定的忘我的成分。母爱是在与孩子的相互关系中确定的，这种感情的关怀往往是单向的，一方是付出，另一方是获取。因此，在强调责任义务和无我的文化中，母爱就有了一份象征意义，母亲的形象就成为最合适的载体，而母亲身上的其他因素就被忽略了，甚至成为认知中的盲点。其二，与好女人的标准相适合。母亲的位置在家庭，母亲的职责是照管孩子，与女性承担家务天经地义的观念恰恰吻合。由于文化立场的认同和主题的需要，作者便采取一种想象的诗意的笔法描写她们，美化她们，关注并放大她们善良的、朴素的一面，而无视或回避她们短视的、贫乏的一面，母亲的形象被夸张性地美化了。

女强人形象却与另外一种经历和身份相联系：

她们生长在有教养有文化的知识分子家庭，本人也接受过系统的高等教育，拥有专业特长和一定的才能。她们是典型的职业女性，职业对于她们而言，不仅是谋生的手段，更是立业的根本。她们的爱情历经坎坷，已过而立之年，依然是待字闺中的“老姑娘”。当大多数女性是弱者是低水平时，她们恰恰是强者；当大多数女性将家庭和婚姻作为归宿时，她们却孑然一身。自然这个阶层的女性也不乏蛮横无理、胸襟狭窄之流，但是与家庭妇女相比，这些女性更富有知识，充满自信，她们的眼界更为开阔，善于与外在世界沟通交流，其生活空间远远大于普通劳动妇女。她们见识广，阅历丰富多彩，更富于感受力和理解力，善于体察人的内心世界，达观地对待他人和自己。她们更富于自尊和独立人格，不依赖父辈和家庭，善于尊重别人也尊重自己。可以说，这类女性形象突破了传统的女性角色模式，向所谓好女人的定义提出了挑战。

本来，逼真地塑造这类女性形象，可以展示20世纪现代女性的精神风貌，表现女强人的特点和两难处境，引起人们更多的思索，然而，在艺术作品中她们却被极大地扭曲了，变为不近情理搬弄是非的女性。比如王亚茹，在高大的劳动妇女面前，独身的女强人显得特别渺小，极度令人厌恶，集狭隘、自私、精神变态、歇斯底里、损人利己于一身。

扭曲女强人的现象引人深思。它意味着编剧对女强人的精神生活和挑战性缺乏理解和认同。生活在20世纪末的独身女强人，她们具有强烈的叛逆性和挑战性，她们向“无我”的文化提出挑战。近年来出现的女强人，与母亲们的一个明显不同在于，开始拥有了自我意识和权利意识，她们敢于理直气壮地肯定个体的合理性，再也不愿作为工具被随意处置，而乐于发挥个人的主动性积极性，实现社会价值。要准确地塑造这类女性，不仅需要走近她们、了解她们，更需要用现代眼光审视她们。如果仍然用忘我尺度来评价，就难以理解她们的价值观念，就容易将自我价值与自私自利相等同。

她们向传统好女人的位置提出了挑战，向单一的生活方式提出了挑战。传统的女人总是与家庭、孩子联系在一起。然而，当人们都按照一种生活方式生活时，她们却主动或被迫选择了另外一种生活方式。当编导固执地沿用传统好女人的标准、沿用单一生活方式的模式来看待独身女性时，容易陷入两个认知误区。

第一，将单身女性与心理变态画等号。在我们这个还不习惯他人选择多种生活方式的生活空间里，人们总是将那些作出不符合生活空间里常规选择的人视为异常变态。苏联故事片《办公室的故事》就是用一种单一的生活方式的眼光来看待单身女性，把她描写成缺乏女人味道的异常人，最终使她正常起来的唯一途径是结婚建立家庭。在这里，单一定型的生活模式变得神圣不可侵犯，一切冒犯了常规的生活方式的人都有心理变态的可能。

第二，夸大精神变态的后果，强化人们的反感和排斥心理。倘若我们走进单身女性的世界，就会发现这是一个多彩的世界。作为传统的挑战者，她们生活得极不轻松，她们不仅要承受爱情上的孤独，还要承受社会上的压力，其中包括对多种生活方式的不宽容态度。有一些心理承受力极强的女性，依然保持着一份达观的生活态度，自如地循着自己的生活轨道生活、工作、创造、交友、享受。而另一部分女性在社会的压力下，渐渐在个人和他人之间筑起一道墙，将自己的内心世界闭锁起来。

心理变态的单身女性当然可以成为艺术表现的对象，问题是，出于何种动机，是剖析心理变态的原因引发人们对于单一生活方式的反省，从而建立多元化的生活模式和宽容精神，还是夸大精神变态的灾难性后果，立足定型的性别立场来谴责单身女性。这是两种截然不同的动机和态度，塑造出的人物也有极大差异，前者会充分意识到和表现出单身女性的闪光点，揭示导致其变态的社会原因。后者则往往无视单身女性的长处，乃至形成认识上的盲点，夸大她们的缺陷。显然，《渴望》在描写王亚茹时，是立足于后一种动机，渲染强化她的变态心理，突出她给人带来的灾难，把她描写成歇斯底里的现代“女巫”。《渴望》的编剧几乎不知不觉地陷入生活定型的思维模式之中，成为扼杀多元生活模式的社会同谋。

也许，对家庭妇女的美化与对职业女性的扭曲，并不是出于编剧的自觉。在这种不自觉的女性形象的描写中，分明渗透着根深蒂固的男权价值判断：最好的女人是持家的忘我的女人，没有家庭、发展自我的就不是好女人。传统性别意识依然侵蚀着电视剧中的女性形象。

（原文载于《中国妇女报》1997 年 6 月 16 日）

电视剧中的女性形象系列谈：发展与代价

女人倘若寻求发展和在社会上立足，比起男性要经历更多的陷阱和沼泽。其中一个危险的陷阱就是爱情和家庭。爱情和家庭对于男人和女人的作用力常常是相反的：拥有了爱情和家庭的男人，愈加渴望在社会上建功立业，获取社会地位，得到社会和公众的认可；而拥有了爱情和家庭的女人，愈加关注家庭，渴望在家庭中作出牺牲，得到丈夫和孩子的认可。

当《北京人在纽约》的编剧最终让女性选择了爱情而抛弃了事业，《情满珠江》的编剧却多了一份女性发展的意识，让女主角淑贞避开了爱情的陷阱，勇敢抉择了自我发展的道路。淑贞和阿春几乎都有一份爱和一个能干的爱人，如果说阿春比起王起明更胜一筹，那么淑贞和必成就不分上下。然而淑贞几乎从未萌生过靠丈夫的念头，始终将人生的重心放在自己肩上。她无法在家庭生活中获得全部的满足，外面的世界和天地吸引着她，工作与事业已经构成她整个生命的一部分。她深深爱着自己的丈夫和孩子，同时她又深深渴望着创造社会价值。她不仅需要爱情和家庭，也同样需要事业与发展。

通过女主角淑贞的选择，编剧提出了一个女性发展的命题。按照马斯洛的人的五种需要的理论，爱和自我发展是人的需要之一，是正当合理需求。然而，在现实中它却因性别而异，女性的发展往往要付出极大的代价。

编剧清醒地看到要求发展的女性特有的困境，为此，没有为淑贞设置一个具有男女平等意识的丈夫，而是选择了一个性别角色趋于传统的丈夫，淑贞的丈夫不仅有干练男人的长处，而且有着干练男性常有的缺陷：在性别角色上认同男人闯世界、女人管理家庭和孩子，极其反感女人在外边忙得顾不上家。编剧也没有为淑贞设置一个富于现代性别意识的家庭，而是选择了一个不能理解更不能容忍儿媳忙于工作的婆婆。也许，放弃事业追求，是一种息事宁人的最佳选择。但是，对于淑贞来说，却是痛苦得无法接受的选择，性别文化观念的冲突乃至家庭矛盾的激化就不可避免。

这种冲突已经远远超出了家庭纠纷，且具有深刻的文化意蕴，它意味着：女性的发展面对的不仅仅是自己，同时还要面对男权意识浓重的社会家庭环境。女性的发展不仅仅是女性自身的问题，同时也是男性观念改变的问题，是整个社会性别角色的改造问题。

在现实社会里，发展对于女人和男人往往具有不同的意义。男人越是发展事业，越会增加爱情上的吸引力和在家庭中的分量，反之就会减轻家庭的向心力，甚至彻底瓦解家庭。男性的魅力几乎是与事业的发展成正比的。相反，女人越是发展事业，越会减少丈夫的感情和在家庭中的分量，爱情会陷入沙漠地带，甚至导致婚姻的破裂。

对于事业辉煌的男人来说，爱和发展是统一的，而对于女人来说，爱和发展是分离的，需要在无情的生活中被迫作出非此即彼的两难选择。

任何一种选择都是极不轻松的，都要付出代价。义无反顾的淑贞还是毅然决然地选择了发展，于是她从此面对一个破碎的家和失去父亲的孩子，面对一系列秉持责任高于权利的社会关系，面对一大群的亲朋好友站在同一性别立场对她的谴责。她不仅要承受爱情的孤独，还要承受社会舆论压力。这就是女性发展的代价和困境。

编剧通过描写淑贞的选择困境，揭示出女性发展中的一道难题，特别耐人寻味。本来，编剧可以在更加广阔的时间和空间里，展现女性的发展与代价的主题。比如，描写另外一对夫妻的合作与相互支持，可惜，编剧未能做到这一点。

显然，这与编剧的伦理主义倾向有关。从主要人物的发展线索来看，不难看出作者对淑贞和她的丈夫必成有不同的伦理倾向，他把赞美和同情都给予了善良的淑贞，将不满和责备都给予了自负的必成，常常不自觉地用道德的眼光来审视和描写人物的命运，来决定人物的发展，不愿意让痛苦的社会压力过多地落在淑贞身上，而使必成逍遥自在。于是，节外生枝地给必成安排了一段“婚外恋”，以使必成成为社会舆论谴责的重点。结果，冲淡了性别观念的尖锐冲突，冲淡了女性发展承担的压力，以至于不能深刻地反映出女性的发展所付出的沉重代价。

剧本的最后，编剧设置了这样的结局：淑贞终于离开了必成，她一个人带着孩子到处奔波，体会着发展的艰辛和乐趣。必成也找到一个愿意将权力拱手相让的太太，重新组成了家庭，同时经营着一家大企业。连连受挫的淑贞最终成为联合企业的总经理，而自负武断的必成陷入绝境，戴上手铐锒铛入狱。

在这里，我们再次看到编剧为人物命运涂抹上一层浓重的伦理色彩，限制了人物认知的深度。

其实，选择发展的善良女人不一定会拥有成功的事业，排斥女性发展的自负的男性不一定会走向事业的失败。道德善恶与成功失败之间没有直接的因果联系。况且，那些选择发展的女性，并不是因为成功而选择发展——未来发展的结果是难以预料的，而是为了自己主宰自己而选择发展。

所以，结果并不重要，重要的是追求的过程和乐趣，重要的是女性形象不再按照男性话语塑造而走出了自己的道路，重要的是男人们特别是能干的男性学会调整自己和女性平等相处，在发展自己的同时也接受女性发展，重要的是人们对习以为常的传统性别观念多了一些反思和批判。

（原文载于《中国妇女报》1997 年 8 月 6 日）

电视剧中的女性形象系列谈：给予与出让

在多种文化并存的社会环境里，文化之间的冲突撞击几乎不可避免，任何一种文化很难一统天下独占鳌头，文化的发展时起时落，跌宕起伏。当传统性别文化悄悄抬头时，现代文化和女性意识也在默默聚积力量，寻求着用一种新的眼光审视并不新鲜的女性形象，从而更新一种古老的文化观念。可以说电视剧《北京人在纽约》就在作着这种颇富文化意蕴的努力。

作品极力推崇的女主角阿春，与女强人的身份和经历十分近似：受过高等教育，独自支撑着一个饭店，经历过婚变，过着单身生活。然而，作者审视阿春的文化立场和表现方式却发生了变化，他们突破了二元对立的方式，终于再次确立了个体的尊严和价值；突破了传统的好女人的框架，确立了生活方式多元化合理性的原则。由此，他们开始接近并把握现代女性的精神世界，获得了意想不到的新发现——一个从未发现过的充满魅力的精神世界和情感世界。于是，在作品中展现出来的阿春与扭曲的女强人截然不同，她精神健康、自信达观、感情丰富、自尊自强。在她身上再也找不到王亚茹的踪影，完全消除了精神变态的痕迹。

富于尊严及智慧的阿春思想机敏而深刻，阅历丰富精明强干，对于现代文化有着独到的体验和感悟，是一个成熟睿智的女人。

在她身上更能解读出现代文化意味：

阿春，时刻保持着作为人的尊严。她珍惜自己的感情，也珍惜自己的人格。为此，她告诫宁宁不要轻视别人，特别不要轻视别人的感情；她一再提醒恋人王起明不要将感情与金钱相提并论，不可把婚姻作为战胜仇敌的砝码。一旦她的尊严受到威胁，自我意愿受到强制，她立即从感情世界抽身而走。与此同时，阿春也善于尊重他人。阿春一直受到宁宁的排斥和不友好的讥讽，而她从未用敌意和轻慢的态度报复宁宁，对宁宁宽容通达。当王起明粗暴地干涉宁宁的感情时，阿春提醒王起明要尊重宁宁的选择，不要把自己的意愿强加给孩子。

阿春与郭燕的关系十分微妙，一个是王起明的恋人，一个是王起明的前妻。后者主动离开了丈夫，王起明从未忘怀那一份夫妻情，况且他们还有一个促使双方破镜重圆的重要契机——共有一个女儿。这对于大多数女性来说，身处此境会感受到一种威胁，乃至会对郭燕有一种本能的排斥。阿春则不然，她不止一次提醒起明可以和郭燕复婚，在郭燕身陷困境时建议她到美国医学院深造。阿春似乎更能理解人的感情，允许恋人的心灵里保留一份自己的感情和记忆，心灵世界健康而又美好。在某种意义上可以说，阿春是东西方文化融合的理想女性，她既有东方女性的体贴和温柔，又有西方女性的直率和坦诚，既富有东方的智慧和感情，又富有西方的平等和尊严。

阿春的出现，意味着编导性别文化立场的调整：男性编导试图摆脱男性话语，采用现代的更具有女性意识的话语，来重新认识和展现女强人的精神世界和价值观念。这不能不说是电视剧女性形象塑造中的一个转折和飞跃，也是性别文化观念的进步。然而，这一进步是不彻底的，阿春的形象仍然受到男性话语的诠释，拖着一条本应抛弃的传统性别观念的尾巴。

这一论断基于阿春的爱的方式。在作品中阿春爱上了王起明，本来，男欢女爱是人之常情，无可非议。然而，编剧设计的爱的方式却发人深思。当阿春对王起明萌发了爱恋之情时，她是饭店的女老板，王起明则是她手下的雇员。这种情景与大卫和郭燕相恋时的景象十分相似，但性别身份正好相反，男方是老板，女方是雇员。阿春的第一个爱的举动是，宣布王起明任饭店经理，在这里阿春首先出让的是自己的权力。而大卫的第一个爱的举动，是送给郭燕一辆汽车，在这里大卫给予的是自己的财富。阿春第二个爱的举动是，卖掉自己的饭店，投资给经营能力和管理水平远不如她的王起明，心甘情愿当起了王起明的助手和“二老板”。大卫第二个爱的举动是，送给郭燕一套船屋。在这里大卫不断给予自己的财富，绝不出让权力。

可见，在电视剧作品中男老板和女老板表达爱的方式，是截然不同的，男性是给予财富，而女性是出让权力。

一个是给予，一个是出让。这种模式我们在目前流行的肥皂剧中屡见不鲜，男老板一旦爱上了女人，立即大把大把地花钱，对女人进行全方位的包装，然后把她安置在自己的别墅或办公室里。女老板一旦爱上了男人，立即出让所有的权力，绝不考虑如何继续发展自己的事业，而是费尽心机地将心爱的男人推向事业的顶峰，放弃权力和发展的女人心安理得地当起贵夫人或者是助手。

出让权力与给予财富的意义迥然不同。权力意味着一种支配控制：一个老板可以运用手中的权力，支配控制本公司的财务和人员，决定公司的经营管理和发展走向，而且也决定着他所拥有的女人的命运。如同大卫喜欢郭燕时，可以提拔她，讨厌她时可以开除她一样。同时，权力意味着自身事业有更大发展的可能，一个经理具有雇员不可相比的条件和优势，拥有资金和更多的机会，更能施展管理能力和才干。财富本身却不具有控制力，仅仅具有使用价值和消费价值。无偿地接受财富，只能增加消费者对于给予者的依赖，形成给予者对使用者的控制，这种控制表现在两个方面：接受者随着财富的增加自主性越来越少，而给予者的强制性越来越大。所以，无论是女人出让权力还是男人给予财富，结果都是一样的，男人更多地拥有了控制女人的权力，女人却不断地被控制，处于依附地位，男人拥有了更多的发展可能，女人却停止自我发展。出让与给予的本质，意味着男女之间权力上的不平等地位，意味着男女之间自我发展的不平等地位，是男性话语和男权意识的曲折体现。

男人支配女人的意识，在电视剧里不是通过强制的手段，而是通过阿春自觉自愿地出让权力实现的，这可能不自觉地流露出编剧的愿望。

我们不妨将小说与电视剧作个比较，小说中的阿春虽然喜爱王起明，却从未达到不计一切地奉献和付出的程度，她始终保持着一份清醒和独立，饭店和她的命运是联系在一起的，她可以帮助王起明渡过难关，却不可以奉献出赖以生存和独立的企业。她的确卖掉了饭店，但不是为了王起明投资办企业，而是为了买一块好地段扩大经营规模，促使饭店不断发展。在这里阿春是独立自主的，更看重个人的发展。然而，在电视剧中阿春却变了，她作出的决定时常是按照男性话语的安排而不是依照独立女性的意愿，明明她的经营管理能力高于王起明，却不计后果地让王起明管理饭店；明明她有更大的发展可能，她却丢掉后路隐藏到王起明背后；明明她可以不顾忌王起明男人式的病态的自尊，依照自己的道路行走，她却一再用王起明的愿望规范自己的行为。这里的阿春在某种程度上是男性话语塑造的结果。当阿春自觉自愿出让权力时，便再次消解了女性的独立与发展，实现了男性对女性的控制和支配。

（原文载于《中国妇女报》1997 年 7 月 1 日）

现代传媒需要超越传统的性别观念

笔者有一个聪明可爱的小女儿，今年刚满5岁。一天，她突然对笔者说："妈妈，我知道女人应当是什么样子！"小小的年纪居然还能提出这样的哲学问题，笔者感到惊奇，逗她说："你说说看。"她挺认真地作出一个甩头发的动作，说道："长长的头发，高高的皮鞋，漂亮的裙子，涂着口红。"笔者的脑海里闪现出"飘柔"广告的电视镜头：年轻美丽的姑娘抖开瀑布般的秀发。女儿拉着笔者的手接着说："妈妈，我愿意长大，不愿意老。"笔者惊讶她捕捉电视广告传递无声语言信息的能力，也惊讶她小小的心灵，不仅感受到了青春的光彩，也充满了对青春丧失的恐惧。要知道孩子当时才5岁，已经能捕捉到美丽丧失的可怕了。

也许，电视屏幕上亮相的青春靓丽的女节目主持人，是电视制作者未曾察觉与性别取向相关的无意选择；也许，大众传媒一再推出的花容月貌的女主角，是导演们的个人审美偏好；也许，电视广告喋喋不休展示漂亮女性的身影，是广告商赖以吸引观众的一种方式。然而，当他们一次次不谋而合地在大众传媒中推出青春靓女时，都不由自主地流露出他们所推崇、所偏爱、所钟情的女性形象，不由自主地传递了大众传媒对女性形象的价值取向——青春和美丽。

应当说，女性的青春美貌是女性形象的一方面，倘若不是像古代那样把它视为引诱人堕落的灾难与邪恶，像"文革"那样把它视为带有阶级属性的丑，从健康的人性出发，就不得不承认它是不可多得的自然美，是一笔宝贵的自然财富，人们常常将女性美貌比作似锦的繁花，当五彩缤纷的花朵在春天里盛开时，那么绚丽夺目，那么灿烂辉煌，令人赏心悦目。人们钟爱、喜欢青春和美貌是对于自然美的赞赏，是对于生命的爱戴。当我们的社会不再否定青春，不再排斥漂亮，在大众传媒中公正地看待它，以美的态度欣赏它时，不能不说是社会的进步。

但是，美丽与青春却不是女性形象的全部价值。对于女性的一生来说，青春只是一段光辉而短暂的时光，自然美既不可以再生也不可以复制，随着时光的流逝，青春面容将会刻下皱纹，美貌将无可挽回地离去，中年不期而至。然而，女性的生命周期并未结束，此时，极少被人察觉的精神财富和人生阅历却悄然成长，女性在执着的追求和生活的磨砺中渐渐成熟了，她们懂得了社会，认识了自己，善于确定自己的位置，实现人生的价值。这种特有的精神财富和坚毅自信往往赋予中年女性一种不同于青春女性的成熟美，使她们具有一种特殊的魅力，这种魅力非但不会随着时光消失，反而会伴随智慧生长，并把她们推向青春女性无法企及的人生辉煌境地。从英国前首相撒切尔夫人身上可以感受到这种魅力，从女企业家、女学者、女社会活动家身上同样可以感受到这种魅力。她们不再年轻，然而，她们的人生却进入了一个更加辉煌的时期，她们正在塑造着极富精神深度的智慧型女性形象。

从某种意义上来说，智慧型女性形象更有意义、更耐人寻味。一位女记者曾经问贺龙的女儿贺捷生：女人哪个阶段最有价值？她回答：30 岁至 60 岁，因为这个时候她才更有自信并能实现人生的价值。笔者以为贺捷生已经不再局限于相貌认识女性价值，而是从极少被人们发现的更为深刻的精神内涵来体察女性的价值。由此，她从女性的自然财富转向女性的精神财富，在这里发现了一个更丰富更深邃的世界，发现了一个更自主更依赖自身的王国，发现了一个生命周期更长、更富有朝气的人生阶段。在这个阶段，命运不再具有宿命的意味，而是掌握在女性自己手中。当女性在坎坷、磨难、变故、痛苦和生命的体验中，终于找到自己的价值时，青春的流逝变得不再令人恐惧，更年期更不会令人懊丧，她会发现她活得比先前更有劲，精力更充沛，更富于创造性和冒险性。

在《女性大趋势》中，耐比斯特提出：对更年期较不害怕的这一代女性，将在儿女皆已长大的情况下，活得比以前更有劲，从传统女性窠臼中飞出来的是活力和充沛的中年妇女，她们渴望下一阶段的生命冒险。著名的未来学家耐比斯特预言在21世纪将会出现更多的女政治家、女企业家，将会有更多的女性成为智慧型女人。

遗憾的是，大众传媒对现实生活中女性形象的深刻变化几乎毫无察觉，依然固守着男才女貌的性别观念，总是不由自主地把相貌作为认可女性价值的首要标准，对于男性则更注重他们的才智，因此，留在观众面前的是一幅幅这样的画面：老少配主持人中的女性一律年轻美丽，男性则富有智慧颇有长者之风度；男性演员美丑参半，乃至丑星多于美星，女性演员大多是花容月貌，当男性伴着阅历、智慧及满头银发在荧屏上大放光彩时，女性却随着青春的失落隐身幕后，永远告别了辉煌。

大众传媒需要超越传统的性别形象，它不仅能够欣赏赞美女性的青春美、自然美，更应当发现推崇女性的成熟美、智慧美。电视广告不妨多设计一些这样的镜头：自信机敏的女经理坐在办公室里介绍高科技产品，银发女郎奔走于社区城镇乡村，充满创造精神的女作家使用电脑创作文学佳品。在电视节目主持人中不妨多一些这样的女性：她们并不年轻漂亮，却充满了智慧和精神深度，以见解和丰富的知识取胜，以才华和机智见长，以细腻的情感动人，显示出成熟女性特有的魅力。

到那时，笔者的女儿会从大众传媒所展示的新型女性形象中获得一种新发现，她会欣喜地对笔者说：“妈妈，我知道女人应当是什么样子，自信、丰富、聪明、智慧，我爱青春但我也不怕老。”

（原文载于《中国妇女报》1996年7月24日）

第三章

妇女参政与参政主体

作者手记

也许是在中央党校工作的缘故，也许是人们对于妇女研究与工作岗位的联想，无论是笔者本人还是妇女研究圈子，都会自觉不自觉地将笔者的专业定位于妇女参政。的确，在从事妇女研究的三十年，妇女参政成为笔者从事性别研究的一个着重点。

从20世纪90年代到2000年初，笔者关注的妇女参政主体是权力女性，即各级领导岗位从事管理与决策的女性，这个比例实在太低了，部长一级不到10%，村官一级才1%—2%。女性群体在公共政策的制定中几乎是沉默的大多数，这与女性占人口比例半壁江山的现实完全不相匹配。经过20世纪90年代对高层女性故事和经历的采访，笔者2000年初期将研究对象转向农村最基层的女村官，接着研究在决策层中的性别比例。笔者深深感到：不是女性的素质，而是隐含在背后的性别结构阻挡了女性参政的路。

在对权力女性的关注与研究中，2004年之前，笔者自己更像一个观察者、一个局外人、一个批评者。2004年之后，笔者的身份和角色悄悄发生着变化，作为一个性别专家，笔者开始与政府合作，与妇联联手，与妇女组织携手行动，进行性别平等的政策倡导。笔者渐渐成为倡导者、行动者和建设者。妇女参政的主体在笔者眼前渐渐扩展开来，不仅包括权力女性，也包括权力圈以外的妇联组织、妇女组织和性别专家，对于女性组织和性别专家的作用将在政策倡导中重点谈及。

村委会直选与妇女参政

一、中国农村的民主选举制度对妇女参政的意义

中国农村村民自治中的首要内容是民主选举制度，它是采取民主、竞争和公开的方式产生村委会委员。村委会民主选举是在自上而下的干部人事制度占据主导地位、行政命令已经内化为人们的思维方式的情形下起步的，村委会选举依据怎样的程序，才能跳出传统自上而下的干部制度的束缚，真正体现大多数村民的意愿和民主权利，是村委会民主选举中需要探索的课题。

吉林省梨树县最早开始了这一探索和试验，几经摸索和总结，最终确定了“海选”，即直接的民主选举制度，不设候选人，通过村民投票产生候选人，海选制度产生之后，逐渐规范化、制度化、法治化，继而在全国推开。这一制度有几个特点：第一，将候选人的提名权完全交给选民，其具体办法是，由村民提名确定为预选人，写在预选票上。村民在预选票上打钩，依据票数确认村委会成员候选人。从提名方式上改变了“上边定名单，下边画圈圈”的传统方式，开始向真正的民主制转变。第二，实行“一人一票制”，不搞户代表和委托投票，充分保障广大选民直接行使选举民主权利，杜绝选举中的营私舞弊行为和一家之长代行家庭其他选民的投票权。第三，设立秘密划票间，有专人看护、维持秩序，选民依次单独进入秘密划票间填写选票，切实保障选民的选举自由，以便选民充分按照自己的意

愿填写村委会人选行使民主权利。第四，进行竞选演讲。有两种方式，一种是正式候选人进行竞选演讲，另一种是选民报名演讲，在选举村委会干部之前或海选之前进行。竞选演讲讲自己竞选的职务、有利条件和治村打算。选民也可以向竞选人提问，演讲人之间也可以互相提问。这种方式不仅为竞选人展示自己的才华和见识提供了机会，也为选民鉴别、比较、挑选自己满意的候选人创造了条件。第五，公开计票。计票工作在村民代表的监督下公开进行，当场宣布选举结果，当场颁发当选证书。不允许暗箱计票，以免出现弄虚作假、营私舞弊的行为。这些严格的程序有效防止长官意志左右民意，充分体现了选民民主选举的权利。第六，民主选举三年一届，实行村委会干部任期届别制，杜绝了干部任期的终身制。可以说，这一套程序和内容标志着农村民主选举的开始。

直接选举村委会的制度，使自上而下的干部制度在农村基层发生了根本性转变，与此同时，也使多年在传统干部制度上形成的妇女参政土壤和条件发生了重大的变化，它的意义是深远的、不可低估的。

意义之一：直选为妇女参选创造了平等竞争的制度环境，有利于突破少数妇女垄断参政岗位的局面，为多数妇女参与竞争提供了机会与可能。

吉林的梨树县经历了五届村委会选举，前两届选举没有一名妇女当选村主任和副主任，与以往一样在全县 336 个村里，每个村委会都有一个妇女委员，共计 336 个妇女委员，占全部村委会成员的 14.8%，与村委会选举之前没有什么变化，似乎一直延续着干部委任制的惯性。从第三届村委会选举实行直接选举以后，妇女参政出现了重大转机，有两位妇女当选为村委会主任，第四届直选产生了四名女性正副主任。河北的迁西县在前三届选举中，妇女参政也是居低不上，女性在村主任的岗位上始终是空缺，第四届选举中在个别乡镇村庄引进了海选的办法，妇女参政出现了转机，两名妇女当选为村主任，一批女性当选为副主任，实现了妇女在村官上零的突破。

同样是选举，何以产生如此不同的结果？究其原因与是否进行真正的民主选举有着密切关系。梨树县前两届、迁西县前三届村委会选举实际上还处于新旧制度交替的阶段，虽然村委会选举在形式上已经采取了民主选举的方式，但在实质上还很不彻底，依然保留着更多旧制度的痕迹，使妇女得不到真正平等的机会和权利。民主选举作为一个过程，它的第一个环节是提名权，如果每个选民不能享有真正的提名权，那么作为候选人和正式候选人就无从谈起。从这个意义来说，提名权是行使民主权利的首要权利。而妇女是否与男性获得同等的提名权，与提名方式有关。考察梨树和迁西在女性参政变化前后的提名方式是不一样的，妇女参政突破之前的提名方式，采取的是组织提名的方式，之后的提名方式是个人提名的方式。这两种提名方式对于妇女来说意义迥然不同。

组织提名的方式又可细分为两种，一种方式是党支部和上级组织提名候选人，一种方式是户代表或村民小组提名候选人。这两种方式在民主选举的初期，是不同地区的农村村委会普遍采取的方式。第一种方式明显保留传统的自上而下的干部产生机制的特点，由党组织和上级权力机构来决定候选人。一般来说，上级权力机构对于妇女参政的态度可以分为两个矛盾的层面：一个层面是作为政府的形象出现的，大力倡导妇女参政，要保障一定的妇女参政的数量和比例；另一个层面是内心对于妇女的定位和认识，女性往往被定位于易于控制支配和配合的角色，不适合参政议政，女人只能管女人。政府部门的硬性规定和官员的心理定位的结合，产生的最终结果就是把女性的比例降到最低限度，而且是一个只管妇女的职位。这种司空见惯的现象在组织提名候选人名单时，再次突出地反映出来，在梨树上任的女性正副主任均不在组织推举的候选人名单上，而妇女委员却是板上钉钉。从上级权力机构决定妇女参政的方式上，可以发现女性参政时常受到两方面的限制，其一是发展的机会大大小于男性，与男性的机会相比大约是 1∶5 左右，在梨树村委会一般有六七个村委会委员，妇女只占一个；其二是权力的边缘化，即便进入村委会也很难进入权力结构的核心，充当的大多是配角。

户代表和村民小组提名候选人，比起前一种方式考虑到村民自下而上的提名权，但仅仅是部分村民的权利，更多体现的是男性选民的提名权利。要说清这一问题，就要分析户和小组的性别关系。众所周知，家庭户在传统的文化习俗里是由男性任户主决策家庭中的重大事情，参与社会公共事务。在我国的农村依然比较完整地保留着这一习俗，男性被视为户主和外人，妇女仅仅是内人，极少对于重大家庭事务进行决策，参与公共活动。所以，户代表的提名方式就意味着男性选民代表家庭行使提名权，妇女的提名权利自然而然地被剥夺了。村民小组提名也面临类似的问题，农村的村民小组绝大多数是男人作为户代表出席，并由男性担任组长。在梨树 366 个村共有村民小组 2864 个，担任组长的全部是男性。在农村，管理者自然是男性的观念极为盛行，性别偏见往往使优秀的女性难以被发现，即便是被一些人发现，也很难在小组中取得共识，作为多数认可的候选人被提名。因此，妇女在传统的组织提名方式中很难浮出地表。

个人海选的提名方式，是在经历多次选举之后，逐渐探索出来的最能体现每个选民平等提名权的方式。它要求每个选民不分男女都直接参与提名，在空白的预选票上根据自己的意愿填写候选人，通过一人一票制保证每个选民的民主权利。每个选民还可以在直接选举前进行竞选演讲。直选给了每个选民一个展示自己才华和胆识的舞台，它不再是少数人的特权和机会。躲在男性背后的妇女开始走向前台，单独行使自己的提名权利和选举权利。一旦妇女真正拥有了这些权利，她们开始由一向作为被定义的客体转变为主动参与的主体，她们开始主动地向传统的权力性别结构挑战。挑战体现在两个方面，一是村委会女性指数的突破，二是村委会主任零的突破，曾经看不见而又无时不在的玻璃天花板被顶破了。

在梨树第四届直接海选中，县制定的《梨树县村民委员会第四届换届选举办法》规定，选民在海选前报名进行竞选演讲和每个人都拥有提名权，激活了妇女过去根本想也不敢想的内心愿望，加之第三届一些妇女竞选成功的示范效应，第四届报名竞选的妇女直线攀升。据统计，全县妇女中报名竞选的有 782 人，占竞选总数的 19.8%，其妇代会主任参加竞选的有 309 人，近几年新毕业的初、高中生有 102 人，村计生员、统计员、出纳员等参加竞选的有 257 人；各种典型模范如三八红旗手、女能人、女状元参加竞选的有 42 人，妇代会小组长和妇女代表参加竞选的有 34 人，妇女群众竞选的有 38 人。妇女报名竞选的平均数为每村 2 人之多，有的村最多有 4 人，有 18 名妇女报名竞选村副主任或主任，有 4 名当选。在个别村的村委会，出现了两名或两名以上的妇女成员。梨树镇园艺村 5 个村委会成员妇女占 3 人，1 人还是副主任。梨树县白山乡斐家村 3 名妇女报名竞选，2 名当选。梨树乡霍家店村 2 名妇女报名竞选，2 名当选，出现了传统妇女参政保护性政策时期不可想象的创举。①

由此可见，真正充分保障每个人享有同等机会和权利的民主选举制度，有利于妇女参政不断向积极的方向变化，营造了优秀的农村妇女脱颖而出的制度环境。当实行民主选举的地区妇女参政停滞不前，也许重要的不是首先指责民主选举制度，也不是留恋自上而下的干部制度，而是要重新考察实行的是否为真正的民主制度，妇女是否真正具有民主参与机会。

意义之二：村委会直选赋予妇女参政的内涵和活力，使权力女性与选民之间形成内在联系。

妇女参政是以一定的干部制度为基础的，在自上而下的干部制度基础上，妇女参政具有两个制度上的特点：第一，由上级组织来决定干部人选，并配备一定的妇女名额，也就是说妇女干部的产生是由领导和组织决定的。

---

① 参见田小红收集整理的田野调查资料。

第二，行政领导干部包括女干部一旦走上领导岗位，只要不犯大错就可以长期任职，干部任期基本上是终身制，只能上不能下。即便是最基层的村干部和妇联干部基本上实行的也是一劳永逸的干部任期制。

随着村委会民主选举不断向着竞争、公平、公开、择优和届别制的方向发展，基层村干部的上下流动出现了，一劳永逸的干部任期制被打破了。这是梨树县1994—1995年度第三届村委会换届选举村委会委员变动情况：

选出村委会成员2083人，落选村委会成员521人，占总数的25%；

其中主任336人，落选主任51人，占总数的15%；

副主任185人，落选副主任133人，占总数的71.89%；

委员1562人，落选337人，占总数的21.57%。

由以上数字可以看出，村委会干部的上下流动高达1/4，在4个村委会干部中就有1个在选举中被淘汰。从职务来看，村委会主任的淘汰率最低，为15%，副主任的淘汰率最高，几乎4个人中有3个人落选，这是委任制时期干部变动所无法想象的。这种上下流动的情况也同样出现在妇女干部乃至妇联干部身上。梨树第四届选举中，336名村妇女委员中有241人连任，95人落选，占妇女委员的28.27%，又有95名妇女挑战了原先的妇女委员的位置走马上任。迁西县第四届有2位妇女当选村主任，三年之后其中的1位妇女落选。

可以说，换届选举过程是选民对于村干部的监督和评价过程。能够选上并能够连任的干部往往具有较强的组织能力和开拓意识，公正廉洁，作风正派，群众威信高，能够带领群众致富。但是，选上的村干部并没有进入政治保险箱，一旦以权谋私，不再公道和公平，厚此薄彼、拉帮结派、不为群众谋利益，就会遭到多数选民的反对，导致其下一届落选。迁西白庙子乡杨庄子村xsq在第四届选举中获得400多张选票，通过海选当选为村主任，她认为："如果不是海选，我本人根本不可能当选，这种选举办法有利于妇女当选。"当选以后 xsq 工作很用力，但是方法不当，有事不和村委委员商量，喜欢自己拍板，办事不公道，喜欢说大话，引起群众反感，在第五届选举中仅获得了 80 多张选票而落选。

在民主选举制度比较健全的村庄，干部落选的原因不外如下五个方面：第一，经济不清，贪污腐化，以权谋私。第二，厚此薄彼，不能一碗水端平。第三，只拿工资，谋取利益，不为群众办事。第四，家长作风严重，工作方法简单粗暴。第五，因做计划生育等难度大的工作，伤害群众情绪得罪人，突出表现在做计划生育工作的妇联干部身上。那些注重走上层路线、不为群众办实事的村干部，在民主选举中往往会败下阵来。梨树县裴家村的妇女主任 cyq，1989 年担任该村的妇女主任，连任三届。1993 年被县妇联评为优秀妇女干部，同时又是乡人大代表，可以说有充分的机会和条件在村民中"亮相"，1998 年在第四届村委会选举中与另外两名妇女 zcx 和 wcx 竞争村委会的委员，竞争十分激烈，最后却以 373 票落选。计生员 zcx 获得 1295 张选票，取代了 cyq 任妇女主任，计生统计员 wcx 获得 1195 张选票，任计生办主任。zcx 对自己的当选这样看："我于 1991 年至 1993 年在村卫生所干，那时学会了打针和看病，现在还给村民看病，经常下社去，村民什么时候叫什么时候到，你不对村民服务好，人家能投你的票吗？"①

随着村委会直选的不断完善，传统的妇女参政的基础出现了转变，由上级组织和领导决定转向村民决定，能够为村民拥护的候选人就可以上任，得不到村民拥护的候选人就要落选，妇女参政自然也要由老百姓来决定。村民大多数人的选票对村干部的产生发挥着直接的决定性的作用，使得选民与村干部的关系变成必然的内在的联系，民选的村干部首先要对老

① 资料来源：田小红访谈记录。

百姓负责，这已经不仅仅是道德觉悟的要求，而是民主选举制度上的要求。因此，不能把所有的妇女干部落选都简单地看作性别问题，要看到在民主选举制度中的另外一种情况：是否公正和为群众办事。这同样应当视为干部机制变革中的妇女参政的新内涵，而不是民主选举对于妇女参政的负面影响。

意义之三：挑战妇联的传统工作思路，促进传统的妇女参政模式的转变，主动将妇女参政纳入民主竞争制度之中。

在中国，妇联是推动妇女参政的重要力量之一，在重男轻女的农村更是如此。在传统的干部制度中，县级妇联形成了一套与之相适应的推进农村妇女参政的思路：首先通过妇联组织自上而下地选拔妇联干部，然后争取妇联干部进村委会和党支部。妇联干部进两委，有几方面的意义：一是村妇代会负责具体落实县乡两级妇联的工作，妇代会主任进入村委，有利于妇女工作的开展。二是妇代会进入两委之后，可以参与村事务的管理和决策，使妇女工作成为村委工作的一部分，同时可以获得妇女工作的必要经费。三是调动妇代会干部的积极性，妇代会主任不能进村委会，就不属于村干部，待遇相当低，乃至无法落实，会影响其工作积极性。在相当一段时期内，县级妇联的妇女参政重心是极力推进政府出台红头文件，通过行政手段使村妇联干部（妇代会主任）进两委。

几乎在不知不觉中，从村委会要有一定的妇女比例，悄悄演化为要有一定的妇联干部比例，妇联干部进入村委会被视为当然的权利，而妇联以外的妇女参政机会却被挤掉了。村委会直接选举对于妇联干部进两委的当然权利提出了挑战，一些曾经被妇联看好的妇联干部落选了，1/4 的妇代会主任被选票淘汰出局，而一些妇女群众在直选中一跃成为村委会委员。真正的村委会直选将妇代会主任的机会扩展为每个妇女的平等竞争机会，被无视的妇女群体民主竞争开始出现。面对村委会直选的推进，县级妇联关于妇女参政的传统思路陷入困境。县级妇联需要转变传统的思路和方式，将妇女参政纳入民主竞争之中，使妇代会主任的产生有广泛的民意基础。

迁西县妇联最早意识到农村基层妇联干部进行民主选举的必要性，1999年3—5月对全县妇代会进行摸底调查，发现村妇代会主任存在着年龄偏大、文化程度偏低、参与意识差的现象。面对第五届村委会换届选举的直选办法，潜伏着妇代会主任进两委难的危机。于是，与民政部、梨树民政局和妇联领导举行为期三天的基层妇女参政研讨会，策划了迁西妇女参政系列行动方案。为了得到县委的支持，妇联向县委打报告：建议在第四届村委会直选前，首先进行妇代会的海选，将村委会直选的做法引入村妇代会选举。妇代会干部进行海选，可以说是一项制度上的改革和尝试，在全国是开了先例的。任何制度上的创新和改革都需要极大的勇气和智慧，还意味着只能成功不能失败。迁西妇联的海选工作积极而谨慎地进行着，妇代会海选的尝试和举行，使妇代会自身经历了自下而上的洗礼和锻炼。一种新的基层妇女参政思路逐渐形成：由妇女报名参加妇代会主任的竞选，使妇代会主任得到多数妇女的拥护，在竞争和民主中推出最有威信的妇代会主任。然后，妇代会主任参加村委会委员的竞选。由此，使妇代会主任拥有双重代表性，一是大多数妇女的代表，二是大多数村民的代表，而且通过报名竞选激发了妇女参政的主动性与积极性。

二、在直选中女性成功当选的原因分析

在今日的农村，村委会管理层基本是男性一统天下，男人管理全村，女人管理女人，是不言自明的逻辑。女性要进入管理层，担任村支书、村主任，是相当困难的，要在这一岗位连选连任，得到大多数村民的支持，尤其困难。然而，在不同地区的村委会直选中，都在不同程度地出现担任一、二把手的女村官。

梨树县的村庄人数多，村委会的指标相应也多。一般说来，1000人以

内的村庄设 3 名村干部，1000—2000 人的村设 5 人，2000 人以上的村设 7 人。梨树平均每个村有 6—7 个村干部，保障每个村有 1 个妇女委员几乎不成问题，所以要突破妇女委员“女人管女人”的临界线，非常艰难。直到第三届才出现女村官零的突破，有 2 位妇女担任村委会主任。

迁西县的村庄人口少，平均每个村只有 3 个村干部，要产生 1 个妇女委员就格外困难，第四届村委会选举中，在 417 个村里共有妇女委员 285 人，就是说还有大约 1/3 的村子妇女委员为零，第五届村委会选举中，妇女委员为 301 人，还有 116 个村子妇女委员为零。可见在政治资源越少的情况下，女性获得资源的可能性就越小。在妇女参政极为困难的情况下，迁西第五届村委会直选出现了一批女村官：8 人当选村支部书记，副村长 18 人，支部副书记 21 人，村长 3 人。

江苏溧阳在 1999 年村委会直选之前，全县担任女村官和会计工作的只有 4—5 个人，妇女委员已经不成问题。直选之后出现令人震惊的直选结果，有 40—50 名女性成为支部书记、村长和会计 。①

在农村妇女发展机会极为贫乏的情况下，这些妇女为什么能脱颖而出，甚至能够连选连任？其中的原因值得作些深入的分析。

（一）民主选举给予的机会

村委会直选为妇女提供的参与契机远远大于组织部门提供的传统选拔机制，民主直选从三个方面突破了传统选拔机制的限制：第一，民主选举给每个人都提供了可能的平等竞争的机会，使得每个愿意参选的选民都可以报名，最终接受选民的选择；而传统的选拔机制仅仅给予了少数人一定的机会和可能，由于传统的方式是自上而下地选拔干部，实际上是对纳入视野的干部的考察和选拔，多数人由于没有机会与相关的领导接近，难以有机会被发现和选拔，所以机会是不对等的。我们在调查中发现：一些妇

① 金一虹：《父权的式微》，四川人民出版社 2000 年版，第 261 页。

代会主任的产生，带有极大的偶然性，是乡里的妇联干部到该村的村干部家，比如与村干部的老婆认识了，于是便确定了村妇代会主任，导致一些干部的产生剥夺了其他妇女的机会。第二，民主选举便于全面考察干部，村民之间朝夕相处，可以通过平时大量的工作进行全面的了解和考察，比较深入也比较全面；而组织部门只能通过有限的座谈会和访谈间接了解，如果缺乏有效的方法，容易导致片面性和表面化，会使一些富于欺骗性的干部蒙混过关。第三，民主选举有利于办事公道的干部产生，多数村民评价村干部更注重是否为群众办实事，是否办事公道，更容易喜爱和拥护那些正派和秉公办事的人。我们曾经就什么样的干部是最值得信赖的问题作过问卷调查和直接访谈，得出的答案大致是，村民最喜欢的干部是不贪不占、作风民主（态度和蔼、有事和群众协商）、公道正派的人，不仅在农村如此，而且是一种普遍的价值观；组织部门中的干部如果是比较正派的，会考虑选拔思想作风正派的人选，如果较多以个人的好恶来评价他人，就会使一些阿谀奉承的人占据领导岗位，只对上负责不对下负责，甚至损害老百姓的利益。

对于农村的老百姓来说，一旦他们发现了一些优秀的妇女能够带领他们致富，为他们谋利益，就会撇开性别偏见，把她们推举出来。许多地方的提名方式差异很大，有的地区是几种方式并用，既可以组织提名也可以选民海选，有的地区是组织提名为主。值得注意的是，在我们考察的梨树、迁西和溧阳，被推举出来的女村官几乎都不在组织提出的村主任候选人名单上，而是地地道道从大海里捞出来的。在梨树迁西当选的女村官都很有感慨地说："如果不是海选，我根本不可能当选村委会主任。"甚至，当上级组织与选民意愿发生冲突的时候，村民硬是将女村官推上了村委会的第一把交椅。在江苏溧阳，1999 年一批女村官是在计划外诞生的，有的甚至是群众联名到乡里要求她出任的。隶国镇的国琴，不是正式候选人，是群众联名到镇里一定要她当选。[①]

（二）男性缺席提供的狭窄空间

在农村，进入村委会的权力结构一直有个不成文的潜规则：男性优先。当女性没有崭露头角时，人们普遍对女性抱着怀疑和不信任的态度，更容易认可和选择男性为村干部。只有在位的男性被证明不能胜任该项工作，才会将视线转向妇女，一些优秀的妇女就是在男性缺席的狭窄缝隙中被推举出来的。在河南，全国闻名的女企业家刘志华当年在该村任妇女主任，是第五小队的成员，新乡七里营小北镇第五小队有 72 户 353 人，各户所有的成年男子都当过小队长，谁也没有干好，这时才推举刘志华让她干，她才成为第五小队的第一任女小队长。在山东金乡县有 50 多个女村官，这些女村官担任一把手的时候，村两委工作开展不下去，财务账目混乱，矛盾纠纷特别的多，村委会的工作几乎半瘫痪或者全面瘫痪，原先的男村委会干部都撂挑子不干了。从我们接触到的十几位女村官的情况来看，她们上任的村庄 60% 工作瘫痪，80% 以上的村是穷村，甚至负债累累。可以说，她们挑起一把手担子时可谓受命于危难之际、男性缺席之时。在江南一带文化相对开明的农村，妇女主管工作也未逃脱这一逻辑，南京雨花区花神庙村的女队长，是在前面 7 个男性当队长生产都上不来的情形下才被推上去试试的。

（三）在经济和管理领域有一定贡献和威望的妇女容易脱颖而出

男性缺席带来的机缘和民主选举赋予的机会，仅仅提供了妇女成为村委会一把手的可能性，而能否成为一把手，还要取决于妇女在公共领域是否有一定的位置、贡献和成就，以及一定的发言权和影响力。我们在考察中发现有几类妇女更容易抓住担任一把手的机会：

第一类是妇代会主任。这是新中国成立以后妇联在基层农村专为妇女设立的位置，这一具有中国特色的组织建构，几乎成为农村妇女参政的主要路

---

① 金一虹：《父权的式微》，四川人民出版社 2000 年版，第 292 页。

径之一，我们访谈的女村长大多都有担任妇代会主任的经历，在山东金乡县 96% 的女村官担任过妇代会主任。在一定意义上可以说，妇代会主任成为优秀女性成长的摇篮。河北满城龙居村的女村长贾俊乔担任了 20 年的妇女主任，20 世纪 90 年代初期，凭借自己的智慧和过人的胆量，她开始带领妇女在石灰岩上种植果树，向荒山要效益，将寸草不生的石头山变成了花果山。1993 年村里开始民主选举的时候，她成为龙居村历史上第一个女村长。

第二类是会计。农村的会计是村民关注的一个重要角色，直接决定提留上缴和分配公正，村民的最大要求是透明化、公开化，要求心里头明白、"亮堂"。所以，不少人说，村委会会计，是最容易"遭骂"的职务，同时也是取得村民信任的最直接的"差事"。我们此次访谈的第二站——新庄子乡牵马岭村，就有这样一个非常典型的例子。牵马岭村的村委委员、会计兼妇代会主任田月兰，是一个拥有较高威望的青年女性（35 岁），担任会计和妇代会主任十几年，用勤奋、细致、平等，对待村民温暖如家人的作风赢得了广大村民的爱戴和拥护。通过广泛的交流访谈，我们深深地感到，村民们对待田月兰的拥护是真诚的、发自内心的。田月兰在第五届换届选举时，以第一高票成为村长候选人。

第三类是计生主任。在农村计生主任是个难做的职务，可任职者与家家户户打交道，创造了与村民密切接触的机会，又有可以测量的工作指标。工作做得好，也容易建立群众威信。迁西北观村的赵纪荣在村里负责计划生育工作，既讲原则又与群众商量着办事，得到大多数村民特别是妇女的拥护，第五届换届选举时当选为村主任，成为该村历史上第一位女主任。

第四类是经济能手。一些妇女虽然不在公众领域担任公职，却在经济领域干得非常出色，成为女企业家、女技术能手，走出一条致富之路，显示出组织管理的才干。江苏溧阳市的女能人很多，市里注重培养女能人从政效果明显，红口乡方里村的史志英是全市优秀的养蚕能手，1996 年当选为村委会主任，带领全村养蚕种植，实现了向产业化规模化的转变，1998 年连选连任。

（四）有强烈成就意识和强人个性的妇女敢于担当重任

妇女在选举中并不是被动的客体，而是作为主体出现的，已经与计划经济时期女性从政的心态不同了，具有自我选择的可能性，妇女自身的心理素质和态度，会在选举与选民之间形成互动。当妇女具有较强的自信心和挑战性格及坚韧的毅力，就会积极报名竞选，引起选民对她的关注；通过竞选演说，勾画村庄的未来发展规划，争取选民的支持，同时还要有强大的心理能量应对各种意外情况。

梨树县沈洋镇翻身村的李宗琴在第四届换届选举中报名卫冕村主任一职，虽然只有一个人与她竞争，竞争却异常激烈。在讨论村委会选举村民代表会议上，竞争对手派人将她从座位上推倒在地，因连天下雨，地上非常泥泞，她站起来时，满身都是泥。投票结束后对手组织人不让开箱验票，说有问题。后在镇政府组织下，又举行了第二轮投票，结果她又以高票当选。李宗琴个人认为，如果不是她坚强，根本顶不下来，不过她相信村民都支持她，她有充分的信心。[①] 如果当选妇女作为候选人倾向于放弃，选民就会将选票转向其他人选。迁西牵马岭村会计田月兰在民主选举中获得候选人的第一高票，与村里的另一男性同时成为村主任的候选人，并极有可能当选村主任，可她由于自信心不足，担心干不好，在竞选演说的时候，要选民不要选她，选民们才将选票转而投给另一位候选人，导致这一妇女的高票落选。[②] 由此可见，选民与候选人是相互作用的关系，女候选人的心理素质——是否敢于挑战传统、战胜自己、承受压力——对于在选举中能否获胜起了重要的作用，而凡是高票当选的妇女村主任不仅具有正派的作风、良好的威望，还必须具有强人的个性和敢于吃螃蟹的精神。一般说来，能够高票当选并连选连任的妇女，往往都具有强人个性，争强好胜不服输，敢于碰硬，有韧

① 引自田小红的现场观察记录。

② 引自吕守信迁西妇女参政访谈录。

性，不为社会舆论左右，具有强烈的成就意识。连选连任的女村长贾俊乔对强人个性与妇女参政作了一番注释："女性要参政，要会使暗劲。女的处处显得自己很能干，人家就会觉得你不像女人。女性心里一定要自信，否则什么也干不成，但不要表现出来，认准了就要咬牙干，让人心服口服。"①

（五）妇联组织的助推作用：妇女之间形成支持力量

随着农村民主选举制度的逐步建立，农村妇女主动报名竞选村干部将成为趋势，而妇女报名竞选村干部特别是竞选村主任，在许多村庄都是破天荒的事情，妇女面对着强大的传统文化的挑战，她们所承受的压力是巨大的，而且是全方位的，来自家人和丈夫，来自习俗和传统，来自双重角色的冲突，而未来充满了不确定因素，任何人都不可能对未来稳操胜券。当妇女势单力薄的时候，妇女之间的鼓励和支持，就显得尤为可贵和必要。妇联组织充分抓住换届选举的时机，进行妇女培训，运用媒体进行舆论宣传，营造妇女参政的社会环境，妇联的助推作用常常使妇女鼓足勇气，走上竞争的讲坛，在全村父老乡亲面前大胆亮相，从而使妇女之间形成相互支持的合力。

梨树妇联从第三届选举后，工作思路转向对妇女干部的培训，制订了"123"培训计划。"1"是指县妇联每年对乡村妇联干部培训1次，约7—10天，"2"是指乡镇妇联每年对社以上妇联干部培训2次，约10—15天，"3"是指村妇代会对妇女代表以上干部培训3次。尤其是在第四次换届选举前，县妇联对妇代会主任进行选前培训，培训如何参政、竞争、演说、总结工作，并进行5—7分钟的模拟演讲，增强实战经验，同时也形成了妇女之间的支持力量。其成效是显著的：第四届村委会换届选举的妇女报名人数大大增加，达到19.8%。

迁西妇联在积累了第四届参与换届工作经验的基础上，对全县基层妇女参政现状进行摸底、调查、分析之后，根据妇女干部中存在的怕直选、怕竞争、怕挑重担等不利因素，制定实施了"基层妇女参政系列行动"，从1999

---

① 引自李慧英采访贾俊乔的访谈录。

年5月到2000年5月，历时一年分两个阶段开展各项活动。活动在两个层面上展开：一是全县范围的宣传教育活动，营造妇女参政的社会环境；二是开展妇女骨干培训与交流活动，强化妇女参政热情和信念。全县举办了10期，每期150人，共有1500名妇女骨干参加了“农村妇女骨干参与意识培训班”，分别从第五次村委会直选的特点、妇女参政的意义、实现妇女参与价值等方面进行了专题讲课。之后，从骨干培训班中，挑选出有竞争素质和实力的100名妇女精英，进行参政素质、参政技巧等重点培训。参加培训的范围拓展了，不仅有妇代会主任，还有年轻的妇女能手。有些年轻妇女第一次参加这样的活动，震撼非常大，有的说第一次听说性别意识和男女平等，很新鲜也很亲切，过去从来没有想过要当村干部，这次想去报名试一试。

通过一系列妇女参政行动的开展和县、乡妇联在村委会中积极组织引导，在妇代会海选的时候，几乎每个村都有5—6个妇女出来竞选，随后的第五届选举中妇女参选率达到85%以上，村村都有妇女骨干参与竞选，平均有1—2个妇女报名竞选。同时创造了村委会选举以来妇女当选率最高的纪录。据统计，全县417个村有301名妇女干部当选，占72%，其中有3名妇女当选村主任，18名妇女当选为副主任。总体水平低于梨树的县，女正副村长的比例超过梨树5倍。[①] 由于迁西妇联的助推力度大，在传统性别观念浓厚的地区，妇联组织的培训是相当重要的，可以极大地增强妇女的自信心，使妇女形成一股挑战传统的力量。

正是以上多种因素的有机结合，才使农村妇女在村委会直选中脱颖而出。

（本文为2000年笔者主持全国妇联课题“村委会直选与妇女参政”的成果，原文载于《湖南女子大学学报》2002年创刊号）

---

① 参见迁西妇联主席王书珍的论文《基层妇女在村委会选举中面临的机遇和挑战》。

制约农村妇女参政相关因素的分析（节选）

在我国，妇女参政的数量十分有限，在权力岗位上90%以男性领导为主。在农村社区，妇女参政问题更为突出，据民政部门统计，农村女村官只占1%。在村委会直选中报名竞选的妇女往往不到20%。我们曾经到村委会直选开始得比较早的吉林梨树和河北迁西两县进行调查，并进行了分性别比较：主动报名参与迁西第五届换届选举竞选的妇女有724人，平均每个村有1—2个妇女参与竞选。梨树第四届换届选举报名的妇女有782人，占竞选总数的19.8%，男性的竞争比例为80.2%。从主动参与竞争的性别比例来看，男性大大高于妇女。迁西第五届村委会中，妇女占到委员数的26.9%，男性占73.1%；妇女担任村副主任占4.3%，男性占95.7%；妇女担任村主任只占0.7%，男性占99.3%。农村男女两性之间的政治参与程度存在着巨大的差距，妇女参政的起点水平相当低。其实，这种参政的状况在全国是普遍的，梨树和迁西不过是妇女参政总体状况的一个缩影。何以至此？我们认为与性别分工的内化、性别的职务化、向上提升的路径等多方面的结构性因素有关。正是这些因素构成妇女参政种种需要清除的障碍。

一、性别分工的禁忌

在农村，牢固地保留了性别分工的习俗和观念，即男主外，女主内。在农村，妻子常常被称为“屋里的”“家里的”，男人被称为“外头的”“当家的”，家庭的决策权通常掌握在男人手中，哪怕家里的男人并不具有决策的能力，也要在外面显得说一不二，否则男人就不像男人。女人的职责就是生儿育女、孝敬公婆，不能越过男人指手画脚；女人一旦越过性别分工的禁忌，从内跑到外参与公共事务，就会被人耻笑疯疯癫癫不像个女人；妇女要提建议、要求，常常被说成“娘们儿家乱喳喳”，妇女要与男人公开竞争村干部，就会被嘲笑心太野，哪有母鸡打鸣、公鸡下蛋的道理。甚至在苏南农村比较发达的地区，都流行着这样的说法：窗户再大不如门，女佬官再能不是人。

在这种性别习俗的塑造下，大多数妇女将性别分工内化为自己的价值判断。我们在全国五个省、自治区、直辖市（天津、河北、内蒙古、河南、广西）的六个地区共计240个男女农民中进行了“农村基层参政意愿”的抽样调查，不愿意当村委会主任的女性理由之一是“当官不是女人的事”，赞同这一说法的妇女高达40%。还有一些妇女内心动过这一念头，但又觉得挑战传统和习俗太难，她们的回答是当女干部难，认同这一说法的数天津宝坻区的妇女最高，达到46.6%。以至于在社会舆论的压力下，一些有能力、有实力的妇女不想参政，更不敢想当村委会主任这样的“大官”。迁西前铺村从来没有过妇女委员，这意味着从来都是男人掌握大权，没有女人参政的先例。这在崇尚传统和祖宗的农村本身就构成对妇女参政的强大压力，以致压得妇女从来不敢想，该村的妇女尚云平参加了妇女培训之后，在接受记者的采访时说，感到自己白活了，过去从来没有想过要当妇女委员。在梨树裴家村第四届村委会换届选举的时候，出现了三个妇女竞争同一村委会分管妇女工作委员的事情，选民竞争演化为女人与女人的竞争。选举之后问起当选的村委员张春霞为什么一定要竞选妇女委员，张春霞直言：自己也想过要竞选村主任，而且村里也有人给她提过醒，可又担心被人家说，野心太大了，还去跟男的争，要是竞争不上会被人耻笑，还是竞争妇女委员更有把握。一个挑战传统的想法还未问世，就被习俗和传统轻易地扼杀了。是的，性别分工的禁忌使大多妇女将参政视为畏途，使她们在争取本该属于自己的权利时顾虑重重。

二、职务的性别化：妇女参政是如何被窄化的

当我们的视线从家庭的性别分工延伸到就业的性别隔离时，会发现妇女从家庭向社会跨越具有二重属性，一方面是对传统的背叛，另一方面又是传统的延伸，妇女在社会就业的岗位上再次被打上了性别的印记和标志：当妇女从社会走向管理岗位时，再一次复制了家庭和就业岗位的性别规则，导致职务的性别化。所谓职务的性别化，指的是在权力结构中，一些位置被认为是属于男性的，一些职务被认为是属于女性的，职务已经打上了性别标志。职务的分配不是按照能力和政绩来考量，而是按照性别来安排。这种职务的性别化没有写在法律文本和政策措施中，却实实在在地深深刻印在人们的脑子里，成为妇女参政向上发展的玻璃天花板。

在村委会直选中有一个非常有趣的现象：几个妇女竞争同一个职务——分管妇女工作的委员。前面，我们已经提到裴家村的 3 个妇女竞争同一职务，其实这一情况具有普遍性：梨树第四届换届选举中报名参选的妇女共计 724 人，报名竞选主任的只有 9 人，当选 2 人；报名竞选副主任的有 13 人，当选 2 人；报名竞选村委会妇女委员的有 702 人，当选 337 人，分管的都是妇女与计生工作。迁西在出现妇女竞争群体的时候，也出现了完全一样的情况，在迁西太平寨二村村委会办公室，依然保留着第五届换届的黑板记录，上面有十三四个妇女的名字，争的全是妇女委员。为什么妇女大都竞争同一职务，而不去竞争会计、治保等，这与职务的性别化直接相关。

村委会一般有 3—7 个职务，如村长、副村长、会计、秘书、治安委员、计生委员、妇女委员。我们在进行问卷调查时发现，80% 以上的村民认为妇女适合的职务是计划生育和妇女工作，一把手、二把手、经济、治保、会计都适合男的干。甚至在迁西一些党支部书记和村委会主任认为：妇女担任计生工作也不合适，计生工作要有劲，该横（蛮横的意思）的时候能横起来，妇女动不动就哭，管管妇女工作就是了，事不多。可见，妇

女的选择是在性别文化规定的范围内进行的，是职务性别化的折射和反映。

职务性别化得到普遍认同，就给妇女参政带来两个问题：第一，妇女竞争的职务和岗位大大缩小，本来从理论上讲，村委会的每个职务都是可以竞争的，可实际上妇女在村委会中的职务就由原则上的 7 个变成了实际上的 1 个顶多 2 个，几乎是 5∶1，就是说男性可以竞争 5 个岗位，妇女只能竞争 1 个岗位，妇女参政的路径大大窄化了，妇女参政的数量很难得到扩展，再优秀的妇女由于职位有限，也只能英雄无用武之地。第二，导致了妇女在权力结构中的边缘化，难以进入权力的核心。村委会中职务的不同，拥有的权力亦不同。通常的规则是村委会主任拥有更多更大的权力，会计文秘、经济工作、治保协调、计划生育次之，妇女工作更为次之。当妇女的职务被限定在妇女委员时，难以在全村的重大事务决策中发挥决定作用。

更令人担忧的是，职务的性别化成为决策者的主导思想，还会对妇女参政形成巨大的制约因素，乃至使已经出现了妇女参政的发展被各种理由拉回去。让我们跟踪一下上面三名妇女竞选同一个位置的发展过程。

三名妇女竞选的结果出乎预料：妇代会主任落选，另外两名妇女同时进入村委会班子，张春霞分管妇女工作，王成香分管计划生育工作。不能不说，这是村委会直选所带来的妇女参政的重大突破，由一村一个女干部变成两个女干部。然而，妇女参政的话题并未到此结束。梨树第四次村委会选举之后，不久就面临着为了减轻农民负担精简村委会指数的工作，村委会要减掉一个委员。本来，村委会有个老会计走了，完全可以将其中的一个妇女委员调过来分管该项工作，然后将分管妇女工作和计生工作的岗位合二为一，然而掌握着人事权的党支部却没有这么做，而是增补了一个男会计，同时决定分管妇女工作的委员兼搞计生工作，减掉计生主任王成香。王成香十分委屈且无奈，她抱怨说：计划生育工作 40 至 50 个指标完成得好，凭什么把自己精简下来？依然保留职务的张春霞愤愤不平地说：“我们妇女什么不能干？你让我们干了吗？我相信我能做好会计的工作，妇女屈就屈在这，不让你干，还说你不行。”

事情到这里终于打上了一个句号，裴家村村委会的女干部又重新回到了一个指数上。职务的性别化与权力的结合，就会使妇女的能力被无视，使妇女的水平被低估，使妇女参政的路被阻隔。而职务的性别化背后，又可以清晰地看到传统的性别文化给女性的定位，女人是生孩子的，所以女人可以管计划生育，女人即便在公共管理领域，依然遵循着女人管女人的逻辑。

三、农村妇女参政的路径和底线分析

如果，我们将村民委员的权力构成进行解剖，可以大致划分为：

最高的层次：党支部书记 副书记

较高的层次：村委会主任 副主任

中间的层次：村委会委员 党支部委员

中间偏下层：妇代会主任 团支部书记 经济能手 计生员等

底部的层次：村民代表 村民小组长 中共党员

要担任党支部书记，一般要具备两个条件：党员和支部委员，所以是不是党员，就成为向党支部高层发展的底线，离开党员就谈不上发展。要担任村委会主任，一般要具有担任中间层次职务的经历，或者是企业管理者或经济能手，才能为上千的村民接触和了解，从而取得信任和支持。而村委会委员产生的途径来源于村民代表和村民小组长。所以，党员、村民代表和村民小组长成为农村基层向上发展的底线。农村妇女是否可以进入权力高层，成为支部书记和一村之长，取决于在中间层次的任职岗位比例，更取决于偏下层和底部的基数。当中间和底部的基数过低时，就会限制向权力核心的发展，使妇女参政遇到另外一重障碍。

先来考察中间层次的性别比例，首先看看管理岗位，真正属于妇女的岗位是妇女主任或分管妇女工作的委员。正像金一虹女士所说，这其实是为妇女在管理层预留的位置。由于妇女主任一般担任妇女委员，实际上妇女只有一个位置，占村庄人口半数的妇女所拥有的仅仅是一个职位。另外一个在资源相对较多的地区，会将计划生育工作留给妇女，而计生工作由于是有硬性指标的国策，其地位也高于妇女工作。正如在职务性别化中所分析的，男女在管理层的比例大致是 5∶1。另外的路径是女能人，经济舞台的确给女性提供了施展才干的机会，然而与男性相比又是有限的。据农业部、中共中央政策研究室农村固定观察点 1992 年对分布在全国 29 个省市的 312 个观察点的农民职业分化尽兴调查，男性从事乡村集体企业管理者的比例为 1.5%，女性比例仅有 0.3%；职业为乡村干部的男性在男性劳动力中的比重为 1.1%，女性比例仅为 0.2%，这里两种管理层女性的比例都是 5∶1 ，女性向上流动机会小于男性。

再来看看三个底线：农村的女党员少，以梨树县榆树村为例，44 名党员中女党员仅有 2 名。溧阳加大女党员的培养力度，结果 2000 年女党员占整个党员的比例只有 8.8%；女村民代表少，梨树县第四届的村民代表有 15120 人，其中妇女代表有 3931 人，占总数的 26.0%。迁西妇女代表占总数的 8%；女村民小组长少，以梨树县为例，336 个村 2300 个自然村的村民小组长中没有一个是女的，村民议事代表比例也只占到 9% 左右。妇女参政的台阶从底层就中断了。

当我们进一步考察两性之间的路径和底数，得出的结论是：虽然民主选举制度是公平的，但是男女实际上站在不同的起跑线上，妇女参政的通道非常狭窄，机会有限，底数过低，起点相差甚远，农村妇女政治参与的后续力量严重不足。本来，在民主选举中干部的上下流动是正常的现象，可是由于女性的后续力量不足，容易导致当一些妇女落选后，其他的妇女不能顶替上来，使妇女参政不能持续发展，会上下起伏乃至中断。再者，会制约农村妇女参政的规模和层次，长期在妇代会主任和妇女委员上徘徊，使优秀的农村妇女由于路径过于狭窄，导致才能不能施展。如何提高农村妇女参政的基数，扩大妇女参政的通道，是村务会直选中需要解决的问题。

（原文载于《中华女子学院学报》2003 年第 2 期）

话说担任一把手的女村官

由于某种机缘，笔者接触到一些来自全国各地农村最基层的女村长、女书记。这些女村官大多是三四十岁的农村妇女，初中毕业，还有的读了高中乃至大专；有的脸色黑黑的，一看就是地道的农民；有的身着裙装，言谈举止干净利落，已经看不到传统农民的影子了。她们讲述着自己做村官的故事，笔者边听边生发出这样的感受：农村村委会主任是最不起眼的官，在中国行政机构中找不到它的位置。然而，它又是与农民的利益联系得最为紧密的官，是最为难当、最具有挑战性的官，在农村女性担任村长，它的难度并不亚于一个知识女性挑战国务院总理的位置。

一、村官的工作难在哪里

有一个非常值得研究的现象：这些女村官担任一把手的时候，都是村两委工作开展不下去的时候，财务账目混乱，矛盾纠纷特别多，村委会的工作几乎半瘫痪或者全面瘫痪，原先的男村委会干部都撂挑子不干了。从我们接触到的十几位女村官的情况来看，她们上任的村庄 60% 工作瘫痪，

80%以上的村是穷村，甚至负债累累。可以说，她们挑起一把手担子时可谓受命于危难之际。山东兖州大安镇夏家村的女村委会主任单存玲接手该村工作的时候，连当时紧张的收缴公粮的工作都没有人来管，村里卖了300亩地，拖欠的款项大多没有收回。村里矛盾纠纷不断，连续一年多上访。山东济宁白屯村李建云1993年担任村长时，面临着这样的局面：没有人缴公粮，群众意见大，有些人甚至砸了村干部的门，村支书和主任纷纷离职不干了，发展经济的事根本没有人管。湖北邱家楼村姚晓梅1995年执政时，干群关系非常紧张，农民合同款久拖不交。村民打架斗殴，打牌赌博。

村干部只要想为老百姓办事，首先就得面对恶势力的挑战。村委会的工作，例如村庄规划、宅基地划分等等，都会涉及家家户户的利益，特别是一些已经多获得利益的人，一旦要他们交出利益，他们往往会拼命反对村委会的工作，甚至采用暴力手段砸门闹事，危及干部的家庭和人身安全。山东兖州夏家村卖地300亩，总计得150万，当时到手的钱款仅仅有20万，一些人盯着这笔钱，非要支书单存玲下台，以便自己能够控制资金。他们跑到村支书的家，往墙上贴纸钱，诅咒活人。山东金乡县南门村村干部打算用村里的一块地皮建个停车场，一来方便城南进出车辆停放，二来增加集体收入，刚一提出这一想法，立即遭到在那里搞副业者的强烈反对，有的扬言：谁赶他走，他就和谁拼命，有的天天夜里给女支书打电话，恐吓威胁。一个坚持原则的村官要干点实事，就必须顶着巨大的压力。

女人当村官尤其难。在农村几乎有个不成文的惯例，女性再好也不能当头，女人只能管女人，不能管男人，只有男人领导女人才是天经地义的。在许多村庄，女性从来没有当过村长，能干的女性只是当妇女主任，或当分管妇女工作的委员。有的一个县、一个镇才有一个女村长，许多女性担任村里一把手时，都得承受超乎寻常的压力。河北满城龙居村贾俊乔刚刚担任村委会主任的时候，常常听到这样的话，贾俊乔是小姓人家，又是个女的，怎么能管得了一个村！单存玲上台时也面临着同样的压力：这个烂摊子连男人都搞不好，何况一个女人。包括公公、婆婆和丈夫在内的几乎所有的家人都反对单存玲当一把手。在这个男尊女卑的文化氛围里，女人挑起一村之长的大梁，往往还要面对来自家庭的反对。山东金乡县史庙村何久英2000年被推举为党支部书记时，有人说："史庙村没有人了，一个妇女当书记，不是好兆头，妇女当家房倒屋塌。"有的写恐吓信、小字报，用各种办法逼她下台。这些普通而又坚强的农村妇女，就是在这种情况下上任的。她们几乎在向世俗挑战：女人怎么就不如男人？男人是人，女人为什么就不是人？非得干出个样子来！

二、她们是怎样成为女村官的

这些农村妇女是怎样成为女村官的呢？非常有趣的是，几乎没有一人是自告奋勇毛遂自荐的，而是通过另外两种方式：一种是组织任命，另一种是民主选举。在这14名女村官中，25%是组织任命的，75%是民主选举的。在这里，两种机制并存，后者正在扩大。也许有人会问：农村不是更加重男轻女吗？妇女怎么会有如此高的比例担任一把手？我们的看法是，农村的性别偏见的确重于城市，它常常有一种潜在的规则：男性优先，女性的能力未被村民认识之前，是容易被低估的。然而，一旦女性的能力在村里展示出来以后，大多数村民意识到她可以成为自己信任的人，就会毫不犹豫将她推选出来担任一把手，打破女性村长为零的纪录。在这里，女性的才能要为村民认识，需要一个走出家庭向社会发展的阶梯，需要一个与村民交往的平台。

众所周知，在家庭联产承包责任制为主导经济方式的农村，家庭成为基本的生产单位，村民的社会参与范围缩小了。由于男女的性别分工，女性的主内角色，与外界的联络受到更多的限制。何况多数女性婚姻过程中的“从夫居”，斩断了从前的一切社会联系，增加了与村民了解和沟通的难度。妇女要发展，阶梯是必不可少的。在接触和访谈中我们发现，这些女村官都拥有一定的“社会职位”：

中共党员，女能人、女医生、女会计、女委员、女厂长，更多的是妇代会主任。《农家女杂志》在山东金乡县搞的问卷调查表明：女村官中96%的人担任过妇代会主任。这些职业使她们有了更多在村民面前“亮相”的机会。成功的“亮相”，使她们获得了村民的认可，引起组织的关注。

河北满城龙居村的贾俊乔，18岁加入了中国共产党，1973年担任妇代会主任，她不满足于妇女抱着孩子、死守着破屋子的生活，要在荒山秃岭上开出一条生路。她带着30多名妇女，承包了村里100亩山质最差的地作为实验基地，栽种了2000棵果树苗。当果树挂果的时候，全村的老百姓才知道龙居的山上也能种树生金。全村村民开始跟着贾俊乔学，承包荒山，已开出2000多亩地，每年能收入120万元。正当她还要继续带领姐妹们干下去的时候，1993年村委会换届选举，贾俊乔获得的选票最多，被村民选上了村委会主任。浙江平湖全塘镇渔村程月娥1983年担任村委会委员分管妇女工作，看到全村妇女的生活方式主要是依靠丈夫捕鱼挣钱养家，妇女地位低下，家庭矛盾时有发生。为了改变妇女的地位，她带领姐妹走出家门到企业打工。其中五位姐妹很快摸索出经验，建立起自己的企业，成为致富带头人。姐妹们的经济收入高了，家庭的生活也改善了。2000年村委会班子的民主测评中，她的票数远远高出男同志，镇党委书记找她谈话，要她全面主持该村的工作。

这些妇女面对突如其来的村官位子，大致有两种态度：一是内心充满了矛盾，非常犹豫，二是出乎意料，经过一番掂量最终选择了干。与男性相比，农村妇女似乎缺少非我莫属的自信，更容易怀疑自己的能力，多一些要干一定要干好的责任感。与男性相比，妇女要干村官时的家庭阻力大得多，这往往使她们内心的矛盾和冲突更多。山东济宁的单存玲在镇党委要她担任夏家村党支部书记的时候，她的内心相当矛盾，组织上一找她谈，她就想干，她觉得作为党员应当挑重担。一回到家，家人反对她又动摇了。经过几个月的犹豫和动摇，最后才决定试一试。大多数妇女是凭着党性，凭着不辜负选民信任，凭着要为妇女争口气的决心，顶着来自家庭的、村里的阻力，走上女村官岗位的。

当她们在重重困难中走马上任之后，在短短的时间内迅速使矛盾错综复杂的村来了一个大反转，干部群众关系融洽了，人心顺了，村庄由穷变富了。河北满城的女村长贾俊乔将一个20世纪80年代“山秃、树少、草稀”，吃粮靠返销，花钱靠救济的穷村，建成3米宽、6000米长的全乡唯一通水泥路的村子；种植1500亩的葡萄、蔬菜，达到国家A级绿色食品标准，实现植树—改造—水利配套建设三部曲；建成全村人梦想中的教学楼。2001年换届选举，贾俊乔再次被村民们推举为村委会主任。姚晓梅所在的湖北谷城邱家楼村一改原先的瘫痪状态，1997—1999年连续三年被评为农村先进工作单位。支部书记赵月香将东一村由乱变治，连年被评为模范村委会和先进党支部。她们深深赢得村民的信任，当村委会换届选举的时候，她们以绝对的多数票当选，一些村民生怕出现意想不到的局面，到处为女村长作宣传。在他们看来，女村长已经和他们的利益紧紧联系到一起了。1999年初，在山东实行第一届村委会直选时，山东济宁白屯村被市里指定为试点村，上级政策规定在不指定候选人、不定调子、不划框子、不照顾面子的原则下，进行村委会直选，李建云以413张选票（共计450张选票）当选村委会主任。1998年济宁夏家村进行村委会选举试点，采取了同样的方法，全村729人参加选举，只有3人弃权，支部书记兼村长的单存玲获得了该村村民的普遍拥护。

如果说，在那些有吸引力的单位和地方可以通过人员重新组合，来调解聚积已久的矛盾，而一个农村的村庄里都是朝夕相处的父老乡亲，既不能将谁解聘，也不能将谁引进。用一句流行歌词来说：山还是那道山，梁还是那道梁，人还是那些人。是什么力量使一个村庄由乱到治？这些往往被视为素质差、水平低的普通农村妇女，被视为摆设花瓶点缀的女性基层领导，她们何以化解紧张的干群矛盾？何以使一个问题丛生的村庄重新凝聚起来？

三、她们是怎样看待农民的

目前，农村一些地区干群关系紧张，有的干部以为农民中“刁民”太多，不好管理。这些女村官是怎么看待农民的呢？

湖北谷城县邱家楼村支书姚晓梅认为：农村干部、群众关系紧张，干部与群众心理有隔阂，最大的症结在于干部办事不公，为政不廉。山东金乡县东一村支部书记赵月香认为：我们当干部的不能光会给群众要钱、要粮，更重要的是解决群众关心的热点难点问题。当你真诚地为老百姓着想，老百姓才能买你的账。山东金乡县前李村党支部书记董福兰认为：当了村干部就意味着吃苦、吃亏，奉献甚至牺牲。身为支部书记，就要敢为民代言，替民诉苦，代表农民行使权力。

山东金乡县南门村支部书记吴凤玲深有感触地说：当了6年的党支部书记，使我深深懂得了关心爱护群众，就是关心爱护自己的道理，群众心里有杆秤，谁不为他服务，谁不领他致富，谁就得“滑跎”。

史庙村的支书何久英讲述了这样一件事：有的群众公开提出某一问题要解决，并常常会说，你不给我解决问题，我就不交三提五统以及宅基地、树木和来往账目费用。对此，她非但没有半点责怪村民，而是予以深深的理解：当干部难，当老百姓更难。说实在的，老百姓为难干部的事情不多，只有以不交三提五统及各项收费来要挟村干部为他解决问题。干部要把群众的愿望和要求作为第一信号，尊重群众的情感和人格，心中装着群众，以理解人的态度，以平等的人格，以讨论的方式，与群众探讨问题，让群众讲话，给群众畅所欲言的机会，帮助群众解决问题和困难。群众真心感到干部是为老百姓服务的，思想上的疙瘩就容易化解，情绪就容易理顺，凉透的心就容易被温暖。

我们问女村官：村里有没有蛮不讲理的刁民？大多数人认为在农村的确有这种蛮不讲理的人，但只是极少数，绝大多数的农民是通情达理的。问题的关键在于：我们这些领导干部怎样对待农民，是将自己看作作威作福的主人，要求农民百依百顺，还是将自己看作农民的公仆，真诚地为人民服务？哪里的干部作威作福，哪里的干群关系必然紧张，哪里的干部有服务意识，哪里的干群关系就融洽。

这些大多由村民推举出来的女村官做官的宗旨是：来自于人民，服务于人民。这些女村官上任的第一件事是关注大多数村民的需求，而不是拍脑袋一个人说了算。在决策中注重考虑村民的意愿和需求，善于在自己的意愿和村民的意愿中寻找结合点。没有任何一个村干部上任的时候，没有自己的想法。刚刚上任的夏家村主任单存玲早就想对村里凌乱不堪的居所进行改建了，但对村民们是否愿意达成共识，她吃不准。如果得不到大多数人的支持，是很难将村庄规划搞好的。于是，她运用社会学的方法搞起了问卷调查，一共发放问卷 34 份，结果有 31 份赞成重新规划和改造住房。于是，村委会开始进行规划，规划实行的时候遇到了障碍，需要损害利益的 14 户坚决不搬。单存玲没有用硬干的方式，而是耐心地说理，并重新修改了规划，使原先利益受损的 14 户减少到 9 户，第二次规划顺利实施起来。现在，多数村民已经搬进了规划好的居民区，村庄变得井然有序。

20 世纪 90 年代以前，任何村官都有一项基本工作，就是向农民收缴各种税费，完成乡镇的要求。金乡县史庙村支书何久英收取东鱼河以资代劳款时，发现群众有许多需要解决的问题，于是向村民承诺：凡是有问题的，都可以到办公室来反映。她将群众反映的问题一一记录下来，两委成员一件件作了处理，做到件件有落实，事事有回音。首先是进行电力改造，这是群众反映最强烈的问题，他们组织了 3 个生产小组，分别推选出 12 名群众代表，负责掌握电改的开支，然后进行电改清障，利用换下来的旧杆旧线，把电通到了机井，大大方便了群众灌溉。然后，进行宅基地的分配，打破宅基地私有界线，按照一家一院等规定来公平分配，无论干部、群众，都一视同仁。经过细致的工作，该分配的村民全部得到宅基地，深得民众欢迎。

山东金乡南门村女支书吴凤玲执政后，仔细分析了本村的情况，认识到该村地处县城附近，有充分的经商条件，如果能建一处蔬菜综合市场比较好，一是能方便群众，解决县城买菜难的问题，二是全村可以获得固定的经商场所，带动其他服务业发展。这个想法提出后，立即遭到一部分群众的坚决反对，很多人想不通，认为城区地皮很值钱，拿出一部分地，一不能种，二不能卖，什么时候才能见钱？面对这一难题，吴凤玲没有退却，而是多次召开村民大会，让有经济头脑的人发表意见，然后到那些有意见的村民家里做深入细致的工作，最后终于达成共识。

《农家女百事通》杂志 2001 年对山东金乡县的 50 多名两委女性一把手进行了问卷调查：你任职后做的最受群众欢迎的事是什么，94% 的女村官回答是兴修水利设施、进行农网改造、安装电话，43% 的回答是建设市场部／发展养殖业／种植业，29% 的回答是建设学校／发展教育，16% 的回答是创办社区服务照顾老人。

四、她们是怎样当村官的

在我们掌握的 12 份材料里，几乎所有的女村官都认真实行名副其实的账目公开。村集体的资金如何使用，是村民最为关注的敏感话题之一，也是村委会推进民主监督杜绝腐败的重要内容之一。金乡县史庙村的女支书何久英上台后，为了使村民心知肚明，建议并成立了本村由 13 名群众代表参加的民主理财小组，本年度收入多少，如何开支，都要通过民主理财小组讨论。到乡经管站所报的每一笔账，都要经过民主理财小组审议签字，否则不予报账。这样一来，干部洗清了身子，村民消除了疑虑，进一步增强了干群的团结。能否公开账目，说到底不是认识问题，而是公道廉洁的问题，越是公正廉洁的干部，越是愿意并乐于公开账目。

湖北谷城邱家楼村支书姚晓梅1995年由村委会主任当选为支部书记后，征集村民意见，发现群众对村务、财务很敏感，总认为农民负担重是村干部层层加码、中饱私囊。为此，大多村民不交提留统筹，不信任村干部。姚晓梅开的药方是：两公开一监督。凡是群众普遍关心、反映强烈和涉及群众切身利益、容易出现不公平的问题，都要公开，重点放在财务公开上。同时，设立举报电话、监督信箱，对群众举报的问题，及时调查，并召开群众大会予以曝光。过去，村里财务开支手续简单、模糊，群众对此很有意见。现在，村里哪怕一分钱的开支，均要由经办人、理财小组长等四五个人签字才可报销。山东济宁白屯村书记兼主任李建云，接受上届两委的教训，还干部一个清白，给群众一个明白，在财务、政务上公开，事事让群众代表监督，不仅让他们监督结果，还要让他们监督过程。就这样，村干部取得了群众的信任和工作上的支持。

要按照大多数村民的意愿开展工作，常常要触犯少数人的私利，这些人人数不多，但活动能量很大，或者手眼通天，或者蛮横无理，他们只考虑自己的利益，不惜损害他人的利益和公众利益。一旦迁就这类人，就会损害公正和多数人的合法权利，倘若维护多数人的利益，就会触及这类人的利益，二者必择其一。作为一个受群众欢迎的村官，不仅要有和风细雨的说服工作和民主作风，还要坚持原则，敢于碰硬，坚定地维护大多数人的利益。这些女村官常常表现出超乎寻常的勇气，山东大安镇夏家村主任单存玲为了制止偷电、漏电的行为，决定由村里给每家村民安装电表，多数村民积极支持，但少数偷电村民坚决反对。他们先是向女村官发难，到她家砸门，威胁她不能安装电表，单存玲没有被吓倒，仍然坚持安装。安装电表的电工来到村里，他们就往安装电表的墙上抹屎，电工在上面安装电表，他们就在底下点火，让安装电表的人下不来，工作难度相当大，单存玲硬是坚持了下来，家家户户安装了电表，电费降了下来。

山东济宁白屯村支部书记李建云根据村民反映的问题排序，发现最紧迫的一个问题是重新招租村里沿街的经营房。针对个别村民强租抢租经营房且不交房租的现象，她召集村民大会，公开向群众重新招租。那些过去强租抢租的农户不愿意，夜里砸了李建云家的门，并扬言："以前的干部都不敢管我，你管我也不行。"李建云直面相对，毫不退缩，她说："不合理我就要管，我不信正气压不住邪气。"面对李建云坚决的态度，面对广大村民对女支书的支持，这个蛮横无理的人只好补交了房租，重新参加招租。就这样，不到半年时间，村里的矛盾逐渐理顺了。一把手女村官赢得了村民的由衷爱戴，在村委会直接选举中，她们以绝对领先的票数当选为村委会主任。

在这些女村官身上，你几乎很难看到说一不二的霸气和居高临下的官气，她们身上更多保留了朴素的民主意识和民主作风。金乡县史庙村的支部书记何久英善于捕捉来自农民群众的意见，做好了"听""看""辨"三个字的文章，所谓听，就是广开言路，既要听干部之言，又要听群众之言；既要听积极之声，又要听消极之声；既要听合意之言，又要听逆耳之言；既要听悦耳之声，又要听刺耳之声。所谓看，就是要像阿庆嫂一样，在群众中察言观色，善意地理解这些意见；所谓辨，就是明辨是非，积极采纳合理建议。

与人打交道，常常会出现这样那样的矛盾。如何对待矛盾？至少有两种方法：一是激化矛盾，将事情搞得不可收拾；二是化解矛盾，因势利导，重新整合人际关系。女村官在化解矛盾方面更具有协调能力。湖北大冶市袁伏二村有一大户，子女多，负担重，每年水费上交工作都不能按时完成。

蹲点该组的村干部每年为该户的欠费问题大伤脑筋，终于在去年的征收费用工作中采取了过激行动，将他家一头未出栏的肉猪拉出去卖了。这事在村里引起轩然大波，很快形成两大房头宗派对峙的局面，“战争”一触即发。担任村委会主任的黄朝霞听到信息，立即召集相关家庭的妇女开会，让她们去做丈夫工作，千万不要把事态扩大。接着，又召开村里有威望的老党员座谈会，请他们出面协调。然后，女村官只身一人去了该欠税户家，他们夫妻俩挡在门口不让进。黄朝霞一脸和气地说：“我代表村委会向你们道歉。”紧张的气氛渐渐缓和下来。她适时讲了国家的税费征收政策，希望能够为国分忧，同时也表示村委会愿意帮助他们克服生活上的困难。村委会首先将卖猪的钱如数归还，他们夫妻俩将所欠的税款送到了村委会。年终，村里考虑到他们家的实际困难，采取了适当的帮扶措施，一场一触即发的纠纷，被女村官化解了。

有的女村官不仅善于化解矛盾，而且能够化不利因素为有利因素。贾俊乔所在的龙居村是个穷村，为了将穷村变富，她在荒山上搞起了果树栽植，为了解决经费问题，她到处筹集资金。十几万经费一到手，立即就被一些人盯上了，到处告她贪污公款，组织部来村里调查了三年。她承受着极大的压力，她想即便下台也得等事情搞清楚了，不能弄得不明不白。三年后，调查有了结论：贾俊乔是清白的。蒙受巨大冤屈的贾俊乔非但没有报复诬告自己的人，反而从中悟出一个道理：光自己清楚自己不行，还要账目公开，要接受村民的监督，只有让村民看得明白，才能使干部一身清白。于是，她组织了一个账目监督小组，将自己的对手列入监督小组的成员。这样不仅化解了矛盾，而且使反对自己的人了解了整个财务的支出和使用情况，从而心服口服，成为村委会工作的支持者。

……

这些普通得几乎使人忽视的农村妇女，一旦从传统的女性角色中摆脱出来，就会焕发出如此大的参政热情，显现出令人吃惊的管理才干。在这里，你找不到“花瓶”，看到的是一个个有头脑、有智慧的实干家。她们走上一把手的岗位，受益的不仅仅有妇女，还有整个村的父老乡亲。

（原文载于《中国妇女报》2001年10月15日）

妇女参政要不要确定1/3比例制

1931年，瑞金苏维埃共和国建立，中共中央组织局不仅要求妇委书记联席会议和女农工妇代表大会动员妇女参加选举，同时规定了一定的妇女代表比例：经过女农工妇代表大会来切实动员，必须达到妇女代表占25%的任务。新中国成立后，1975年妇女进入人大比例达到历届的最高值，即22.6%。2007年3月，全国人大十届五次会议正式通过了《关于十一届全国人大代表名额和选举问题的决定》，明确要求“女代表的比例不低于22%”。这一指标比起1931年的25%下降了3个百分点。

近年来，我国的女人大代表排名在国际上有所下降，据国际议会联盟排名显示，我国人大女代表1994年列在12位，2012年列到60位，18年内下降了48位。我国妇女参政中女人大代表的比例最高达到21%，各级女性领导的比例均不超过10%。国际社会用“停滞不前”甚至是“倒退”来描述中国妇女参政的状况。为了促进妇女参政，深圳妇联在《深圳特区性别平等促进条例》草案中提出设置1/3的妇女参政指标，最终被当地人大立法委否决。立法者决策者乃至民众都普遍认为，没有必要设置妇女参政指标，妇女参政要靠实力，不要靠照顾，有能力上没能力下，设置妇女参政指标，对男性不公平。由此引发的思考是：为什么要规定妇女参政的比例？是对能力差者的照顾，还是对于性别不平等的矫正？如何看待妇女参政的权利以及能力？

一、妇女参政议政是权利，还是能力

这是两个性质不同的问题。妇女参政权利说，将妇女参政视为基本权利，在这里是没有前提条件的，从权利说来看，所有的人群都有代表自身利益发声的权利，无论阶级、性别，都不可以被剥夺。认可了参政权，可以培养能力，中华人民共和国成立初期，我国建立了多所妇女干部学校，就是为了提升女性参政议政能力。而能力说恰恰相反，它设置了前提条件，将能力视为获得权利的前提条件，倘若不具备参政能力，就会失去参政资格，参政权就会被剥夺。

能力说常常似是而非，难道说妇女参政议政不需要能力吗？这里需要区分两个概念，一个是女性群体，另一个是女性个体。女性群体是不需要将能力作为先决条件的，这是女性的基本权利，否则，基本人权就无法保障。作为女性个体，又是需要参政议政能力的，作为人大代表要代表一定的利益群体的诉求，自然也应当包括女性自身的利益诉求。这就要求人大代表能够进行利益表达，能够进行利益综合，能够履行政治社会化功能，即代表讲的内容能够被代表的群体理解和接受，进行成功的倡导鼓动。这就需要吸纳精英，要有参政议政能力，不能默不作声，不能只是搞“服装秀”。

应当看到人大代表中确实存在女性不善于提出有分量的议案等问题，需要深入分析深层的原因。农家女文化中心针对这一现象，2010 年在湖北广水县镇女人大代表中进行了调查发现，女人大代表被告知成为代表后，一般并不了解人大代表的职能，也不知道如何履行代表职能，普遍不想说、不敢说、不会说。2011—2012 年，广水妇联和北京农家女文化发展中心联合对女人大代表进行履职培训：第一，强化参政知识综合培训，系统地讲解了乡镇人大代表的权利、义务、职责、应具备的基本素质等方面的内容。项目结合实际编辑整理了《乡镇人大代表履职基本知识手册》，包括乡镇人大代表的产生、地位、作用、权利、义务、履职活动、履职保障、罢免、辞职、必备的素质等。第二，强化提写议案（建议）能力的培养。培训采用参与式方法，指导各位女代表开展民意调查，筛选热点难点议题，引导她们在思想上加深对职责的感性认识，为实现提高代表提写议案（建议）质量和建言献策本领的培训目标打好基础。学习的过程中，既要教给女代表们提写议案（建议）的基础知识，又要对她们提写的议案（建议）进行现场修改、讲解、点评，让女代表们边学边用，增强实效性。第三，强化语言表达能力训练。培训专门设置一天，让所有成员都有锻炼的机会。[①] 培训效果十分明显，在新一届人大会议上，几乎每个女代表都提交了议案，不少议案被乡镇政府采纳，新上任的乡镇领导及时召开女代表座谈会征求意见。由此可见，对女人大代表进行能力建设，是提高女性参政议政能力的有效手段之一。

此外，也要看到人大代表及女代表中，确实存在着“错位”的现象，即有参政议政能力的女性精英不一定当选，当选人大代表的女性不一定是女性精英。根据少量女人大代表的表现来判断整个女性的参政议政能力，结论常常显得简单而粗暴。进入21世纪，中国女性参政议政正在悄悄发生变化，在新世纪的第一个十年，妇女参政几乎主要是知识女性在发声，无论是提交家庭暴力的立法建议稿，提交维护妇女土地权益的政策建议，还是要求修改语文课本的性别刻板定型，等等，都是知识女性代言，而相关的女性利益群体极少发声。

在新世纪的第二个十年，权利受损害的女性利益群体开始发声，主动积极地维护自身的合法权益。2012年，女大学生对于就业歧视开始说“不”。她们在智联招聘平台上收集8座城市267家企业涉招聘性别歧视广告，举报给工商管理和人保部门，一些政府部门对性别歧视广告进行限

① 陈琼：《乡镇女人大代表能力提升的干预实验》，2013年，尚未公开发表。

制和罚款。一个月后，智联招聘的招聘平台上，每一个发布招聘广告的企业都会看到这样一个“提醒”：强烈建议您不要使用性别歧视的词语，如限招女性、限招男性等30多条词语。类似的女大学生抗议性别歧视，仅2012年就有十几起。

如果说，女大学生还属于知识女性的话，那么失去土地的农村妇女就属于地地道道的农民了，这几年各地分散的出嫁女在网络上形成了联合起来的态势，纷纷建立QQ群，如湘潭农嫁女维权QQ群、全国农嫁女维权QQ群等。她们相互交流信息、学习法律知识、向有关部门反映利益诉求。在她们看来，出嫁女能否享有同等的村民待遇，关乎法律的尊严、政府的公信力，以及出嫁女作为人的尊严。

妇女参政意识的觉醒，还体现在参政比例的呼吁上。从2009年至今，全国不少地方都开始修订村规民约，目的是将性别平等的条款明确写入村规民约，其中包括女性村民代表的比例不得低于30%的条款，保障村级事务要有妇女参与。在新的村规民约草案征求意见时，这一条得到了农村妇女的欢迎，她们认为：农村妇女已经成为农村的主力军，应当重视妇女的参与，不能仅仅将妇女作为劳动力资源。在修订性别平等的村规民约时，特邀的30%以上的妇女代表表现出极高的参与热情。安徽长丰县创新社区在讨论妇女代表40%的比例时，引起争议，妇女代表发言道：既然是男女平等，为什么不可以将妇女代表增加到50%？这一提议得到妇女代表的举手赞同。由此，可以看到女性参政议政的权利意识今非昔比。

然而，妇女有了参政议政的意识，并不等于就可以参政议政，在参政路途上，女性与男性相比，还会面临更多的结构性障碍和困难。

二、女性参政议政的结构性障碍

女性参政议政，不仅仅是当选代表，还可以进入领导岗位，管理公共事务。女性从政比起参政议政更是问题多多，组织部门是选拔和聘用领导干部的机构，经常抱怨一些女性干部后备力量，不愿意到异地进行基层锻炼：安排女性到基层锻炼，有的女干部不愿意去，还得征求老公的意见，事太多。男干部就没有这个问题，扛起背包就出发。何以产生这种现象？有三大结构性障碍。

（一）性别分工，即男主外、女主内

男性以挣钱养家为主，女性以照顾家人生儿育女为主。这种性别分工常常被人们视为天经地义的事情，甚至连许多领导干部都认为理所当然，赞美妇女地位高，就是将工资全部交给妻子，自己在家庭事务上甘当二把手、三把手。提到反腐倡廉，就想到领导夫人要当好“贤内助”“廉内助”，总之，女性都是主内的角色，主要辅助丈夫做好家务。尽管中国妇女绝大多数都参与社会劳动，甚至一些妇女在经济上完全独立，社会依然将妇女的生活重心放在家庭上。正因为如此，妇女参政议政的阻力还很大。

2005年，在河北迁西村主任培训班上，几乎都是清一色的男村官，性别专家随机向50名男性村官发问：你们当村官，妻子支持吗？男村官自豪地说：那还用说，全力以赴支持，家里的活老婆全包。我又问：如果有个机会，你的妻子可以到乡镇工作当镇长，比你的官还大，你支持吗？几乎所有的男村官都表示反对：那不行，谁给我做饭呢！

性别分工不同，对于男女的影响截然不同。男性的重心在社会，一旦工作与家庭出现矛盾，男子可以放弃家庭全力以赴做好工作，这在社会舆论上和两性分工上都是获得支持的，好男儿志在四方，不要儿女情长！女性则不同，一旦出现家庭与工作的冲突，就会面对更多的矛盾与纠结，甚至会影响到夫妻关系与家庭和谐。正是这种性别分工往往成为妇女参政议政的隐形障碍。常常不是女性的能力，而是家庭对于女性的不支持，使得她们面临两难选择。

一位河北满城的女村官，曾经泪流满面地讲述了其个人经历：我是村子里的致富能手，参加妇女参政培训后，有了参选村官的愿望，仅仅经过一次竞选，就成功当上了村子里的第一个女村官。没想到，干村里工作成了家庭矛盾的导火索。只要在村里忙工作超过三天，回到家，丈夫就要破口大骂，你还是我的老婆吗？一天到晚不着家。我真是感到害怕，家里总是硝烟四起，不得安宁。

对于有参政意愿的女性来说，第一关是能否得到丈夫的支持，当丈夫的大男子主义严重时，女性往往面临着两难选择：是要事业还是要家庭，要家庭就放弃事业，要事业就放弃家庭。对于男性来说，几乎不存在这一问题，事业越是辉煌，家庭生活越是美满。这是妇女参政的第一个障碍。组织部门不仅要做好女性干部的选拔，还应该寻求女性干部家庭的支持，调整和改变单一的男主外、女主内的传统文化观念和性别角色。

此外也要看到，男主外、女主内的分工在城市乃至农村都正在发生变化。2010 年全国妇联进行了第三次妇女地位调查，结果显示：50% 以上的民众赞成女性独立，反对传统的性别分工。北京 2006 年竞聘局级领导干部职务时，在不设置任何指标的情况下，20% 的女性领导报名，30% 的女性入选。农村村委会选举，在吉林的梨树县和河北的迁西县，妇女报名参选的比例经过培训达到了 20%，而且实现了女村官的零突破。问题在于：组织部门如何通过公开竞争的方式方法，让这些优秀的女性领导脱颖而出？各级人大如何通过相应的程序，让代表女性利益的女代表崭露头角？

（二）选举与选拔的潜规则

目前，我国基层干部的选拔，大多采取公开的竞聘方式，简称公选。

包括笔试、面试、民主测评、主考官评议决定。竞聘者要过五关斩六将，取得方方面面的认可和好评。主考官们根据各种因素进行权衡，比如笔试成绩、面试成绩、测评结果，其中之一，还有一个人人皆知的潜规则，即尽量压低女性的指数。理由很简单：女性事多，家庭负担重。社会上越是提倡“贤妻良母”，女性参政越是遭到排斥，女性的能力越是受到怀疑。所以，公选常常变成了“选公”。

以某市2005年公选为例，选拔考试招考了40人，报名人数380人，女性180人占47%，男性200人占53%。笔试入围总数160人，女性77人占48%，男性83人占52%。最后的结果是：女性4人占10%，男性36人占90%。

农村基层是民主选举，与公选不同的是不是由主考官决定的，而是由村民决定的。村民的选票投给谁？一般来说是村里有影响力的人，比如可以带着村民致富的经济能手，为村民谋利益的村干部等等。当缺乏影响力和知名度的男女候选人出现时，村民往往对于女性候选人表现出更多的怀疑，容易将选票投给男性候选人，背后的一个逻辑是：女性必须证明自己“行”，否则就是“不行”，男性只有证明自己“不行”，否则就是“行”。

在河南，全国闻名的女企业家刘志华当年在该村任妇女主任，是第五小队的成员，新乡七里营小北镇第五小队有72户353人，所有各户的成年男子都当过小队长，谁也没有干好，这时才推举刘志华让她干，她才成为第五小队的第一任女小队长。当她用实力展示了自己的管理水平，才赢得了村民的长期拥戴。

所以，女性参与公共事务管理，更难以得到公众和领导的信任，面临的潜规则是男性优先。当女性终于挤进管理的大门，面临的第三道障碍是：

（三）职务的性别化

它指的是在权力结构中，一些位置被认为是属于男性的，一些职务被认为是属于女性的，职务已经被打上了性别标志。职务的分配不是按照能力和政绩来考量，而是按照性别来安排，这已经成了决策者的集体无意识。在一次干部培训班上，大家作了两个活动：1. 用贴点的方式，为两位科长（一个叫“陈蕾”、一个叫“张杰”）安排新的领导职务，这些职务是：工青妇，计划生育，人事组织，结果 80% 的人将陈蕾分到了计划生育和妇联，80% 的人将张杰分到了人事组织。2. 用贴点的方法安排陈蕾和张杰的主管工作，政协主席和县委一把手。结果 80% 的人赞成张杰担任一把手，80% 的人赞成陈蕾担任政协主席。理由是女性适合当副手，男性适合作决策，女性适合搞计划生育，抓妇女工作，男性适合负责全面工作和有挑战性的工作。适合论成为职务性别化的思想基础。

湖南省某市在 2003 年进行了科级干部后备力量选拔考试，当时，该市女干部比例严重不足，为了完成规定比例，女性选拔了 30 人，男性选拔了 20 人。在副科级的职务安排上，男性几乎都安排在政府、市委、人事、组织等部门，女性绝大多数安排在工青妇、文教卫、政协等部门。

一位省计生主任（女）讲述：一直从事经济工作，无论在乡镇，还是县处一级，没有想到提拔到正局，进了计生部门。与过去的经历和专业毫无关系。

这种职务的性别化没有写进法律文本和政策措施中，却实实在在地深深刻印在决策者的脑子里，成为用人的潜规则，不需要考虑个人的兴趣和专长。于是，出现妇女参政向上发展的玻璃天花板现象：似乎所有的岗位和职务对于所有的男女都是开放的，实际上很多岗位看得见却够不着。

在农村基层职务的性别化同样存在，甚至更为严重。村委会一般有 3—7 个职务，村长，副村长，文秘会计，以及从事治安协调、计划生育、经济工作、妇女工作的人员。我们作过一份问卷调查：男的适合做哪些？妇女适合做哪些？结果，80% 以上的村民认为妇女适合的是计划生育和妇女工作，一把手、二把手、经济、治保、会计都适合男的干。甚至一些党支部书记和村委会主任认为：妇女担任计生工作也不合适，计生工作要有劲，该横的时候能横起来，妇女动不动就哭，管管妇女工作就是了，事不多。可见，妇女岗位的选择是在性别文化规定的范围内进行的，是职务性别化的折射和反映。

职务性别化得到普遍认同，就给妇女参政带来两个问题：第一个问题，妇女竞争的职务和岗位大大缩小，以村委会选举为例，从理论上讲，每个职务都是可以竞争的，可实际上妇女在村委会中的职务就由原则上的 7 个变成了实际上的 1 个顶多 2 个，几乎是 5∶1，就是说男性可以竞争 5 个岗位，妇女只能竞争 1 个岗位，妇女参政的路径大大窄化了，妇女参政的数量很难得到扩展，再优秀的妇女由于职位有限，也只能英雄无用武之地。第二个问题，导致了妇女在权力结构中的边缘化，使其难以进入权力的核心。对于妇女参政的向上发展尤为不利，更不要说担任全国人大代表了，通常的潜规则是单位的主要领导是人大代表的人选，女性极少进入决策层，往往就失去了担任人大代表的起码“资格”。

以上的分析可以看出：妇女参政严重不足，不是妇女素质低，而是社会规则对妇女不断排斥的结果，首先是性别分工导致的排斥，其次是性别文化与制度安排的结盟，使得女性的政治才干不断遭受打压。可以有两种路径：一种是源头治理，倡导男女共同分担家务，改变男主外、女主内的分工模式，鼓励妇女参与社会发出声音，同时在活动地点的安排上考虑妇女的实际情况；另一种是政策拉动，设置妇女参政的指标，扩展妇女的参与决策机会，倒逼官场潜规则进行调整。基于两性长期以来形成的差别而采取特别措施，非但不是对男性的排斥，而是对于性别歧视的纠正。

三、性别利益如何不受忽视

男女有没有不同的性别利益？回答是：有。通常，我们会将男女利益需求看作是统一的、没有差别的。这种差别被阶级的、民族的利益掩盖起来，即便在共同的阶级阶层当中，男女也有不同的利益诉求。

2006年，在一个处级干部培训班上，我们曾经作过一个活动：将男女处长分开讨论，你最大的需求是什么？男处长讨论的结果是：最大的需求是房子、票子、车子，让自己和家人生活得幸福。女处长讨论的结果是：工作压力太大，还要照顾孩子和家庭，期望夫妻共同分担家务，期望单位用人能够男女同等对待。

社会是由男女两性组成的，男女两性有着共同的需求，比如：食品安全、环境保护、社会保障等，也有着不同的需求，比如：男性更关注挣钱养家的经济需求，关注交通的快捷与便利，关注全球的经济走向，女性更关注日常生活消费，关注儿童入托等社会福利，关注家庭暴力和性骚扰等等。这与男女的经历与性别角色相关，男女的性别角色越不同，性别利益与需求越不同。

要想将男女的利益诉求在公共政策中都考虑进来，就需要两性共同参与决策。如果在权力结构中，仅仅是单一性别决策，另外一个性别的群体利益就容易被忽视、被遗忘。

案例1：20世纪80年代以来，中国逐渐步入经济中心的阶段，开始强调效率和经济发展，原有的单位福利视为财政的包袱，进入机构改革的视野。很多机关事业单位进行机构改革，首先改掉的就是具有福利性质的单位幼儿园。为什么？除了追求效率的思路，也与决策者几乎都是男性有关，照顾孩子和家庭是妇女的事情，与男性没有关系，更何况决策者的孩子已经长大成人，幼儿园与自己的生活不发生联系。改掉幼儿园遭到了年轻的女职工的反对，她们强烈要求保留幼儿园，减少路途中接送幼儿的时间。反对无效，女性的外围呼吁根本影响不到决策层。从 1997 年到 2005 年，福利性质的幼儿园从 106738 个下降到 22680 个，市场性质的幼儿园从 24643 个增加到 75426 个（见下图）。市场化的幼儿园收费高，对于低收入的家庭形成沉重的负担，路途远增加了女职工的时间成本，女性工作与家庭角色的紧张关系更为明显。

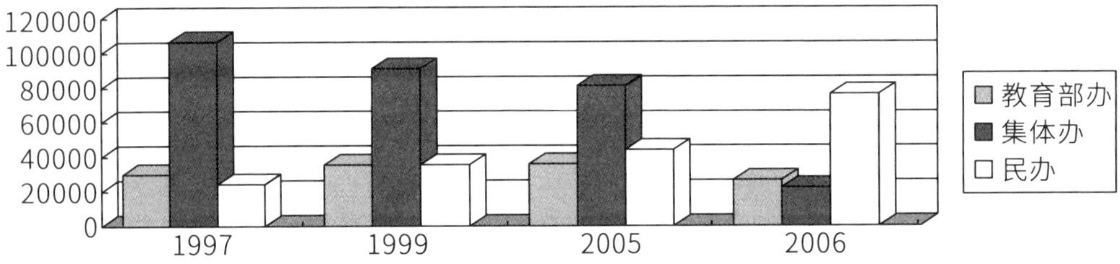

图 1　各类幼儿园的数量变化统计（1997—2006 年）

案例 2：2010 年，高院颁布了婚姻法的司法解释三，处理离婚的财产纠纷的规则发生了变化。过去，夫妻的财产视为共同财产予以平均分割，一人一半。现在是按照市场规则处理房产，夫妻双方谁在房产方面投资多，谁就可以多得。在这里司法解释更多关注到有形资产比如房子，忽视了无形资产如家务劳动；关注了男性的权利保护，因为绝大多数家庭都是男方提供住房，而忽视了女性的权利保护，在农村 80% 的村规民约分配资源都是分男不分女，很多女性结婚留在娘家村，自动丧失了土地分配资格，得不到宅基地和耕地。对于妇女的土地侵权问题，司法机构曾经作出不予受理的司法解释。这种具有明显性别偏向的司法解释，使得女儿户陷入困境，也加剧了人们的生男偏好，最终导致出生人口性别比的严重失衡。在城市化发展比较快的沿海地区，土地迅速升值，一亩地可以补偿 10 万—20 万元，男性村民可以轻而易举地获得补偿和股民资格，而留在村里的出嫁女，土地收回一分钱都得不到，这导致妇女集体长期上访，成为社会稳定中的一个新问题。

要解决社会稳定的问题，促进经济与社会、人口与环境协调发展，使得两性的利益需求在决策中得到反映和代表，就需要男女两性参与决策，需要男女都有一定比例的代表。这就是国际社会重视妇女参与决策的依据。

参政比例多少合适，才能将某一性别的利益在公共政策中表达出来呢？联合国进行了一项研究提出，任何一个性别的参政比例不能低于33%，如果参政比例只有10%或20%以内，就难以对政策产生实际的影响。如果妇女参政比例过低，在政府部门只有一个女性代言人，其他决策者都是男性，妇女议题就很难由性别问题转化成政策问题。在北欧和非洲的一些国家，经过多年的妇女参政实践，提出了一个比例，即任何一个性别都不能多于60%，也不能低于40%，以保障任何一个性别的利益和权利都不被忽视。

表1　2012年排在前十名的国家女议员的性别比例情况

排名	国家	下院或一院制议会			
		选举时间	席位	妇女	妇女比例（%）
1	卢旺达	2008	80	45	56.3
2	安道尔	2011	28	14	50
3	古巴	2008	586	265	45.2
4	瑞典	2010	349	156	44.7

从上述图表可以看到，无论是经济发达的国家，还是经济落后的国家，都可以采取性别比例制度。随着妇女参政比例的提升、妇女利益代言人的增多，很多不被关注的问题引起了公共政策注意，很多促进性别平等的立

法不断出现。比如，目前已有36个国家建立了父母育儿假，女议员进入议会之后，一方面积极倡导育儿的社会化公共化，防止过度市场化，另一方面积极拉动男女共同分担家务、共同参与社会。又如，建立《家庭暴力防治法》《性骚扰防治法》《性侵犯防治法》，关注到家庭内部和性领域的人身权和健康权。这些都与女性的切身经历密切相关，是性别议题通过公共政策转化为政策议题的结果。

妇女参与决策可以促进妇女与社会的协调发展，不仅可以使妇女受益，还可以惠及社会，促进社会稳定。2012年初，黑龙江民政局和省妇联联合推动修订以妇女维权为重点的村规民约，强调两个确保，即确保2/3的村民代表参会、确保女性代表到会人数比例达到35%以上。哈尔滨卫星村支部书记发现妇女代表的数量多少对参政影响很大，过去村民代表只有1—2个女性，她们连说话的份儿都没有，现在十几个妇女，参与讨论特别积极，大家同心协力，将25户姑爷户长期得不到土地补偿款的难题解决了。哈尔滨南岗区，在修订村规民约中注重征求村民代表特别是妇女代表的意见，村民积极参与提出意见、建议415条，涉及村庄管理与男女不平等的问题，包括禁止家庭暴力和保护妇女人身权利，要求婚姻自主反对包办婚姻等等。妇女要求删除39条男女不平等条款，新增270条，其中专门维护妇女权益条款103条。哈尔滨南岗区认真履行性别平等的村规民约条款，化解了矛盾纠纷13起，其中群体性纠纷3起，有效地化解了不稳定的社会矛盾，使妇女土地的老大难问题得到解决。

在社会发展中，妇女参与决策是重要的环节，参与者需要两个条件：其一，至少占1/3的比例；其二，能够代表女性利益诉求。由此，可以在政治格局中促进两性的共同参与，使性别议题尽快转化为政策议题，并在公共政策的运行周期中尽快予以解决，从而促进社会协调与可持续发展。

（原文载于《山西师大学报（社会科学版）》2014年第2期）

第四章

艾滋病调查与政策分析

作者手记

2002年，笔者承接了一项艾滋病政策的研究课题，此时，艾滋病问题已经进入政府的工作视野，相关部门出台了相应的政策。但是，艾滋病中的性别议题依然是一个盲区，该课题研究的目的就是发现盲区，将性别敏感加入艾滋病政策之中。为此，笔者组建了艾滋病政策性别分析课题组。

这一年的冬季，课题组来到河南上蔡农村，冒着被当地政府拦截扣留的风险，用了整整三天时间，在一个艾滋病村进行座谈和专访，与艾滋病患者交谈，了解他/她们的焦虑、恐惧与担忧，辨识艾滋病人的性别差异，撰写出艾滋病村的性别调查报告。此后，课题组又赶赴山东青岛，逐一采访在发廊、酒店卖性的女性，通过防范艾滋病的医生，发放调查问卷给性交易人群，采取定量的办法进行统计，用数据论证了买性的男性与卖性的女性之间的关联度，结论是：在感染病毒的高风险人群中，卖性女性更多承受着感染艾滋病的风险。

社会调查之后，课题组大量查阅我国艾滋病的发展轨迹与相关政策资料，从社会性别角度进行政策研究，清晰地看到一条性别比例的演进轨迹：一开始感染艾滋病病毒的人群中男性比例高，主要集中在男男同性恋群体，而后，女性感染比例不断攀升，最终性交易中的女性成为易感人群，通过这一桥梁人群，病毒感染由高危人群进入普遍人群。课题组提出了艾滋病传播的预测：未来，艾滋病在中国的传播将由吸毒人群转为性交易人群，卖性女性处于高风险之中。研究注入了性别视角，关注弱势人群包括女性的基本权利，试图构建一座抵挡艾滋病传播的政策大堤，并成为艾滋病政策研究的重点。

艾滋病村的性别差异调查报告（上）

一、怎样进行艾滋病与卖血的性别分析调查

迄今为止，我国艾滋病的性别数据十分有限，主要来源于医院和哨点监测。要搞清楚艾滋病感染者和患者的性别比例，是一件十分困难的工作。课题组认为，需要首先进行社会调查，以便心中有数。调查从哪里入手？如果选择医院进行调查，固然有医生的病例可寻，但是了解到的仅仅是有经济实力的艾滋病患者的情况，这些人在我国只占到人口总数的1%，却会使大量看不起病的艾滋病患者被忽略，这里更多的是农民及农村妇女。从我国现有统计来看，70%以上的艾滋病患者是农民，如果忽视了农民，将会使艾滋病患者的数据和性别比例的真实性大打折扣。于是，我们将调查点选择在农村社区，而且一定是艾滋病比较严重的农村社区，我们的目光和焦点投向了卖血导致艾滋病泛滥的河南驻马店一带的农村社区。

2002年10月和11月，我们两次来到河南上蔡某农村社区进行调查。第一次是通过县艾滋病防疫办公室和乡村干部到DL村进行实地考察，了解了县艾滋病防疫站的基本情况，参观了村卫生所，参加了村级艾滋病代表会议，并在干部的陪同下入户看望了几户艾滋病患者和家属，时间大约为两天。第二次是通过民间渠道进行访谈和问卷调查，所有的问卷都由我们代为填写，走访了不同类型的十几户艾滋病家庭，与40多位热情的村民

进行座谈。与此同时，村民们协助我们进行调查，提供了大量的资料和线索。调查为期五天，社会调查的目的是：搞清卖血的村庄感染艾滋病情况，摸清艾滋病死亡人数、性别比例及由此产生的问题，特别是给两性之间的关系带来的影响。以便以此作为参照和基础，进行艾滋病防治相关政策的性别分析。

社会调查的方法：（一）分性别收集农村艾滋病的数据，无论是访谈还是问卷调查，都有一定数量的男性和女性。同时，纳入年龄、教育程度、婚姻居住地、经济收入等参数，从而考察艾滋病患者的性别差异，掌握第一手材料。我们的问卷设计了相同的内容，按照一定的性别比例进行填写，然后分析其中的差异。问卷的设计经过精心的准备，我们听取有关专家（如清华大学社会学所所长景军、英国苏克赛斯大学性别研究中心的苏赛等）的意见、建议，详细讨论调查的方法、内容以及访谈提纲。（二）将实地考察、访谈和问卷调查相结合。将收集到的数据和资料作为参考，入户调查进行核实，深入到艾滋病患者的家庭直接与患者进行交谈，将直接访谈作为主要的方法。（三）采取政府与民间调查相结合的方式，从不同渠道获取信息，从不同角度进行调查，使调查能够去伪存真，由表及里，了解到真实可靠的情况。

二、到底有多少人卖血

我们第二次进村，是在村里老乡的带领下开始入户观察和访谈的。整个自然村共有 775 人，有杜、吴、张、赵四个大姓，每个家族的人居住的房屋都相邻在一起。几乎每到一家，一听说我们是来调查卖血与艾滋病的，一家传一家，都会聚来同家族十几口的叔伯大爷和妯娌嫂子，非常愿意回答我们提出的问题，在这里艾滋病不是一个讳莫如深的问题，不是一个与道德相关遭受谴责的问题，而是一个可以公开讨论的话题。

我们首先关心的问题是究竟有多少人卖血，因为血液污染是艾滋病传播源之一，这里的农民感染艾滋病，最初是通过卖血传播开来的。其实，说卖血有些言过其实，因为一袋血只有 40 块钱，对于城里人来说，还不够义务献血的补助金。确切地说，这里所说的卖血是我们通常所理解的献血。只是对于这里看不到钱的农民来说，40 元已经是一笔不小的数字了。献血在这里就变成了卖血。卖血何以与艾滋病发生关联呢？这里要具备至少两个条件：第一，在卖血者中有人携带 HIV 病毒，如果所有的卖血者都没有艾滋病病毒，即便通过血液交换也不会传播。第二，采血过程中的血液交换。比如，针头器具使用后不消毒，单采血浆，采用一个针头在几个卖血者中单采血浆，然后将他们的红血球返还给被采血人员。这样，只要有一个人携带 HIV 病毒，就会迅速传染给其他一些人，是一对十的传播。而这里，恰恰具备了这两个条件，经过频率极高的血液交换，使处于潜伏期的艾滋病病毒迅速传播开来。于是，卖血与艾滋病发生了联系。

在村里，我们几乎遇到成年人便问：你卖过血吗？答案使我们震惊：无论是二十八九的年轻人，还是 65 岁以上的老人，无论是操持家务的妇女，还是外出务工的男人，回答几乎是一样的：卖过。在这个小小的自然村里，几乎是一家家的农民都在卖，丈夫卖媳妇也卖，父母卖儿女也卖，结婚前卖结婚后更卖，许多出嫁的媳妇在娘家村卖到婆家村也卖。我们问：卖血有没有年龄规定？村民们不假思索地回答：有，18 岁以上 60 岁以下。可我们在调查中发现，有的年轻小伙 17 岁已经开始卖血了，并不到法定的卖血年龄，2000 年已经 70 岁的老人在 1996 年还卖过血。从调查的资料来看，卖血的最早时间是 1977 年，大多数 20 世纪 40 年代出生的农民从 20 世纪 80 年代中期就开始卖血，他们手里保留了一大堆献血证，卖血的高峰是 20 世纪 90 年代初期“内靠公章，外靠血浆”时期，河南建起 200 多个血站之后，附近的县城都有采血站，越来越多刚刚成年的青年男女也卷入卖血大战。血站关闭时间是1995年，可是到了1996年大规模的采血站关闭之后，还有私人采血机器开到庄稼地采血。村民卖血的时间长短不一，短则一年有余，多则长达十几年，有的人居然有着17年的卖血史，靠种地维生的农民变为地地道道的人工造血机器。卖血已经变得司空见惯。

卖血，几乎成为一种神话。一位妇女讲：那时都说卖血身体铁，谁卖血谁发财，不卖血的不发财，盖不了房子，成不了家，大家都这样传。凡是血液检查不合格的人，都承担着沉重的精神压力：身体赖，找媳妇成家都难。属兔的22岁的建军，1985年之前每次体检都是转氨酶高，被打入另类。1985年以后转氨酶正常了，于是，立即开始卖血，一直卖到1996年。经入户调查统计：全村775人，卖血人数为470人，卖血比例为60.65%。

卖血，在短期内让贫穷的农民看到了实惠，神话似乎变成了现实。有的农民靠卖血盖起了灰砖大瓦房，有的夫妻靠卖血开起了四轮拖拉机，有的父母靠卖血圆了孩子上学的梦想，有的儿女靠卖血买回了电视机。农民告诉我们，一袋血40元钱，除去路费和一顿饭，剩下20—30元，要想多挣钱就要多卖血。于是，这里的农民卖血次数高得惊人：少则几十次，多则上千次。一位50多岁的老大爷讲述了自己的经历：他和老伴养育着四个儿女，抚养着一双父母，自1980年（时年34岁）开始卖血至1995年止，卖血史长达15年，卖血次数在1500—2000次以内。取中数为1750次。匡算：15年共收入43750元（净收入），平均每年为2916元，每月平均收入为243元。243元就是老汉15年卖血的月收入！如果每个月平均收入在243元以上，农民还会卖血吗？透过这个243元，不难看到贫穷与卖血的内在联系。

在问卷调查中我们还发现：不同性别、不同年龄的农民卖血次数存在着明显的差异。

表 1　在某农村社区采访的农民男女卖血次数（2002 年）

性别 / 次数	50 次以内	50—100 次	100—200 次	300—500 次	1000 以上
男	1	2	2	10	3
女	10	4	1	3	0

男性卖血 300—500 次的数量最多，而女性卖血 50 次以内的最多，结论是男子卖血的次数高于妇女。而在男性当中 20 岁左右的未婚年轻人卖血次数少于 35—45 岁的中壮年，中壮年的卖血次数最多，常常达几百次，最多高达 500—1000 次。就是说，中壮年男子是卖血的主力。何以产生性别和年龄差异？与这里的性别角色与家庭角色密切相关。在调查中我们发现：在这里无论是姑娘还是小伙，都要外出打工，然后把钱寄回家。一旦结婚成家，有了孩子妇女就出不去了，要抚养孩子、照顾老人、操持家务、喂养牲口、下地干活；男人们农忙的时候回家收割，然后继续外出打工，养家糊口，是家庭经济来源的主要提供者。男主外、女主内依然是农村主要的性别分工模式，中壮年男子就成为经济上的主要创收者。靠什么挣钱养活一家老小？靠农业只能解决人们的吃饭问题，几乎谈不上盈余和收入；靠打工，村里和乡镇又无任何企业，无工可打；靠外出打工，首先得有钱走得出去，还得去外地找工作。于是，遍地皆是的卖血便成为中年男子创收的主要途径和来源，卖血的次数也会随着角色的需要而大幅度提高。而妇女则不必。当然，也有另外一种情况，当男子不成为家庭经济的主要提供者时，中年妇女卖血的数量就会陡然上升。一位中年妇女告诉我们，她有 6 个孩子，因为丈夫身体不合格，所以自己卖血的次数就多，大约有 500 多次，家里至今放着 10 个献血证。还有一位妇女卖血是为了给丈夫治病，丈夫从 1990 年开始患肝炎，治病需要花钱，为了解决钱的难题，她就不断卖血，大约也有 500 多次。

淳朴的农民靠卖血来挣钱，他们辛辛苦苦积累着一元钱、两元钱、十元钱，他们关注的只是通过卖血让自己口袋里的钱多一点，而从来没有想过为什么有那么多的血站蜂拥而至，从来没有想过自己的血怎样与市场经济搅和在一起变成一笔巨大的产业，更没有想到这些依靠农民的血吃饭的血头究竟会获得多少高额回报。他们看到的只是眼前盖起了灰砖瓦房，娶了媳妇有了后代。大家绝没有想到，一股巨大的危险正在悄悄地向这些卖血的农民袭来……

三、艾滋病瘟疫的暴发

据乡亲们回忆，从 1992 年起，村里就开始因艾滋病死人了，本来，对于一个村庄来说，死人是正常现象，生老病死么！孩子总是要出生，人老了总是要去世。可是这次不同，几年来村里连续死的都是青壮年男女，年龄大多在 60 岁以下 20 岁以上，他们在家庭中社区中都是扶老携幼的中坚力量，是经济收入的创造者和老人孩子的照顾者。善良淳朴的乡亲们无论如何也料不到有着 5 至 10 年潜伏期的艾滋病病毒已经开始发作了，一场旷日持久的灾难降临到人们头上。

越来越多的青壮年感觉身体不适，有的反复感冒发烧，用农民的话说：也不知道是咋回事，过去庄稼人把感冒没当回事，可是现在不打吊瓶就好不了；有的身上起疱疹，起疙瘩，像饼盘那么大，浑身痒痒；有的发烧，害怕受风受凉，闹肚子，浑身没劲；有的生口疮，烂嘴。生病是一茬一茬的，这一带要是有人发烧，人们都发烧，要是有人长疮，人们就都长疮。其实，这时已经开始进入艾滋病的症状期了。

艾滋病的医学名称叫获得性免疫缺陷综合征。正常人都具有一种抵抗外界细菌、病毒和其他有害微生物的能力，我们称之为免疫力。正因为有了这种能力，人体才会及时地抵抗病原体的侵袭，才能不天天生病。而艾滋病病毒破坏的正是人体的免疫力，使艾滋病病人表现得非常脆弱，一些在常人身上不会致病的细菌都会在艾滋病人身上成为严重的不可治愈的疾病。所谓综合征，就是说艾滋病表现出复杂多样的症状。艾滋病人都会携带HIV病毒，它的潜伏期占整个病程的80%，此时的病人称为艾滋病病毒携带者，表面上看来与正常人没有区别，只是体内的免疫系统与艾滋病病毒正在作斗争。当感染者体内的免疫细胞已无法与艾滋病病毒抗衡时，就进入了症状期，外界各种细菌就会乘虚而入，表现出各种症状的疾病。

当时，村里没有人知道艾滋病是怎么回事，常常将艾滋病等同于一般的感冒、发烧、拉肚子来治。直到近几年，到医院看病才会进行血液检验，才知道这个病不同于感冒发烧，是要死人的，卖血的人更容易感染艾滋病病毒，村里卖血的人只要不舒服，到医院一查十有八九就是感染了HIV病毒。于是，对于血检许多村民都怀有恐惧感，有的卖过血的年轻人身体已经感到不舒服了，也不愿意去作血检。今年刚刚27岁的锋说，检测出来艾滋病病毒，就等于被判了死刑，连自杀的想法都有，即便有钱也不愿意检测。但是，也有人去作，初筛费是80元，如果是艾滋病村的就可减半，凭借检查结果，可以每月免费领取100元左右的代金券，用来打针吃药。在这个自然村已经有60多人作了血检，57人确认携带HIV，已经进入发病期。血检费用减半的凭据是身份证上印着的村名，对于男性来说，仅凭身份证就可以了，无论他是否外出打工，身份证不变。而已婚妇女却要麻烦得多，除了一位妇女是嫁给本村的，其他都是外嫁过来的，身份证显示不出婚后的村名，要想减半就要去大队开证明，否则就要多交40元。在57人中有40人的化验费是40元，有17人的化验费是80—100元，大多数是妇女。

在村里，我们走访了几十位艾滋病病人，探访了一些已经死亡了的艾滋病人家属，他们发病一般经历两个阶段，有一两年时间是发病较轻的时期，病人只要打打针吃些药，还能自己照顾自己。我们的问卷有这样一个问题：发病后，是否还干活？干哪些活？家庭条件好一些、已经有了孙子的爷爷辈回答：生病之后什么活也不干，由外出打工的儿女供给一些医药费。村里热情开朗的老吴，就属于这一种情况，他已经当了爷爷，儿女们在外打工，可以不必天天干活。而大多数孩子尚小的中年男性，几乎都会回答：干活。他们要干两样活，一是农忙时种地收割，二是打工挣钱。前者是力气活，后者是养家糊口的活，比如盖房子、修路等。这里的农民有了一点钱，首先想到的是盖房子，随着市场经济的发展，农村盖房子也不再是尽义务了，而是按天论价每天能挣 8—9 元。为了挣钱，有的农民照样带病到村头的窑里烧砖，有的照样到地里去收割，有的照样外出打工。与此同时，大多患病的中年妇女也要干活：种地、照顾孩子、操持家务。30 多岁的郭雪从 2002 年的夏天开始发病，脸色发乌，不断感冒发烧，屋里摆了一堆药袋子和药瓶子。她的头上始终戴着帽子，她说：怕冷。拖着带病的身体，她还要给两个孩子做饭。一边生病一边干活，已经成为患病的中年男女的一种生活模式。

医药欠缺，劳动过力，精神压力大，使得大多患病的中年农民在一两年内病情加重，一病不起，再也不能干活了，完全丧失了劳动能力。此时，药物对于病人已经不起作用了，病人被病魔折磨得非常痛苦，瘦弱不堪。我们进村看望了一位已经卧床 5 个月的男性艾滋病患者，他已经没有力气坐起来说话，他指着胸口说："这难受，有的时候都不想活了。"说着，从枕边拿出了一张白条子，放在自己的脖子上，"可是连自杀的力气都没有"。可是，他又渴望着政府给药治病，因为他还有两个乳臭未干的孩子，他对母亲说：我不想死，我还有两个孩子那么小。两天之后，他就去世了，留下来的是一对四五岁的儿女和刚过 30 岁的妻子。

从 20 世纪 90 年代初到 2002 年底，在这个小小的自然村，艾滋病已经夺去了 29 人的生命，死亡的艾滋病患者占全村总人口的 3.74%。对全村不断发生的灾难，一位艾滋病患者说：早知道卖血会患艾滋病，说什么也不会去卖血呀！从性别比例来看，男性有 14 个，占 48.3%，女性有 15 个，占 51.7%，妇女死亡比例高于男性，与其他的村庄，如后杨村的男性占 45%、女性占 55% 的比率更为接近。艾滋病村的性别比例已经超过了国际社会2001年女性48%的比率，进入性别比率发展的第三个阶段，女性感染率和死亡率高于男性，女性成为艾滋病流行的重灾区，这将意味着艾滋病的大规模流行和暴发。

通过按照年份进行艾滋病死亡人数与全村当年人口总数之比测算死亡率，我们发现全村的死亡率呈现为不断升高的趋势。下面是1996—2002年艾滋病死亡率的统计情况：

表2　1996—2002年某村艾滋病死亡率统计情况

死亡时间	1996年	1998年	1999年	2000年	2001年	2002年
女性人数	1人	3人	2人	0	5人	1人
男性人数	0	0	3人	4人	1人	5人
总死亡率	0.125%	0.376%	0.632%	0.508%	0.768%	0.774%

艾滋病死亡率呈现为快速增长的势头，以1996年为基数，两年之后就翻了3倍，2002年翻了6倍，该村男性死于艾滋病的平均年龄为41.85岁，女性为35.66岁。这将使人类发展的基本指标——人均寿命大大降低。男性平均降低了27岁，女性降低了38岁。

然而，更令人担忧的是，艾滋病的灾难并没有就此结束，依然在不断制造着人间悲剧。检测出的艾滋病人有57人，是已经死亡人数的两倍。他们无一例外都处于发病期，有的已经失去了配偶，有的已经负债累累，有的穷困潦倒。此外，还有一批不敢进行检测的艾滋病患者，他们已经感到身体不适。我们入户访谈时，许多农民都会主动告诉我们：虽然还在干活，可越来越感到浑身没劲，一干重活心里就发慌。看到村里那么多人死去，感到恐惧和害怕。一旦确定是艾滋病感染者，就被判了死刑，精神压力太大，不少人不敢作检查。我们预感到：除了死亡的和检测出来的，还有一批数量更多的艾滋病病毒携带者，他们要重蹈已经死亡的艾滋病患者的覆辙，在人生的中年持续不断地被艾滋病夺去生命。

而且，许多艾滋病病毒的携带者并不了解艾滋病的传播渠道。在调查中，当我们问是否晓得艾滋病的三种传播渠道，许多人摇头说："不知道。"一位身体不适的已婚男子说："艾滋病不会传染，感冒才会传染。"在这个艾滋病村，农民的性生活几乎没有任何保护性措施，婴儿出生时没有任何替代品只能吃母亲的奶。我们感到深深的担忧：那些由于恐惧和害怕，未被查明和确认的艾滋病病毒携带者，更容易在不知不觉中传染给他人，形成性路、血路和母婴垂直传播的交合，危害更多人的生命和健康。

（原文载于《中国妇女报》2002 年 12 月 3 日）

艾滋病村的性别差异调查报告（下）

一、谁来承担艾滋病人的医药费用

越来越多的农民患病，而且患了病就好不了，他们能否看得起病？到哪里去看病？谁来承担医药费？这是我们关注的又一组问题。在 36 份调查问卷中，只有 2 人去过驻马店地区的医院，占 5%，驻马店离自然村有 100 多里，这是农民就医去过的最远的医院。有 10 个人到县城医院看病，占 26%，县医院距离村子 20 多里地，花不起车钱的农民就用木板车推着去，大约半个月就要花去 5000 多块钱。69% 的人在村卫生所看病，一来近，二来更为主要的是，可以免费获得一些医药费。在调查中没有发现一位患者自费去省城就医，更不要说北京了。所以，在省城一带的医院设立艾滋病的监测哨点，在很大程度上难以有效地监测农村卖血导致艾滋病患者患病的确切人数，甚至会遗失大量看不起病的穷人特别是农民。

从 2002 年开始，当地农民艾滋病患者的医药费由政府承担一部分。2002 年 1 月起，上蔡县开始筹备艾滋病防疫办公室，同年 4 月正式建立，为了帮助越来越多雪上加霜的艾滋病患者，政府开始发放医药用品代金券，直接通过乡政府发到村委会的村民，少则 50 元多则 150 元，患者可以凭借血检证明使用代金券免费到村卫生所取药和输液。怎样发放代金券，购置什么样的药品，关系到是分担已经承受了巨大代价的农民的痛苦，还是进一步掠夺已经困苦不堪的农民的问题。

在卫生所，我们问卫生员：根据什么决定发放代金券的数额？卫生员的回答无懈可击：根据病情，病重多发病轻少发。怎样确定病情的轻重？起不来就重，起得来就轻。我们要求看看病历档案，卫生员递给我们一份病例档案，所有的病历档案都简单到极点，标有姓名、性别、年龄和村庄，所有的病情都是艾滋病，所有的药方处都写着：对症下药。在药品柜里摆放着止咳、消炎、抗病毒等常用药。我们问：药品从哪进的？答：都是从县艾滋病防疫站进的。药品的价格是多少？卫生员不置可否。我们试图通过入户调查获得更多的真实情况。

我们走访的十几家患者，病情轻重不一，即便是病重起不来床的病人获得的代金券亦不同，多的达到每月 200 元，少则 50 元。由此，我们对于发放代金券的依据产生怀疑。一些村民见到我们是来调查的，避开村干部悄悄地拉住我们说：给支书送礼发的就多，不给送礼发的就少，老百姓敢怒不敢言。卫生员趁着大队干部不注意，也偷偷地对我们说：都是书记控制，都得听他的。第二次进村，有的村民干脆吆喝着说：要是给老百姓药品，最好直接送到老百姓手里，要不老百姓什么也得不到。

当我们问患者用的药品时，他们几乎都说不出来，只是说：去了卫生院就打吊瓶。我们让大家找来吃的药的药瓶和药袋，发现几乎与治疗艾滋病无关，都是抗病毒药、抗生素药、咳嗽药等，与我们在村卫生所看到的一模一样。药品的价格并不便宜，一般说来输三次药液100多元的代金券就用光了。而且，效果并不理想，有的根本不管用。如果是自己花钱看病，就不会找村卫生员，而是找私人医生，私人医生的药贵，效果还可以。而到县医院看病，十来天就要花去5000元，生病看病对于相当贫困的农民来说无疑是雪上加霜。

对于多数看不起病的农民来说，盼着每月发点代金券，到卫生所拿点药输点液，就是唯一的指望了。2002年10月，我们第一次进村来到一位老年男性患者的家，患者躺在炕上，显得相当平静。问他去没去卫生所，他说：代金券用完了，得等到这个月发了以后才能去。这对于病人相当残酷，几乎是无奈和放弃，疾病一点点蚕食病人的生命，直到剥夺完为止。

而另外一些患者在去村里看病的同时，还自费出去看病，渴望治好病恢复健康，此时医药的支出成为家庭中最大的开支。为了提供医药费，农民们通常采用三种办法，第一种是家人打工挣钱，寄回家用作医药费。这种办法适于家庭中有一定创收能力的劳动力，而且家庭感情基础比较好，愿意提供无偿援助。即便如此，一年也只能提供一两千元的医药费。第二种是变卖家产，有的卖了牛，有的卖了家里的东西。第三种是借贷。借贷分为两种，一种是向家庭成员借贷。这是农民借贷的优先选择，此时，家族和血缘亲情就成为核心家庭的最大支持系统，通常包括自己的父母及兄弟姐妹，而且这种借贷是不要利息的，只是一种口头上的协议，没有书面文字。另一种是通过高利贷借贷，利息高达2分，据乡亲们讲，这种借贷往往只借给有劳动能力的男子，妇女和老人则借不到，因为他们被视为没有偿还能力的人。在嫌贫爱富的经济行为的借贷中，妇女处于更加劣势和不利的地位。

可以说，在由于血液而感染的艾滋病的医药费用中，政府分担了一部分，那些获得丰厚利润的血头却逃之夭夭，本来就一贫如洗的农民家庭承担了医药费的大头，许多家庭都背上了沉重的债务，少则几千元多则几万元。而且，丧偶妇女的负债金额要多于丧偶丈夫。在我们进行的男女各半的调查中，丧偶丈夫有负债的只有1人，金额有1万多元。丧偶妻子有负债的却有3人，最少的是8000元，多则2万元。脆弱的核心家庭受到多重压迫和冲击，不仅有精神上和感情上的，还有物质上和经济上的。然而，借贷也终究不能挽回亲人的生命，生命消失的同时，留下的是一笔对于农民来说无异于天文数字的债务。

二、谁来照顾艾滋病人

病人需要关怀，何况是目前难以治愈的艾滋病患者，他/她们面对着灾难和死亡，更需要关怀和照顾。当我们访问艾滋病患者最需要什么的时候，许多患者都会说：需要钱、需要看病、需要关心。妇女患者提到需要关心的需求多于男性。

在艾滋病村里，艾滋病变得司空见惯。由于同病相怜，村民之间的沟通和交流远远大于排斥和疏远，谈论艾滋病的顾虑和由此产生的心理压力比起其他地方小得多，这可以说是不幸中唯一的一幸了。艾滋病人病重的时候，已经完全丧失了自我料理的能力，需要有人照顾和料理。谁来照顾艾滋病患者，就不得不提到议事日程。

这里的艾滋病人是住不起医院的，所以不可能得到护士的照顾，几乎绝大多数病人都是病逝在家里。这里的农村尚未萌生社区照顾的意识，村委会几乎不过问病人的生活起居，照顾病人天经地义被视为家庭的责任。从我们入户观察到的情况，几乎无一例外都是由家庭成员来照顾艾滋病人。在调查中我们设计了一栏——艾滋病人病重的时间。结果发现这里也有性别差异，男性通常为半年左右，妇女是3个月左右。从患者死亡的时间来看，妇女的死亡时间早于男性。就是说，在病人自己不能照顾自己时，妇女的生命时间要短于男性，这究竟是为什么？与社会性别有什么关系？究竟是哪些家庭成员在照顾艾滋病人？我们在调查中搜索着答案。结果发现，与家庭结构和性别角色有关。

村里的家庭结构几乎都是以男性为主构建的。在问卷调查中我们设置了这样一项内容：结婚后的妇女与男子是住在男方家还是女方家？几乎所有被采访的已婚妇女都回答：男方家；所有被采访的已婚男性都回答：男方家。我们又问：村里有无男方结婚后到女方家的？村民回答：只有一个，我们这不兴男的到女的家。可以说，在这个村庄依然延续着两千多年前确立的从夫居的婚姻制度。妇女只要一结婚，就要离开娘家所在的村庄，进入丈夫所在的家庭和家族环境之中，成为夫家家庭的一员。与娘家更多保持着情感上的联系，在空间上存在着一定的距离，近的几里地，远的几十里、上百里，而且，还要从原有的家庭中分离出去。

以男性为主构建的家庭结构可以大体分为两类：一类是主干家庭，一类是核心家庭。主干家庭是由男方的父母、儿子儿媳及孙子孙女组合成的家庭。这类家庭又可分为三种情况，其一，双亲家庭，父母与儿子一家同住一起。这种家庭通常只有一个儿子，儿子结婚后自然而然要担负为父母养老的职责。其二，母亲与儿子一家生活在一起。我们发现有两个儿子的父母，往往采取的养老办法是一个儿子负担一位老人。其三，父亲与儿子家庭生活在一起。核心家庭是父母与未成年的儿女组合而成的家庭。这种家庭通常有多个儿子，不必承担男方父母养老的责任。这类家庭通常有四口人，父母与一双儿女。由于家庭结构不同，照顾病人的家庭成员也就不同。

如果是中年男性病重需要照顾，在主干家庭中的前两种情况，通常是由老年妇女来照顾，中年妇女开始由主内角色转向主外，到外打工挣钱，担负起家庭的经济责任。我们访问的一位年仅32岁的患病男性，就属于这一类型的典型，他的妻子并未在床头照顾他，而是跑到新疆摘棉花，担负起养家糊口的责任。老母亲在家里洗衣服，老父亲扛着铁锹下地干活，一说起儿子的病两行热泪就止不住地流。在没有老年妇女的家庭以及核心家庭中，中年妇女就要担负起照顾病人、小孩和提供经济来源的双重责任。不到40岁的吴新平，也是艾滋病患者，可是他的病症非常特别，一夜一夜地睡不着觉，要服用大量的安定药，根本干不成活，只好让妻子顶替自己干活，给人家和泥递砖当个小工，中午回家给病人做饭。此时，妇女的压力和负担成倍增大。此时，照顾中年男性的都是与自己感情最为亲密的家庭成员——母亲和妻子。通常，她们会付出更多的关怀和爱心，照顾病人不仅仅是一种责任，还是一种感情的付出，此外，妇女的性别角色长期定位在关心照顾人，也会使她们懂得怎样照顾人。由此看来，男性患者就会得到更多的体贴和关怀。这对于病人是一种莫大的安慰了，也将延长他们十分有限的生命。

而中年妇女患病需要照顾，情形就复杂得多。在父母尚在的时候，母亲也会照顾自己的女儿，不过有种种不便，空间距离就是一个难以逾越的障碍。母亲住到姑爷家，或是女儿回娘家居住，短期还可以，时间长了麻烦就很多；在主干家庭更多的可能是婆婆照顾，丈夫依然出外打工挣钱贴补家用。我们走访的几位病重妇女，都是由婆婆帮忙做饭。婆媳之间的照顾更多的是尽一种义务和责任，感情的关怀和照顾往往会欠缺，难以与母子感情相提并论。在病人最需要关怀的时候，难以得到发自内心的关怀，使得中年妇女比起男子来多了一层不幸。可能，这就是中年妇女患者更多呼吁关心的深层原因之一吧；在核心家庭和第三种主干家庭中，中年妇女的照顾只能依靠丈夫了，这对于一向很少做家务照顾人的男子来说，无疑是巨大的挑战和突然的加码。农村的男子从小的培养方向就是主外，这已经成为一种难以改变的习惯，忽然在人生的中年，生活迫使其改变常态，即便有爱妻子的一份心，也往往难以从容应对，更何况，大男子主义根深蒂固，往往不愿意或不屑于照顾妻子，使患病的妻子难以得到关怀和照顾，陷入更为悲惨的境地。乡亲们告诉我们：村东的雪花2001年6月发病，吃什么吐什么，没有人管，7月份就死了。

三、单亲家庭中，中年男女的处境

在这个有着四个自然村的村子，绝大多数人依然恪守着男大当婚女大当嫁的习俗，20岁左右就结婚成家了，而且因为种种原因离异的夫妻非常之少，所以中年人的单亲家庭寥寥无几，双亲家庭的比重极高。到了2002年，由于艾滋病的死亡人数高达136人，除了少量儿童和未婚青年，90%以上的人都已成家，随着已婚者死亡人数的不断攀升，单亲家庭急剧增加，高达上百家。由于女性的死亡率高于男性，男性户主的单亲家庭自然就多于以妇女为主的单亲家庭。

作为艾滋病村的单亲家庭，比起其他地区的单亲家庭，面临着更多特殊的问题。首先是不少丧偶男女都感染了艾滋病，即便在卖血中没有感染HIV的人，由于对艾滋病传播方式的无知，也容易不知不觉地通过性接触从配偶那里感染HIV。在这里，只有避孕戴环的措施，没有戴安全套的意识，夫妻的性行为是暴露的，没有任何保护性措施。在村里，也有没有卖过血的已婚男女，本来是可以逃脱艾滋病瘟疫的。然而，却在与配偶的性接触中感染。

此外，不少单亲家庭都负担着沉重的债务，尤其以妇女最甚。它导致的连环结果是，许多丧偶妇女如果患病已经没有任何可能看病了。一位年近50的丧偶妇女告诉我们，公公婆婆总是来要债，自己兄弟姐妹的钱也欠着，两万多的债务几乎把她压垮。现在她已经发病了，地里的活干不动，身体非常不好，想借钱看病也借不来了。同样是贫困和疾病，由于社会性别的差别，妇女的贫困程度更为严重。

丈夫或妻子的去世，对于同一家庭的另一方的意义不尽相同。对于男子来说，失去了可以照顾家庭的妻子，饭没有人做，衣服没有人洗，孩子没有人带。我们采访的几户丧偶男性，或者是继续依靠母亲的帮助，或者是依靠父亲的帮助。原有的与家族之间的紧密联系，并未因妻子的去世而改变。而死去丈夫的媳妇与婆家的关系，就要复杂多了。村里的媳妇们几乎都是从外村嫁过来的，丈夫是他们与这个家族联系的纽带与桥梁，她们是通过丈夫与这个家族发生联系的。一旦丈夫去世，这个纽带就不存在了，婆家的支持力量就由姻缘上变成道义上的，与娘家的联系又因空间的距离而产生更多的困难。于是，出现了几种不同的情况，一种是没有孩子的青年媳妇，往往会选择重新返回娘家，条件是娘家愿意接受。然而，在丈夫去世之后，相继染病的妇女并不少，有一位年轻的妇女带着身孕回到娘家，生下孩子 100 天，孩子就死去了，自己也因重病去世。那些依然活着的妇女面临的难题是，娘家村是否会继续分给她土地，兄弟们是否愿意长期接纳这个姐妹。一种是有男孩，被视为男方家的根，自然女方的家就要在这里扎根了，一般说来不会再回到娘家去，会终生在这里生活下去。她所处的环境都是丈夫的兄弟和父母，如果感情融洽还可以获得一些支持，如果感情不融洽就会强烈地感到没有亲人的孤独感，面临着比起配偶更为糟糕的处境，背负着沉重的债务，单独抚养儿女，难以获得家庭系统持续不断的支持。

对于那些丧偶的男人来说，首先要承担丧妻的悲痛，感情越深，这种痛越剧烈。一位丧偶的青年男子说，他再也不想看到这所房子，回忆起过去的一切，他必须搬到别的地方去。对于有小孩而又没有女人的家，男人们不得不承担起又当爹又当妈的双重角色，一方面是拼命干活，千方百计还债，尽力供养孩子读书，另一方面要学会女人做的活，到冰冷的厨房做饭。正像的媳妇已经去世三年多了，家里有两个男孩，还有一位老父亲和自己住在一起，是一个典型的没有妇女的家庭。正像到处给人家盖房子，挣钱养家，一向不做家务的老父亲开始做饭。这里的丧偶男人要想再婚几乎不可能，因为对于艾滋病的恐惧，村里到了婚嫁年龄的男女都难以结婚，更不要说丧偶男人了，在我们接触的丧偶男女中尚未听说有再婚的。如果没有其他方式，这些人会长期面对爱情和性生活的空缺。对于那些丧偶的女人来说，面临的困难要更多。

（原文载于《中国党政干部论坛》2003 年 3 月）

艾滋病政策的社会性别分析

一、艾滋病及其与性别的联系

艾滋病是一种严重危害人类生命健康和社会经济发展的传染性疾病，与性别呈现下列三方面的联系。首先，艾滋病感染率存在着性别差异，而且女性的感染速度高于男性。通过按照性别、阶层、年龄、城乡等因素对艾滋病患者[①]和HIV携带者的统计，我们不仅可以掌握艾滋病患者的总数，而且可以掌握不同阶层、性别、年龄的人数所占的比例，掌握他们的死亡率、感染率、就医率，发现在艾滋病流行过程中哪些阶层、性别的比例增加了，哪些阶层、性别的比例减少了，从而发现艾滋病的流行规律和发展趋势。从20世纪90年代后期以来，联合国艾滋病规划署对于艾滋病患者和携带者开始进行分性别和年龄的统计，就是将艾滋病与性别联系起来的例证。有关艾滋病的性别统计显示，1996年世界上感染艾滋病的人群中，女性占42%，2000年女性占到47%，2001年女性达到48%，女性占比呈现不断增高的趋势。一项调查显示，津巴布韦537名HIV呈阳性的青少年男女的比例是1∶3，艾滋病在妇女中的流行速度快于男性，不难看到艾滋病传播过程，妇女将会成为艾滋病流行的重灾区。

第二，艾滋病患者的死亡率与发病率也存在着性别差异。在2000年的全球分性别分年龄的艾滋病统计中，出现了耐人深思的现象：从死亡率来看，儿童为20%，男子为39%，妇女为41%[②]，妇女的死亡率最高。按照艾

---

① 一般来说，医学上将感染艾滋病病毒而未发病的称为AIDS携带者，将发病的艾滋病病人称为AIDS患者。

② 资料来源：联合国艾滋病规划署发布的2000年艾滋病流行进展相关报告。

滋病流行的规律，在艾滋病流行的初期，当人们开始死于艾滋病时，艾滋病病毒的感染人数已经非常高了。由此推论，妇女的感染率应当高于男性。然而，事实呈现出来的数字正好相反，从世界范围来看，2003 年的感染人数比例男性却高于女性，男性为 51%，妇女为 47%。何以出现这种与推论相反的现象？问题的复杂性在于妇女缺乏资源和财力，妇女感染艾滋病之后，更缺少条件和可能去医院进行检测和治疗，相比较而言，男性感染艾滋病病毒，就医的可能性更大。从 20 世纪 90 年代各个省的哨点监测来看，呈现出来的特点——男性多（占 70% 以上）、已婚的多、本市户口的多——也说明了这一点。而感染者的统计是根据医院提供的资料，只有到医院去看病，才会被注册登记。妇女由于资源的匮乏去医院的人数少于男性，自然，事实上已经存在的情况难以在官方的统计中显示出来。所以在医疗统计的资料中，妇女的感染人数更容易被隐性化，一部分妇女更容易成为治疗艾滋病过程中被遗忘的群体。而性别分析则是将被遗忘的弱势群体凸现出来。

再者，两性不平等的性行为加剧了艾滋病的传播。艾滋病的传播渠道有三种，性行为是艾滋病传播的主要渠道之一，这种特殊的传播方式使得艾滋病与一些特殊的边缘人群发生了紧密的联系，如同性恋和性交易群体，与两性的性关系发生了密切的联系，如夫妻、异性性伴侣、性服务小姐和买性男人（通常称为嫖娼者）。在隐蔽的性关系中，不同性别的权力关系往往是不平等的，某一性别拥有更多的资源和较高的社会地位，另一性别拥有更少的资源和较低的社会地位。拥有较高地位和更多资源的一方往往拥有更多的自主权和决定权，决定在什么地方、以什么方式、是否进行性行为，而具有较低社会地位的一方往往不掌握进行性活动的主动权（有关性别权力关系将在政策分析部分专章论述）。他 / 她们即便掌握艾滋病的预防知识，也无法在不平等的权力关系中进行自我预防，更容易成为艾滋病的感染者和受害者，使得艾滋病向弱势人群传播和泛滥。能否维护弱势人群的性权力，犹如在洪水到来之前筑起一道大堤，关系到是否可以有效地遏制艾滋病的传播和蔓延。

因此，我们关注艾滋病防治中的性别差异和权力关系，关注艾滋病政策的性别分析，并力图倡导将社会性别意识纳入艾滋病防治政策中。在艾滋病政策分析中，我们将引用社会性别分析范畴，从艾滋病防治中的性别差异入手，分析导致这些差异的种种文化和社会的原因，揭示男女两性在资源、权力、责任、分配中的不平等关系，以及对于艾滋病传播带来的不同作用和影响，从而将性别视角引入艾滋病防治政策之中。

二、进行艾滋病政策性别分析的意义

（一）有利于充分认识艾滋病的流行规律，扭转艾滋病的流行趋势

研究发现，自 1981 年发现第一例艾滋病患者以来的 23 年中，艾滋病呈现出下列三项流行规律，即：1. 从发达国家流向发展中国家。2. 从（相对）富裕人群流向（相对）贫困人群。3. 从城市流向农村。除此之外，还呈现出第四种规律：从男性流向女性。根据研究资料表明，艾滋病首先是在男同性恋中发现的，然后，通过性路、血路和毒路向妇女群体扩散开来，早先各国的艾滋病性别比例都呈现出非常明显的男高女低的特征，随着时间的推移，男女的性别比例在不断地缩小。在法国，1985 年艾滋病感染者中只有 12% 是妇女，10 年之后妇女发展到 20%。在西班牙，1985 年妇女所占比例是 7%，1995 年为 19%。在巴西，1984 年妇女所占比例是 1%，到了 1994 年妇女占到 25%。2005 年，在世界范围内，男女艾滋病感染人数达到 1 : 1。

当前，对于国家、阶层和城乡，决策者在一定程度上已经意识到了，而对于性别差异的变化导致的艾滋病流行却极少意识到，可以说对于艾滋病流行规律的认识是不充分的。

在艾滋病出现的前十多年，决策者更多地将艾滋病的流行视为公共卫生问题，仅仅从医学的角度与高危行为人群、与三种传播渠道相联系，而

未曾觉察到这还是一个社会问题，同时也是一个社会性别问题，极少关注艾滋病与弱势群体、权力结构之间的深层联系。直到20世纪90年代后期，国际社会关注到：艾滋病也是一个社会问题，是社会性别问题，弱势群体特别是妇女缺乏权力，与艾滋病泛滥之间存在着渊源关系。妇女患病比例的上升，影响的不仅仅是妇女自身，还有儿童，而且在很大程度上决定着艾滋病在世界各国的传播速度，在很大程度上关系到死亡人数。

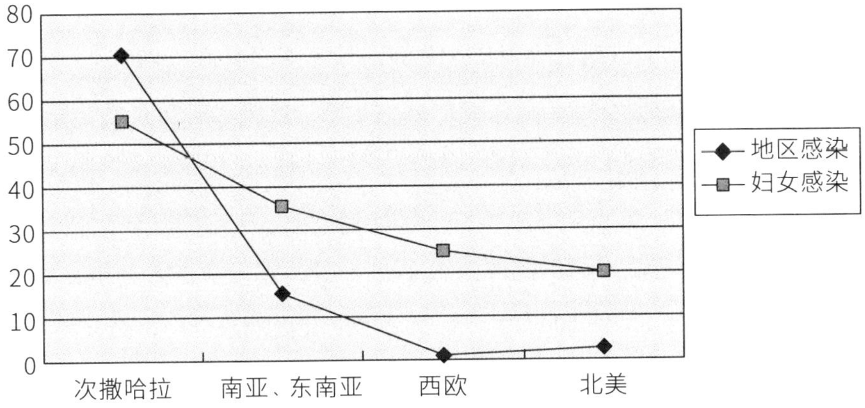

图1　2001年成人艾滋病感染者中妇女所占的比例及不同地区的艾滋病感染者的比例①

相关数据表明，北美和西欧是成人艾滋病感染比例的低区域，而次撒哈拉和南亚东南亚是成人艾滋病感染的高区域，对两个高低区域进行比较，可以得出这样的结论：在成人艾滋病感染率相对较低的北美（2.7%）和西欧（1.4%），妇女的感染率也最低（在25%以下），在感染率最高的次撒哈拉（占全球70%，异性性传播为主），妇女的感染率最高（已超过55%），南亚、东南亚的成人艾滋病感染率位居第二（占15.2%，以异性传播为主），妇女的感染率也位居第二。可见，从总体来看，妇女感染比例的高低与艾滋病的泛滥有着深厚的渊源关系。在某种程度上，可以看出妇女

① 资料来源：联合国艾滋病规划署发布的2001年艾滋病流行进展相关报告。

感染率的大幅度增高，艾滋病的流行速度就会更快地扩展和泛滥。反过来说，如果能够有效地遏制妇女感染比例的大幅提高，就会使艾滋病的流行趋势得到有效的控制。

（二）中国也不例外，妇女艾滋病病例上升速度与全国艾滋病的传播速度存在着正相关关系

在20世纪80年代末期，我国的艾滋病感染者的男女比例为8∶1。①

截至2000年底，全国31个省、自治区、直辖市（不包括台湾、香港和澳门）累计报告艾滋病感染者22517例，其中艾滋病患者880例，496个死亡病例（不分性别统计）。在艾滋病感染者中，已确定的女性感染者3681例，约占感染总数的16.3%，男女比例约为5.1∶1。在艾滋病病例中，已确定的女性有128例，约占艾滋病病例总数的14.5%，男女比例约为6.9∶1。

到2001年6月底，男女比例则缩小为5∶1，感染者主要分布在农村，男女比例为5.2∶1。② 仅2000年一年新感染的艾滋病人群中，男性为4134例，女性为1008例，男女比例为4.1∶1。在报告的233例艾滋病病例中，男性为169例，女性为57例，男女比例约为3∶1。女性的感染率和患病率都在迅速增加，与此同时，我国的艾滋病发展阶段已经从1985年的传入期、散播期、增长期进入快速增长期。1985年我国发现了第一例进入中国的阿根廷艾滋病患者，到1995年已在全国20多个省、自治区、直辖市报告在供血员中发现艾滋病病毒感染者，到了2000年，专家估计已有100万名艾滋病感染者。艾滋病的传播速度迅速增加，卫生部疾控司官员孙新华说，2001年报告发现的感染病例数比2000年增加了至少40%。卫生部疾控司副司长陈贤义说，2002年我国艾滋病毒感染报告人数较上年增加58%，31个省份累计报告人数较上年增加36.5%。

① 引自《中国妇女艾滋病防治策略调研报告》，未公开发表。

② 中英性病艾滋病合作项目《对艾滋病感染者和病人关怀服务的起点——中国艾滋病治疗及关怀服务文献检索报告》2001年9月，北京，第13页。

有意识地监测艾滋病中的性别比例，采取有效的政策措施及时控制性别比例的接近和倒置，应当成为控制我国艾滋病流行趋势的重要举措之一。

（原文载于杜芳琴主编：《社会性别》第 3 辑，天津人民出版社 2006 年版）

艾滋病政策法规的性别统计

自 1985 年我国发现首例艾滋病患者，卫生部就向国务院递交了《加强监测、严防艾滋病传入的报告》，这可以视为艾滋病防治政策的开端。此后，于 1987 年，国务院批准卫生部等 7 个部委联合发布了《艾滋病监测管理的若干规定》，1999 年卫生部颁发了《对艾滋病病毒感染者和艾滋病病人管理意见》等一系列法规。1990 年以来，我国制定了预防和控制艾滋病的中长期规划。全国 13 个重点省、自治区、直辖市也颁布了地方性规划、艾滋病监测管理规定，形成了一套有关防治艾滋病的政策法规，可以视为直接涉及艾滋病的政策法规。此外，还有与艾滋病防治间接相关的政策法规，如打击黄赌毒的规定，我们将这些政策法规作为分析的蓝本。本项目查阅了 17 篇直接涉及有关艾滋病的法律规章，与艾滋病间接相关的（如打击黄赌毒）法律规章有 236 篇。

我国艾滋病政策自 1987 年已经注意到监测的意义，自 20 世纪 90 年代以来建立了分布在全国不同地区的国家级艾滋病监测哨点，2002 年在原有基础上增至 158 个。哨点监测每年开展两轮，每个哨点采集 400 人份血清。但由于监测群体集中于性病患者、吸毒人群、买性者及长途运输司机，忽视了对卖血人群感染艾滋病情况的监测和统计。然而，在20世纪80年代中期某些农村地区为了发展经济而卖血，引发大面积感染艾滋病病毒，是艾滋病传播中另外一个主要的通道，卖血农民的比例有多少？感染的人数有多少？感染率有多高？男女感染的比例是多少？目前尚未有宏观的确切的统计数字。

非法采血导致艾滋病大面积感染的事件不只发生在河南。卫生部资料显示，山西省2001—2003年以来发现的134名艾滋病病毒感染者中，只有2例是通过不洁性行为感染的，有132人是通过血液感染的。这132例艾滋病病毒感染者全部都是有偿供血者。鉴于我国农村由于卖血感染艾滋病病毒的严重性，以及大量的流动人群可能形成艾滋病病毒扩散的桥梁人群，应当在全国卖血染病较严重的地区增加对卖血人群感染艾滋病状况以及对人员流动走向的监测。

对于卖血人群的监测统计，也许会使持有“家丑不可外扬”观念的人感到难堪，甚至担心会影响政府和国家的形象，但是如果对此秘而不宣，讳莫如深，隐瞒疫情，对人的生命置若罔闻，从长远来看，会极大地损害政府的公众信誉和国际形象，会导致艾滋病扩散的另一股暗流，会对人民的生命财产和其他社会领域带来更大的危害。对于决策者来说，两害相权取其轻。

我国2003年经历的SARS战役中所采取的信息公开的做法，是有效控制SARS传播的重要手段之一。当将SARS的数字和信息公之于众的时候，得到了公众的理解和关注，非但没有降低政府的威望，反而提升了政府的公信度。SARS留给我们的启示之一是：将人民的生命放在第一位，敢于将疫情公之于众，才能真正控制疫情。艾滋病同样作为一项传染性疾病，也需要借鉴SARS的成功经验。

一、地方统计与国家宏观统计中性别视角的分离

艾滋病防治规划可以分为国家一级和地方一级两部分，在地方一级的艾滋病防治战略规划中，有的地区已经将性别作为一个重要的参数列入其中。

以 2002 年《四川省艾滋病防治战略规划》为例，在描述四川省艾滋病流行情况时，列入了年龄、职业、民族、性别等多种要素：年龄分布以青年（15—30 岁）最多，占 68.30%；职业上以农民最多，占 66.89%；民族分布以彝族最多，占 53.86%；男女之比为 6.4∶1。而且，性别比较意识还渗透到青少年性行为及性观念的分析之中，该规划比较自觉地切入性别视角来观察性行为及性观念。

云南的《艾滋病防治战略规划》将性别视角体现得较为充分，记录了从 1999 年以来该省 HIV 感染者中男女比例的逐年变化：1990 年为 40∶1，1992 年为 19∶1，1993 年为 11∶1，1994 年为 11∶1，1995 年为 9∶1，1996 年为 6∶1，1997 年为 4∶1，1998 年为 3∶1，1999 年为 6∶1，2000 年为 6∶1。这种性别统计在地方规划中占到 40%。

但是，当进入到国家宏观政策规划层面之后，我们却极少发现艾滋病感染者与患者的分性别统计。在国家一级的宏观政策中，只是笼统地提及艾滋病感染者、艾滋病人、艾滋病病毒携带者，在这里根本看不到有多少男性携带 HIV、多少女性携带 HIV，多少男性感染者、多少女性感染者，多少男性死于艾滋病、多少女性死于艾滋病，缺乏基本的分性别数据资料。

1995 年《关于加强预防和控制艾滋病工作的意见》中提到：1994 年底，全国共报告发现 HIV 抗体阳性 1774 例，531 例感染者，约占十年累计数的 30%。1998 年《中国预防和控制艾滋病中长期规划》提到：我国自 1985 年 6 月发现第一例艾滋病病人到 1998 年 6 月，31 个省、自治区、直辖市已报告艾滋病病毒感染者 10676 例，其中艾滋病人 301 例，死亡 174

例。从这些数据中，很难发现分性别的统计数据，对于我国究竟有多少男女艾滋病患者、感染者和死亡者，这些年来性别比例有何变化，一直是“不识庐山真面目”的黑箱子。

也许哨点监测的人员会说，在监测指标当中“性别”是一项必不可少的指标，每每这方面的数字都要统计出来。不错，在监测的指标中的确如此。问题在于性别监测指标在由微观走向宏观的过程中，特别是进入中长期规划时，在不同监测指标的比较筛选中，变得不那么重要了，以致完全遗失了。

地方统计与国家统计中性别视角的分离至少表明两点：第一，建立分性别的监测指标，在现有的监测手段中是可以做到的，而且，在地方统计中它已经成为监测的要素之一。第二，从地方统计走向国家宏观统计的过程中，性别要素开始被遗漏。何以至此？这与宏观决策者的认识角度和主体选择有关，当对多种要素的统计信息进行取舍的时候，宏观政策决策者更多地从医学的角度来看待艾滋病，较少从社会分层和性别分层的角度来看待艾滋病。在筛选地方提供的统计信息的时候，更突出了与医学直接相关的数据，比如患者、感染者、死亡率，而忽略了与医学间接相关的数据，比如阶层、年龄和性别，由此导致宏观性别统计数据的缺失。

对于性别指标的轻视和忽略，是统计规划中另外一个不得不引起统计部门和决策者重视的问题。而且，在宏观规划中关注不同性别、不同阶层、不同年龄的艾滋病感染者、患者和死亡者数据，已经成为国际社会预测艾滋病发展趋势的依据之一。自 1998 年以来，联合国艾滋病规划署，即第一个由于疾病建立的国际机构，在《世界艾滋病流行状况（1998 年）》中，将全球艾滋病感染者、艾滋病病人和艾滋病死亡者进行分性别、分年龄统计。

二、在我国的艾滋病政策规划中几乎很少见到性别分析和性别规划

即便在那些已经被纳入性别统计的地方规划中，也缺乏性别分析和性别规划。较为常见的分析有艾滋病状况的分析、国际上发展状况的分析、艾滋病蔓延的经济后果分析、社会负担分析等等。谈到规划和措施，也常常没有性别敏感。

例如，《中国1998—2010预防和控制艾滋病中长期规划》提出：各级教育行政部门要把学校预防艾滋病健康教育列入工作计划，明确工作目标……对大中学生进行预防艾滋病健康教育及性知识、性道德和法制观念的教育。无疑，这是非常必要的，可以帮助青少年了解性生活的含义，懂得在性生活中如何预防艾滋病感染。但是要进行性教育需要考虑两方面的问题：

第一，清除保守的性观念。在我们的性禁忌文化中，性是只能做不能谈的问题。对性的问题不能启齿，是许多学校特别是农村学校以及家长最常见的教育态度。我们对性服务女性的调查数据显示，父母性观念保守、对女孩子不管不问的占99%。在对性服务女性的调查中发现，看过淫秽声像、画及文字读物的占98%。贩黄制黄的不法商人用最肮脏的声像、极度的形式败坏了他们的胃口，教会了新一代青少年无美感、无道德、鼓励纵欲的性趣味，把他们往错误的道路上引导。在调查中发现，部分性服务女性在性问题上显得既保守又无知，无美感且无道德感的态度，和她们早期接受的性教育不无关系。

有研究显示，一些经济发达国家新增青少年艾滋病毒感染者人数在显著上升。美国科学家说，青少年感染者将成为美国今后艾滋病毒携带者的主体，因为人们在这一年龄段刚刚开始高危行为（无保护的性接触、吸毒等）。目前的统计表明，在青少年艾滋病毒携带者中，男性和女性基本各占一半，约有一半携带者是通过性行为感染的。从防治艾滋病的角度看，正确的青少年性教育更是一个不容回避的问题，全社会都应将预防青少年感

染艾滋病毒提到议事日程上来。

第二，男女青少年对于性的看法、需求的不同，需要采取有针对性的性教育。一般说来，传统的性别文化对于男女在性活动中扮演的角色有不同的要求，通常认为男性要主动，富于进攻性，而且认为拥有男子气概；女性在性行为中应当扮演被动角色，温顺服从。因此，在性活动中，男性与女性的权力关系往往是不平等的。因此，在现代的性教育中应当包括：男女之间要相互尊重、平等相处的教育，阐述强迫女性的性行为不是男子气概的表现，而是对女性性权利的侵犯。

此外，性行为对男女青少年会产生不同的结果。拉丁美洲的研究者提出：几乎没有男性青少年会因性行为有关的健康问题而需要住院，而女性则不然，她们承受着一系列危险：担心妊娠、怀孕、决定是否作流产、实施流产。因此，男性更不会考虑性行为的后果，女性则不得不更加担心性行为的后果。这就要求在性教育中，在介绍性知识的同时，还要提升男生的责任心，进行要对自己的性行为负责的教育。

从 20 世纪 90 年代后期，国际社会开始在艾滋病的公共政策中纳入性别视角的经验，这可以给我国的艾滋病政策如何引入性别意识一些启示。

艾滋病起源于 1981 年，在长达 17 年的时间里，决策者极少关注性别问题与艾滋病之间的联系，直到 1997 年情况开始有所转变。1997 年是 1995 年第四次世界妇女会议提出性别意识主流化的第二年，世界银行政策研究报告《正视艾滋病：战胜这场全球流行病的公共政策重点》在“艾滋病与发展”一节中，赞成这种理论——艾滋病传播的部分原因是贫困和男女不平等：因为一个绝对贫困的或比男子贫困的妇女要让她的性伙伴不与她发生性关系，或者让他使用避孕套或采取其他措施，使她不感染艾滋病，将是比较困难的事。贫困还可能使男子没有财力结婚，使他离家去找工作，这样他就更容易与多个性伙伴发生轻率的性关系。这可以视为社会性别分析在艾滋病政策制定中的体现。

紧接着，联合国艾滋病规划署在《世界艾滋病流行状况（1998年）》中，将全球艾滋病感染者、艾滋病病人和艾滋病死亡者进行分性别、分年龄统计。至此，几乎每年的艾滋病流行报告，都会将性别作为一个必不可少的指标。而且，性别与权利是结合在一起的。但是，社会性别权利对于遏制艾滋病的重要意义依然未能充分地展开，并未引起国际社会足够的重视。为了督促国际社会将艾滋病与社会性别联系起来，2001年联合国妇女发展基金会撰写了里程碑式的手册《扭转艾滋病流行态势》，力促政府和国家艾滋病委员会从社会性别及人权角度理解和采取措施应对全球盛行的艾滋病。在全球妇女组织的共同推进中，2001年6月联合国大会第26届特别会议形成了正式文件《承诺宣言》，各国元首向全世界作出了庄严承诺，其中多处论及性别权利问题。如：

宣言第4条提到，艾滋病病毒/艾滋病的蔓延影响到所有人，不论贫富，不分年龄、性别或种族，还注意到发展中国家受到影响最严重的是妇女、青年和儿童，尤其是女童最容易受到伤害；

第14条强调男女平等和赋予妇女权利是降低妇女和女童感染艾滋病病毒/艾滋病的易受伤害性的基本要素；

第61条提出时间规划，到2005年，确保拟定并加速增强妇女权利，促进和保护妇女充分享有所有人权并减少她们感染艾滋病病毒的国家战略，办法是通过消除一切对妇女和女孩的一切形式的暴力，包括有害的传统和习惯做法及其他形式的性暴力、虐待和强奸、殴打和贩卖妇女和女孩等。

2001年有关艾滋病的《承诺宣言》，可以视为社会性别意识纳入预防和控制艾滋病政策中的开端。将人权、社会性别作为人类战胜艾滋病、维护人类生命安全的工具和武器，这一意味深长的思路，使决策者对艾滋病的理解不拘泥于单纯的医学视角，而走向更为广阔的社会学领域，通过对于人类艾滋病与人类权利关系的深刻理解，找到最终战胜艾滋病的武器。

应当看到，历史上任何一次大面积爆发的战争或瘟疫，首先殃及的就是普通民众、社会弱势群体，是那些脆弱的、缺少自我保护能力的穷人、妇女和儿童。妇女不仅对艾滋病病毒感染具有生物脆弱性，而且还具有社会脆弱性。在许多国家包括我国，妇女至今未能获得与男性平等的社会地位，男女行为模式上的差别限制了她们了解艾滋病的机会，损害了她们处理艾滋病病毒感染造成的后果的能力。

提高脆弱人群包括妇女的社会和法律地位，增加她们了解艾滋病的知识，预防艾滋病感染，提高她们处理艾滋病问题的能力，应当成为防治艾滋病规划中的一项重要工程。

重视统计中的性别指标并反映到宏观规划之中，将意味着我国的艾滋病统计与世界接轨。

三、性别统计与其他要素（如年龄、职业、阶层和地域）的统计要交叉进行

在现实生活中，各种统计要素往往是交叉的，对于任何一类群体都有多种要素，而不是单一的要素。注意到统计中的多种要素包括性别要素，可以获得更为丰富的艾滋病数据。这样，政策的制定才会有针对性。比如，当统计吸毒人群时，不仅要统计性别，还要统计年龄、职业、文化程度、民族等，而且还应注意统计性别与职业、年龄、文化等相关联的数据。我们在进行吸毒人群与艾滋病传播风险的调查时，首先注意了分性别统计，同时还注意考察不同性别的职业、文化和年龄。

例如，男性中吸毒者比例比女性中吸毒者比例高 3.2 个百分点，而青年女性吸毒的高危状态，具有低龄化趋势的特征。

这是吸毒男女的年龄分布[①]：

① 资料来源于 2003 年笔者研究团队在广西某戒毒所进行的问卷调查，详见《吸毒人群的性别调查报告》。

表 1　广西某戒毒所吸毒男女年龄分布

年龄段	14—25 岁	26—35 岁	36—48 岁
所有吸毒者中各年龄段的分布比例	21%	51%	28%
男性吸毒者中的年龄段分布比例	13.3%	45.1%	39.2%
女性吸毒者中的年龄段分布比例	28%	56%	16%

从访谈的情况看，15 位女性戒毒者[①]染上毒品，几乎都是在青春期。

吸毒者受教育程度普遍较低，但就本次调查的吸毒人群来看，吸毒行为有向受高等教育人群蔓延的趋势，尤其是女性。在调阅戒毒所 700 多份戒毒者的病历档案时，笔者发现在 180 多名女性戒毒者中，大专以上学历者有 3 人，均为女性。

无业者和私营、个体从业者或私营业主沾染毒品的比重相对较大，其次是工人和农民。专业技术人员和一般职员染上毒品的人正逐渐增多。其中，无职业的男女吸毒人员比例最大；职业是一般职员的女性比男性高 4 个百分点；街道居民的女性也比男性高 2 个百分点。吸毒女性的收入比男性低。

女性吸毒者选择同居比男性高 22 个百分点，据对 15 名女性吸毒者的访谈调查了解到，女性吸毒者更多的是选择与男性吸毒者和个体工商业者或私营企业主同居。女性吸毒者大都由男友提供资助或“陪男人得的”，形成“卖性养吸”的格局。吸毒导致双方负债累累，家庭内部矛盾重重，甚至导致家庭解体。调查显示，男性离异主要是因为男性吸毒者屡教不改，配偶无望而离异，女性吸毒者离异一般是因为双方都是吸毒者，原来创下的家业被吸光了，只好离异，女性靠做性服务维持。

在吸毒人群调查中凸现的问题是：女性吸毒与卖淫的交融，在无保护措施的情况下，女性感染艾滋病的风险比男性更大。

---

① 参见《中国艾滋病防治中的性别差异以及相关法律政策的性别分析调查与研究报告》中调查编号为 201—215 中的内容。

在某些传染性疾病中，性别统计与其他要素（如年龄、职业、阶层和地域）的统计交叉进行，其效果就是用复杂的事实说话，将疾病传染中的某些人群凸现出来，以便对有较高危险的人群采取针对性措施。例如，此次的SARS通过感染率、死亡率和出院率的分职业统计，表明医护人员是SARS疫情的高感染人群。所以，在预防SARS感染中，医护人员成为重点人群。将医护人员的感染率降到零，就是非常有针对性的措施。需要注意的是，在这里职业的分性别统计被忽略了。我们知道，战斗在第一线的医生女性占有相当的比例，而护士几乎全部是女性。如果在医护人员的统计中加入性别指标，一定可以清晰地呈现出一幅生动的画面：在第一线战斗的女性医护人员是抗击SARS的重要力量，当她们夜以继日地工作在第一线的时候，她们的性别角色所形成的性别问题应采取哪些办法才能有效地解决呢？

（原文载于杜芳琴主编：《社会性别》，天津人民出版社2006年版）

运用妇女权利武器筑起控制艾滋病的堤坝

一、解读艾滋病政策中的妇女权利

在与艾滋病直接相关的政策规定中，仅为数有限的规定注意到妇女的权利与艾滋病的关系。

“在疫情较重的地区有针对性地开展以宣传教育、培训和关怀为主要内容的社区综合防治工作，帮助已感染艾滋病的妇女和儿童获得治疗和生活帮助，自觉维护他们的合法权益，使其免遭歧视……”[①]

“将妇女艾滋病病毒感染率控制在较低水平，减缓妇女性病增长速度。”[②]

1990—1992年的《中国艾滋病预防和控制中期规划》首次提到了保护妇女的问题：中国已有保护妇女和儿童的政策。尽管目前HIV/艾滋病未大规模流行，但也要制定国家级相应的政策，主要是关于妇女中高危人群及可能经母婴传播等方面的政策。这些政策还包括保护妇女儿童及保密的问题。

但是细读政策规划，会发现妇女权利保护，大多是放在母婴传播中来谈的，重心放在如何防治感染HIV的母亲传给婴儿，名义上关注的是妇女权利，实质上关注的是儿童权利。规划同时提出一定的措施：对妇女进行健康培训。1998年《中国预防和控制艾滋病中长期规划》提出：计划生育系统应将艾滋病、性病的预防和生殖健康教育结合起来，在有条件的地方或高危人群中宣传和促进避孕套的推广使用，提高妇女的自我保护意识。应当说，无论是基于妇女还是基于儿童，这种针对妇女儿童的措施都显得十分必要。特别是对妇女的健康培训，会在一定程度上使更多女性了解艾滋病的预防知识，控制艾滋病由母亲生育传染给婴儿。但是，在这里有一个问题值得讨论——建立母婴传播的政策保护的是婴儿还是妇女？谈保护妇女似乎词不达意，控制母婴传播是防止携带HIV的母亲传给婴儿，确切地说重点考虑的是儿童保护，而非妇女保护，当然，这里绝无指责保护儿童之意，仅仅要提出的是保护的权利主体到底是谁出现了错位，妇女权利已经在不知不觉中丢失了。

妇女权利和儿童权利的权利主体是完全不同的，前者是妇女作为权利主体，后者是儿童作为权利主体。对于权利的说法，我们并不陌生，但是权利的内涵时常出现混淆。什么是权利？权利是一种得到权力保障的要求

---

① 全国妇联、卫生部:《关于开展“预防艾滋病　健康全家人”活动的通知》，2002年。

② 重庆市人民政府:《重庆市妇女发展规划》（2001—2010年）（2001年颁布）。

权，或者说是得到权力保障的利益[1]，所谓妇女权利，即妇女作为主体的要求权，妇女是获得、提出、享有、占据利益的主体，即在艾滋病传播中意味着妇女拥有不被艾滋病感染的权利。而儿童权利即儿童作为主体的要求权，儿童是获得、提出、享有、占据利益的主体，即在艾滋病传播中意味着儿童拥有不被艾滋病感染的权利。儿童权利与妇女权利有一定的联系，比如怀孕的母亲感染HIV就极可能传染给婴儿，但是儿童权利不能取代妇女权利，儿童权利的维护也不等于妇女权利的保护。

之所以出现妇女权利与儿童权利的错位和调包，究其原因与我国文化对女性功能的定位有关。我们的文化在看待女性功能的时候，更多是从生育繁衍的角度来认识女性的作用，尽管随着工业化的进程，女性的价值和功能已经远远超出了传统的定义，被赋予了越来越多的社会内涵和人文精神，但是，传统的惯性和思维的惰性依然强调妇女的生物价值，即繁衍后代。于是，女性自身的权利就在夸大的母亲的属性中再次让渡给了保护后代，而使自身的权利悄然流失。在这里我们需要重新找回妇女的权利，包括政治权利、经济权利、财产权利、人身权利、健康权利以及性权利等。那么，妇女的权利对于艾滋病的控制会有什么作用？笔者认为：保护妇女权利，就是抵御艾滋病泛滥的堤坝之一。因为从艾滋病的流行趋势来看，犹如水一样是从高往低流，要阻止艾滋病蔓延，不仅要传播相关的知识，还要在低洼地段筑起堤坝，将洪水挡在大堤以内。但家庭中性暴力的存在显然增加了女性感染艾滋病的危险性。这是几位受暴妇女的采访自述[2]：

他（指丈夫）主要是在性生活上折磨人，他经常喝酒，在性方面特别强烈，喝了酒的人和别人不一样，一个小时、两个小时不完事，你必须按

① 王海明:《公正、平等、人道》，北京大学出版社2000年版，第22页。

② 宋美娅、薛宁兰主编:《中国受暴妇女口述实录》，中国社会科学出版社2003年版，第34、87、98、254页。

照他的要求做，必须服从他，平时也这样要求你，不服从，打，收拾你，一夜一夜不让你睡觉。（一位女护士）

几乎刚一结婚，暴力就开始了……你说，家庭暴力包括身体的、心理的、性方面的、经济的、语言上的，这些他都有。（一位图书馆的女研究员）

他的身体比我好，要求比我多，在我流产后的第三天，他就要求同我发生关系，还有在我第二次流产的十天以后，他又要求同我发生关系，这件事带给我痛苦和伤害，我就把门关起来，他敲门，我不开，他就撬门。（一位中学女教师）

小产刚满月，我丈夫就要跟我睡觉，我说，我身体还不行。人家不管。自从孩子死在肚子里，这血就归不了位了，一个劲地出血，……我生了8个孩子，清宫就不知多少回了，那罪受得就没法儿说了。就这样，我丈夫就要和我睡：赶快有，给我生儿子。（一位农村老年妇女）

在这里受暴的妇女，几乎都是丈夫的性工具，丈夫们理所应当地控制着夫妻之间的性活动，在什么时间、在什么地方、以什么方式，至于妻子的感受和意愿、健康状况如何几乎不在考虑之内，一旦遭到反抗，就会采取强制手段。在这样的不平等的性权利关系中，女性即便了解艾滋病及其他的保健知识，也不能进行自我保护，还会继续受到伤害。因此，仅仅传播艾滋病知识，显然是不够的，还要认识男女两性之间的权力关系，并矫正家庭生活中不平等的夫妻性权力。

又如，社会上的性骚扰和强奸行为。在我国的新刑法中侵犯公民人身权利罪一类中，与性有关系的犯罪有五种，即猥亵儿童罪、强奸罪、奸淫幼女罪、强制猥亵罪、侮辱妇女罪。只有在同性的强制性性行为中，受害主体为男性，其他的奸淫幼女罪、强制猥亵罪、侮辱妇女罪都与女性相关。女性更容易受到性侵害和性暴力，这已经是不争的事实。在这里，强制性性行为已经远远越出了家庭，妇女权利被侵犯大大增加了女性感染艾滋病病毒的社会危险性。

搞清了妇女权利之后，紧接着提出的问题是，法律中“妇女”的概念是否包括从事“地下性服务”的“妇女”、吸毒的“妇女”？维护妇女的权利是否包括从事违法经营活动的“妇女”？她们在违法经营活动中被不平等对待或被残害也应享有平等权利？这是维护妇女权利中极为尖锐的问题，从法理角度看，法律的普适性使法定的“妇女”概念必然涵盖所有妇女。但人们的观念及实际执法操作中很容易将这些从事违法活动的妇女的合法权利排除出去。

在调查中我们常常听到一些从事违法经营活动的妇女的悲惨故事，比如，某女拒绝老板逼迫其为客人提供特殊服务、遭到老板殴打的案例；某女在性服务中被杀害、遭轮奸、被偷窃、被侮辱的案例；某女虽不愿意却不能拒绝客人不使用安全套的案例。她们在卖淫中遭受强奸和轮奸，以致被折磨得死去活来，却不敢寻求法律保护。对于她们的遭遇及人身权利的被侵害，负责维权的机构也视为罪有应得：自己做了违法的事，还要求法律保护？活该！在这里，她们的违法性服务行为与作为人的基本权利被混淆了。

社会主流人群往往不能接受不同的行为方式和道德价值，一些边缘人群，如吸毒者、性交易者、同性恋等，他们的权利往往也得不到法律的支持和确认，社会公众对他们采取道德谴责态度。社会民众通常认为性交易场所（红灯区）和性交易活动是肮脏的。即使是在性交易半合法化的欧洲，人们也把红灯区比作“痰桶”“垃圾箱”一类的藏污纳垢之地。与此同时，欧洲人表现出对性服务业一定的宽容：认为性服务业就像每个家庭都应有吐痰和倒垃圾的地方，社会应有限度地容许。

但这涉及几个问题：这种宽容是对场所还是对场所中的人而言？特别是对从事性服务的女性，应该怎么看？她们是否可以被视作社会“垃圾”？进而言之，法律是否也应该将这个人群视为社会“垃圾”？

这又涉及一个基本权利问题。

“平等的人身权利”当然不是指承认性交易的合法性，更不是指其违法行为与守法行为具有平等权利，“平等的人身权利”是指基于法律底线的、人人应该享有的身体不被侵犯和强制的权利。它是人的基本权利的一部分。

所谓的基本权利“是人们生存和发展的起码的、最低的、必要的权利。是满足人们政治、经济、思想等方面的起码的、最低的、基本的需要的权利”，“因此，人权原则不过是解决作为人类社会的一个人应该得到什么的公正原则”[①]。当性服务妇女遭受暴力强奸的时候，是对妇女人身权利的侵害。

从法理上讲，无论什么人（甚至包括死囚犯人），总有一些不可被剥夺的权利。从法律来看，无论什么人的基本权利受到侵害，都应予以保护。处于边缘阶层的性服务女性，法律应该惩罚于她的，是她非法的性服务行为；换句话说，法律不因其有违法行为就剥夺其所有权利，她在能够证明自己是受害者及其受害事实时，应当享有普通公民人人享有的基本权利，得到法律援助。维护妇女的权利，应当包括所有妇女的基本权利，而不应将一部分妇女权利摒弃掉。

如果，我们的艾滋病政策能够有效地维护妇女权利，能够有效地保障女性在性行为中的自主权力，就会切断艾滋病传染源，使艾滋病蔓延的链条中断，这就意味着筑起了抵御 AIDS 的堤坝。

二、卖淫嫖娼的权力关系分析

由于艾滋病的传播途径，艾滋病政策规划还与另外一个特殊的群体发生了密切的联系，在我们的政策中通常称为卖淫嫖娼群体。如果说对于同性恋，人们更多表现出的是不可思议、不可理解和坚决排斥，而对于卖淫

① 王海明:《公正、平等、人道》，北京大学出版社 2000 年版，第 65 页。

嫖娼就是一如既往地“严打”和铲除了。在艾滋病政策中涉及打击卖淫嫖娼内容的文件颇多，在171件直接涉及有关艾滋病的法律规章中就有47篇，谈到卖淫嫖娼的占总数的27.4%。间接涉及艾滋病防治的236件法律法规涉及卖淫嫖娼的有121件，占总数的51.2%。在这些规划和政策中，贯穿着一个核心观点：卖淫嫖娼是犯罪行为，必须坚决打击，坚决打击就能控制艾滋病。

在这些政策规定中，有几个问题值得讨论：第一个问题，关于卖淫嫖娼的称谓。第二个问题，买性男性与卖性女性之间的权力关系。第三个问题："严打"的效果。

第一个问题，关于卖淫嫖娼的称谓。几乎在168篇法规文件中，对于从事商业性服务的女性采用的称谓都是“卖淫”“暗娼”，对于买性的男性的称谓是“嫖客”或“嫖娼者”。这些称谓包含着极强的道德评价和谴责。女性的（卖性）行为被称为“卖淫”，而“淫”在古老的中国文化中是对于性禁忌的冒犯，是十恶不赦的罪过，万恶淫为首，一旦女性从事卖淫活动，就是最大的罪恶。“嫖”带有明显的玩弄的含义，传统性别道德中男人有“狎”的特权。而能“狎”和有能力“嫖”的男人，通常都是有钱、有闲的人。在中国封建社会一妻多妾的性文化中，对男女的性行为有着双重标准，男性的性行为是不受限制的，通常是受到鼓励的，可以有三妻四妾，被认为是一种能力和“本事”的体现；女性则不然，一定要忠实于丈夫，从一而终，强调女性的贞操。而与多个男性有性关系，甚至将性作为商业交易，就是淫乱。“淫”专指女性的婚外性行为，不包括男性，一切不忠实家庭丈夫的行为是最大的罪恶。对于“淫”的道德谴责，暗含着男权中心的文化印记。当中国已经走向男女平等阶段的时候，依然保留着对从事性交易服务的女性的传统称谓，已经不合时宜。在这里，是否可以考虑采用中性的称谓，不再沿用暗含道德谴责的叫法。比如，在性交易中提供服务者为卖性者，购买性服务者为买性者。

第二个问题，买性男性与卖性女性之间的权力关系。在这些政策规定中，“卖淫”和“嫖娼”是并用的，都被视为打击对象，对二者的甄别和惩罚没有差别。然而，事实上，性服务女性和嫖客是两个贫富悬殊的利益群体。这里使用“嫖客”而没有使用买性男人，是因为二者是有区别的。虽然同是用钱买性，但本项目调查的两组数字也许可以说明一些问题：

买性男人中，年收入在1万—5万元的占38%；5万—10万元的占16%；10万—20万元的占14%，小于1万元的仅占0.9%。

职业分布显示，商人、退休干部、村干部、公务员、医生、外资企业员工、乡镇企业干部、推销员、司机等九个人群相加，占80.6%，流动农民工和企业杂工的和为25%。

服务女性中，来自农村的女性占76%；家境贫困的女性占74.5%；女性下岗工人占19%；来自偏远地区的中小城市占24%；离婚后生活艰难而卖淫的占17%。

在该调查中，卖性女性多数来自偏远贫困农村，以文化程度低、下岗女性、离婚女性、农村女性为主要特征。

买性男人嫖娼是为了“生意好做”“解除疲劳、减轻压力、调节心情”“寻找刺激和快感”，真正买性的流动农民工，则是为了解决性饥渴问题，只有性服务女性，绝大多数是为了解决生存问题。

经以上简单对比发现，在性交易市场上，性别关系是一种严重不对等的权力关系，买性的男人大多拥有比较优越的社会地位和经济收入，性服务女性在经济上是贫困的，在工作上是不稳定的，始终处于无权的地位，任何客人都是她们的“上帝”。在极度缺乏社会资源的境地中，要求她们自主地支配自己的身体和生活，近乎奢侈和天方夜谭。而处在社会最边缘阶层的女性，身体上和精神上存在随时被剥削的可能。而买性的男性，占据主导地位：其一，在性交易市场上，买方的存在和需要是性交易市场的主导因素。有了市场需求，才会产生市场的供给。其二，买方在性行为中居于主导位置，可以利用金钱控制性服务者的身体和意愿。

所以，即便是禁止和打击，买性男人更应成为打击的重点，而不应当是性服务者。从本质上讲，法律是对弱小者的援助，是从公正出发，伸张社会正义的国家机器，从这个意义上讲，社会主义法律应当维护弱者的基本权利，面对暂时不能禁绝性交易活动的现实状况，通过政策改善性交易市场中严重不对等的性别权力关系，保证她们的人身权利。

第三个问题，“严打”的效果。作为法律明文禁娼的国家，自1991年全国人大颁布《关于严禁卖淫嫖娼的决定》至今已历时12年之久，几乎每年公安部门都要进行严打和综合整治，要铲除这种社会丑恶现象。然而，年年“打黄扫非”的实施效果如何呢？这就涉及政策的评估。当我们评估一项政策时，不仅要看政策的价值取向，也要看政策的实施效果，考察政策的目标与效果之间的联系是接近目标，还是背离目标，如果是后者，究竟是哪些环节出了问题？是操作有误还是价值取向及目标设置不当？

从效果来看，严打政策并未铲除卖淫嫖娼现象，该现象大有“野火烧不尽春风吹又生”之势。有关资料显示：1992年从事性服务的妇女总数超过了400万人，到了严打政策颁布的第五个年头，这一数字已经达到约600万人。随着性服务妇女的不断增加，性交易市场由卖方市场转向买方市场，一些卖性妇女说：生意越来越不好做。

严打有无作用呢？不能说没有作用，一个直接的作用是使性交易从明转暗，从地上转到地下，越来越隐蔽了，且变换出各种形式和策略：你进我退，你劳我逸，你疲我勇，你明我暗，你聚我散，你集中闹市重拳出击，我退居三不管地带使你鞭长莫及，等等。

据调查，每年7、8、9三个月严打期间以及重要会议、重大活动前夕，是性服务女性的休息日，这几乎成了惯例，性服务市场闻风而动，一夜间关门闭户作鸟兽散。时间一过立即恢复如初。本项目调查选择在十六大前夕进行，看到当地公安部门严打力度明显增大，干警责任心也明显增强，多数洗头屋、发廊关闭，娱乐场所也表现出守法和配合态度，但对那些站街女、工棚女以及兼做卖性女性的打工妹意义却不大。常见的是上午严打，下午工作，晚上严打，白天工作；这边刚走，那边的卖性女性就出现在街头。

本项目调查发现：

严打后的洗头屋，呈现多种“变种”形态，从城市近郊向远郊城乡接合部或行政区划交接地转移，并变换各种经营形式，如汽车修理行、饭店、餐厅、茶楼、酒肆、路边手工作坊（如服装店、毛线编织店等）都能找到性服务女性的身影。她们的新老板通常以各种合法行业为名，兼及经营卖淫业。比如汽车修理行等候修车的顾客，餐厅等候就餐的客人，都会有卖性女性或直接或暧昧地询问顾客需不需要特殊服务。经营者介绍说，这样前店后厂式的服务作坊，副业往往胜于主业。卖性女性挣来的钱往往超出主业挣来的许多倍。这也是众多业主创造的以合法形式经营非法行业的经营策略和乐此不疲的主要原因。

更有甚者，有的路边店铺干脆什么生意也不做，看起来生意清淡、景象败落，整条街关门闭户，可仔细观察发现，楼顶却有人四处瞭望观察（据说这是老板在观察公安及买性人的行踪）。后门是完全不同的另一种景象，锈迹斑斑的铁皮大门一般也是关闭的，如有陌生男人经过，且被认为是来寻花问柳的（他们的判断一般不会错），后门便会敞开，会突然涌出一群妇女，对来人频频招手。[①]

① 李慧英：《中国艾滋病防治中的性别差异以及相关法律政策的性别分析调查与研究报告》，尚未公开出版。

为什么非法的性交易市场屡禁不止？计划经济时期彻底铲除卖淫嫖娼的战果怎么不会在今天重现？从根本上来看，社会大背景改变了，市场经济正在取代高度集权的计划经济，在计划经济时代，社会资源是高度集中的，是由政府及其派驻机构来分配的。社会各个阶层基本处于凝固状态，没有市场需求，也不允许有市场存在。卖淫嫖娼本质上是性交易，是市场行为。当市场及其需求不存在的时候，性交易市场就失去了生存的土壤。在计划经济时代，铲除卖淫嫖娼就有了可能性。

然而，在我国改革开放的今天，市场经济成为我国社会越来越活跃的因素，金钱对于社会分配发挥着越来越重要的作用。在这一社会背景下，社会流动急剧扩大，伴随着人力市场化重组带来的农村剩余劳动力大迁徙，我国目前的流动人口已达1.2亿。而流动人口中男性比例超过女性，高达60%—70%，恰恰处于性活跃期，而配偶大多不在一起。性饥渴、性苦闷的现实处境，促成了性交易的买方市场。此外，随着贫富距离的拉大及传统性别观念的复活，一部分有钱的男人将“包二奶”“搞小蜜”等婚外性生活视为能力本事的体现，作为富裕男性的生活方式，促成了性交易的另外一类买方市场。与此同时，拥有极少社会资源的女性为了改变生存境遇，在性市场的需求中找到了卖点。于是，性交易市场也就应运而生。

只要我们坚持市场经济改革方向，只要“钱”对社会利益分配仍发挥着主导作用，只要社会存在贫富差距，只要男性还有“计划外”的性需求，只要性别利益的分化在不断扩大，女性社会发展的机会受到更多的限制，只要坚持隐私权和自主权的现代文明的社会发展方向，性交易市场就会有生存的土壤和空间，非法的性交易市场就难以依靠严打而奏效。

（原文载于杜芳琴主编《社会性别》第3辑，天津人民出版社2006年版）

第五章

性别平等与基本国策

作者手记

1995年在北京召开的世界妇女会议，传递出两个重要的信息，一个是社会性别主流化，另一个是男女平等基本国策。当时，几乎所有的妇女/性别研究者关注的都是社会性别主流化，而对于男女平等基本国策，直到2005年十年之后才进入研究者的视野，从那时开始，笔者作为全国妇联宣传部的特邀专家，在各地党校干校给领导干部讲授男女平等基本国策。这一章就是该方面宣讲和研究的成果。

在这一章里，笔者首先关注的是性别平等概念的解读，研究的侧重点从过去的义务平等转向权利平等，发掘一直以来被忽视的个体权利的价值，清理了社会上种种对于性别平等的误读，概括出男女平等的三种表现形式。

进而，阐述男女平等基本国策的产生及意义。通常，人们对于性别平等的基本国策是不以为然的。如果仅仅是泛泛而论，很难有说服力。根据领导干部的思路，笔者将性别平等国策与国家发展战略结合起来，通过国家发展战略遭遇到的性别议题，进行剥洋葱式的剖析，从而得到领导干部的认可。

然后，着力分析落实基本国策的责任主体是政府，而不是妇女群体，更不是妇联，因为只有政府才能制定公共政策，才能对公共事务进行公共管理。政府责任的体现主要在两个方面，第一，要制定刚性的制度消除性别歧视，第二，提出可量化可操作的促进性别平等的公共政策，并切实予以执行。

平等理念与对权威的重新认识

在社会性别培训中，反复出现的话语就是平等。平等的话语引起了太多的争论，也引起了笔者对于权威的思考，平等意味着什么，是否要打倒权威？平等与权威是否水火不容？在平等的视野中怎样看待权威？是否意味着否定任何权威？笔者以为，从平等的视角来看，对权威的认识经历了三个阶段。

第一阶段：仰视权威

我们曾经仰视权威，权威意味着那些在政治王国里叱咤风云的领袖，权威意味着在思想王国有所建树的思想家，权威意味着那些魔力巨大的英雄。面对权威，面对在某一方面有所建树的权威，我们常常感到自身的渺小和卑微，感到自己缺乏能力和自信，我们对于自己充满了怀疑和轻视，我们心甘情愿地寻找权威、追随权威，寻找领路人。于是，我们与权威之间，构成了一种相辅相成的支配与服从的关系、控制与被控制的关系，我们将自己的命运交给了权威。

当我们仰望权威的时候，权威已经被无限度地夸大了，它的某方面的能力被夸大为无所不能，它的某方面的品质被夸大为尽善尽美。当权威的权力不能受到有效限制的时候，会形成权威的专横跋扈、颐指气使，权威乃至变成新的独裁者。而我们由于看不见自身的能力，忽视了自身的意愿和权利，转变成精神上的奴仆，甚至成为专制独裁赖以生存的社会思想基础，孕育出等级社会里的双胞胎：施虐狂与受虐狂。过去常常以为，专制与独裁是外在于我们的东西，是可以站在局外人的立场加以谴责的东西，现在忽然发现，当我们仰视权威的时候，当我们迷信权威的时候，我们正在成为权威的“合谋”。

在仰视权威的精神王国里，在泯灭了自我的精神家园中，是没有平等而言的，在这里，平等与权威是水火不容的，学生不可以挑战老师，卑贱者不可以挑战高贵者。在仰视权威的阶段，平等不仅是多余的奢侈品，还是权威的敌人。权威主义几乎渗透到各个方面，乃至每个似乎不经意的细节，包括教室桌椅的摆放以及教师所在的位置，学生提问的方式，都有尊卑之分、等级之分。

第二阶段：颠覆权威

在第二个阶段，我们不再迷信权威，追随权威，而是开始挑战权威，摆脱权威的控制，提升主体意识，试图自己支配自己的命运。

从仰视权威到颠覆权威，从本质上来说，是我们主体意识觉醒的艰难过程：追寻权威寻找领袖，期待权威合理公正地运用权力的结果，我们经历一次次的失望，悲剧几乎总是一次次地重演，权威变成主宰者，我们的权利荡然无存。我们与权威之间是不对等的，我们常常扮演的是受助者，权威扮演的是救世主，我们只能臣服于权威。我们在发问：究竟谁能拯救我们？答案正如《国际歌》所说：从来就没有神仙皇帝，也没有什么救世主。是的，当我们将权威作为救世主的时候，当我们无限地贬低自我夸大权威，我们就走进了精神的牢笼。

我们渐渐地将支点和重心转到自己身上，带着过多的怀疑。首先要战胜的是精神上的依赖性和自卑感，总是期望得到权威的认可，总是期望找到坚实的臂膀，总是怀疑自己的能力。经过一次次的尝试，当我们渐渐地发现自己的力量，发现了那些长期受到打压以至于连自己也意识不到的深埋泥土之中的潜能，发现了那些仅仅属于我们自己，任何权威都无法取代的优势。我们逐渐地找回了自己，主体意识在缓慢地形成，自信在逐渐地增加，我们开始走向第三个阶段颠覆权威。

第三阶段：颠覆权威

颠覆权威，似乎有多种途径：其一，将权威与非权威颠倒过来，打倒一切权威。其二，以新的权威取代旧的权威。其三，权威需要权力制衡，在权威与非权威之间建立平等的权利关系。我们在尊重自己的权利时，也要尊重对方的权利。

我们试图重新调整与权威的关系，颠覆权威有两方面的特征。第一，打破对于权威的迷信。这是将权威还原为有缺憾的人，权威的谬误开始被认识，权威的局限开始被发现，套在权威头上的光环渐渐消失了。这是一个具有革命意义的阶段，我们不再盲目地崇拜权威，迷信权威，而是开始挑战权威，对权威进行理性批判。这里既蕴含着勇气，也蕴含着力量。我们进入了第三个阶段，即在权威与非权威之间建立平等的权利关系。

在这里，每一个人都成为主体，不再迷信权威，有了自己独立的思考，同时成为决定自己命运的参与者，而不是旁观者。在这里，决定人们命运的公共事务，不再由一两个权威来决定，而是由公众的参与来决定。在多数人参与的同时，也要保护少数人的合法权益。在这里，不再用集体的名义控制个人，而是尊重每一个个体的权利，尊重每个人的价值和尊严。男女平等或者说性别平等就在这种理念的基础上产生了。

性别平等的内涵解读

之一：关于男女平等的思考

从社会性别意识的含义中，不难发现它的目标是消除性别歧视，终结以男性为中心的权力关系，建立平等的两性关系。其实，经历过社会主义妇女解放的人们，对于男女平等的词语并不陌生，然而不幸的是，对于男女平等的理解却常常背离了平等的本意。

有个活动给笔者留下了深刻的记忆，那是一次性别意识的培训，圆桌席上坐满了政府官员，一位妇女专家未经说明，突然向大家提问："在家里感觉地位高的女性举手。"笔者旁边的一位女政府官员高高举起了手，不无得意地说："在家里我说了算。我丈夫听我的。"专家又问："在家里地位高的男性请举手。"四位男性兴致勃勃举起手，神情相当得意。那神情分明在说：我不怕老婆，在家里我说了算。此时专家亮出观点：在家里丈夫地位高或者妻子地位高，都不是我们所提倡的男女平等，在一个平等的家庭里，夫妻的地位差不多，才是比较正常的现象。顿时，课堂上发出一阵笑声，举手的学员显得十分尴尬。继而，大家陷入沉默，似乎若有所思，若有所悟。

通常，我们往往是使用不平等的观念认识平等概念的。在小品、相声中，解放了的女人特别蛮横霸道，处处约束男人的行动，强迫对方服从自己的意愿；大丈夫患了"妻管严"，经常"床头跪"。于是，男人们惊呼，不要再倡导男女平等，女人的地位已经够高的了。其实，这并不是性别平等，而是性别等级观念的另一种表现。性别等级是等级身份的一种表现形式，在两性之间表现为强弱关系、主从关系、依附关系。在男性中心社会典型的性别关系是男尊女卑、男主女从、男强女弱，两性关系表现出强烈的对抗性、矛盾性、排他性，一方的满足意味着另一方意愿的压抑，一方的发展意味着另一方的牺牲，一方的强大意味着另一方的软弱。当一些女性主宰男性时，并未改变两性之间的等级关系，只是性别身份调了个位置。

性别平等实质上是对性别等级的颠覆，意在建立新型的人际关系，人格对等、免除压迫、相互尊重。对于男人来说，女人不再是“尤物”“玩物”，而是具有人格和尊严的人，是有着独立的精神世界和主体选择权的人。男人不将自己的意愿强加给对方，更不需要把女人的成功看作对自己的威胁，而是尊重女性的意愿和自主选择，使女性获得免除心灵压迫的自由感。对于女人来说，男人不是挣钱机器，同样是有人格有尊严的人，是有个人志趣和自主意愿的人。女人同样不能把自己的意愿强加给对方，要尊重男性的意愿和自主选择，使男性免除心灵的压迫。有的时候，尊重对方的选择，常常意味着放弃自己的意见，甚至是放弃自己以为正确的意见。当两性的意愿发生冲突，只能通过说服的方式，将自己的愿望转化为对方内心的需求，而不是强制对方做不愿意做的事情。

由于工作的缘故，笔者接触了一批女性领导，当我走进她们的感情世界，获得了新发现：那些受过一定教育、独立性强、富于平等意识的女性，往往更懂得感情，懂得理解与尊重。当她们与具有现代性别意识的男性结合在一起时，更善于建立平等的相互尊重的两性关系。

她，是一位团委书记，当她被提为副局长时，丈夫只是副处长，他为妻子的发展而高兴，自觉自愿操持起家务，她对爱人充满感激之情，她深知：女高男低，当丈夫的会承受很大的心理压力，往往容易伤害自尊心，作为妻子应当理解丈夫，不要给其制造心理压力。她上下班有专车，却从不勉强丈夫乘坐自己的专车，爱人喜欢下棋，便尽量给他机会下棋。她的原则是：尊重自己，也尊重他人。她工作繁忙经常出差，但她不主张丈夫为自己牺牲事业，每每外出，她总要和丈夫商量：要不要请保姆带孩子，以免丈夫又忙工作又忙家务搞得焦头烂额。她善于换位思考，在自己的位置上能看到对方的心理需要，夫妻之间感情上形成了良性循环，每每有人问丈夫“和女局长一起生活感觉如何”，他愉快地说，和妻子在一起，感到很轻松……

我以为，他们正在两性之间建立这样的关系：一方的发展同时意味着另一方的发展，一方的成功意味着另一方的成功，一方的自主选择意味着另一方的自主选择。

扩大男人、女人的选择性，充分发展人的能力和自主性，使男人、女人都得到充分发展，这就是我们所期待的两性平等。

（原文载于《中国妇女报》1997年1月1日）

之二：个体权利是男女平等的精髓

在中国倡导并推进男女平等，几乎经历了整整一个世纪，20世纪末的中国人对此没有什么新鲜感，似乎人们的感官与神经变得麻木了，失去了对本该留意的某种精神品格的敏感：20世纪50年代女性大量走向工厂、公社和社会，60年代劳模型女领导在政坛崛起，70年代的铁姑娘和男性比着干……令人目不暇接的关于男女平等的举措和数字不断推出，却有意无意遗失了男女平等最宝贵的东西，这就是个体权利的觉醒。

个体的权利是男女平等的基础和精髓，是人类历史从国家本位、集体本位转向个体本位过程中形成的人文价值尺度。它的基本特征是：承认并尊重每个个体的平等权，不分年龄、性别、种族；扩大每个人的选择性，所有的社会成员机会均等；将人的能力建设与人的潜力开发放在核心地位。当男性个体的权利被工业化社会认可，而女性的个体权利依然被男性中心文化所剥夺，男女平等的呼声和要求便产生了，它的提问方式是：男性拥有了个体的权利，女人也要有，女性应当具有与男性同等的权利。应当说，男女平等是对个体权利的肯定，同时又是对个体权利的补充。在这里个体权利与女性参与社会紧扣在一起，个体权利是男女平等的精髓，而女性参与社会、参与政治、参与经济，则是个体权利的外化。

男女平等作为一种世界潮流进入中国以后，与传统性别文化产生了巨大的冲突，这种矛盾与冲突至今尚未结束。在推进男女平等的立法、促进妇女参与社会的进程中，在中央政府的有力干预下，宪法确定了妇女享有与男子平等的各项权利，绝大多数妇女走出家门参与社会参与经济参与政治，向两千多年的男尊女卑发起猛烈冲击，取得举世瞩目的进步。然而，这仅仅是男女平等运动的一个方面，一个令人自豪的方面。而另一个方面却常常被有意无意忽视了，个体的权利意识进入中国遭遇的强大对手是集体本位的围剿，它始终找不到可以生长的家园和空间，在争取男女权利平等时，它的提问方式变了，不再是问男性具有的个体权利女性为什么没有，而是争取女性的权利，是否必须关注个体的权利。如果说在一些工业化国家是先有个体的权利，然后才提出女性的权利，那么在中国，女性的权利与个体的权利是同时提出的。在这个意义上可以说，倡导并争取男女平等具有双重作用，不仅是谋求某一性别的权益，同时是推进集体本位向个体本位变化的历史性转折。

高度集中的计划经济和金字塔式的社会组织结构的建立，巩固了集体本位，在国家意志的强大攻势下，封建宗法势力失去了昔日的威风，女性对男性的依附、男性对女性的控制出现了明显的松动。然而，个体的权利以及女性的权利并未伴随性别关系的变化而生长，而是由性别的依附转向对于社会组织及国家意志的依附。在“文革”期间，我们经常听到这样的话：一切行动听指挥，它隐含的文化意味就是将集体本位内化为个人的意愿，而使个体的权利意识丧失殆尽。应当说，男女平等经过本土化之后，悄悄发生了内核与外表的分离：一方面，女性走出家门，接受教育，参加工作，参与社会；另一方面，女性走向社会的过程中非但未获得自主选择权，反而丧失了个体的自主选择权利，不是扩大而是缩小了自己的能力发展空间，不是接近而是背离了以人为中心的目标。这是遗失个体权利导致的女性权利畸形发展。

80年代以来，随着计划经济转向市场经济，金字塔式的社会组织结构转向网络式的组织结构，遗失在历史长河中的个体权利以及个体价值被重新拾起。人们已经厌倦了无视个人意愿的行政干预，厌倦了毫无生气的僵硬说教，乃至厌倦了毫无七情六欲的女劳模、女英雄，一种朦胧的自主意识、自己选择自己的生活方式的意识在出现。一些年轻女性开始注重个人的意愿和选择，不再像她们的上一代人对自我深怀防范和恐惧心理，她们拒绝一切扼杀自我的设计和模式，而要听凭个人的意愿来规划人生。然而，她们的最终选择不是对女性个体权利的确认，而是变成了对女性权利的扼杀，女人重新将自己绑在男人的裤腰带上，将男人作为人生的归宿，从依附国家转回依附男人。虽然这里有了个体意愿，却没有获得个体权利，反而连独立的人格也丧失了。历史似乎常常开玩笑，当你明明想要这件东西，而抓到的却是另一件东西，甚至对你想要的东西有致命的杀伤力。

看来，要想确立个体权利意识不是一件简单的事情。个人的意愿与个体的权利不能画等号。虽然后者一定离不开前者，前者却并不必然产生后者。个人的意愿有无数可能性，可以推动人的发展，增长人的能力，也可以消解人的进取精神，使人堕落懈怠。而个体的权利意识则不同，它认可人的尊严和价值，认可人以独立的人格和自主的精神自立于世。它反抗一切男性中心文化预设的模式，从人特别是女性自身获得自信和力量，自己主宰自己的命运，而绝不将命运交付给任何外在的力量，尊重每一个个体，尊重每个个体的权利和尊严。

寻找并确立个体权利，对于习惯于寻找救世主的中国人，习惯依附他人的女性来说，是一件相当困难的事情，这是对自身奴性的挑战。它会使我们中国人、使女性生活得有尊严，会给男女平等注入一种宝贵的精神品格，会使男人和女人学会对人的权利与价值的尊重。

（原文载于《中国妇女报》1999年6月1日）

之三：男女平等内涵初探

男女平等是我们日常生活中出现频率极高的词，然而，人们在谈论它的时候表达的含义却不尽相同。人们对它通常有三种理解：第一，将男女平等视为无视男女生理上的差别，要求女性与男性在体力上完全相等，而且是以男性作为衡量平等的标准。既然男女生理差异是不可以抹杀的，所以男女都一样就变成了谬误，显得滑稽可笑。第二，将男女平等理解为由男权至上转变为女性至上。在小品、相声中，我们常常可以看到对“妻管严”的夸张描写，由此表明男女平等程度提高了，其实，这种建立在权力控制基础上的性别关系与男女平等的本来含义相距甚远。第三，男女平等成为分配中的男女均等，无论贡献大小，每人一份。应当说是平均主义思想的侵入和渗透。

准确说来，男女平等是主张男女权利和机会的平等。人的基本权利完全平等的理念已经成为人类发展的核心，在以人为本的社会发展模式中，它越来越提升到发展的首位，成为发展的最终目的。它完全不同于农业社会对人包括对于男性和女性的认识，是一种在工业社会中建构起来的新观念，应当说它试图颠覆等级关系，建立人与人之间权利平等的关系。什么是权利？彼彻姆在《哲学的伦理学》中提出：权利是去做、去要求、去享有、去据有、去完成的一种资格，是必须而有效的要求权，是权力所保证的利益。同一份利益，对于应得者是权利，对于应付者是义务。比如，在家庭养老保障的法律中，一个老人有资格要求儿女支付赡养费，在维护儿童的基本权利立法中，孩子有要求不受打骂的人身权。这种要求不仅是必需的而且是应当的。在一个社会保障完善的国家，每个劳动者及其企业有义务交纳社会保障金，同时也有权利在一定的期限内向社会保障机构索要社会保障金。在这里，权利与义务是统一的。对于每个成员来讲，没有脱离义务的权利，也没有脱离权利的义务。权利分为两部分：一是基本权利，基本权利是人们生存和发展起码的、最低的、必要的权利，是满足人们政治、思想和经济等方面起码的、最低的、基本需要的权利，即生存权、人身安全权、政治选举权和竞争非基本权利的机会权等。二是非基本权利，即人们生存和发展的比较高级的权利，是满足人们政治经济思想等方面生存和发展的比较高级需要的权利，即发财致富权、成名成家权、人身特殊保护权、竞争非基本权利的结果权。所谓权利平等，意味着每个社会成员基本权利的完全平等以及非基本权利的比例平等。

依据权利平等的原则来界定男女平等的含义，男女权利平等可以分为两大项：

（一）男女基本权利的完全平等。性别基本权利的完全平等的原则，意味着每个男女无须竞争，在结果上每人一份，这是人人拥有的权利。“为什么每个人享有的基本权利应该完全平等呢？因为每个人都是缔结、创建社会的一员。脱离社会人就无法存在。所以每个人的一切利益，说到底，都是社会给予的：社会对于每个人具有最高效用、最大价值。每个人都为缔结社会作出了同样贡献，付出了同样代价。”基本权利的完全平等至少包含三个方面：

第一，生存权及人身安全权的完全平等，即每个社会成员都拥有获得基本生存条件的权利和免受暴力侵犯的权利。从这个角度来认识我国农村出现的部分溺杀女婴的现象，认识对于妇女的家庭暴力行为，就不能指责她们无能和素质差，而应挖掘社会深层原因，强化社会责任，使她们的生存权切实得到保护。

第二，基本的政治经济权利的完全平等，如政治选举权、最低工资待遇权、土地使用权等，都不能因为性别的因素受到剥夺，凡是属于每个社会成员都拥有的权利，由于性别、年龄和民族被剥夺，都属于侵权。在这个方面，我国整体的权利意识都比较淡薄，而同一阶层的妇女利益和地位往往低于同一阶层的男性。

第三，两性非基本权利竞争机会的完全平等。机会平等是男女两性能否发挥能力的先决条件，如果进入竞争场地的机会不相等，相当于运动员未曾入场就被取消了比赛的资格，要进一步发展就没有任何可能。所以，机会完全平等是权利平等不可缺少的内容。机会平等意味着招工招干招生的机会，不应因性别等个人不可支配的因素而进行限制（除非必需某一性别的情况），不能以任何方式限制某一性别平等进入某一就业岗位。在基本权利上的分配原则是：按需分配。

（二）性别非基本权利的比例平等原则，即从人们的差异出发，以能力贡献之差异为依据而给予相应的差别待遇。这种平等不是绝对数量上的平等，而是比例平等，它承认每个人在发展中的权利是不一样的。它不是依据需要，而是依据贡献来分配权利。在这里贡献是权利的源泉和依据，按照贡献来分配权利，按照权利分配义务。也就是说，社会分配给一个人的权利应该与其贡献成正比，与其义务相等。非基本权利的分配原则是：按劳分配。由于每个人的发展能力不同，贡献大小不同，获得的权利也不同，每个人拥有不同的结果权。上述两项男女权利平等是不能相互移位或取代的，否则就会违背社会公正的总原则。如果在基本权利范畴，采取的是按劳分配的原则，就会导致尖锐的贫富两极分化，而使每个人基本的最低的起码的权利受到损害，一些人就没有平等进入的机会进而难以发展。如果在非基本权利上采取按需分配的原则，就会导致对于才能大贡献多的人的剥夺，从而挫伤人们的创造热情。一般说来，在逻辑顺序上基本权利平等原则要优先于非基本权利平等原则。倘若一个人平等进入的机会受到了剥夺，能力无法施展，那么按照贡献获得权利就不可能。只有具备了公平竞争的机会，能力和水平造成的差异结果才能被人们接受。这两项原则发生冲突的时候，比如，土地资源十分有限，如果根据基本权利来分配权利，每个人不能保证最基本的生存权，这时要优先考虑生存权，然后再考虑发展。

以上是我们所说的男女平等的两个基本原则，从权利平等的原则来看，男性和女性之间的关系，不是控制和服从的关系，而是相互尊重、免除压迫、权利对等的关系。

在我国澄清男女平等的内涵有两项意义：第一，促进人们的观念从重身份向重权利的转变。农业人口占据多数的中国，封建主义的观念意识根深蒂固，人们习惯于从身份地位判断人的价值，而漠视人自身的权利和尊严。即使法律赋予了自己权利，也常常缺乏维权意识，主体意识相当欠缺。强化性别权利平等，是从性别角度增强权利意识，这对于推进我国的民主进程非常重要。应当看到，推进男女平等与推进我国的法治化、民主化是一致的。推进男女平等，是寻求男女权利平等、使其充分展示自身才能的途径。第二，正视中国妇女依然是第二性的事实。

依据法律维护妇女的权利，提升妇女的整体地位。从基本权利的视角来审视妇女的地位，在政治上、经济上、文化上和家庭生活中，妇女比起男性都更少拥有权利，更少拥有资源。所以，在强化权利意识的同时，要特别考虑到女性。在推进社会发展的同时，要注意缩小男女的社会差距，增进男女的平衡发展。

（原文载于《中国妇运》2002 年第 11 期）

男女平等基本国策在国家发展战略中的位置

一、男女平等基本国策的提出

男女平等基本国策的提出，源于国家领导人在国际会议上的一次讲话。1995 年联合国第四次世界妇女会议在北京召开，时任国家主席江泽民代表中国政府致欢迎辞："我们十分重视妇女的发展与进步，把男女平等作为促进我国社会发展的一项基本国策。"这是我国政府领导人第一次提出男女平等基本国策，可以看作中国政府对于国际社会的承诺。

基本国策是一个国家为解决带有普遍性、全局性、长远性问题而制定的政策，在公共政策的纵向层级体系中，属于第二个层级，最高层级是元政策，即指导思想和基本道路的政策，第三个层级是具体政策，与各个部门的工作紧密相关。基本国策处于中间层，通常由国家颁布，它的适用范围宽、稳定程度强，对各项具体政策应当有着长时间的指导性意义。通常制定基本国策都是通过一定的政府机构，比如通过国务院或某个部委来制定，形成公共政策的文本。而男女平等基本国策则不同，它一开始是通过国家领导人对国际社会所做的讲话，也就是说，尚未在决策机构达成共识的情况下作出的，可见，这一国策制定当中的特点，即通过高层推动逐渐得到认可。

落实基本国策的责任主体是国务院妇女儿童工作委员会，即将 30 多个部委组合起来建立了政府工作机构。妇女发展工作与政府各个部门有着不可分割的联系，要消除就业歧视，与人力资源社会保障部要紧密合作，要进行性别平等教育，就要进入教育部门的工作计划当中。遗憾的是，办公室没有设在国务院办公厅，而是设在了妇联。而妇联作为群团组织是难以协调各个部委开展工作的。尽管如此，国务院妇儿办依然不遗余力地制定妇女发展的专项规划。第一部《妇女发展纲要》（1995—2000）是五年规划，此后我国又制定了2001—2010年和2011—2020年两部十年《妇女发展纲要》。《妇女发展纲要》不同于以往的公共政策，最显著的特点是对妇女发展提出了明确具体的要求，对于将要达到的指标列出了具体时间表。纲要的内容从一开始的六项扩展到七个领域：妇女参与决策和管理、妇女与经济、妇女与教育、妇女与社会保障、妇女与健康、妇女与法律、妇女与环境，这七大方面都紧紧围绕保障妇女的“权利”而提出，并将这些指标分解到各个部委。国务院妇儿工委协调组织多部委实施，各个省市制定了实施细则进行定期评估，由此形成了男女平等基本国策的运行机制。

二、性别议题在国家发展战略中的缺失

国家发展战略，即国家一定阶段内制定的全局性、长期性的发展规划，通常是中央政府制定的。我国目前有不少宏观发展战略，如国家五年发展规划，涉及宏观发展规划的实施，社会主义市场经济体制建设，涉及国家的经济运行战略；社会主义新农村的村民自治，关系到基层政权的议事规则与村民参与；城镇化和城乡一体化建设，关系到城乡发展的格局与三农的出路。所有这些内容都关系到国家的总体战略规划。2013年12月，中央政府专门召开了城镇化会议，强调城镇化对于我国社会发展的重大意义，可以促进农民市民化，提高农民收入水平，还可以提高土地利用率，布置城镇化工作的规划。在这些总体战略规划中，几乎都没有关注到“性别议题”，没有关注到国家发展战略对男女平等带来的影响。

也许有人会质疑，国家宏观发展战略难道也和性别议题有联系吗？也要考虑落实男女平等基本国策吗？其实，所有的工作领域都会遭遇“性别

议题”，甚至连一向被视为经济要素的土地也隐含着性别公平问题。以农村土地资源为例，众所周知，土地是一种稀缺资源，是农民的生活之本。改革开放以来，农村土地的功能至少发生了三次变化。20 世纪 80 年代，我国实行家庭联产承包责任制，土地由村集体承包给家庭耕种和经营，农民依靠土地为生，这时土地是农民最基本也是最重要的生产资料。20 世纪 90 年代，大量农民进城务工，务工收入成为他们主要的生活来源，土地的功能悄悄发生变化，从生产资料变成生活保障。当城市就业紧张时，农民工可以返回农村，土地就成为他们抵抗风险的最后一道保障。到了 2000 年前后，我国城镇化进程迅速推进，经济发达地区和城郊附近村庄的土地迅速升值，与此同时，城乡壁垒逐渐被打破，社会保障进入农村。在这个阶段，土地的功能从社会保障转化为固定资产，被视为可以增值的资本，比直接投资可以获得更多的利益和回报。通常在城镇化进程中，政府更多关注到的是村集体、开发商与地方政府之间的矛盾调解。至于集体补偿款如何分配，如何确定村民资格，如何分配给村民，政府一般交给村委会不再过问，性别问题恰恰出现在这个被忽视的环节里。

农村土地属于集体所有，这在我国宪法和《土地管理法》里有明确规定。但集体到底指什么，现有法律没有明确和统一规定。通常，这些征地补偿金会通过村组进行二次分配。那么，当出现有关土地权益的分配时，村组是如何来操作的呢？ 1998 年《村民委员会组织法》明确规定：重大事务要经过村民会议或代表会议讨论决定。什么是重大事务？村集体的利益分配自然属于重大事务了，要经过村民会议讨论决定。

村组是如何操作的呢？通常有两种方法：一种严格按照《组织法》要求，所有村民代表共同参加进行讨论，通过多数决来决定规则，体现了组织法的精神，重大事务一事一议。在民主参与强的村庄，这种办法较为普遍，甚至还要签字画押。另一种方法，是以村组长为主制定分配规则，他们掌握着集体资源分配的主动权，他们的想法可以直接影响村庄多数人的意志，甚至使其不敢表达不同意见。多数决和村民自治只是一种表面形式，分配规则主要是村干部决定的。面对征地补偿款等巨大的利益，村组干部越是暗箱操作越可以以权谋私。

村组讨论村民资格的时候，排斥农嫁女几乎成为集体无意识。2011 年 3 月，中央党校“性别平等政策倡导课题组”专家参加了河南郸城某村的一次村集体资源的分配会议，这个村子的土地已经被征用，房子也要拆迁，届时每个村民可以免费得到 40 平方米的住房，至于谁有资格分到住房就由村两委、村民小组长和部分村民代表一起来讨论决定。我们来到现场，发现参加会议的除了妇代会主任是女的，其他都是男的。尽管农村妇女已经成为农业的主要劳动力，但事关分配规则的确定，依然以男性为主，妇女依然被决定。

讨论中争议最大的不是空挂户的军人、大学生，也不是劳改犯、失踪人员，而是结婚和离异的妇女，因为对于前几类人政策有比较明确的规定。不少人坚持认为：出嫁的女儿留在村里是不可以享有村民待遇的，一个家庭只能男娶女嫁，有儿子的家庭女儿留在村里，绝不能享有村民待遇。纯女户只能有一个女儿招婿，以免打架。有儿有女户的女儿就不要再招婿了，男孩、女孩都留下来宅基地不够。也有的提出离婚留在村里的媳妇也不能给，她离婚了就失去了村民资格。总之，经过村民代表讨论，所有的儿子、儿媳及其子女都理所当然享有村民待遇，而离异、丧偶和招婿上门的妇女连村民资格都没有。我们问村民：同样生长在一个村庄的儿女何以有如此大的不同？他们理直气壮地说：这是千百年的老规矩，男娶女嫁天经地义，丈夫在哪媳妇就在哪，嫁鸡随鸡嫁狗随狗。村庄分配资源也不能破了老规矩，要不就乱套了。如果只进不出，村庄人口就会膨胀，人地就会发生冲突。

这就是在农村实实在在起作用的村规民约，这种违法的村规民约有多少？ 2005 年我们在河南郾城作过一次问卷调查，结果发现：百分之百的村庄都是按照男娶女嫁的老规矩确定分配规则。2009年江苏省妇联在2000个行政村进行了调查，结果是50%以上的村规民约与妇女权益法相抵触。如果将上述两项统计相加取平均值，就有至少75%以上的村规民约是男女有别的。据统计，2013年我国村委会有58.9万个，作个最保守的推测，有将近44万个村委会的村规民约排斥婚姻变动妇女。

按照男娶女嫁确定村民资格和村民待遇，使得城镇化对于农村男女的意义迥然不同。城镇化对于大多村男性是个福音，特别是那些有儿户，可以得到几乎一生劳动难以得到的资金，可以说一夜暴富。而对于婚姻变动的妇女却是灭顶之灾，她们原本有属于自己的地，却失去了征地补偿款，她们本来在村里居住，却没有资格分配房屋，成为地地道道的赤贫阶层。导致这一切的并不是因为她们的能力和素质，而是因为她们的性别和婚姻，并不是因为缺乏“四自”精神，而是因为没有终身依附于一个有房有车的男人。一位农嫁女感慨地说：“假如没有征地，就不会有乡村和城市‘大跃进’的步伐，我们不能阻止社会的进步。征地后，出嫁女大多失去了娘家人，变得一无所有，今天站在这块土地上，高楼迭起，物是人非，哥哥们也都买了车买了房，一夜暴富。”[①]

城镇化在领导干部的心中一直是打破城乡差距、推进经济迅速发展的神话，似乎一旦推进了城镇化，农民转化为市民，农民的日子就好过了，包括农村妇女问题就迎刃而解了。我们都在做着城镇化的中国梦，在瞻望前景的时候，我们常常关注了城镇化的最终结果，而忽视了这个艰难的转化过程，忽视了城镇化过程中资源分配的公平性，忽视了同一农民阶层隐含着的性别分层问题。已经发生的事实一次次告诉我们：公平的分配规则与做大蛋糕同样重要，如果不能制定公平的规则，城镇化对于上千万婚姻变动的妇女就会是一场灾难，蛋糕越大性别分层越会加剧，男女之间的差

① 引文出自南宁出嫁女的调查记录（2013年8月9日）。

距就会越大。2010 年全国妇联第三期妇女社会地位的调查结果也证实了这一点。2000 年我国城镇人口占 37%，十年之后城镇人口增长了 13 个百分点，达到 50%；与此同时，农村妇女的土地权益问题也由 2000 年的 9.2% 上升到了 2010 年的 21%，增加了 11.8%，同年，农村妇女无地的比例高于男性9.1 个百分点。① 城镇化不但没有缩小男女之间的收入差距，反而把性别分层拉大了，妇女的土地权益问题非但没有随着城镇化的推进而减少，而是与城镇化的发展同步增长，变得越来越突出和严重。

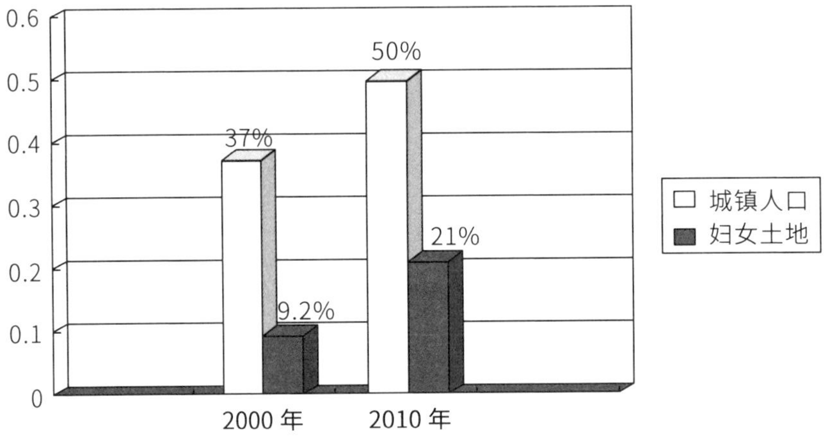

图 1　妇女土地权益问题与城镇化同步增长

由此可见，当性别平等没有被纳入国家的总体发展战略，或者说，国家的总体发展战略忽视了对弱势人群带来的影响，包括对于两性带来的影响，性别权利的内核就会被掏空，妇女的权益就不能得到保障，就会使得基本国策有名无实，束之高阁。这就需要我们在制定国家发展战略的时候，要预先对其可能产生的社会影响进行评估，积极主动地采取对策减少问题的发生，否则，就会陷入一个社会恶性循环的怪圈。

① 数据来源，第三期中国妇女社会地位调查课题组:《第三期中国妇女社会地位调查主要数据报告》，《妇女研究论丛》2011 年第 6 期。

三、妇女权益受损与社会结构失衡的怪圈

社会是一个有机体，需要各个社会构成要素的协调与均衡发展。如何检测社会构成是否均衡？社会学家设立了很多量化指标，测量正常值范畴，比如贫富差距的正常值是 0.25 到 0.41 之间，低于 0.25 则走向平均主义，高于 0.41 贫富差距超过警戒线。又如，人口出生性别结构也有一个正常值即 103—107∶100，低于 103 比值会导致女多男少，高于 107 会出现男多女少的现象。目前，我国不少社会构成都严重偏离正常值。国家统计局公布，2003—2013 年，我国的基尼系数高达 0.47—0.49，2012 年在全球排名第五。以出生性别比失衡为例作些分析。国家统计局的数据表明，自 1980 年以来，我国出生性别比出现了阶梯式的攀升，2008 年达到最高点 120.56∶100，尽管这几年有所回落，但始终在高位运行，2012 年我国出生人口性别比为 117.70∶100（见图 2），仍远远高于 103—107∶100 的正常值。

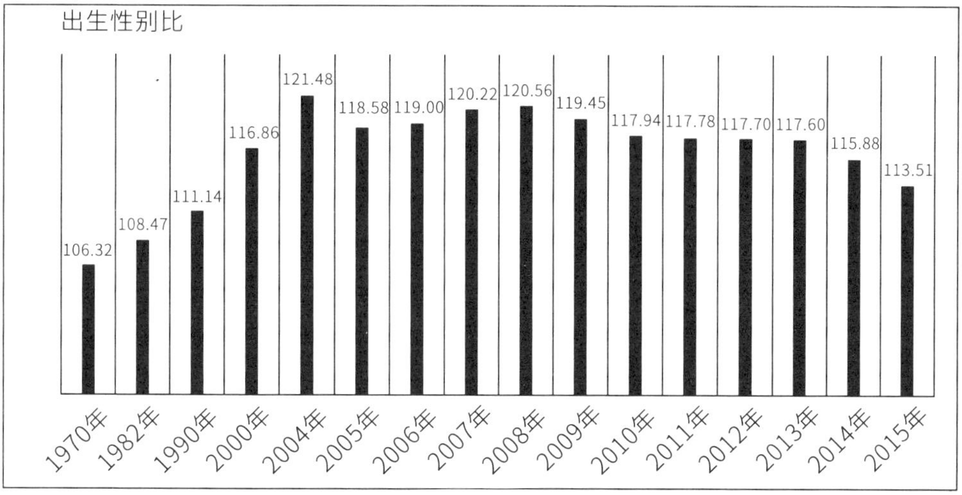

图 2　我国出生性别比失衡的状况

资料来源：国家卫计委家庭发展司提供的数据，2015 年。

如果将我国放到世界范围来看，绝大多数国家的出生性别比都是正常的，只有 18 个国家和地区出生人口性别比偏高，在出生性别比失衡的国家中，我国的出生人口性别比遥遥领先，位居世界首位。图 3 是一张 2011 年全世界出生性别比失衡的数据，我国高达 118∶100，名列第一，名列第二的是亚美尼亚 113∶100，印度名列第三，112∶100。由此可见，我国出生性别比失衡的严重程度。

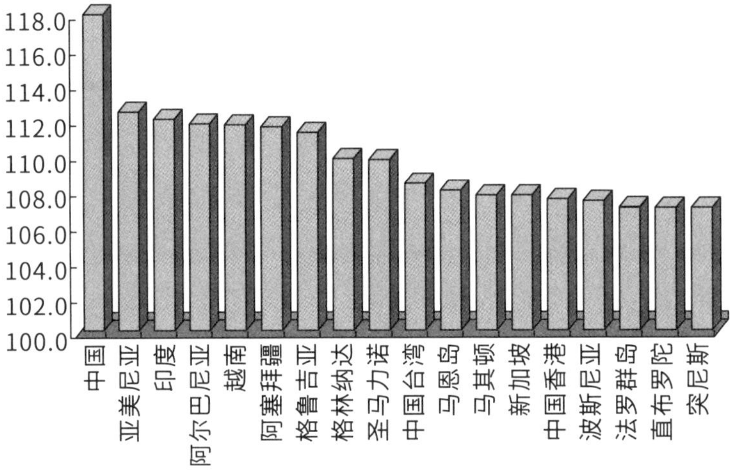

图 3　出生性别比偏高的国家和地区（2011 年）

为什么人口性别结构会失衡？这是强烈的生男偏好导致的结果，归根结底是性别不平等作怪。与两项制度相关，首先是父权制的家庭制度，为三项具体的规则：第一是儿子继承财产，依靠儿子顶门立户。女儿要出嫁，不能继承家产。第二是“从夫居”，夫妻婚后居住在男方家，女方成为男方家庭正式成员，为夫家养育后代。第三是“儿子养老”，儿子继承家产，同时承担养老责任。对于村民们来说，儿子既要传后，又要养老，“生男孩”就成为生活之必需。

其次是社区制度，就是通常所说的村规民约。当一个社会的资源分配是由性别决定——生了男孩就可以获得资源，生了女孩就会丧失资源的时候，村民们自然就会得出“女不如男”的结论。可以说，村规民约中按照性别进行资源分配的条款，为“男孩偏好”提供了制度性支持。而且，这种村庄集体资源分配的规则，较之国家的利益导向措施更为直接，涉及面更广，也更能发挥作用。

用性别、年龄、民族等对人进行划分，属于农耕社会的一种价值认定，强调的是先赋因素，是社会滞后的表现。文明社会更注重后致因素，比如，教育程度、能力水平，尽量弱化人不可以左右的因素影响。正因为社会价值强调性别的作用，男性因性别可以拥有更多的权利与资源，女性因性别要失去更多的权利与资源，会导致人为选择性别，规避男女不平等带来的风险。这是文化理性与经济理性共同作用的结果。

出生性别比失衡会引发一系列社会危机。从危机的特点来看，社会危机至少有两种：

一种是爆炸性的、突发性的、即时性的。比如军事政变、恐怖事件、罢工游行事件，这种事件强度很高、烈度很大，具有爆炸性、新闻性，会形成猛烈的冲击波，特别引人关注，乃至对于政府处理危机事件的能力都是一种检验，通常这类事件出现后，会很快转化为政府的应急措施。

还有一种危机是隐蔽的、司空见惯的、累积性的。出生性别比失衡就具有后一种危机特性，它一开始是以局部女性问题的方式呈现出来的，并不直接涉及男性利益，似乎也没有形成什么社会问题。无非有的家庭一发现是女婴，就悄悄地作了流产，或者生下来之后将婴儿扔掉，在许多领导者看来，并不是什么大事。此时，当妇联呼吁关注女婴被遗弃的问题时，似乎仅仅是女性问题，妇联为妇女争取权利。遗弃女婴并未引起政府相关部门的重视，并未得到有效的遏制，它似乎只是历史流传下来的重男轻女的余毒，由于没有尽早采取措施，问题渐渐累积。随着时间的推移，20年后男性到了适婚年龄，男性婚姻挤压开始出现了，于是问题由隐性转为显性，渐渐凸显出来。这时人们才发现：当女性的生命消失，人口性别结构失调，男性也要付出代价。

2002年，人口学家为了引起人们对出生性别比失衡的关注，曾经用了一个耸人听闻的标题来说明问题的严重性：未来的20到30年，中国将有3000万到5000万男子打光棍！其实“光棍儿”不用等到未来，现在已经出现了，我们在河南、广西等地的农村开展性别调查时，发现一个村就有30—50个光棍汉，家境贫困的青年男子即使不挑不拣，也已经找不到配偶了。于是，出现了第一个怪圈：为了传宗接代而选择性别，性别选择导致性别失衡，性别失衡导致男性婚姻挤压，就不能结婚生子传宗接代了。随着公众对出生性别比失衡的了解，男孩找不到老婆引起大众的深切忧虑。于是，在河北的农村男青年因择偶产生了竞争，以至于为了找老婆，早婚现象也悄悄出现了。

3000万男性打光棍，还会导致男性性需求得不到满足，性暴力、性犯罪、性骚扰会增多，社会犯罪会增多。20世纪80年代以来，我国消失多年的贩卖妇女儿童的现象死灰复燃，这不仅与市场经济有关，也与婚姻挤压有联系。我们查阅了贩卖妇女的刑事案例，发现江苏泗阳县的姜集村曾被称为“苏北人口批发市场”，参与拐卖妇女的犯罪嫌疑人多达210人，这些人正是瞄准苏北农村地区有大量的光棍汉这个卖点，才与云贵川一带的人贩子联手，从事拐卖妇女活动。[①] 调查还发现：出生人口性别比超过100∶130的广西所属区、县大多是拐卖妇女儿童犯罪的重灾区。国际社会已经将中国列为打拐二等观察国家，其主要依据是：中国是人口走私的主要输出国、主要输入国和主要转运国。

---

① 《探访江苏泗阳“拐卖妇女第一村”》，新浪新闻，2000年8月14日，见http://news.sina.com.cn/society/2000-08-14/116990.html。

由以上分析可知，出生性别比失衡是一个连环套式的问题链，它与妇女权益相关，还会影响社会发展的总体格局。在这里，我们看到，政府的不同部门各有工作重点，而不同的社会问题却是可以相互转化的，妇女问题不仅仅是妇女问题，还可以转化成男性问题，转化为社会问题，形成一个社会问题链，制约整个社会的良性运行和发展。

四、矛盾升级：从妇女维权到政府维稳

妇女土地权益问题伴随土地联产承包责任制而产生，相当一段时间内妇女是沉默的大多数，没有维权意识，更谈不上有维权行动。2000 年左右，情况开始渐渐变化，近郊农村经济条件颇有吸引力，女孩们不愿意离开生于斯长于斯的村庄，期望与自己的兄弟一样可以在娘家村做永久的村民。在她们看来，女孩也可以不必出嫁，不是泼出去的水，不必一定遵从传统而行动，可以自主地选择结婚居住地，也可以为父母养老送终，还应该平等享有村民待遇，我们将这类妇女称为农嫁女，她们的权利意识一点点觉醒。她们开始对于村委会取消女孩们的村民待遇表示不满了，而且从律师那里印证了她们的诉求是合法的。她们开始理直气壮地找到村组干部要求同等权利。

从力量对比来看，农嫁女与村组干部之间是严重不对等的：其一，农嫁女并不掌握集体资源的管理权，甚至连知晓权也没有，很多出嫁女根本就不被告知参加村民会议，而村组干部则对于分配规则的制定以及管理，拥有更多的权力，甚至还可以影响规则的制定和执行。其二，农嫁女在近郊已经形成一定规模，一个村庄少则 20—30 人，多则上百人，形成了一种利益相互联结的群体力量。这支力量与村民相比依然是少数，通常不到 1%，在多数决中并不占优势，单单依靠民主表决，难以占上风。其三，村民在尚未接受新的平等观念之前，自发地认同传统，特别是涉及自己的利

益时，更容易倾向传统规则。在乡村政治较量中，村组干部在权力和资源上占据支配地位，农嫁女在权力与资源上通常是受剥夺受损害的一方，要求合法却得不到村组认可，得不到正当权利。

（一）农嫁女“上访”争取正当权利

在乡村政治的较量中，政府是不“在场”的。为了争取合法权益，农嫁女首先考虑到的是找政府，使得政府由缺位转向“在场”，走上了依法维权之路。在她们看来，所谓的政府就是与妇女权益相关的、行使行政司法和立法权的公共权力机构，这些权力机构理所当然会依法办事，纠正基层的违法行为。通常的路径是：自下而上，首先从下级政府——乡镇开始，找乡镇办公室、乡镇领导、信访部门，解决不了再找县级政府、市地政府，乃至省级政府，逐级上升；由点及面，先找妇联部门——负责维护妇女权利，民政部门——负责纠正村规民约中的违法行为，农业部门——管理耕地资源执行相关政策，土地资源部门——负责宅基地的管理，社会事业人力资源——负责失地农民的安置。再找人大信访办——监督各项法律的实施，向各级人民法院投诉——依法纠正各种违法行为。

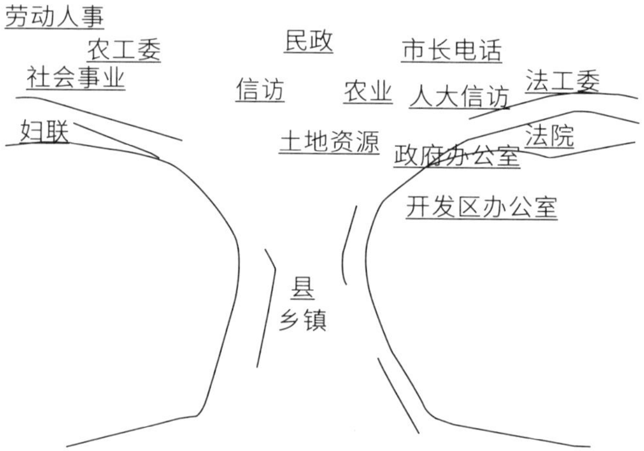

图 4　农村妇女上访的政府部门

农嫁女眼中的政府是一个树状的机构群（见图4），从下到上五级政府，涉及几十家政府部门，而各个层级的政府与部门经常的做法是“踢皮球”，一是部门相互之间推脱责任，无论哪个部门都不愿意揽这些麻烦事，让她们找妇联，妇联回答：我们没有决策权，只能呼吁，最终还要依靠政府纠正。通常是找来找去，找不到可以解决问题的责任主体。之所以如此，反映出政府责任不清晰、不明确——谁来承担，有什么权利与责任，不能履职如何问责，结果导致权利受到侵犯者想维护正当权益，却投诉无门。二是上级政府向下级政府推卸责任。与农嫁女由下向上反映问题的方向正好相反，上级政府将解决问题的任务逐级交给了下一级，在科层制的管理体制中，似乎是理所当然不需要争议的事情，然而，问题就出现在这里。需要解决的问题，又重新提交给制造问题的一方。本来是村委会与出嫁女之间的矛盾纠纷，需要上级政府予以仲裁纠正其非法行为，现在又重新回到村委会手里，村组干部继续掌握着对出嫁女的生杀大权。于是，出嫁女的维权之路陷入一个不断循环而又无解的怪圈，无论到哪里维权，依然会回到村庄，问题依然得不到解决。政府的不作为，也给了村委会更大的胆量剥夺出嫁女权益，“你们告吧，告到北京、告到联合国也没用”！①

农嫁女的维权之路是一条无法回头的路，一旦踏上这条路，与村组干部的关系就紧张对立起来，而且是对整个村庄传统性别文化的一种直接挑战。对于多数农民来说，农嫁女是否合法合理，并不在于多么符合法律条文，而是在于能否得到政府法院的支持，将自己的权利争取到手。否则，就会永无抬头之日，不仅一无所有，还会备受歧视。所以，很多出嫁女一旦开始维权，就会维权到底，维权到死，用生命来捍卫自己的权利，一次次在基层、地方政府与北京之间来回奔跑，也就成为地方政府维稳监控的对象。

① 引自中央党校性别平等政策倡导课题组对农嫁女的调查（2013年12月）。

（二）维稳：地方政府的头等大事

我国县乡两级政治体制的基本特征是压力型体制，即为实现上级下达的各项指标而采取数量化任务分配方式的评价体系。如经济增长指标、招商引资指标、社会政治指标、安全事故指标、社会治安指标、上访人数指标。这些任务指标采取的评价方式往往是“一票否决制”，即一旦某项指标没完成，就视其全年成绩为零而进行处罚，“零进京”上访是考核干部的重要指标。考核指标对于地方干部是一把双刃剑，对于积极主动敢于担当的干部，会想方设法解决一些棘手的问题，甚至会建立一些行之有效的措施，杜绝大规模的集体访越级访，而对于不善于创造性地公平解决信访问题、习惯于用拖延办法处理问题的干部，就十分被动。一些干部对于村庄治理束手无策，甚至还要从中谋取私利，还要保障“零进京”。那些长期访越级访的出嫁女就成为维稳监控的对象。

维稳监控有多种方式，最多的是“盯”，针对农嫁女上访人员建立维稳领导小组，设置多道防线来拦截上访，看死盯牢，先是一盯一，发展到三盯一，坚决阻止农嫁女到北京上访。为此，各地维稳办动用了大量人力物力，成为一项日常工作。一旦出现漏洞，出嫁女进京上访成功，信访部门就会要求地方政府接人，循环反复，基层维稳经费直线上升，有的县拦截10位上访者，几年下来合计达到300多万。[①] 此时，基层矛盾不断升级，从农嫁女与村级的矛盾，升级为与地方政府的矛盾。出嫁女与地方政府玩起了“猫捉老鼠”的游戏，她们从维权者转变成维稳控制的对象。这场“游戏”似乎没有赢家，地方政府非常被动，有的多次亮起平安建设的黄牌警告，屡屡受到上级通报批评，不断进行诫勉谈话，多次进行检查，乡镇工作几乎陷于瘫痪，本来是要发展经济，却导致整个开发工作不能正常运行。

另一种监控办法是短期监禁。一旦赶上各种会议召开的敏感日子，她

---

① 广西南宁经济技术开发区关于出嫁女问题的调查（2013年2月）。

们就会被迫离开家，被旅游被扣押。她们被承诺尽快解决问题，而当敏感日子结束，所有的承诺就都付诸东流。在这里，最糟糕的方式是动用公安司法进行拘留乃至劳动教养，使其失去人身自由。导致的结果是：原有的矛盾没有解决，却派生出大量新的矛盾问题，形成了一个源源不断的矛盾链。出嫁女从状告村委会，发展到状告地方政府“不作为”，最后状告公安、派出所的“乱作为”，由起初的一个矛盾问题派生出五个乃至十多个矛盾问题。

在这里，妇女维权与社会稳定也进入一个怪圈。从社会维稳的视角来看，妇女维权上访会引发社会不稳定，此时，引发妇女上访维权的真正原因却被忽视了，直接将维权妇女作为稳控对象，越是维稳结果就越是不稳定，社会矛盾几何式增多。

五、结论

犹如自然界存在的生物链一样，社会各个环节包括两性与社会良性运行之间也存在着社会链。每个链条之间都是相互连接的，任何一个环节断裂脱落损坏，都会危及、损坏另外一个环节。反之，每个链条都完好无损，就会增益其他链条。从这个意义来看，国家宏观发展战略与性别平等是环环相扣的，解决妇女问题，维护妇女的合法权益，就是将社会问题控制在微观状态或者萌芽状态。中央政府提出的科学发展观，非常强调社会协调发展和可持续发展，协调发展的核心是各个领域双赢或共赢，不是丛林法则，不是弱肉强食，一旦坚持丛林法则，就会累积矛盾和问题，社会就会失调，失调的后果是所有的人都要付出代价。因此，从社会协调发展来看，男女平等的基本国策应该具有指导具体政策的地位，应当把它纳入国家的总体发展战略，使之名副其实，成为“社会链”中防止断裂脱落的重要一环，还要认真研究男女平等以及维护权利的责任主体，建立问责制，使得推进性别平等消除歧视从概念转为现实。

（原文载于《文汇报》2005 年 8 月 15 日）

当代中国社会政策的三大性别特点

当代中国社会政策，从时间分期来看指的是 1990 年以来至今依然对现实发生影响的社会政策，包括与社会公平相关的法律和政策两部分文本。从社会性别视角来看待和分析中国社会政策，可以看到中国社会政策呈现出复杂性和矛盾性，不仅有性别平等的政策，也有性别敏感的政策，还有性别中性政策，更有性别歧视政策，推进性别平等与扩大性别差距的措施错综复杂地交织在一起，呈现以下三个突出特点。

一、中国社会政策的悖论

中国在立法的基本原则上已经接受了性别平等的观念，而在具体的措施和分配等规则中，依然比较明显地保留着男女不平等的传统。

社会政策从纵向可以分为三个层面，最高的层面是元政策，它是制定政策的原则和依据，包括权限、规则、运行程序等。目前，中国的公共政策已经开始重视立法法。中间的层面是一般政策，它主要是指明大方向的政策，或在某一领域具有普遍指导意义的政策，是制订具体计划的政策依据。最低的层次是具体政策，是具体的单位部门为解决具体的政策问题制定的规划措施。它更具有操作性，属于实施和执行的层面，对人们的行为和生活产生直接的影响和作用。

在国家一级的社会政策中，中国制定了一套以男女平等为核心的立法：男女平等被写进了国家宪法，在五大国策中包括“男女平等是一项基本国策”的内容；1992 年制定了专门的《妇女权益保障法》，对于妇女政治、经济、文化、家庭等各个方面的权利作了明确的规定，而且各个省市相应制定了实施《妇女权益保障法》的办法，规定：各单位在录取职工时，不得以性别为由拒绝录用妇女。各单位在招工、招干、聘用考试中，不得以性别为由提高女生录取分数段，或者设置附加条件；农村妇女同样享有获得土地承包权的权利；妇女就业与男子同工同酬，在分配住房和享受福利待遇等各个方面男女平等，任何单位不得作出歧视妇女的规定。

但是当性别平等的准则从一般政策进入具体政策后，或者说具体单位机构在执行一般性政策时，却呈现出弱化的取向，与此同时，性别偏见和歧视呈现出强化的趋向。如前所述，中国全国总工会 20 世纪 90 年代初在全国 11 个城市调查房屋分配中性别平等情况，发现有 1/3 的单位实施了男女职工分房同等待遇的规定，有 2/3 的单位采取的是分男不分女的分房政策，并由具体单位、社区和村委会制定和组织实施。此外，农村妇女的土地承包权往往因结婚受到剥夺，相当多的农村依然将已婚妇女视为丈夫家的人，不允许当事人双方约定和选择结婚居住地，女方一旦结婚就强行收回女方的责任田。我们在河北迁西 417 个村委会中进行调查，有 52% 的村委会主任承认要求结婚妇女交回责任田，其比例超过一半。劳动和社会保障部 2001 年 8 月公布的市场监测报告中，有 67% 的企业对求职者的性别提出了明确的要求，性别的要求主要是针对女性的。

这类具体的政策往往与资源分配以及人事安排紧密相关，比如招生、招工、招干以及房屋、土地等资源的分配。这些具体政策或者体现在政策文本上，或者干脆不变成文本文字，但在实际操作中实施。而且，它的政策覆盖领域非常广泛，不仅有国家机关、事业单位和学校，也有工厂和农村。在都市和教育程度较高的地区，性别歧视表现得比较隐蔽。比如，北京一所重点中学针对女生成绩高于男生，作出一项规定：同一性别的入学比例不得高于60%，结果导致成绩优秀的女生不能被录取。而在落后地区特别是在农村，性别歧视的规定表现得更加赤裸裸。比如：哈尔滨市等农村规定，妇女是半个劳动力，可分得相当于男子份额一半的责任田。许多村的《村规民约》（经2/3村民通过）规定：一旦本村姑娘与外地人结婚，一律不分给其责任田。云南省华宁县城关社区属于村改居社区，2006年以来年年分红，各个社区小组制定分配规则，如“家中女儿出嫁后三个月内，必须把户口迁出本小组，如不迁出者，三个月视为自动迁出，小组不予以承认其身份，其也不享受小组的分红等集体权益和安置，要想取得小组福利，要交4.5万元安家费”。

从政策的纵向结构来看，性别平等的政策呈现出上头大下头小的倒三角形，而性别歧视的具体措施恰好相反，呈现出底部大上头小的正三角形。这是十分引人深思的现象，它意味深长地表明：中国性别平等对待政策更多体现在某一政策领域的一般政策中，较少体现在可操作性的具体政策中，性别平等政策在一般政策与具体政策之间缺乏广泛的衔接和逻辑联系。它还表明中国的性别平等的国策在执行过程中的偏差，这一偏差体现出国家政策在实施过程中的乏力，以及传统的社会文化习俗和性别偏见巨大的颠覆力量。如果不能很好地解决基本国策的实施，就会形成原则归原则、实际归实际，原则与实际分离的现象。当原则不能有效地在操作层面上体现出来的时候，原则往往会被架空。这是中国政策体系中一个应引起足够重视的问题，倘若这一问题不能得到有效解决，中国的男女平等政策就无法在中国的土地上扎根。

值得警惕的是，随着中国市场因素的增强和就业压力的增大，传统的性别分工力图进入一般政策的势头在抬头。1992年底《公务员暂行条例》出台，规定了公务员男60岁、女55岁的退休年龄，遭到女公务员的强烈反对，女人大代表要求全国人大内司委予以修订，全国人大内司委以该问题缺乏共识不予采纳。

二、性别歧视与性别问题的隐形化并存

在微观的政策中，性别毫无例外地会成为这些领域必须考虑的一部分内容，而且常常是在强化性别差异的基础上被关注，但是当政策从微观提升到宏观的时候，性别的差异和性别问题却悄悄地隐退了，宏观经济政策、宏观文化政策、宏观社会政策似乎都与性别不相干。

社会政策领域从横向结构来看，可以分为三类：一是与妇女密切相关的领域，二是与人事相关的领域，如组织干部、公务员等，三是关注社会某一领域，如文化、教育、卫生、环境、农业等。这些领域的性别敏感程度差别很大，与妇女密切相关的领域，具有一定的性别敏感。而第三类领域的性别意识在逐渐减弱，以至于成为与性别毫不相干的中性政策。

妇女领域及与妇女紧密相关的领域，如婚姻家庭、妇女权益、母婴保健等，在这些领域的社会政策具有初步的性别敏感，关注乃至试图改变性别角色的陈规定型。2001 年 5 月 22 日国务院颁发的《中国妇女发展纲要》制定了 2001—2010 年妇女发展十年的发展规划，针对现存的种种性别偏见，采取了积极行动方案，可以毫不夸张地说，国际社会一些新的视角和新的观念已经被接纳过来。如在妇女与健康中规定：开发研制男性避孕节育产品，动员男性采取节育措施，提高男性避孕方法使用比重。提高产科质量，减少不必要的医学干预，降低剖宫产率。在这里生育已经不仅仅被看作女性的事情，也同样被看作男性的事情，使计划生育从单纯关注妇女的节育措施走向关注男女两性的生育文化。在妇女与环境中规定：制定具有社会性别意识的文化和传媒政策，加大男女平等基本国策的宣传力度，增强全社会的社会性别意识，逐步消除对妇女的偏见、歧视以及贬抑妇女的社会观念，为妇女发展创造良好的社会环境。这里将媒体、文化教育与妇女发展联系起来。由此可见，20 世纪 90 年代国际社会的社会性别主流化思潮对中国妇女政策产生的影响。在《婚姻法》中，有许多颠覆以男性婚姻家庭制度为中心的规定：

第八条，登记结婚后，根据男女双方约定，女方可以成为男方家庭的成员，男方也可以成为女方家庭的成员。第十六条，子女可以随父姓，也可以随母姓。第十八条，夫妻有相互继承遗产的权利。

问题在于，这些妇女领域中的社会政策通过什么渠道和方式来贯彻和执行？在理论上我们可以将妇女与其他领域、其他阶层剥离开来，单独制定一个妇女政策，而在现实执行中妇女政策却无法直接或仅仅面对女性群体，必须将妇女群体还原到不同的领域、阶层、地域以至部门，比如，要落实农村妇女承包权，就要农村社区干部了解和遵守妇女权益法，消除侵犯妇女权益的《村规民约》，这就涉及农村社区；一旦农村社区出现了违法行为，妇女起诉到法院，司法人员又能够依法办事，维护妇女合法权益，这又涉及司法部门。因此，与这些具体的机构和单位发生纵向联系的劳动部、农业部、文化部、卫生部、司法部、公安部等各个领域就要将性别敏感体现在总体规划当中，使各个领域在意识到各自职责的同时，还意识到有一份维护妇女权益的职责，并建立一系列具体的程序和规划，让基层来实施这些计划。

然而，在其他非妇女领域的行政司法部门，却没有这样的性别敏感。政策的制定者尚未自觉地意识到整体格局中各个利益群体的“差异”，乃至男女两性的“差异”，将男女两性假定为“无差别”的群体，政策可以无差别地对待，既不需要采取任何纠正性别偏见的措施，也不需要有意无意地强化性别差异，至于政策对于男女两性会产生什么影响，是不需要考虑的问题。于是，在国家及地方一级建立了忽视性别差异的性别中性的政策。这种性别中性的政策往往出现在非妇女领域的其他领域宏观政策中，比如劳动就业政策、农业土地政策、城市进程战略以及国家总体发展规划中。这些宏观政策规划几乎完全忽略了对于男女两性产生的影响。中国正在推进城镇化战略，2000 年 10 月，中国共产党十五届五中全会通过的《中共中央关于制定国民经济和社会发展第十个五年计划的建议》提出：随着农业生产力水平的提高和工业化进程的加快，我国推进城镇化条件已渐成熟，要不失时机地实施城镇化战略。可以预计，随着“十五”计划的实施，我国将掀起新一轮持久的城市化浪潮。在这个建议中，根本不曾意识到城市化战略正在形成农村男女新的性别分工——男工女耕，从而导致农业的女性化，导致城市化过程中农村女性群体的整体滞后。此外，农业部1998年出台的农村土地承包权的分配政策将农村家庭土地承包期延长到30年，这将导致近20—30年内大量的已婚妇女嫁到丈夫所在村庄失去土地，成为没有土地、又以种地为生的女农民。一个非常发人深省的现象是，在微观的政策中性别毫无例外地会成为这些领域必须考虑的一部分内容，而且常常是在强化性别差异的基础上被关注，但是当政策从微观提升到宏观的时候，性别的差异和性别问题却悄悄地隐退了，不再成为这些非妇女领域的政策必须包含的一部分，几乎看不到它们与性别问题有丝毫的关系，无论是宏观经济政策、宏观文化政策、宏观社会政策似乎都与性别毫不相干。在中国妇女宏观政策与其他领域的宏观政策之间几乎是隔绝的，尽管在实际生活中哪一领域都离不开性别，而在宏观领域的层面上性别问题却被完全掩盖了、隐形化了。

性别中性政策至少导致三个结果：其一，妇女领域的公共政策和规划没有渠道转化为其他领域中的公共政策，形成妇女领域与非妇女领域性别政策的分离。其二，对于微观层面的性别歧视不能有效地遏制，微观政策中大量存在的性别偏见不能提升到宏观政策的层面进行有效的干预，使微观的性别歧视政策依然自行其是，放任自流，导致大量的危害妇女权益的事情发生。其三，性别中性政策以及微观歧视措施导致性别问题以及一系列政策问题的连环负面效应。

三、性别倾斜政策的危机与“陷阱”

中国是世界上最早推行对妇女实行倾斜性政策的国家之一，也是倾斜性政策面临挑战与危机的国家之一。从这一政策模式，可以看到平等对待政策的局限性，其一，女性由于怀孕和生育，在一段时间内要离开劳动力市场，不可能在就业过程中与男性完全平等。其二，历史和制度形成的男女深层的机会不平等。倾斜性政策是基于男女在实际生活中存在的社会及生理差别，以及由此形成的妇女不利处境，从而采取积极的纠正措施和积极行动方案，又称为积极差别对待政策，或者保护性政策。

中国的性别倾斜政策可以分为三类：

第一类是恰当保护的政策，这类政策正视性别之间的差异和深层的机会不平等，采取有利于弱势群体增进机会和选择权利的措施和政策，从而有效地促进性别平等和发展。很具有代表性的是妇女参政的政策。中国共产党早在1930年，就提出了妇女参政的保障措施：基层代表会议选举中，妇女代表至少要达到25%的比例。① 1949年中国共产党执政以后，便在党政部门推行，形成了各级政府的一项有力措施。如1956年的《农村合作社社章》第60条规定："在合作社的领导人员和工作人员里面，女社员要有一定的名额，在合作社主任和管委会副主任当中，至少要有副主任一名。"② 在中国的各项政策中，选拔女性领导干部的措施和做法可以说是最有性别敏感的政策了，而且在组织部门的培养计划中总包含一项内容：女干部的培养和选拔规划。这种情况对于其他部门将两性视为无差别的中性政策，显得格外突出和醒目，而且成为中央政府和执政党选拔领导干部的传统，在自上而下的中央集权时期，妇女进入领导层的比例迅速增加。随着中国社会结构由金字塔式向社会网络式的转换，性别倾斜政策也被视为计划经济的产物受到挑战，性别比例政策出现了弱化的态势，比例大大下降。如：20世纪90年代初期，中组部规定的比例是每套领导班子至少要有一名女性，女性比例仅仅占到6%左右。在1998年颁布的《中华人民共和国村民委员会组织法》中，取消了农村女性参政的比例。

① 《中国妇女运动历史资料1927—1937》，中国妇女出版社1991年版，第124页。

② 杨湘岚主编:《新中国妇女参政的历史足迹》，中国妇女出版社1997年版，第34页。

第二类是过度保护性政策，这类政策将女性视为能力差和易受伤害的对象，政府及决策部门与女性的关系是强者保护弱者的关系，对女性的行为进行保护性限制，比如国际劳工组织曾经规定禁止女性夜间工作。20 世纪 90 年代中期，四川某地公安局发现老年妇女骑三轮导致的交通事故增加，为了减少老年妇女的交通事故，于是作出一项规定：60 岁以上的老年妇女不得骑自行车上街。结果，引起老年妇女的强烈不满，她们纷纷要求公安局撤销这一规定，因为三轮车是她们出行购物的主要交通工具，一旦不准使用，会给日常生活带来诸多不便。最后，公安局撤销了这一规定。这类保护性政策有两个缺陷：第一，将女性定位于能力差的弱者；第二，忽视了女性的选择权和能力的发展。制定保护性政策要小心一个陷阱，保护往往具有两种可能，一方面是促进能力发展，增加人的选择性，另一方面可能会限制人的能力和权利，政策保护的结果导致人的能力更为退化，权利更受限制，与不断扩大人的选择性的人类发展趋势相背离。这种将女性视为低能弱智者予以保护的政策，不能保留，必须取消。基于对基本权利的尊重，国际劳工组织已经取消了禁止女性夜间工作的规定。

第三类是保护不当的政策，即针对性别之间的某种差异采取的措施是必要的，然而未能产生积极的效果，反而使女性处于更为不利的境遇。我们将其称为保护不当政策。这类政策往往是因不善于根据环境的变化进行恰当的调整所致。比如：20 世纪 50 年代初期，我国政府要求妇女就业，90% 的妇女进入社会劳动岗位，女性就业之后仍然承担着怀孕、生育、哺乳等一系列再生产责任，这一职责的履行势必中断女工的生产过程。中央政府没有将生育看作妇女的私事，也没有放权交给各级组织或单位自行处理，而是看作政府必须履行的职责，推出一项前所未有的有利于妇女连续就业、解除生育之忧的政策：女工在生产前后休假 56 天，工资由单位照发。休假后妇女返回原单位上班，孩子由价格低廉的托儿所照顾。在计划经济时期，企业是政府的一级行政机构，并不以营利为目的，企业的福利与政府紧密联系，从而比较顺利地解决了女工生育与就业的矛盾。20 世纪 80 年代以来，随着计划经济转向市场经济，企业不再是一级行政组织，渐渐进入市场追求效益，此时，企业全部承担女工的生育负担的规定需要调整为社会统筹，从而使女工生育与就业协调起来。可是 1988 年劳动部关于女职工生育待遇若干问题的通知依然未曾改变：女职工怀孕，在本单位的医疗机构或指定的医疗机构检查和分娩时，其检查费、接生费、手术费、住院费和药费由所在单位负担。结果这一单纯要求企业承担女工生育负担的措施，导致企业拒收女工，特别是已婚妇女就业更加困难。保护性政策非但未能保障妇女的权益，反而使女性处于两难的选择之中，有了工作不敢生育，生育了就找不到工作，制定积极行动方案时要警惕这类政策陷阱。

应当看到，在中国社会市场化的过程中，原有的性别平等政策正在削弱，而传统的性别分工政策正在抬头，性别敏感政策的生长显得非常艰难，中国性别平等运动进入了低谷。与此同时，在国际社会性别意识主流化的推进下，中国的女界民间力量正在利用自己的双重身份，在当代中国政治民主与性别的双重缺失中，在中国法律制度对于传统习俗的妥协和迁就中，努力地传播社会性别意识，尝试建立以人权为基础的现代社会性别文化。

（原文载于《中国女性主义》杂志 2005 年春季刊）

推进男女平等的责任主体论析

认清“推进男女平等的责任主体”问题，对于切实落实男女平等的基本国策至关重要。然而，现实生活中关于推进男女平等的责任主体问题，又是一个比较有争议性的问题。我们常常把妇女看作男女平等的责任主体，其实是没有真正理解男女不平等的实质，是对推进男女平等责任主体的一种误判。

一、对“妇女是责任主体”观点的分析

提及男女不平等，人们常常将其归结为妇女依赖性强，能力差素质低，即素质论。2010 年全国妇联进行第三次中国妇女地位调查的同时，也对一些性别观念进行了调查，发现女性对传统的性别观念认同率在增高，比如在 2000 年全国妇联第二次妇女地位的调查中，认可“干得好不如嫁得好”观点的女性占 37.2%，十年之后，认可“干得好不如嫁得好”的女性达到 48%，提高了近 11 个百分点。又如，对“男主外、女主内”看法的问题，女性赞同的比例更高。2000 年第二次妇女地位调查时有 50.4% 的女性表示赞成，到了 2010 年赞成该说法的女性比例达到 54.8%，[①] 超过了半数（见图 1）。也就是说，现在把自己定位在家庭、经济上定位在依赖于丈夫的女性已越来越多。这种情况还体现在全职太太数量的变化上，20 世纪 50 年代女性参与社会工作的比例高达 80% 以上，改革开放以后，女性回家当全职太太的多了。据统计，1990 年时我国有全职太太 6261 多万，2005 年则增至 7200 多万。早在 1985 年，妇联就提出妇女要增强自尊、自信、自立、自强的“四自”口号。有些人将性别不平等的原因指向妇女自身，指向妇女自身的素质。要解决这个问题，重点是要提高妇女的素质，妇女就成了推进男女平等的责任主体。

① 第三期中国妇女社会地位调查课题组：《第三期中国妇女社会地位调查主要数据报告》，《妇女研究论丛》2011 年第 6 期。

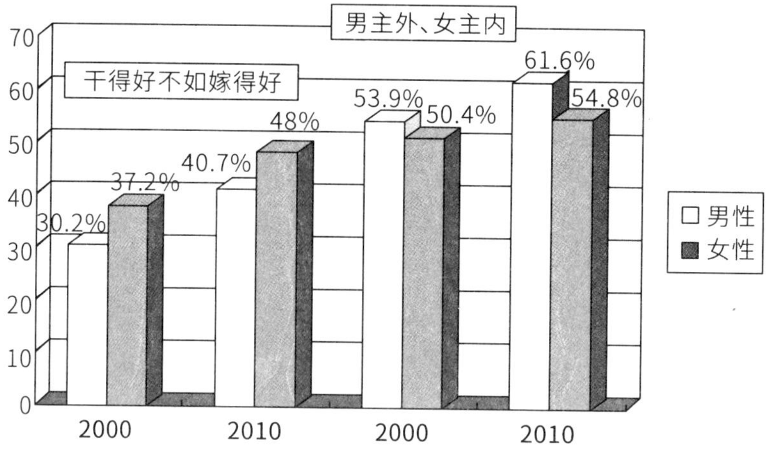

图 1　全国妇联第二次和第三次妇女地位调查

（一）女人并非天生是弱者

随着家庭主妇的增多，女性经济上对男性依赖性的增强，对于女性的看法也在发生改变。其中一种看法是，女性天生是弱者，中国历史上讲阳刚阴柔，这是女人的宿命。但如果我们将时间坐标从 21 世纪移到 20 世纪 60—70 年代，就可以发现女人是弱者、需要依赖于男性的观念站不住脚了。那时候毛泽东提出：时代不同了，男女都一样，男同志能做到的女同志也能做到。90% 以上的妇女走出家门，参加生产劳动，将依赖男人生活视为可耻的事情，从而出现了铁姑娘，出现了许多独立自强的女性。同样是女性，为什么改革开放前后三十年会有这么大的变化？要解释这一变化，只能从两性与社会环境的互动关系中寻找答案。仅仅归因于女性自身依赖性强，难以具有说服力。

一项心理学的研究成果也表明，将男性和女性归结为强弱对立的双方，过于简单。美国心理学家贝姆在一项调查研究中提出，男女并不是只有男性气质和女性气质，而是有四种气质类型：男性气质、女性气质、双性气质、中性气质。第一种，“男性气质”往往指有阳刚之气，果断、勇敢、敢于冒险、不怕困难等。调查显示（见图 2），有这种男性气质的男性比例为 34%，大约只占所有男性的 1/3；具有男性气质的不仅有男性，还有 14% 的女性，像“假小子”就是属于这种情况。第二种，“女性气质”，即比较富有情感、较为细腻、柔和。调查中具有女性气质的女性比例为 32%，也差不多占 1/3，另外还有 8% 的男性同样具有女性气质。第三种，“双性气质”，指既具有男性气质又具有女性气质。从男女两性的比例来看，有 32% 的男性和 27% 的女性都具有双性气质，男性占的比例稍高一些。第四种，“中性气质”指没有明显的男性气质和女性气质，而是体现出男女两性都共有的一些特征，如责任感、忠诚等。

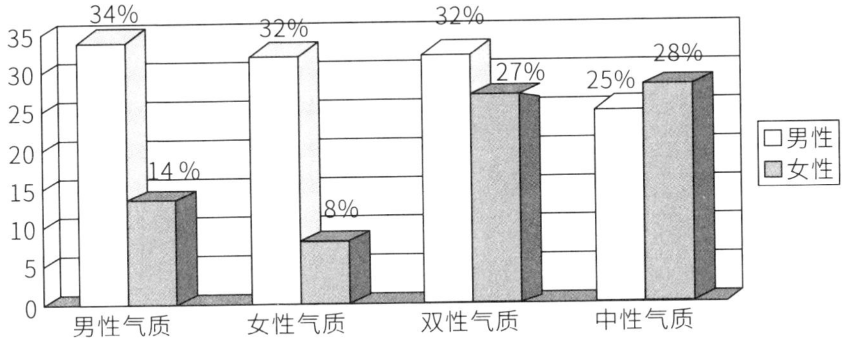

图 2　贝姆量表——四种性别气质

这项研究成果说明，男女气质是多样化的，有一部分女性具有男性气质，也有部分男性具有女性气质，还有部分人具有双性气质或中性气质。并不是女人就是弱者，男人就是强者，将女性等同于弱者，是将丰富的性别气质简约化了。

（二）妇女的自立自强难以全面推进男女平等

按照“素质论”的逻辑，男女不平等是由于妇女自身缺乏独立性，素质低，如果妇女独立了素质提升了，男女平等的问题就解决了。那么，我们就来看看现实生活中，妇女自立自强是否可以推动男女平等。

近年来，我国高等教育中的性别比例发生了根本的改观，已经达到男女各占50%。不仅如此，女博士的比例曾经较低的情况也出现了变化，有统计数据显示，1991年，全国男博士占90%，女博士只占10%，到2006年，女博士占比达到了36%。从妇女发展纲要来看，女性受教育的比例显然是衡量男女平等的一项非常重要的指标，应该说，女博士比例的提升是男女平等和妇女进步的一种有力证明。但是，社会上并没有欢呼雀跃，人们也没有欢欣鼓舞，反而出现了把女博士妖魔化的现象以及打压女博士的校园文化。一些名牌高校流传着这样一种说法：男生女生女博士，什么意思呢？即所有的男大学生、男硕士生、男博士生都属于男生，女大学生、女硕士生都属于女生，女博士属于不男不女的第三性。女博士属于女生，这本来是毫无争议的，任何人在性别一栏的登记中都不会搞错，怎么就成了不男不女的第三性？不仅如此，在高校的女生也被分成了好几类：本科生是小龙女，硕士生是李莫愁，博士生是灭绝师太，博士后是东方不败。女生学历越高，形象就越丑陋、越不可爱，像东方不败在武侠小说中就是被阉割的不男不女之人。看来，男女平等并不像我们想象的那么简单，它的问题也绝不仅仅是妇女自身的观念，还涉及更为隐蔽的性别文化：男强女弱的社会性别文化环境。

我们可以回到生活中，将女强人与男强人作个比较，就可以比较清晰地看到女性与男性独立自强之后的巨大差别。首先，女性学业出色，遇到的第一个困难就是找配偶难。通常，大多男性愿意找比自己地位低的女人，即甲男找乙女，这就使得出类拔萃的女博士“高处不胜寒”，面临是继续升学还是寻找配偶的两难选择。此外，女性就算结了婚，要想全力发展事业，获得丈夫及家人的支持便成为第二难。我们曾在一个村官培训班（这个班的学员全是男性）上，与学员们就这个话题进行了对话。当笔者问道“你们当村干部，工作那么忙，老婆支持吗”的问题时，大家都特别得意地回答：“那还要说，全力以赴，家里的事全包。”笔者继续问道：

“那如果现在有个机会，让你的妻子去乡镇工作，比你的官还大，就是离家远一点，你会不会支持？”结果大家都表示：“不支持，她走了谁给我做饭啊！”不难看出，女性要在事业上有所发展，还面临着性别文化对其“主内”的性别角色的要求。女性承担着社会和家庭的双重负担，如果得不到丈夫及家人的支持，化解其贤妻良母与工作之间的角色冲突，要在社会上成就一番事业就会非常艰难。即使女性得到家人支持，突破重重困难在事业上取得了一定成就，如女领导干部获得提拔，还将承受社会上风言风语的舆论压力，这是第三难。同样是在男强女弱的性别关系中，人们往往会低估女性的能力，忽视性别内部个体之间的巨大差别。低估女性能力带来的结果是，有些靠能力被提拔上去的女性被认为是依靠姿色。这种无事实根据的猜测和流言往往会给女领导的正常生活和工作造成非常大的干扰，使之深感做一个女强人难上加难。

社会对男强人的看法和期待截然不同。男人若不顾家庭，全身心地投入工作，会被认为是事业心强，应该得到理解和支持；男强人不仅不会遭受风言风语的伤害，还可以获得更多的资本，增强其在婚配中的竞争力。像男性“养小蜜”“包二奶”就被很多人看成是其有能力、有本事的体现，成功男人找到比自己年龄小很多的配偶在社会上也并不少见。可见，与女强人受到更多的打压和质疑不同，男强人往往能获得社会更多的认可和支持，男女两性面临的是完全不同的发展环境。

因此，妇女素质低的观点值得探讨和反思，它将男女不平等的责任归结为妇女自身，而忽视了社会文化因素对于男女两性的塑造。

二、社会文化和制度对性别的建构

性别问题应该说是个结构性问题，与长期以来所处的文化和制度环境有关。男女两性在社会生活中的角色和行为、人们对于性别差异的认知和对于性别角色的期待都是在社会环境的制约中形成的。社会文化和制度建构着性别观念和性别规范，并通过人们社会化的过程不断定型，进而延续不平等的性别秩序和性别权力关系。那么，社会文化是如何建构男人和女人的？有两种建构方式，一种是文化建构，另一种是制度建构。

（一）社会文化的性别建构

文化建构常常是细雨润物潜移默化的。在文化传承的过程中，大量传统性别文化如“男强女弱”“男外女内”“男主女从”的性别观念被传入，集体无意识地渗透在现代文化生活的各个方面。

有学者专门研究过中小学教材，发现语文课本中女性的形象常为幼儿园阿姨、妈妈、教师、护士的形象，较为柔弱，更多出现在家庭或照顾人的场景中；男性的形象则多是领袖、英雄人物、科学家等，知识渊博，能力超强，在社会上享有很高的声望。即使在男女形象同时出现的场景中，女性也基本处于需要男性帮助和保护的地位。课本中的这些信息会潜移默化地影响学生对男女两性的认知，学生容易把女性和弱小、家庭、服务等概念联系在一起，且易导致女孩养成依赖的心理。

大众传媒具有传递信息和引导思想的重要功能，甚至连广告都与性别发生联系。电视广告注重用形象吸引人、用情感打动人，在男女形象的定位上有明显不同。电视上像药品、厨具、家庭用品之类的广告多为女性代言，而且，女性更多扮演妈妈和照顾者的角色，所有的电器家具广告是“爱妻牌”，在为女人减轻家务劳动的同时，又明确地定位家务劳动是属于女人的事情，让人很容易形成家庭、孩子需要女性来照顾的思维定式。同时各种电视剧和相亲栏目也都传递给大众男性应该强、女性可以弱的信息，女性只要符合“美女”标准，苗条、高挑儿、丰满，就可以嫁个好老公……传媒的宣传对人们怎么做男人和女人有着重要的导向作用，此类宣传无疑将引导青年一代向传统的性别观念靠近，干得好不如嫁得好。相夫教子成为女性的全部生活重心。

（二）制度的性别建构

除了文化的建构外，性别也受到制度层面的建构。制度的建构比起文化的建构，更具有强制性。如果说，文化建构表现为“应当如此”，是柔性的，作为个体可以接受，也可以拒绝。制度建构就表现为“必须如此”，违背了规则就要受打压，甚至受排斥。

先来看看教育领域。应该说，随着社会的发展，我国的教育发生了天翻地覆的变化：过去，教育机会是男人有、女人无，女子无才便是德；现在，女性受教育的机会大大增加，即便是高等教育，女生入学的比例与男生平分秋色。尽管如此，在教育中依然存在一些男女不平等的制度性规定。近些年来，女生在语言学习上显示出极强的竞争力，设置同一个分数标准时，竞争进来的往往绝大多数是女生，男生寥寥无几，这本来是对女生学习能力的一种肯定。然而，一些高校从中感受到的却是焦虑和担忧，它们在高考的招生录取工作中屡屡对男女生设置不同的录取分数线。例如：2005 年，北京大学小语种专业的高考招生中，就区分了男女划分录取分数线，男生低，女生高；2007 年，中国人民大学小语种的录取分数线也“男女有别”，女生比男生高 13 分；2007 年，解放军外国语学院的招生，只给女生划定 5.3% 的比例，其他都是男生。结果，导致男女生机会不平等，女生纵然优秀，也不能与男生享有同等的受教育权利，这一切并非女生没有竞争力，也并非她们不自立、不自强，而是她们的性别成为进入高校的障碍。

接下来再看就业领域。近年来，我国整体上面临较大的就业压力，女性的就业压力更大。由于考虑到女性生育和照顾家庭带来的时间、成本等问题，很多单位包括机关、事业单位在内，都存在着用人的性别偏好。他们有的在招聘信息中就对女性明确作出种种限制规定；有的单位内部形成了一种不成文的规定，无论女性多么优秀都不能百分之百聘用，甚至提出女性不能超过员工总数的 1/3。总之，女性在就业中总是受到各种或明或暗的规则限制，用人单位“宁要武大郎、也不要穆桂英”的情况并不少见，许多女性即使在笔试、面试中表现非常出色，最终也不能被录用。可见，才华出色的女性就业受到制约，并不是因为女性的能力，而是因为她们的性别。

由此可见，社会文化和制度对两性的性别观念、性别规范和性别秩序都起着重要的建构作用，要推进男女平等，仅仅靠转变女性的观念，让女性自尊、自立、自信、自强还远远不够，同时必须调整社会文化和制度对于女性的偏见和排斥，调整男女两性之间的社会关系，引导两性从男强女弱向权利平等、机会平等和责任分担的方向发展。

三、政府是推进男女平等的责任主体

正因为社会文化和制度存在重要的性别建构功能，推进男女平等，就必须及时调整其中限制两性平等发展的内容。而要对社会文化和制度作出调整，并使之发挥促进性别平等的作用，无疑，关键要靠政府，政府才是推进性别平等的责任主体。

谈到推进男女平等的责任，人们通常会首先想到妇联。妇联是我国在成立初期建立的一个全国性的妇女联合机构，它本身是一个群团组织，是党和政府联系妇女群众的桥梁和纽带。虽然妇联的宗旨是维护妇女的权利，在一定程度上反映妇女的利益诉求，但它不是一个决策机构，不能制定公共政策，不能直接进行公共事务管理。一旦妇女权益受到侵犯，妇联或者呼吁政府制定相关政策予以解决，或者协助当事人告到法院，通过司法维护妇女权益。妇联由于其特殊位置，因而不能从公共管理上承担起推进男女平等的责任。

推进男女平等的政府责任，还容易让人想到另外一个机构——国务院妇女儿童工作委员会（简称国务院妇儿工委）。目前，妇儿工委的办公室设在妇联，妇儿工委是一个协调议事机构，并不是一个决策机构，没有权力从制度上对社会性别进行调整，也不能承担起推进性别平等这一主体责任。然而，妇儿工委由教育、组织、宣传、民政、文化、卫生等 33 个部委和社会团体构成，凡是跟性别相关的部门通常会被列入妇儿工委的成员单位。在这里，妇儿工委的成员单位作为行政部门，具有对影响性别平等的内容作出调整的权力。比如：如何保证教育的性别公正，如何保障就业的性别公平，都需要相关的政府部门制定具体的甚至具有操作性的政策并予以执行。所以说，党委政府是推进男女平等的责任主体。

实际上，政府是推进男女平等的责任主体，这在国际社会早有共识。1979 年，联合国颁布了一个非常重要的性别平等条约——《消除对妇女一切形式歧视公约》(简称消歧公约)，并建立消歧公约委员会。消歧公约颁布之后，联合国只有与各个国家签约，使更多国家签约成为缔约国，才能履行该公约的内容。那么，联合国跟谁签约呢？是与国家内部的妇女组织，还是各国政府？联合国态度非常明确：与政府签约，政府是推进性别平等的责任主体。政府可以制定政策，可以对整个社会进行公共管理，所以政府是推进男女平等的责任主体。我国政府在 1980 年就签署了《消除对妇女一切形式歧视公约》，签约之后政府每四年都向联合国“消除对妇女一切形式歧视公约委员会”报告一次我国履行消歧公约、促进男女平等的情况，现已多次提交了这方面的报告。中国签署消歧公约意义重大，它意味着，中国政府承担男女平等的责任，已经不仅仅是中国共产党作为马克思主义的政党在实践马克思主义妇女观，同时也作为消歧公约的缔约国在履行对国际社会的承诺。

政府是推进男女平等的责任主体，这一观念也已经开始在公众中出现。2012 年，有一批女大学生开始对性别歧视广告说“不”！她们在智联招聘的平台上，搜集了 8 个城市涉嫌性别歧视的招聘信息，并针对这些信息举报了 267 家企业。此时，她们不再向妇联举报，而是向工商部门和人社局举报。工商和人社部门接到举报之后，有的不以为然，有的采取了积极的措施，要求企业清除歧视性的招聘信息，同时对于拒不接受改进的企业，进行了处罚。同样是在 2012 年，针对教育部分性别设置高考录取分数线的问题，一些女大学生也提出了改进性的建议，她们剃着光头，站在教育部的门口，提出了“男女平等划线、男女机会平等”的诉求。

不难看到，在遇到问题时，公众已经不再找妇联，而是开始转向政府部门，要求政府对涉及男女不平等的内容进行政策的调整，可以说，政府作为推进男女平等的责任主体，正在被公众逐渐认可。

（原文载于黑龙江妇联培训使用的内部资料——《男女平等基本国策与政府责任》，打印使用的时间为 2015 年，作者为李慧英）

政府促进男女平等的责任探究

男女平等作为我国长期坚持的一项基本国策，只有将其具体化，使其成为可操作的政策法规，才能对社会生活各领域起到指导和规范的作用。而政策法规的具体化又离不开政府对基本国策的贯彻和执行，“在妇女权益保障法的 61 个条文中，直接或间接规定政府职责的有 40 多个条文”，充分表明了我国政府是履行男女平等责任的主体。为此，政府责任到底包含哪些内容，如何深入理解履行男女平等责任对政府的要求，已成为亟须解答的重要而现实的理论问题。

一、政府责任的内涵

1979 年联合国颁布了《消除对妇女一切形式歧视公约》，明确提出政府履行男女平等的责任包括两项内容：第一，政府要采取一切措施消除对妇女的歧视，即消除歧视；第二，在所有的立法、政策和措施中对妇女和男性的基本权利平等对待，即不歧视。可见，消除性别歧视和性别平等对待是政府责任的主要内容。一方面，面对生活中存在的大量的性别歧视现象，政府必须有所作为，采取措施消除性别歧视的观念和行为；另一方面，政府还必须具有性别敏感，平等对待男女两性，防止产生性别歧视。在这里，政府履行男女平等的责任涉及一个核心概念——性别歧视，可以说，弄清性别歧视的含义是明确政府责任的关键。

（一）什么是性别歧视

性别歧视似乎挺简单，实则搞明白并不容易。比如，一些高校在高考招生工作中分性别设置录取分数线，很多学生和家长认为这种做法是对女生的一种歧视，表示强烈抗议。可校方却不这样看，招生办的工作人员回应记者采访时就说，他们认为这种做法并不是性别歧视，而是考虑性别均衡，如果小语种按照同一个分数线来录取，则会导致严重的性别比失衡，等这些学生就业时就很难满足用人单位对不同性别人才的需求。再如，“招聘 25 岁以下的女性服务员”，这类招聘广告属不属于性别歧视？招聘单位持有不同看法，他们认为餐饮行业的工作大部分是适合女性的服务性工作，考虑到女性的特点来满足女性的需求，何谈歧视？类似于这样的争议有很多，因而，这就需要有个界定性别歧视的标准，以解决“公说公有理、婆说婆有理”的问题。

目前，我国国家层面有关性别平等的法律和政策中尚没有性别歧视的定义，各省市中最先对性别歧视作出界定的是深圳。2012 年，深圳市出台了《深圳经济特区性别平等促进条例》，该条例第五条规定：“性别歧视是指基于性别而作出的任何区别、排斥或者限制，其目的或者后果直接、间接地影响、侵害男女两性平等权益的行为。”这里包含两个要点：一是性别歧视一定是基于性别（男性或女性）而作出的排斥和限制，不过，只是这一点并不能界定性别歧视，还要有另外一个条件，即要看它产生的结果是否会影响、侵害男女两性平等权益，在这里，“权利”是一个重要的概念，凡是侵害了两性权利的行为，就属于性别歧视，否则，就不属于性别歧视。而且，歧视的人群并不单指女性，也包括男性，比起消歧公约规定的妇女人群有了拓展。此规定为我们进行性别歧视的判断提供了法律上的依据。

（二）性别歧视的特点

性别歧视主要有三种表现形式：

第一种形式，男女发展机会不平等。突出表现为采用双重标准，因性别剥夺一个人平等的发展机会。如上述教育领域对女生竞争力强的专业加以限制，为男生设置不同的录取分数线，即属于机会不平等导致的性别歧视。也许不少用人单位也确实存在着性别结构均衡的问题，连续几年都录用女性，到了女性婚育的时候会“扎堆”休假，甚至导致工作人手不足。如何解决机会平等与性别均衡之间的矛盾？这是对领导干部政策水平的一种检验。这就需要有一种协调发展的思路，当女性多的岗位或专业让男性进入的时候，就要同时在男性多的岗位或专业让女性进入，以便形成总量上的机会平等。如果对男生竞争力强的专业不予限制，而对女性竞争力强的专业进行限制，就会压缩女性的机会和空间，导致性别机会不平等。

第二种形式，男女权利受到剥夺。对于“权利”的提法，我们并不陌生，我国男女平等的公共政策中都会提到权利，但怎么认识权利的含义常常又似是而非。2011 年底，国务院法制办在网上征集对《女职工劳动保护特别条例》草案的意见，该条例规定了女职工的劳动禁忌，比如，女性不能从事矿山井下作业。专为女职工设置劳动禁忌，对于政府来讲本意是保护女性，减少女性工作的风险和危险。该条例在征求意见时，却遭到了中国妇女研究会和很多妇女学者的反对，她们认为这种规定实际上是一种性别歧视。理由是现在的就业不再是一种强制性的就业，不像在“文革”期间，个人要无条件服从组织安排，没有任何选择的自由。现在是一种自主选择性的就业，既然个人可以选择自己的就业，就应该把就业权交给就业者个人，如果硬性规定劳动禁忌，就等于关闭了一些就业机会，女性就没有办法根据自己的意愿来作选择，个体的选择权就会受到限制。而且，类似规定实际上也难以起到保护女性就业的目的，反而常常事与愿违。近年来，经常出现矿难的报道，遭遇遇难的矿工有男也有女。性别专家作过一些调查：在井下就业的女性为什么愿意从事如此危险的工作？经了解得知，女矿工通常都是四五十岁，身体比较强健，但缺乏技能和文化，在其他地方难以找到工作；有的妇女的老公以前在井下工作被砸伤了，必须靠她们赚钱来维持生计，如果连这份工作都得不到，生活将更加困难。依此看来，招工就业时一定要慎用保护性措施，否则，非但不能保护女性身体，反而可能导致女性的选择权被剥夺。由此可见，一项政策调整与否，不是看决策者的动机和主观愿望，而是看它是否保障了男女两性的平等权益。如果能够达到这点，它就是好的政策；如果达不到，那么这项政策就需要调整。

第三种形式，性别刻板定型。性别刻板定型是用固化的眼光来看男女两性的角色，这种现象在日常生活中非常普遍，很容易被人们视为天经地义、理所当然，从而常常把男女角色定型化。2009 年，中央党校“性别平等政策倡导课题组”（后简称“课题组”）专家在湖北的一个社区看到“一个男人举着一个孩子”的雕像，就好奇地询问社区主任：为什么这个男人一定要举着孩子而不是抱着孩子，当地人告知，因为男人要顶天立地，男人不能抱着孩子，男人抱着孩子就显得婆婆妈妈，不像一个好男人。人们习惯于将很多勇敢顽强的职业跟男性联系在一起，像战士、警察等，将照顾孩子与女性联系在一起，当“男主外、女主内”的刻板定型被人们深深认同时，性别刻板定型就出现了。不少部门包括妇联在内，在进行就业培训时，经常为女性举办的是美容美发、会计等类型的培训，而电脑、电工、技工等培训则是为男性准备的。在这里，男性不能进入女性的行业，女性也无法进入男性的行业，从而导致就业中男女机会的不平等。在实际生活中，人的个性差异远远大于性别差异，并不是所有的男性都喜欢所谓的男性职业，也不是所有的女性都喜欢所谓的女性职业。性别刻板定型导致的性别歧视最具有隐蔽性。

北欧国家积极推行性别平等政策，打破男女职业上的性别隔离，在就业岗位上取消性别限制，带来性别角色的多元化。在欧美的飞机上，不仅有空姐，还有空哥、空嫂、空奶奶。北欧国家的幼儿园不仅有阿姨，也可以有阿叔。瑞典一所幼儿园的阿叔曾是一名机械师，他说，人们都觉得机械师粗鲁但令人愉快，他却只有粗鲁的感觉，而现在他在一家日间托儿所工作，在为塑造人类的未来而工作，感觉特别愉快。性别平等的宗旨就是消除各种歧视，促使两性获取平等机会和权利，这将成为政府履行责任的方向。

二、政府如何消除歧视

具体而言，政府应该如何履行男女平等的责任呢？先从第一项内容消除歧视来分析。根据联合国《消除对妇女一切形式歧视公约》的规定，在消除歧视中政府的责任体现为两个方面：消除公共领域中的性别歧视和私人领域中的性别歧视。政府在这两个领域都不能默认性别歧视现象的发生，而应该采取措施，予以制止。如果没有尽到预防和制止的责任，就是政府失职的表现。

（一）政府需要制定禁止歧视的公共政策

公共政策可以调节人们的行为和社会关系，具有权威性和强制性，一旦制定并执行，就会对人们的生活和命运产生决定性的影响。性别平等涉及政治、经济、教育、健康、婚姻家庭等多个领域，需要一系列健全和有效的公共政策来进行调整，并通过公共政策的强制作用贯彻性别的公平公正。

目前，我国迫切需要出台相关的立法与政策。在昆明一家餐厅曾推出“美女人体盛宴”的消费项目，将生鱼片、寿司、水果之类的食物放在几乎全裸的美女身上，吸引顾客食用，这明显是一种不尊重女性的行为。可当有关部门要求其撤掉这个消费项目时，却因难以拿出法律和政策依据遇到了阻力，最后终于从《食品卫生法》中找到了根据——食品工作人员不能出示健康证，工作时未按要求穿戴整齐。每每谈到这个例子，人们都会哈哈大笑。试想，如果我们有关于性别歧视的法规，对性别歧视的界定和处罚都有明确的规定，那么，这个问题就会得到较好的依法处置。由此也足以证明，建立反歧视法规在我国是非常必要和迫切的工作。

我国反性别歧视的立法相对滞后，至今仅有深圳市于2012年出台了《深圳经济特区性别平等促进条例》，这是中国内地首部性别平等地方法规，在我国性别平等立法中具有里程碑的意义。该条例不仅明确了性别歧视的定义，为反对性别歧视、处理性别歧视的争议提供了标准，还进一步明确了性别歧视的受理机构、争议的处理。同时赋予性别平等促进机构协助遭受性别歧视的当事人依法向人民法院提起诉讼的义务，提出了性别歧视的五种处理形式，开创了全国反对性别歧视的先河，填补了我国反对性别歧视处理机制的空白。深圳的经验说明，在公共政策中政府完全可以通过制定法规建立起一套反性别歧视的规则，以禁止与纠正性别歧视。

（二）政府还需建立反歧视机构

长期以来，行政部门对性别歧视的监督，在很大程度上处于空白地带。为了完善反性别歧视的机制，防止一些部门在接到有关性别歧视和侵权的投诉后相互推诿，应细化责任主体，政府机构中应该设立相应的部门来专门监督、受理和纠正性别歧视和侵权行为。在机构的设置上，河北的新乐市走在了全国的前列。针对就业中存在的歧视问题，2012年，河北省新乐市政府发布《新乐市人民政府办公室关于成立促进平等就业委员会的通知》，建立新乐市促进平等就业委员会，该委员会成为国内首家致力于消除就业歧视的专门机构，在中国反歧视机制的建立上具有重要意义。

反性别歧视的法规和机构建立后，公众发现或遇到性别歧视的现象就可以到专门机构举报或投诉，该机构再依据相关规定作出惩处，矫正性别歧视的行为。2012年，女大学生向政府部门举报8大城市的职业中介机构——“智联招聘”发布歧视性招聘信息。经政府相关部门纠正处理后，现在智联招聘网站已经删除所有“仅限男性”的招聘启事，并且当再次发布招聘启事时网站都有这样的提醒：强烈建议您不要使用有性别歧视的词语。此外，网站还有不能使用的表述的举例，比如“限男性、限女性”“欢迎男性、欢迎女性”等。可见，强制性的性别政策有利于纠正性别歧视行为，值得政府在消除性别歧视中加以制定和执行。

三、政府如何平等对待男女两性

政府履行男女平等责任的第二项内容是平等对待男女两性。平等对待包含以下四个方面：第一，应当在宪法和法律上保障妇女的平等权利；第二，在实施法律和公共政策时，不能采取任何歧视妇女的行为或做法，如，在退休年龄的规定上也不应当采取男女有别的做法；第三，一旦出现性别歧视行为，就应当修改或废除对妇女构成歧视的现行法律、规章、习俗和惯例；第四，采取一切适当措施保证妇女得到充分发展。比如，对于女性参政议政采取比例制。

为了促使男女两性平等参与社会事务，瑞典政府积极倡导将部分家庭责任转移给男性。从1974年开始，瑞典实施了一项“父母育儿假”政策，给予父母16个月的假期照顾孩子，当孩子生病或者需要父母照顾的时候，父母双方可以协商其中的一方休假，而且规定假期的津贴补助由政府财政转移支付，不需要企业来负担，体现了政府的责任。由于大多数家庭依然将照顾孩子看成是妇女的事，所以多数家庭依然是父亲工作，母亲照顾孩子，政策效果并不明显。20年之后，瑞典政府又专门制定了一项“父亲育儿假”政策，鼓励男性更多地承担育儿责任。该政策规定，在16个月的父母育儿假中，有一个月必须是父亲休假，否则将取消这个月的假期和相应的津贴。这样，非常多的年轻父亲开始休假，照顾孩子不仅仅是母亲的责任，也变成了父亲的责任。现在在瑞典，父亲带着特别小的孩子逛马路已是司空见惯的事情，成为瑞典的一道亮丽的景观。这些父亲也因为从小跟孩子在一起，与孩子之间的感情变得更密切了，跟孩子之间的关系变得融洽了。据不完全统计，目前全世界已经有近100个国家推出了“父母育儿假”的政策，有些国家的育儿假还包括生产孩子的父亲照顾假，当母亲生孩子时也给予父亲一定的假期，以方便其照顾妻子和孩子。这种做法使照顾孩子是女性天职的思想观念发生了变化，拉动了男女双方共同承担家务。性别分工正在被打破，男女的选择空间大大增强。

然而，要在我国出台这样一项政策却显得异常艰难。2009年，在《中华人民共和国社会保险法（草案）》公开向全社会征求意见时，中央党校妇女研究中心经过大量的调查后提出了增加男职工15天护理假的建议，人民网、新华网和凤凰卫视三家媒体还就这个内容发动了一次网络调查，尽管公众的支持率非常高，达到了95%，但是这项建议最终还是没有被相关部门采纳。无独有偶，2012年，深圳市在制定性别平等促进条例时，也提出了一个月父亲假的议案，在最后审查时同样没有通过。显而易见，性别平等能否纳入相关的政策或法律，很大程度上取决于决策部门的性别平等观念。如果我们的领导者、决策者树立起了性别平等的观念，并通过相关政策进行推动，日常生活中的许多行为就能发生变化。所以要做到对男女两性的平等对待，需要政府部门在政策的调整中更大力度地去推动。

（原文载于《中国妇女报》2012年12月4日）

我国性别平等的立法需要制度创新

一、中国的性别平等立法早于发达国家，但是政策的调整和修正滞后

从世界范围来看，中国的性别平等政策建立的时间比起发达国家提前了20多年，20世纪50年代初期，中国就建立了以性别平等为核心的公共政策，应当说，性别平等的公共政策起步较早。

中华人民共和国政府于1954年颁布了《婚姻法》，沿袭了根据地倡导的男女平等的原则，实行男女婚姻自由、一夫一妻制、男女权利平等，保护妇女和子女合法利益。同时，婚姻法还明确规定了夫妻之间的权利和义务，提出“夫妻为共同生活的伴侣，在家庭中地位平等”，“夫妻双方均有选择职业、参加工作和参加社会活动的自由”，规定了夫妻各自使用自己姓氏的权利及互相继承财产的权利。1953年2月，中央人民政府委员会通过了《中华人民共和国全国人民代表大会及地方各级人民代表大会选举法》，《选举法》在第一章总则的第四条规定：“凡年满十八岁之中华人民共和国公民，不分民族和种族、性别、职业、社会出身、宗教信仰、教育程度、财产状况和居住期限，均有选举权和被选举权。”1954年颁布的第一部宪

法明文规定：妇女在政治的、经济的、文化的、社会的和家庭的生活方面享有同男子平等的权利。

出于对男女平等的考虑，中央政府较好地解决了伴随妇女就业而引发的两个问题：其一，妇女工作报酬。在西方女性就业过程中，女性往往作为廉价的劳动力，男女同工不同酬是司空见惯的现象。而中国妇女的普遍就业很快就得到政策上的一视同仁。1951 年 2 月，政务院颁布的《中华人民共和国劳动保险条例》明确规定：男女劳动要同工同酬。1955 年公布的《农业生产合作社示范章程草案》也对男女同工同酬作出规定。这一政策在农村成为妇女干部维护妇女劳动报酬的依据，在城市成为女工获取合理报酬免受歧视的保障。其二，女工生育问题。女性就业之后仍然承担着怀孕、生育、哺乳等一系列再生产责任，这一职责的履行势必会中断女工的生产过程。中央政府没有将生育看作妇女的私事，也没有放权交给各级组织或单位自行处理，而是看作政府必须履行的职责，推出一项前所未有的有利于妇女连续就业、解除生育之忧的政策。中华人民共和国劳动保险条例明确规定：女工在生产前后休假 56 天，工资由单位照发。这一政策表面看来是将责任推给了“单位”，其实是将责任留给了政府。在计划经济时期，社会的基本细胞是“单位”，它的职能类似政府的派驻机构，由政府决定人事名额、工资幅度、计划任务、福利待遇，“单位”根据政府的指令、名额及工资额度照章执行。当政府要求“单位”为生育妇女照发工资时，就意味着政府将这一部分工资交给“单位”，再由“单位”发给个人。由于计划经济时期政府与“单位”（包括企业）的特殊关系，“单位”能够顺利履行政府的政策，从而比较成功地解决了女工生育与就业的矛盾。

20 世纪 50 年代初期中国的性别平等立法在诸多方面都处于世界领先水平，妇女获得财产权利比韩国早 39 年，妇女与男子共同参与社会的权利比日本早 34 年，规定女性参政的比例，妥善地解决男女同工同酬和女性生育的政策，更是中国妇女政策的创举。

尽管如此，在一定历史时期制定的公共政策往往难以摆脱历史的局限，而伴随时代的推移，适时地进行公共政策的调整和修正，应当成为制定公共政策的一项重要内容。在我国性别取向的公共政策的调整和修正却显得滞后而缓慢，一些具有性别规定的政策随着社会和观念的变化，越来越显示出它的局限性，却迟迟不能进行修正和调整。我国公职人员的法定退休年龄一直实行的是1957年国务院《关于工人/职员退休处理的暂行规定》中第二条第一款中的规定：男工人/职员年满60周岁，女工人年满50周岁/女职员年满55周岁。此暂行规定已执行了56年，在这56年中，中国在经济、文化、教育等方面已经发生了巨大的变化，男女的教育程度日益接近，从事体力劳动的人大大减少，女性职员的退休年龄再比男性提前，已经不适应时代的特点了，是否应当与时俱进进行调整？

应当看到，性别平等政策后起的周边国家却纷纷调整原有的对某一性别进行限制的政策。日本政府在国家公务员录用方面，在1975年实行的一般性12种国家公务员录用考试分类曾对女性报考加以限制，这些限制于1989年全部取消。对于特殊岗位，如女性报考防卫大学的限制，也于1991年起废止。从1993年起，还废除了对女性报考海军/空军自卫队航空学校的限制。[①] 关于退休的法定年龄政策，加拿大、英国、日本、印度、印尼、韩国等国家都将男女退休年龄改为同一年龄。随着时间的推移和观念的改变，及时修改与时代不相适应的公共政策，已经成为当代各国政府推进妇女政策发展的新举措。应当看到，进入21世纪之后，我国曾经处于世界上领先水平的性别平等政策的优势已经逐渐丧失。

二、我国与国际社会的性别立法差距正在扩大

20世纪70年代后期，联合国颁布了一系列消除性别歧视的立法，其

① 全国妇联妇女研究所主编:《日本妇女的现状与政策的实施》，辽宁人民出版社2005年版，第160页。

中，影响深远的是《消除对妇女一切形式歧视公约》（简称消歧公约）。至今，180个国家与消歧公约签约，定期向消歧公约委员会作履职报告，国际妇女立法有几个特点值得关注。

第一，立法不再是倡导性、宣言式的条文，而是更多程序性、反歧视性、可操作性的条例。换句话说，不仅强调应当怎样，还要规定不能怎样，违反了反歧视条例，要受到什么处罚。这已经成为当今世界立法的大趋势。许多国家偏向于采取处罚措施，一些国家为了加强执法效果将法律处罚和补救措施结合起来使用。欧洲公正法庭通过了一些诉讼判例，欧洲国家采取了更为有效的与性别歧视作斗争的补救和处罚手段。这种反歧视立法，通过强制性的制度约束，可以有效地制止习以为常、司空见惯的歧视行为。

第二，妇女立法的领域不再限于政治、经济、文化、教育领域，而且深入到以往被视为个人隐私的法律政策不予干涉过问的领域，如婚内强奸、性暴力、家庭暴力、性骚扰等等，曾经作为个人隐私的领域，渐渐成为立法保证个人权利的新领域。韩国20世纪80年代末至90年代末推出一系列与妇女相关的立法：韩国1989年修订家庭法时确定了妇女的财产权和遗产权，1993年规定了性暴力特别法，1995年制定了韩国妇女发展基本法，1997年规定了家庭暴力特别法，1998年制定了禁止性别歧视及补偿法，此法律规定，总统直属机关妇女特别委员会下设性别歧视改善委员会，进行男女事项的调查、决定性别歧视与否、执行政府的措施及命令、接受投诉业务。从此，韩国加入妇女法律制度完备的先进国家的行列，反歧视法的执行，有效地解决了持续十年的出生人口性别比例失衡问题。经验证明：在已经实施反歧视立法的国家，赤裸裸的公开的歧视行为普遍得到遏制。

第三，国际性别立法的积极推进，得力于三种力量的合作：第一种力量是联合国，自20世纪70年代以来，联合国致力于推动性别与社会协调发展，建立了消除歧视的妇女署，每年定期组织联合国成员国，专门讨论性别议题，达成共识，形成促进性别平等的解决方案，并监督各国政府实施。第二种力量是各国政府，作为联合国成员国与消歧公约的签约国，必须履行性别平等的政府责任，与妇女组织协商，采取各种有效措施，消除各种性别歧视行为。第三种力量是妇女组织，她们代表性别利益群体，推动社会性别议题转化为公共政策议题，并持续不断地推动性别敏感的政策运行。性骚扰防治法、家庭暴力防治法、性别歧视防治法都是妇女组织不断推动的结果。可以说，当代国际社会已经进入联合国与各国政府及妇女组织三方合作的新时代。

我国改革开放以来，重心放到了经济建设上，在一定程度上忽视了社会公正与性别平等，与国际社会相比，性别平等的立法陷于停滞状态，这种停滞体现在两方面，一方面不能及时促进宣言性政策向反歧视政策的转变，另一方面，大量隐秘的性骚扰、性侵犯议题不能纳入国家立法。与此同时，导致经济、社会与文化之间的差距不断扩大，陆学艺先生提出，我国的社会发展与经济发展相比滞后十五年，经济发展已经达到工业化中期水平，而社会发展却停留在工业化初期水平。[①] 性别文化则更加糟糕，基本处于工业化前期水平，农耕社会大量传统的性别文化依然左右着人们的日常行为，迫切需要建立防止性别歧视的立法予以矫正，以便持续促进经济、社会与性别平等从扩大转向缩小差距。

三、我国如何建立防止性别歧视的立法

我国如何建立防止性别歧视的立法，是当代社会治理的一个课题，需要政府与妇女组织积极互动，在这方面，深圳市 2012 年 6 月颁布的性别平等促进条例（简称条例），具有示范效力。该条例是深圳妇联、人大立法与

① 陆学艺:《加强和创新社会管理具有重大战略意义》,《光明日报》2011 年 3 月 1 日。

性别研究学者合作的产物，它既面向世界，与国际社会性别主流化思潮对接，又立足本土，从男女两性的权利平等切入，在考虑女性的权利时也兼顾到男性的权利，标题十分醒目——“性别平等促进”，强调突出男女的尊严、机会、权利与责任平等。该条例不满足于对性别平等立法小修小补，而是追求性别平等的实效性，回应中国对国际社会的承诺，正视公共政策中的性别议题，不拘一格全面创新，几乎将当代性别平等的所有权利都囊括其中，令人耳目一新。

条例第一次提出了对性别歧视的界定，“性别歧视是指基于性别而作出的任何区别、排斥或者限制，其目的或者后果直接、间接地影响、侵害男女两性平等权益的行为”，从而使得我国的性别平等立法结束了没有反歧视规定的尴尬，一旦出现性别歧视的行为，受害者可以伸张自己的合法权利，歧视行为可能得到及时惩处和纠正。2000 年左右，我国向联合国消歧公约委员会递交了本国国别报告，联合国消歧公约委员会在审议报告中不断向我国政府提问，比如中国立法中为什么没有对性别歧视的界定。这类提问可以说是国际社会在督促中国针对反歧视立法。条例还确定了受理和办理投诉的机构，消除性别歧视的行为，并对性别歧视制定了相应的法则，如第十六条规定：“用人单位在招聘、录用人员时，除国家法律另有规定外，不得设置性别要求，不得以性别、婚姻、生育等为由拒绝招录某一性别或者提高某一性别的招录标准。但是根据性别比例平衡指导意见以及有关法律、法规的规定对某一性别采取优先、优惠措施的除外。违反前款规定，由人力资源和社会保障部门责令限期改正；逾期拒不改正的，处三千元以上三万元以下罚款。”由此，开启了我国反性别歧视立法的先河。它的重要作用在于，提高了违法的成本和法律的权威性，保证了性别平等立法的效力。

第二，该条例提出了实现社会性别主流化的路径。我国是国际上最早承诺社会性别主流化的 49 个国家之一。所谓社会性别主流化的内容之一，就是在各项公共政策中促进性别平等，而不是损害男女权利平等。然而，我们一直没有找到切实有效的路径，现实状况是，一方面在妇女发展纲要中提出一系列性别平等目标，另一方面在不同领域的公共政策往往是性别中性的政策，甚至还包含了性别歧视的政策。如何有效杜绝性别歧视政策，切实促进性别平等，该条例提出了可操作的路径和方法，首先要建立性别平等促进机构，机构人员要具有性别敏感意识和强烈的责任感。这一机构不仅仅是协调议事机构，还要有较高的行政地位，要有一定的决策权和对政府部门规划的监督评估权。这种权力体现在两个方面：一是整个深圳市，既可以督促“市政府在编制国民经济和社会发展规划时，应当明确促进性别平等的目标和策略”，还可以“组织编写市性别平等发展专项规划，经市政府批准后发布并组织实施”（第八条）。二是政府相关部门，在政府各个相关部门制定实施政策规划时，从始至终要与性别平等促进机构密切协作。相关政府部门的“规划草案涉及性别平等内容的，起草单位应当征求市性别平等促进工作机构的意见。市性别平等促进工作机构应当就该法规、规章草案对促进性别平等的影响进行研究分析，并出具性别影响分析报告。起草单位应当就性别影响分析报告的采纳情况，书面回复市性别平等促进工作机构”（第九条）。“本市法规、规章以及规范性文件实施后，市性别平等促进工作机构可以就其对促进性别平等的影响组织评估，评估发现问题的，市性别平等促进工作机构应当向有关部门提出修改建议”（第十条）。深圳市 2013 年开始实施性别平等促进条例，当务之急，就是建立性别平等促进工作机构，形成性别机构与政府部门的良性互动，最终从源头上杜绝公共政策的性别歧视，创造本土社会性别主流化的成功经验。

第三，该条例强化了政府部门推进性别平等的责任。以往的《妇女权益保障法》等法律法规，注重妇女的权益条款，忽视政府的法定责任。其结果是，政府作为责任主体往往缺席，将责任转交给了妇联，而妇联既无决策权又无执法权，实际上，无法承担维权职责。由于政府责任主体的缺位，导致权利虚置——权利，法律文本形式上有，而实际权利得不到保障。为了矫正权利虚置的现象，该条例凸现了政府部门的责任，借鉴了各国的成功经验，大大拓宽了政府部门的责任范围。以往，财政、审计、统计与性别平等毫不相关，而今在该条例中都被赋予了性别平等的职能，第十七条："建立与推行社会性别预算制度。市性别平等促进工作机构应当会同市财政部门制定并发布社会性别预算指导意见，指导各预算单位开展性别预算工作"，将性别平等体现在公共资源（包括财政支持）的公平配置方面。第十九条："市区审计部门应当对各预算单位年度促进性别平等的预算执行情况进行审计，出具审计意见；对审计中发现的问题，应当提出处理意见和改进建议，并督促有关部门纠正。"

特别需要指出的是，作为责任主体，一旦出现责任事故，需要承担相应的责任，并进行问责，第二十一条："广告不得包含性别歧视的内容。广告审查机关对含有性别歧视内容的广告作出审查批准决定的，对直接负责的主管人员和其他直接责任人，依法给予处分。"强调政府责任成为条例的一大亮点。深圳条例的颁布，可以说为我国的性别平等立法竖起一块实实在在的历史丰碑。

（原文载于《科学社会主义》杂志2015年第3期）

第六章 妇女地权与成员资格

作者手记

妇女权益涉及方方面面，有教育权、就业权、健康权、同工同酬权等等，可笔者最为关注而且持续关注的依然是农村妇女土地权。有的时候，连笔者自己都感到奇怪，自己出生在大城市，为什么对与自己相距甚远的农村妇女土地权益如此热衷？

记得 1998 年，在北京举办的全国妇女问题研讨会上，笔者听到了四川妇联研究所许平的发言，她讲的是土地政策对妇女的影响，提到了一个新概念——“从夫居”。笔者开始意识到土地政策与妇女土地权益之间的关系，对从夫居发生了兴趣，发现从夫居不仅仅是妇女结婚后要住到男方家形成的空间距离，同时更是家庭身份和集体身份的改变。

正是由于从夫居的概念，笔者忽然发现农村与城市之间隐隐约约存在的那根剪不断的线，应当说，大城市已经淡化了传统婚居方式，三代同堂的大家庭几乎很少见到了，然而，男娶女嫁依然被视为天经地义的事情，结婚一定是男方出资购房，女方要房要车无可厚非，不也是从夫居在作祟吗？正因为社会上的男娶女嫁惯习，女儿一旦到了谈婚论嫁的年龄，还依然作为“大龄剩女”住在家里，就会感受到待嫁的压力：都是老姑娘了怎么还不结婚走人？

可能正是这种切肤之痛，使得笔者与农村出嫁女有一种同命运共呼吸的感觉，也使得笔者不由自主格外关注农村出嫁女的生存状况与命运。笔者想弄清楚这些出嫁女和离异妇女的情况在全国有多大比例，随着乡村经济发展是否可以解决她们的土地权问题，村委会、政府和司法都发挥了哪些作用。从 2000 年起，笔者将目光转向了农村出嫁女的土地权益议题，这一关注就是 20 年。这一章节记载了笔者对妇女土地权的关注与思考。

我国当代土地政策的性别分析

我国农村土地法律政策的社会背景

农村土地政策是指国家对农村土地的所有、使用、租赁、转让等事宜所作的法律制度的总称，主要包括土地承包的耕地政策与宅基地政策以及其他相关的转让补偿等政策。该研究主要是对 1980 年以来的土地法律政策的性别影响进行分析研究。

我国农村土地法律政策对性别平等的影响研究，需要关注到三大背景要素：其一是农村集体所有制下的家庭土地承包与无偿使用，这是现行土地政策的制度背景；其二是父权制的规则与运作，这是极少被公共政策关注而又对政策产生深刻影响的文化背景；其三是中国政府主动推进的城镇化，是我国历史变迁的社会背景，将对土地政策以及资源分配产生持续的作用。

第一，制度背景。我国的土地性质与绝大多数国家不同，农用土地和宅基地属于“集体所有”，而不属于私有。这一项“集体所有”的土地制度一直延续至今，成为我国法律政策的一项基本原则。1980 年以来，我国农村开始改革，实行家庭联产承包责任制，由此“所有权”与“使用权”开始分离。农地仍属于集体所有，“使用权”分给农民，作为集体所有制单位，村集体可以按照政府政策的要求进行土地的管理、调整、分配。作为集体成员，农户可以无偿进行土地承包经营。

伴随着市场经济的启动，农地和宅基地的征用开始建立真正的补偿制度。1986年《中华人民共和国土地管理法》开始重视对农村土地的征用进行补偿，规定：征收耕地的补偿费用包括土地补偿费、安置补助费以及地上附着物和青苗的补偿费。修订后的《中华人民共和国土地管理法》于1999年1月1日施行，对农村土地征用补偿作出具体规定。土地的经济价值渐渐凸显出来。

第二，父权制即一整套强调父系父居的男性中心制度，在我国的公共政策中极少被提及，它诞生于古老的农业文明社会，而今在社会主义新农村建设中依然发挥重要作用。父权制正在深刻地影响着现今农村集体的分配方式，还将在城镇化的发展战略中持续发酵。本文将使用父权制概念来分析我国历史上和现行的土地政策的性别特点。

第三，城镇化快速推进，将带来三农方面的巨大变化：农业人口迅速减少，非农人口比重不断增加；农民的土地资源不断被征用，农民将不断失去宅基地、耕地以及住房，需要得到补偿；新型城镇化，建设农村社区，会使得住房的拆迁与重建延伸到边远的农村；农民的生活方式沿着两个方向发展改变，一是农业发展由一家一户的小农经济逐步转向现代农业，土地逐渐流转到家庭农场、合作社和农业企业等规模经营主体。二是更多的农民从事二、三产业劳动，有条件的集体经济可以搞土地入股和集体经济股份制，将劳动与资本结合起来。

本文试图结合以上的背景，从社会性别视角审视我国土地承包以来制定的土地政策，以及产生的始料不及的种种结果，以便引起政策制定者的关注。

一、以户为单位的土地承包政策

1980年以后，集体土地使用的基本单位和承包主体是家庭“户”，不再是生产队，从而使得农村生产单位更具有灵活性和自主性。土地承包权的分配以“户”为单位，大部分根据户内的人口（不分男女老幼）采取均分的办法分配承包地。以家庭“户”为单位，由户主来与村集体签订土地承包的合同。1981年《国务院关于制止农村建房侵占耕地的紧急通知》规定，农村社队的土地归集体所有，分配给社员的宅基地等，村民仅仅拥有使用权，不得出租、买卖和擅自转让。1999年《国务院办公厅关于加强土地转让管理严禁炒卖土地的通知》规定，在农村，一户村民只能拥有一处宅基地，如果出售、出租已经拥有的住房再申请宅基地的，相关部门不予批准。无论是农地的“平均分配”，还是宅基地的“一户一宅”，都力图体现土地资源的平均分配之原则，并且规定了“农户”作为农用地和建设用地的合法主体地位。《土地承包法》明确将“农户”定为农村土地承包经营权的主体。《中华人民共和国民法通则》将“农户”确定为不同于自然人和法人的一种独立民事主体。

无论是一户一宅还是家庭联产承包制，从政策文本来看，都没有故意排斥妇女。然而，政策制定者没有主观故意的动机，不等于结果就不会排斥妇女。按照乡土社会父权制的运作逻辑，只有男性在本村结婚娶妻，才能形成一户拥有一宅，女性结婚是不能在娘家村落户的，只能从夫居，没有一户的资格，不能获得一宅。在父权制文化作用下一户一宅的政策发生了化学变化，在农村宅基地的无偿分配中，就有了性别取向——只给儿子不给女儿，女儿全部排除在外。

从2005年起至2015年，中央党校妇女研究中心在河南、河北、湖北、广西、安徽、江西、浙江等省作了大量调研，发现一户一宅排斥女孩的现象极为普遍。我们调查的中原一个县有194个村委会，所有村委会的分配规则都是只分男不分女，长子不分宅基地与父母同住，二子、三子可以分宅基地，独女不分与父母同住，多女户也不分。分配宅基地的时间五花八门，调查显示，宅基地的分配时间大致分为三种情况，一是出生时，占到10.5%，二是18岁时，占85%，三是结婚时，只占4.5%。所以分配宅基地并不是根据实际的需要和个人意愿，而是根据长期形成的父权制安排。

在农村，结婚对于妇女不仅意味着家庭成员身份的变化，而且意味着村集体身份的改变，由家庭和集体"内部成员"转换成家庭和集体的"外部成员"。当"外部成员"出现婚姻变故要求转为"内部成员"回到出生的村庄，往往受到排斥或种种限制。在新农村建设中，经常可以看到男女区别对待的分配方案，这是一个旧村改造的方案规定："男方离异按照标准户型安置，分配108平方米的宅基地；女方嫁入本村离婚且未婚的妇女，安置18平方米的宅基地；若女方带有原配偶的1个子女，可以安置54平方米"。此外，以"户"为单位承包经营土地，常常会导致妇女土地权益的隐性剥夺，即形式上妇女同男子在家庭"户"里同样有一份承包权，实际上却得不到相应的权利，个人权利在家庭中处于虚置的状态，难以得到保障。

二、农用地承包"长期不变"的政策以及结果

自1980年以来，实行联产承包责任制，改变了农民与土地分离的状态。为了保护农民进行农业生产的积极性，中央连续两轮进行延长承包期的政策调整，1984年1号文件明确规定了家庭承包期"15年不变"；1993年中央11号文件，为了继续稳定土地承包关系，提出"30年不变"。1997年中央16号文件明确禁止在30年土地承包期内进行大调整，1998年的《土地管理法修正案》提供了土地权利方面的第一个实体法标准，同时"增人不增地、减人不减地"的政策在全国实行；2004年《土地管理法》第十四条规定和2003年《土地承包法》第二十条规定，都强调了"耕地的承包期"为30年，即现在农地在谁的手上，以后就由谁长期耕种。农村土地

承包法第二十条明确规定，耕地的承包期为30年。[①] 草地的承包期为30年至50年。林地的承包期为30年至70年；特殊林木的林地承包期，经国务院林业行政主管部门批准可以延长。2014年中央一号文件提出：承包期长期不变。目的是“赋予农民长期而有保障的土地使用权，维护农村土地承包当事人的合法权益，促进农业、农村经济发展和农村社会稳定”。政策实施以来却出现了始料未及的结果。

（一）农村结婚妇女（1998年—2015年）遭遇人地分离。“从夫居”是农村妇女主要的婚居方式，1998年以后结婚的妇女在原村庄尚未取消土地承包权，而加入男方村庄不能分到土地，就会出现人地分离。这是农村外嫁妇女在“增人不增地，减人不减地”政策执行以后，遇到的普遍的性别困境。2014年7月，中央党校妇女研究中心在广东韶关29个村庄进行问卷调查，其中有15个村庄实施增人不增地、减人不减地的政策，结果是51.72%的村庄新媳妇在婆家村没有土地。

河北昌黎、迁西和滦南全部执行国家土地分包的政策，1998—1999年土地承包30年不变，凡是1998年以后结婚的新媳妇都不可能从婆家村进行土地调整。所以，每个村的村干部反映的普遍问题是，新媳妇无法调整土地。2012年，中央党校妇女研究中心在安徽执行该政策的村庄（天堂村）进行调查发现，自1998年以来到2012年，该村约有115位新娶进的媳妇，她们在该村没分到土地。

那么，在全国二轮土地延包之后，有多少农村妇女结婚？我们根据第六次人口普查提供的农村妇女1998—2010年的初婚数据进行统计，结果表明该人口达到479万人。

---

① 这里所说的承包指的是集体成员的土地承包，与我们通常说的企业承包不同，不需要资金抵押，而是村集体无偿分配承包地，家庭进行经营。

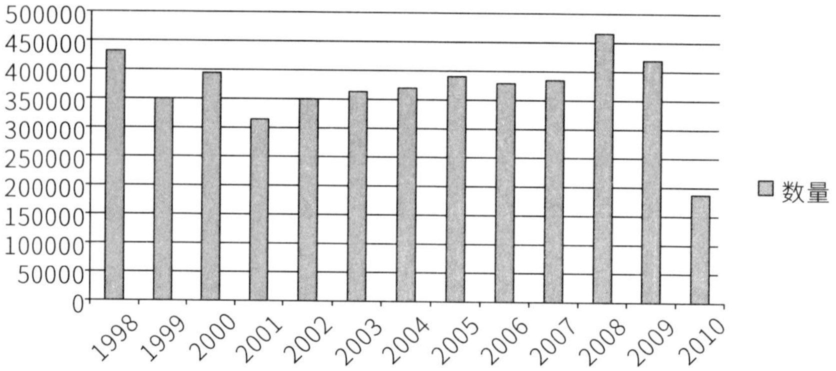

图 1　二轮延包后农村初婚妇女数据

最保守地推算，80% 的妇女结婚从夫居，到 2014 年将有 460 万妇女人地分离。人地分离的妇女处境十分尴尬，她们的集体成员身份会出现撕裂：一方面常住婆家，已经属于婆家村庄的集体成员，却没有作为集体成员的最基本的资源——土地，另一方面地在娘家，又不能在那里居住和耕种并获得收益，土地处于有名无实的境地。空间距离的阻隔，出现了政策设计中难以料到的情况：妇女的承包权、经营权与收益权出现了脱节，妇女无法使用属于自己的承包地进行耕种，也无法得到收益。理论上，有长期的土地使用权，但实际上没有保障，时刻面临两种风险：其一，从家庭来看，个人的土地财产随时有可能被父权家长占有并转让，因为户主拥有签字流转的权力。其二，娘家的村集体组织，心理上将出嫁女看作外村人，此外，还拥有资源分配的权力，一旦到了征地拆迁土地迅速升值的时候，极易通过村民多数决将其承包地的补偿转化为村集体的利益。这种现象比比皆是，中央党校妇女研究中心 2014 年 7 月在 21 个省和直辖市对土地权益受到损害的 1126 位农村妇女作问卷调查，发现 52.85% 的妇女结婚后失去原村庄的土地承包权。

表 1　对 1126 位土地权利受损农村妇女的调查统计

婚后自愿将户口留在本村，但土地被收回	238 人	21.14%
配偶是非农业户口或军人，户口无法迁出，土地被收回	119 人	10.57%
婚后婆家和娘家两头都没有得到土地	238 人	21.14%

河北滦南县农业人口有 40 万，2011 年 4 月在县委领导下，农工委在土地确权之前对于县内婚姻流动的妇女进行调查，有 832 名妇女两头得不到土地，属于地地道道的失地妇女，她们是农民，依靠土地为生，却没有属于自己的土地。

为了杜绝妇女土地承包两头空的现象，农村土地承包法中已经作了明确的规定：第六条，农村土地承包，妇女与男子享有平等的权利。承包中应当保护妇女的合法权益，任何组织和个人不得剥夺、侵害妇女应当享有的土地承包经营权。第三十条，承包期内，妇女结婚，在新居住地未取得承包地的，发包方不得收回其原承包地；妇女离婚或者丧偶，仍在原居住地生活或者不在原居住地生活但在新居住地未取得承包地的，发包方不得收回其原承包地。应当说，《土地承包法》有一定的性别敏感，针对妇女婚姻流动采取了具体的措施。这一措施触动了父权制，为地方政府与法院提供了保障妇女权益的法律依据。但是，它遭遇到两个问题：其一，阻力大，遭遇了盘根错节的集体父权制，需要一个坚强有力的执行机构。其二，缺乏罚则，对于违法行为没有纠正和处罚措施，对于政府不作为缺乏考核评估机制。对于基层政府来说，违法没有成本，还可以利用父权规则捞取实际利益。

（二）非农转移的公务人员两头吃。当大量的农村妇女作为农民两头落空失去土地的时候，却出现了非农化的公务人员两头吃的现象：既有国家公务人员的身份，同时还有一块属于自己的土地。2014 年 7 月，我们对广东韶关 29 个村庄进行了调查，其中 14 个村庄已经非农化的公务人员依然在村里保留了土地，几乎占了调查村庄的一半。

无独有偶，2014 年浙江玉环县搞群众路线教育，发现该县至少有 557 名公职人员在村里获得分红款 564 万元。这种现象是否具有普遍性？带着这一问题，2012 年，我们在中央党校硕士生和博士生中作过一个调查，一共发放问卷 105 份，回收 96 份，回收率 91.4%。其中，来自城市的学生占 36.4%，来自农村的学生占 63.6%，在来自农村的学生中，家里有本人责任田和耕地的占58.17%，在家乡没有责任田和耕地的占41.83%（见图2）。这些硕士生和博士生不尽相同，毕业之后 90% 都是在体制内就业，户籍进入所在城市，或者是国家公务人员，或者是事业单位人员，有着稳定的工作与收入，享有医疗等社会保障。但是，他们原有的承包地并没有伴随他们非农身份的变化而被收回。

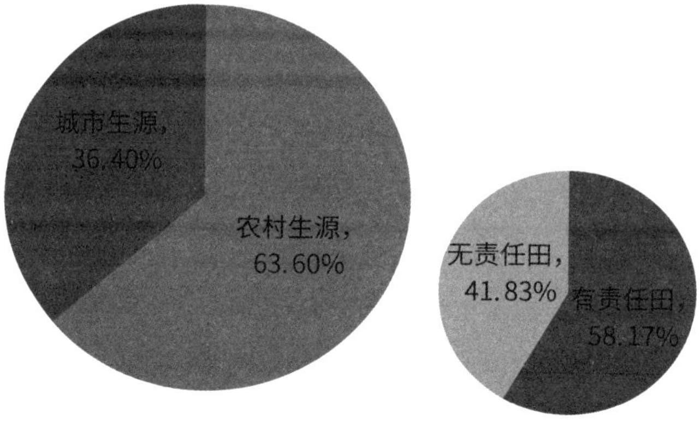

图 2　中央党校硕士生、博士生生源与土地情况调查

于是，出现了一种极为不公的现象，不再是农民身份的人，却依然保留承包地。可以说，随着时间的推移，其目标渐渐偏离了土地承包制度目标设计的初衷，非但不利于农村稳定和农业发展，而且会加剧农村土地资源的分配不公，引发农村的土地纠纷与矛盾。

三、土地承包经营权登记制度

农业部发布《农村土地承包经营权证管理办法》，2004年1月1日起正式施行。农村土地承包经营权证是农村土地承包合同生效后，国家依法确认承包方享有土地承包经营权的法律凭证。该项规定分别在2007年颁布的《物权法》，2008年、2009年、2010年以及2012年的中央一号文件中一以贯之加以强调。应当说，农村土地承包经营权证的确认，将土地管理纳入法治化轨道，为农民的土地流转提供了法律依据和可能性。与此同时，还可以赋予农民在承包地方面更多的财产权。到2012年，已经有2亿农民获得了承包地经营权证。2014年中央一号文件《关于全面深化农村改革加快推进农业现代化的若干意见》中关于深化农村土地制度改革的论述，强调赋予农民更多财产权，“抓紧抓实农村土地承包经营权确权登记领证工作”，“在落实农村土地集体所有权的基础上，稳定农户承包权，放活土地经营权，允许土地经营权向金融机构抵押融资”。土地效益最大化成为农村土地承包的重要指向。目前，全国正在紧锣密鼓地进行土地确权登记，要求五年全部完成。

2014年7—8月，中央党校妇女研究中心课题组在四川眉山、河北滦南、黑龙江哈尔滨开展了土地确权专题调研，发现土地经营权登记制度并不涉及对应有承包地经营权进行确权，只是根据已有承包地进行确认登记。换句话说，有地才有证，没地就没证，地在哪儿证在哪儿。于是，针对农村不同的人群，出现了迥然不同的结果：

（一）农村妇女土地登记颁证时出现的三种情况

第一，“两头不得（地）”的婚嫁妇女，将会在土地登记中永远失去土地。

调查发现，本轮确权登记并不涉及为这些土地权益受到剥夺的农民重新确权，而是根据现有承包地的农民进行登记颁证。没有承包地的村民，不在登记颁证范围。妇女土地两头空，在家庭共有人中，要么不会计入她们的名字，要么计入名字后标注“无承包地”。对于“两头不得”的婚嫁妇女，她们所面临的困境是：土地权益已经被剥夺了，土地确权登记时不能重新确权。土地确权颁证工作的展开对于她们，就意味着从失地到失证。由于政策执行不到位而带来的不合法的权利受剥夺，进一步得到法律证书的认定，土地流转与抵押贷款等一系列土地财产权都将与之无关。

第二，对于人地分离的妇女，家庭的土地确权证与妇女的土地确权证是分离的，属于妇女个体的承包地确权证归于以父亲为户主的原有父系家庭中。人地分离会导致“性别困境”，即土地登记证的“户”与户口本不一致，从户籍登记来看，通常是一个家庭，而在土地承包证上却被拆分成两户。我们发现不少“牛郎织女”的承包证：丈夫和妻子人各一方，本来是一个家庭，却被分成两半，一半是“牛郎”，丈夫与孩子共有一个确权证；一半是“织女”，妻子的名字却不在这个证里，而是与她的父母在一起。这种情况大多是结婚在当地分地之后，土地确权证通常是依据上一次分配承包地核准承包户，颁发证书。对于后一种情况，随着土地制度改革的深化，妇女对属于自己的承包地如何获得补偿？如何进行承包地的转让、抵押和担保？作为父母户中的一个家庭成员如何分割属于自己的那部分权利？调查发现：家长一般不会考虑给出嫁女儿分配家庭资源，嫁出去的女儿被视为泼出去的水，不再是家庭成员。

第三，家庭的土地确权证与妇女的土地确权证并不分离，但大多数地区登记证上只有男性户主的名字，即属于妇女个体的承包地确权证归于以丈夫为户主的现有父系家庭中。对于“人地合一”的情况，我们调查发现户主 99% 都是男性家长，女性家长及其子女的名字都消失不见。无论是征地补偿金的发放，还是土地的转让、抵押，都需要户主签名确认，男性家长的权利不言而喻，女性家长及其子女的权利很容易被忽视进而被剥夺。调查发现，征地补偿款往往是直接发放给户主，由户主决定在户内如何分配。结果，导致了很多意料不到的纠纷和矛盾，有的男性家长将所有的资金拿去赌博，妻子阻拦还导致家庭暴力。

（二）土地确权证出现公职人员和已故家庭成员的名字

1. 土地确权证出现公务人员的名字。当地农经人员告诉我们，前几年从村干部中招了一批合同制干部，现在已有两位担任镇党委书记，他们已经成为最低一级政府官员，至今村里还保留他们的承包地。几乎每个村都有类似的现象，有的村少则十几个，多则三四十个。① 他们先是出去上大学，读研究生，随后当了公办教师、公务员，现在村里仍然保留他们的承包地。

2014 年 7 月，我们在云南师范大学与杭州电子科技大学在校大学生中作了一项关于土地承包基本情况的调查，调查共发放 2000 份问卷，收回有效问卷 1651 份，有效回收率 82.5%，数据显示，来自农村的学生占 54%，城镇学生占 24%，城市学生占 22%；其中，非农户口占 40%，农业户口占 60%，调查学生中有 20% 一直拥有承包地（见图 3），并且在关于“你（老家）所在的村，因上学或工作原因转为非农业户口后，依然保留农村承包地的情况”时，在已经农转非后有 18% 的村几乎全部保留承包地，54% 的村有一部分保留了承包地。同样也出现了承包地并未因非农身份的变化而被收回或重新分配的情况。

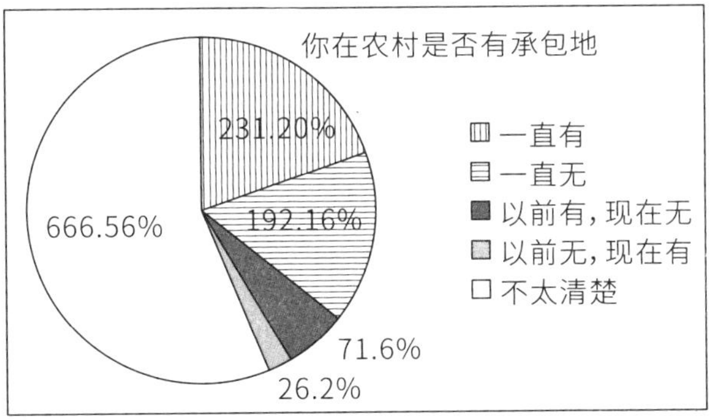

图 3 在校大学生土地承包基本情况调查

① 调查发现，已经转变身份的国家公务人员依然拥有承包地，这类情况大量存在。A 村总人口为 601 人，自 2005 年土地不再进行调整之后，领取毕业证的大学生有 62 人，现已经成为公办教师的有 15 人。B 村有 4 人从农民身份转为公务人员，36 人进入国有企业工作。

这种现象不合理、不合情，却合法。根据《土地承包法》第二十六条，承包期内，发包方不得收回承包地。收回承包地所需要的条件是，“全家迁入设区的市，转为非农业户口”。如果不是全家搬迁到设区的市，仅仅作为个体脱离了农村家庭，成为非农户口和公务人员，承包地不得收回。严格执行土地承包法，就导致上述问题的发生。

2. 土地确权登记证上出现已故家庭成员的名字。在河北滦南县、四川夹江县的土地确权证上，有的户主已经注明死亡，身份证号被注销，却依然登记在“承包户代表一栏”。也有的将死亡的户主姓名写在家庭共有人一栏。根据要求，登记办证中，家庭成员的年龄都在20岁以上，20岁以下成员的名字要么不出现在证件中，要么注明无地。农经工作人员的解释是，尊重当事人当前无地的事实，不会根据实际需求重新调整土地。

按照这种做法进行登记，我国有多少已故的农民的名字将会出现在土地承包登记证上呢？我们根据第六次人口普查提供的数据，进行了2009.11—2010.10全国农村死亡人口计算，这一年全国农村死亡人口数属于1998年之前出生的人口数。如前所述，1998年之前出生的农村人口在死亡后基本没有收回土地，根据1998年之前出生的死亡人口数，就可以推知普查期间（一年时间），全国农村死亡人口未收回土地的人口数据，一年时间之内未收回土地的死亡人数为474万左右，相当于14年初婚的农村妇女人口数。

（三）加剧了农村土地分配不公

无论是土地承包法，还是土地管理法，论及集体所有制土地用益权时，都有两个限制词——“农村”和“农民”。只有农民才有权获得土地用益物权。从农村流动出来的非农人员（包括公务员、公办教师和国有企业员工），其身份已经从农民转变为公务人员，已经在小城镇、县市落户，而且有了一份稳定的收入和城市社会保障。从社会公平的角度，其就应该退出承包地，由村集体收回，缓解农村土地资源的紧张与不足。当身份已经由农民转变为非农，依然占有农村承包地，享有村集体的土地股份或福利，且年年得到国家的土地补助，这相当于城里人占有乡下人的土地，属于典型的城市和农村的资源“两头吃”，应当视为城市人对于农民利益的侵犯与剥夺，不应该在土地确权中继续为其颁发承包经营权证。

与此相反，新生儿、婚嫁的农村妇女身为农民却没有属于自己的承包地。在农村，男工女耕的情况十分普遍。男性青壮劳动力到城市打工的多，具有半市民化的特点。女性婚后多数留在农村，不仅要照顾老人小孩，支撑起一个家，还要种地、种菜，经营土地，是地地道道的农民。农业女性化已经成为我国农业的普遍现象。常年种地的农村妇女，婚嫁后被村组干部收回自己的承包地，成为土地分配不公的突出问题。国家发放土地补助金的目的是激发农民种地的积极性，而种地的农民却得不到，得到的却不种地。调查中，不少“两头不得”的农村妇女哀叹，“过去，城市不要我们，说我们是农民，不能在城市落户；现在农村不要我们，不承认我们的村民资格，承包地和宅基地统统不给。作为社会主义新农村的妇女，我们觉得一点地位也没有，不是矮人三分而是矮人十分。法律上政策上写的是男女平等，可是，我们什么也得不到”。这种法律政策的错位如果不及时纠正，不仅影响农村妇女的基本生活，还会动摇农村妇女对于国家政策的信任，消解农民对于土地承包的积极性，不利于农村土地承包政策的长期稳定。

（原文载于中央党校《科学社会主义》2014 年第 1 期）

农村集体经济发达地区的性别结构分析

——社会经济发展与妇女发展关系研究

一、问题的提出及研究方法

在中国，有一种不言自明、普遍认可的假设：妇女地位低是因为受到经济落后的制约，随着经济的发展，妇女地位自然会得到提高。改革开放以来，我国农村经济得到了迅速发展，出现了一批经济发达的村庄，它们平均每年向国家上缴税收 100 万元以上。这些地方的经济发展是否必然导致妇女发展？其间的性别利益格局发生了哪些变化？妇女的地位是否上升？本文试图通过对经济发达地区的社会考察，探讨农村经济发展对性别状况与性别结构带来的影响，分析社会经济与妇女发展之间的复杂关系。

我们选择了北京近郊的三个行政村：韩村河、窦店、西南章村。韩村河的经济发展水平最高，1997 年的总产值就达 15 个亿，在北京郊区处于领先水平。近几年规划兴建了大批居民住宅，其中 75% 的家庭是 150—200 平方米的住宅，8% 是 300—400 平方米。韩村河 66% 的住户年收入是 1 万—2 万元，12% 的住户年收入是 3 万—5 万元。窦店 1997 年前总产值是 2.45 亿元，在北京房山处于领先水平。窦店的住房面积居中，82% 的家庭是 100—150 平方米，10% 的家庭是 200—300 平方米，其住户 47% 年收入是 0.5 万—1 万元，33% 的住户是 1 万—2 万元。西南章村的经济水平最低，年产值为 3000 万元。西南章村的住房面积最小，92% 是 50 平方米，其83%的住户年收入是0.5万—1万元，10%是1万—2万元，该村在房山区岳各庄乡处于经济领先水平。

对于以上村庄，我们采取了抽样调查与座谈访谈相结合的办法，设计了两种问卷：第一，每个调查点随机抽取100户，发放《百户家庭收入调查表》，分性别了解家庭经济、教育、家务劳动分工及性别观念的情况。第二，《全村基本情况调查表》，由村干部核实填写全村男女职业分布、收入情况、教育状况等。此外，我们在调查点分别召开有村干部、妇女、中学生等参加的座谈会，了解其性别观念及性别状况。

二、集体经济发达农村的若干新特征

通过问卷调查和实地考察，我们深刻地感受到：集体经济发达的农村正在进行产业结构的调整，向工业化、城市化、现代化转移，出现一些值得格外关注的新特征，已经远远不是传统意义上的农村了。

第一，农业劳动人口迅速降低，土地重新归集体使用，形成机械化程度较高的集体经济。80年代中期全国农村实行家庭联产承包责任制，北京郊区也开始包产到户。90年代以来，三个村庄先后将家庭承包制转为集体经济，实行机械化作业，农业人口从80%以上降低到8%左右，形成农业产业化格局。

第二，农村非农化作为一项可供选择的战略，正在改变着农村的经济结构和中国农民的命运。他们根据自身的优势和特点，兴办村镇企业，从村镇企业中寻找致富之路。这既可以发展经济，又可以吸纳农业富余劳动力，农民离土不离乡就近就业。我们调查的三个村庄，都建立了乡镇企业。韩村河以建筑业为龙头，通过建筑带动其他经济和服务业、旅游业乃至教育的发展，目前韩建集团已经跨入国家二级企业的行列。窦店有多达36个企业，以服装业为主。西南章村主要是造纸厂，产品出口国外。

第三，农民的生活方式发生了根本性的改变。那种面朝黄土背朝天的劳作方式已经成为历史，农村城市化正在变成现实。许多村民实际上已经成为具有农业户口的工人，成功地实现了社区内部的农民身份向工人身份的转变，他们使用自来水，大多每天到工厂工作 8 个小时，日常用品从商店购买。

第四，集体经济和村镇企业的发展，使村委会掌握着本地的经济实权。与一些农村基层政权涣散的状况正好相反，这里的基层农村组织是有力量的。他们可以组织经济活动以及其他社区活动，根据自身的经济能力建立社区内的福利制度。以韩村河为例，现已实行幼儿园、小学的教育全部免费，考上中专、大学的学生给予补贴和奖励，60 岁以上的老人每月发放 60 元养老金。西南章村每年向 65 岁以上的老人发放 60 元，年龄增加 1 岁，增加 1.5 元。

第五，社区福利导致该村户口的升值。中华人民共和国成立后建立的户籍制度，在很大程度上是对农民身份转为非农身份的限制。这种限制随着市场经济的发展正在逐渐松动。然而，在经济发达的村庄，村民的户籍却在升值。这些经济较好的行政村福利的分配，都是依据户籍是否在本村决定的，凡是户籍在本村的村民就享有本村的福利，否则就不享有本村的福利待遇。户籍成为一项可以获得更多资源的凭证。

农村集体经济的发展及若干新特征的出现，对于农村的性别格局和性别利益究竟产生了哪些影响呢？我们在考察中发现，这些影响既有正面的又有负面的，是双重的而不是单一的。从正面来看，经济的发展缩小了两性接受教育的距离，减轻了妇女的家务劳动负担。大力发展教育已经成为全社会的共识。而发展教育需要投资，投资的渠道一是政府，二是家庭或社区。政府承担了教师工资和校舍的修建等方面的大量费用，家庭承担学杂费。家庭的教育投入往往暗含投资潜规则，即先男孩后女孩。当家庭的经济能力只能供一个孩子读书时，往往是男孩优先，当家庭的经济能力可以供更多的孩子读书，才会考虑女孩。女孩受教育的权利更多受到经济条件和性别观念的制约。在经济落后的地区，女孩失学、辍学情况严重，就是家庭投资潜规则起作用的结果。在经济发达或比较发达的地区，家庭或社区的经济能力大大增强，不仅可以供男孩还可以供女孩接受教育，两性接受教育的差距明显缩小。调查点的经济与教育之间是正相关关系，与发达国家经济与教育水平的关系是一致的。由此可见，经济的发展客观上利于女性获得与男子平等的教育权利，提高女性的文化素质。

农村经济发展减轻了妇女家务劳动的负担，缩短了家务劳动时间。在我们召开的有学生母亲参加的座谈会上，妇女一致认为现在的家务负担要比以前轻。以前，妇女们不仅起早贪黑地干农活，还要承担繁重的家务。经济上的拮据使大多数家庭买不起棉衣棉鞋，全部依靠妇女纳鞋底、做棉衣。当时家里有五六个孩子，成倍地增加了妇女的家务劳动量。改革开放以后经济水平高了，孩子又少了，有些日用品可以到商店购买，用不着起早贪黑自己做。从横向来比较，妇女们认为比经济较低的农村社区家务负担要轻。在乡镇企业不发达、包产到户的农村，男性常常外出打工，妇女不仅要种地，还要包揽全部家务。村里的第三产业不发达，难以提供必要的社区服务，所以妇女的负担沉重得多。在集体经济发达的农村，社区服务和第三产业发展较快，成品半成品的种类不断增多，家务劳动社会化的程度大大提高，妇女不必在衣食上耗费大量的时间。有的家庭开始雇请保姆，在韩村河已经出现300元钱雇请保姆的新鲜事。有的妇女生育小孩后不愿在家带孩子，乐意外出工作，老人身体又不好，便让保姆照顾家。

经济的发展还促进了人们收入的增加，但我们将男女的收入分开统计的时候，我们发现一个值得深思的现象——性别利益的分化。

三、劳动收入正在出现性别分化

我们所调查的三个行政村收入差别比较大，韩村河总经理最高个人年收入是6万元，窦店农工商联合公司总经理个人年收入是12600元，西南章村书记的年收入是9000多元。这种情况不仅表现在个人之间、行政村之间，而且表现在性别之间。在社会经济转型与发展过程中，性别利益开始出现分化。

在这些行政村，高收入阶层都是男性，而女性绝大多数沉积在低收入阶层。我们在百户家庭问卷中的年收入栏从0.3万—5万设了8个档次，调查表明：3000至5000元的低收入者中，女性占据大多数，超过1万元的没有女性，是清一色的男性。韩村河和西南章村在收入上的性别分化更明显，韩村河年收入3000至5000元的女性高达94人，男性同样收入的只有27人，年收入为1万至5万的男性达73人。西南章村3000元年收入中的女性有48人，男性只有6人，年收入1万元的女性只有3人，男性有50人。窦店的性别收入差距明显小一些，3000至1万元的女性有80人，男性有97人，1万元以上男性5人，女性人数为零。

性别利益的分化对于两性的均衡发展是极为不利的，会强化男性养家糊口的观念和女性对男性及家庭的经济依赖性，甚至导致大多数女性在社会转型中被置于社会发展之外，拥有更少的机会和资源。因此，性别利益的分化是经济发展过程中不容忽视的问题。

收入上的性别利益分化与职务的性别分化有着直接的关系。一般说来，职务越高，工资收入越高，反之就会越低，女性收入沉积在低层恰恰折射出女性在社会工作中的职务不高。调查结果印证了这一点：在行政村的一把手中女性人数是零，例如韩建集团总经理，窦店农工商总经理，西南章村的村主任以及高级技术人员都是男性；在行政村的副职干部和部门经理中绝大多数依然是男性，只有极少量的女性。女性比例略高一些的是窦店，副书记、副村长中都有女性，还有农场场长是女性；在一般会计和基层小组负责人中女性数量增多，在一般会计中女性占到一半左右。韩村河将全村分为 24 个小组，小组长都是女性担任，负责将村里工作落实到户。此外，他们还设立了清理街道的卫生员，每天工作 4 小时，其中 94% 都是女性。

为什么会出现职务的性别分化？从表层来看，与两性的素质、心理、能力等相关；从深层来看，与塑造两性的性别文化结构相联系。应当看到，传统的性别文化结构对于男女的塑造是不同的，它鼓励男性向社会向管理阶层发展，在社会上成为强者，挣大钱当大官；鼓励女性将家庭作为重心，做贤妻良母，而贬斥那些在社会上有所建树的女强人。这种性别文化依然主宰着社会评价标准。在社会上建功立业，做企业家、管理者与男性角色的塑造和要求是一致的，与女性角色的塑造和要求却是冲突的。如果说，传统性别角色是男性向外向社会发展的助力，它却是女性向外向高层发展的阻力。虽然，中华人民共和国成立以来，中央政府在改变男主外女主内的性别结构上做了大量的工作，推动妇女走出家门参加工作，但是始终未曾促使男性均衡分担家务，女性依然负担大量的家务劳动。据调查，西南章村女性洗衣做饭照顾老人小孩平均每天要花费 7 个小时，顶得上城市里一个工厂上一天班的劳动时间。窦店的女性家务负担要轻一些，平均每天 5 个半小时。韩村河青壮年在外长期搞建筑，家务活全部落在妇女身上。妇女肩头都扛着一个沉重的家，又怎么可能与轻装上阵的男性一样公平竞争呢？要缩小职务上的性别差距，不能仅仅着眼于女性自身的素质，还必须着力改变影响性别发展的传统性别文化结构。

四、经济发展的不平衡对“从夫居”的冲击以及引发的思考

婚姻中的“从夫居”是性别文化结构中的另一项重要内容。所谓“从夫居”，是指女性结婚从出生地迁移到丈夫家居住。这是人们生活中司空

见惯、习以为常的现象，在城市姑娘结婚迁移到丈夫家都被视为天经地义的事情，在农村更毋庸置疑。然而如此平常的现象却深深打着父权的印迹，蕴含着传统性别文化含义，影响并改变着女性的地位和命运。表现在以下几个方面：其一，它暗示着男性是家庭的根，要传宗接代延续香火，女孩出嫁后是泼出去的水。其二，大多数妇女失去了房产和宅基地。在城市，许多女性不能享有分房权利；在农村，宅基地的分配基本是分男不分女，女性事实上被剥夺了拥有宅基地的权利。其三，在婚姻流动过程中妇女容易失去土地。1995 年，农业部为保护土地的稳定性，出台“增人不增地，减人不减地”的政策，妇女在娘家拥有的一份土地，不随着姑娘的出嫁而收回，婆家的土地也不能随着儿媳的到来而增加。在婚姻导致的流动过程中，女性往往成为失去土地的女农民。其四，女性相比男性更少获得教育资源。由于女性结婚以后要到丈夫家居住，不能为自己的父母养老送终，导致娘家早期的投入不能得到回报。为了减少娘家的损失，减少投资就成为权宜之策，特别是经济能力有限的家庭，常常削减女孩的教育费用。其五，将妇女置于从属男性的地位，妇女要获得住宅等资源，不是作为独立的个体，而只能通过男性才能获得必要的物质资源，一旦她不想结婚或者要离婚，就会陷入无处安身的困境。“从夫居”可以说是父权制得以持续的基石，是男女不平等的主要原因之一。中华人民共和国成立以来，关注男女平等的中央政府，却始终未曾对从夫居的方式予以特别的关注。

近年来，这种婚姻方式在集体经济发达的社区受到一定冲击。由于发展水平不同，在这些行政村与周围的其他村庄之间构成了经济状况落差。基于这一落差，一些要结婚的姑娘不愿到男方的村里定居，愿意留在娘家（这一情况排除没有儿子为解决养老问题必须找个上门女婿的情况，也排除了为了土地而在本村找对象的情况），她们的丈夫也愿意在女方所在地安家落户。在经济发达的韩村河，已有 70 多名待嫁姑娘要求在本村定居。在窦店和西南章村也有一些姑娘提出这种要求。这些极为平常的要求却蕴含着极不平常的意义，它是对从夫居的反叛，是对女性从属地位和依附人格的挑战，是对女性应当享有平等的住房和土地使用权利的争取。

对于女性在娘家落户的要求，韩村河处理得更痛快一些，他们依靠自己的建筑队在邻街盖起一排排鸳鸯楼，凡是要求留下的姑娘都可以得到一套单元房。户口可以不迁出去，但是男方的户口不能进来，就是说姑爷不能享有韩村河的福利。然而，在更多的村子却多了一份考虑和担忧：任何村庄的自然资源都是有限的，人口的增长与土地资源之间要保持一定的平衡，一旦打破平衡就会陷入灾难。由于村子的经济实力，更多的人愿意进而不愿意出，而当传统的“从夫居”与新兴的“从妇居”同时发挥作用时，势必导致只进不出，人口膨胀，打破生态之间的平衡。

解决这一新问题，可以有两种完全不同的思路：其一，顺从传统文化的思路。依然遵从从夫居的习俗，男娶女嫁，有进有出，保持人口与土地的平衡。其代价是向传统的夫权制妥协，依然维护旧有的性别秩序和平衡，使妇女依然处于从属地位。其二，彻底改变按性别确定去留的文化传统，根据父母及子女双方的需求选择婚后的住地，两个孩子不分性别，只能留下一个在身边，保持人口总量的平衡。这种做法对于上千年的婚姻传统是极大的挑战，有利于从根本上改变妇女的从属地位，有利于扩大人的选择性，建立新的性别观念，同时也可以保持人口与土地资源的平衡。遗憾的是，在西南章村和窦店，人们都一致选择了前者，他们采取的措施是，要求女方结婚以后户口迁到丈夫所在的村子落户，可以在本村工作，但不占有本村的土地，不享受本村的福利。这一措施依然以妇女从夫居为依据。我们向西南章村的村委会主任提出了一个问题：假如你村的姑娘嫁出去，离婚要回来，可不可以在本村上户口？回答是不可以。同样的问题，窦店党支部副书记的答复是可以回来，同时要有另一个条件，在窦店离婚的儿媳也要回娘家。在这里，我们体会到传统的巨大力量，在根深蒂固的性别文化传统面前，改变旧有秩序和性别观念的呼声和力量显得太微弱了，根本不能与旧有的性别文化相抗衡。

五、结论

社会经济发展对妇女发展的影响是复杂的，既有正面影响，又有负面影响，经济发展与妇女发展之间不是简单的直线关系。影响妇女发展的因素是多方面的，不仅有经济的、社会的、文化的，还有鲜为人觉察的性别文化方面的。从改变性别文化结构入手，是妇女发展的一个重要环节，应当引起社会的广泛关注。对经济发展必然推动妇女发展的盲目乐观不仅是愚蠢的，而且是危险的。

（原文载于《妇女研究论丛》1999 年第 3 期）

中国城市化之痛：性别分层加剧

一、问题的提出

中国城市化进程迅速推进，从 2000 年的 37% 增加到 2010 年的 49.7%，十年提升了近 13 个百分点，目前，全国城镇人口占了一半。据九三学社中央提交给全国人大的《关于构建失地农民权益保障机制的提案》分析，2005 年全国实有的失地农民总数为 4000 多万，并仍以每年 200 万人的速度递增。其中，女性农民失地和土地收益问题最为突出。全国妇联第三次妇女地位社会调查数据显示，2010 年没有土地的农村妇女占 21%，比 2000

年增加了11.8个百分点，同年，农村妇女无地的比例高于男性9.1个百分点。由此可见，随着城市化的快速推进，性别分层与性别矛盾也在同时加剧。

针对快速城市化过程中出现的性别分层加剧，2011年12月中旬，我们来到广东进行调研，与深圳市各级妇联以及集体资产管理办进行了座谈和专访，调查发现：性别分层在城市化过程中非但没有“自然而然”地消失，反而导致性别矛盾不断凸显，性别贫富差距急剧拉大。

深圳是中国城市化推进的龙头，户籍人口270多万，常住人口1000多万，目前，成为我国唯一没有农民户籍人口的城市。2004年是深圳城市化的终结点，这一年，政府的工作目标是将深圳所有的农民全部转成居民，百分之百成为城市人口。这里的城市化并没有导致农民的贫困化，也没有对农民采取“一脚踢”的做法，而是在农村人口城市化的同时，也推进农村土地的城市化：农村土地资源实行集体经济股份合作制，使集体资产通过商业经营保值增值，让新居民持续受益。作为股份合作公司，需要做两件事：一是成立董事会，选举董事长，建章立制，完善民主管理监督机制；二是进行投资和经营，或者直接贷款在集体土地上建立厂房和公寓，租让给外来人口获取租金，或者将土地转让出去兴建楼堂馆，创造利润后公司再将增值部分按照股份分给股民。

深圳分为关内、关外，关内是市区，关外是郊县，关外五年前还是大片农田，田地里出没着农民的身影，现在全都盖成高楼大厦，农民成了新居民，住进楼房，绝大多数家庭都雇有保姆，住房宽裕，既可以充当生活资料，也可以充当生产资料，公司为股民交纳社会保险，孩子上学有班车接送，老人股份多，一年可以收入上万乃至几万，经济赡养根本不成问题，每年股民还可以组织一次外出旅游，享有股民的福利待遇。应当说，深圳的城市化使农民从中受益。

与此同时，一直被忽视的性别问题凸现出来：出嫁女不能从中受益，被集体经济组织排除在外。为此，她们不断到当地政府上访，从2004年开始至今没间断，成为困扰政府的难题。所谓的出嫁女包括两类人，一类是传统上结婚嫁到夫家的妇女，另一类是结婚留在村庄的女儿户。这里所说的出嫁女主要指的是女儿户，她们愿意招婿上门，将户口留在村里，并一直在村庄里生产生活。2004年村民转股民时，上百名出嫁女被剥夺了股民资格，人家可以分红几万十几万，而她们却分文皆无，不公平感十分强烈。她们集体到政府、妇联上访，要求保障出嫁女的合法权益。为什么出嫁女会上访？问题到底出在哪里？调查发现：与股民资格和待遇密切相关。

二、公司章程：如何确认股民的资格与待遇

2004年，在当地政府的组织领导下，深圳关外的村委会开始转为居委会，新的城市社区出现了。需要指出的是，城市化过程中产生的新社区与通常的城市旧社区不同，旧社区通常不具有集体资产，更谈不上集体资产分配。新社区是从农村村委会转换过来的，带来一批集体土地资源，需要处置和分配。可以说，这是农民告别土地转成居民时最后一次从土地获益，关系到城市化以后的生活和待遇，这次分配对于新居民至关重要。

当地政府要求各个村委会将土地集体入股，成立股份合作有限公司。股份合作公司建立之后，一般说来，村委会将行政村40%的股份用来发展经济，60%的股份分配给个人，持股者成为集体股份有限公司的股民，可以享受股民待遇。能否享有股民待遇，关键是哪些人具有股民资格，什么人可以获得股民资格享有股权。政府将股民资格的确认下放到社区，交给了新居民：由村民表决确定股民资格，股民制定集体股份合作有限公司的章程，然后上报，当地政府审批同意之后生效。

在制定集体股份合作公司章程的时候，各个公司各有特色，股份数额

不等，有的年长者持股高达2—3股，年幼者持股少则0.5股或1股，但是在排斥女儿户享有股民资格上却惊人一致。几乎所有的公司章程都与父系分配规则紧紧捆绑在一起：父系家庭的老人、儿子、儿媳及其子女无一例外都享有股权，不论是否有土地资源的投入，然后根据年龄确定股份。女儿一旦结婚留在村里只享有2—3年股民待遇，然后就会被取消股民资格，女婿和孩子则被视为社区的“外人”，根本不能享有。

可以说，深圳农民身份转变为市民身份的过程，极具中国集体经济的特色，同时交织着农业文明与工业文明的对立冲突。与大多资本主义国家不同，中国农村经济是集体所有，不是私人所有。在私有制的国家是不存在集体资源分配的，而在中国农村是集体经济所有制，就存在集体资源的分配和处置。如何制定分配规则？在实际生活中，往往是工业文明让位于农业文明。

农业社会价值理念的核心是扶强抑弱，强调个人无法左右的先赋因素，比如，性别、年龄、辈分等等，这些都是人自身不可以选择的，却被规定为决定资源获取与否的因素。而工业社会的价值理念则不同，是尊重每个社会成员的基本权利，强调社会公平，最大限度地减少人力不可控制的因素影响。中华人民共和国的法律正是依据工业文明价值理念建立起来的法则，强调机会平等，尤其要维护弱势人群的权益，比如，婚后居住地可以根据男女双方的“约定”，自主选择到男方家还是女方家落户，没有内外之别，同样享有村民成员资格与待遇。但是，这些平等的法律法规并没有成为民间的行为规则，人们往往自发地倾向于传统，自发地用农业社会的价值理念来处理城市社区中的资源分配资格问题。按照男娶女嫁的婚居模式确认股民资格就是典型例证。

在集体成员身份向股民身份的转化中，女儿户的权益受到了两次剥夺，第一次剥夺是集体成员资格从有变无，最终取消股民资格。本来，集体经济股份合作有限公司最大的资产是土地，女儿户也有一份承包地和责任田，与其他男性村民一样都依靠土地入股，既然凭借土地入股，就应享有股权，股民资格毋庸置疑，是不应该被剥夺的，除非将股份转让或馈赠。而实际上，股份合作公司采用的是农耕社会的价值理念，将家庭父权制的原则运用到公司的股民资格认定上，女儿结婚之后，公司只保留股权 2—3 年，此后便取消股权，导致对于女儿户的制度性剥夺，这种剥夺使得女儿户的利益每年减少几千元或几万元。

女儿户权益的第二次剥夺是新社区福利待遇的丧失。新社区集体经济创造出来的福利待遇，本来应当使新社区的所有居民受惠，特别是那些弱势群体，如此才能体现社会公平的原则。实际上，新社区的福利待遇，却继续使那些已经获得股权的股民增益，股民不仅可以享受年终分红，而且可以享受其他福利待遇，可以获得社保、集体旅游等等，而没有股权的女儿户的子女，则不能享受任何福利待遇，接二连三权益不断被剥夺，使得性别分层急剧强化。

三、性别分层导致性别矛盾凸现

随着制度安排引发的性别分层加剧，女儿户强烈地感受到不公平，为什么同样在当地生活，儿子就是理所当然的股民，女儿就被排斥？为什么儿子户什么福利都可以享有，女儿户就一无所有？一位妇女说：我的女儿只有 5 岁，什么福利都不能享有。她问：为什么叔叔家的孩子可以去集体旅游，我就不可以去旅游？这些妇女并不认同只能男娶女嫁，女儿结婚就要从夫居。在她们看来，既然法律规定了婚居自主，女儿就可以自主选择，就应该享有与男子同等待遇，没有什么该走不走的问题，排斥女儿户就不合法。不仅女儿应该享有，女婿和孩子也应该享有相同待遇，将女儿户视为外人没有道理。争取与男性相同的股民资格，就成为她们上访的最大动力，与新社区交涉无果，出嫁女开始找妇联、找政府，要求妇女与男子享有平等的股民资格。

俗话说，人往高处走，水往低处流。凡是经济效益好的地区，上门女婿就多，自然女儿户就越多，这已经成为一条铁律。在任何地方都不例外，深圳也同样如此，在每个居委会都至少有 10 户女儿户，多则几十户，形成一股不可以小视的力量。每户都有三四口人，就有几百口人的权益问题。

当地基层政府最早感受到出嫁女上访带来的压力。此前，当地妇女极少与群体性事件和社会稳定发生联系，一直是沉默的大多数。而今，却成为集体上访的主力军，不仅仅为自己的权益，还为丈夫和孩子的权益。对于政府官员来说，如何认识女儿户的股民资格，是一个矛盾而又困惑的问题，立场一直在民间法与国家法之间摇摆。很多官员都是从传统和习俗中走来，将男娶女嫁视为天经地义，不由自主就会流露出对女儿户的排斥：女儿户“赖着不走”“没事找事”。可是，从法律上来看，政府官员也承认：妇女的要求完全站得住脚，是在法律允许范围内的，股份公司没有理由剥夺她们的权益。更何况妇女的上访已经影响到社会稳定，必须面对和解决，否则，会酿成更大的矛盾冲突。于是，区政府颁布了城镇化过程中的指导意见，强调公司章程中股份资格的确认要以户口为标准，特别强调户籍人口包括结婚留在村里的妇女，保证与男子享有同等的待遇，否则，公司章程不予批准。当地政府开始用工业文明的价值理念引导并规范公司章程了。

对于新居民来说，制定公司分配章程有一种趋向传统的倾向，因为过去村集体资源分配规则一直是排斥出嫁女的，而且过去的分配规则畅行无阻。深圳作为广东的一部分，有着三种语系——客家语、广普和潮汕方言，无论哪一种都强调父系传承，排斥母系家族，形成根深蒂固的传统文化以及分配规则，维护父权利益。没有人要求必须考虑户籍，必须男女平等。现在，政府出面动用行政手段加以干预，使得新居民开始考虑规则的调整问题了，何况如果迟迟不调整，最后也会影响自身利益。政府的引导和把关产生了效力，所有的股份公司章程都将户口留在村里的出嫁女纳入分配范围之内，一个村委会分配资格中长期得不到解决的老大难问题，终于解决了，出嫁女第一次与男性同等享有一样的权利。而且，1/3 的社区将股份给了出嫁女家庭，有的是低价购买股份，有的是将新产生的股份进行分配。一个董事长说，要做好这项工作，就要积极引导，以理服人以情动人，将儿子户和女儿户都视为兄弟姐妹，不分内外和男女。

但是，问题并没有全部解决。尽管所有的出嫁女拥有了股民资格，但是 2/3 的社区，并没有接纳女儿户的子女连带成为股民。公司的股东表决的时候不赞成，理由依然是："女婿和小孩都是外人，我们不能将股份分给外人"，"有的外来女婿是冲着股份来的，有了股份就离婚，股份就被带走了"。出嫁女们不服：媳妇离婚的不也有的是吗，怎么不说将股份带走？同龄的孩子同样在这里生长，为什么出嫁女的孩子就不分？女儿户深知：在股东的观念没有改变之前，按照民主程序表决，就会导致大多数人剥夺少数人的权利，他们期望依靠政府的强制力解决问题。

面对这些令人头痛的问题，集体资产管理办公室的领导说，现在要解决出嫁女家庭的股份问题十分棘手，大多数股份公司已经将股份分完，股份是可以继承的，如果要重新调整，就意味着从股民手里夺利益，会导致大多数股民不满，操作起来难度极大。当初，在制定指导意见的时候，我们只考虑到出嫁女的权益，忽视出嫁女家庭的权益，如果当时意识到这一点，将女婿和孩子的权利一起写进去，就不会留下那么多的后遗症。

四、结论

中国未来 20 年将是城市化的加速期，城市人口将达到 70% 以上，完成农业社会向工业社会的大规模转型。人们曾经乐观地估计：随着城市化的发展，妇女地位将得到提升，妇女问题将自然而然得到解决。深圳的事实表明，城市化不是万能的，不会自动解决农业社会转为工业社会中的性别不平等问题，甚至会强化性别分层。此外，中国农村80%左右的集体分配规则是排斥女儿户的，将近50万的村委会具有剥夺女儿户权益的倾向。倘若这些乡规民约不能依法得到及时纠正，会随着利益分配差距急剧增大，使原先隐蔽的性别矛盾迅速走向公开和冲突，给社会长治久安带来不容低估的负面影响。如何在未来的城市化过程中防止这一问题演化升级？这需要各级政府高度关注这一社会动向，总结城市化龙头地区的经验和教训，及早采取措施，处理好利益分配的公平问题，设计解决社会矛盾的时间表，有效防止性别矛盾的激化。

建议一：将城市化过程中的性别问题提早解决。城市化是各种利益矛盾的交集点，非常错综复杂。要减少利益冲突，可以将已经发现的问题前置。比如，在尚未城市化的农村地区，制定修订村规民约的时间表，在三年左右分期分批由地方政府组织和引导，动员村民及早修改男女不平等的村规民约，明确提出婚居模式多样化和男女平等的分配措施。在修改村规民约的同时，各级政府应当结合社会主义文化建设，做好宣传教育动员，切实转变民众与干部观念，将修订完成性别平等的村规民约作为干部考核指标。

建议二：在正在进行城市化的地区，政府要做好把关和方案的审批工作，出台分配方案的指导意见，指导意见的内容要具体明确，考虑到各种相关的利益群体。最好明确规定分配条款：

凡是户口在本村委会的，包括妇女、女婿及其子女，同样享有村民或居民待遇。凡是人户分离的妇女，如果在男方家不享有土地使用权和村民待遇，土地留在女方家，女方家土地拆迁应享有村民待遇。

村委会和新社区制定的章程要在街道和乡镇备案，基层政府要予以依法监督指导，并对违法规则予以纠正。

（原文载于《中国妇女报》2012年3月13日）

农村集体收益分配与性别分层扩大

提到农村集体收益分配，通常会想到农民乃至妇女的土地权，包括耕地和宅基地，很少包含其他。其实，乡村集体收益分配的含义比起土地分配要广泛得多，至少还应当包括集体资金 / 股份分红和村庄福利。然而，集体资金分配中的性别分层近十几年来是受到忽视的，正因为如此，本文才将其作为研究重点，着重研究集体资金分配的依据是什么，父权制的规则是如何发挥作用的，对于妇女配偶和子女产生怎样的影响，性别分层是如何不断扩大的。

集体收益分配是影响农村性别分层的重要因素之一，这里所说的集体收益指的是土地以外的资金，包括三个方面：第一，征地补偿款，在这里土地置换为资金，指的是作为生产资料的耕地被征用后获得的经济补偿。第二，集体经济的股份分红，一些经济发达的村庄完成了从农业社会向工业社会的转型，不再从事农业劳动，以工商业为主，创建起集体经济股份合作社，搞起股份分红。第三，社会福利分配，2003 年农村建起社会保障制度，农民开始享有社会保险和低保，不少农村社区也增加了花样繁多的集体福利。在这里，都涉及集体收益的分配，男女村民是如何进行分配的。我们结合第一手的社会调查案例，从社会性别角度展开分析。

一、征地补偿款的分配

征地补偿款可以说是农村集体收益中占比最大的。征地补偿款是城镇化带来的硕果之一。

（一）城镇化中的征地补偿运作方式

1992 年，中央明确经济体制改革的市场化取向之后，农村发展和小城镇建设在国民经济发展中所扮演的角色越来越重要，政府用政策引导农村的城镇化显得尤为重要。1994 年 9 月，建设部、国家计委、国家体改委、国家科委、农业部、民政部等多部委联合发布《关于加强小城镇建设的若干意见》，这是我国第一个关于小城镇健康发展的指导性文件，是政府引导城镇化的开端。从 1990 年以来，城镇化进入快速发展期，几乎每年以一个百分点的速度增长。

图 1　拔地而起的小城镇住房

不少新型城镇拔地而起，高速公路织成纵横交错的交通网，高架铁路横穿全国各地。大量的农村耕地被征用，为了避免农民成为失地农民，避免城镇化导致农民贫困化，国家在征地过程中对农民的耕地予以征地补偿。征地补偿款的额度，对于绝大多数农民来说，是几辈子不敢想的，也是辛勤一生的劳作得不到的，可以说是农民十分关注的涉及千家万户的大事。

征地补偿的运作过程十分具有中国特色。在不少国家是开发商与村民直接打交道，政府并不直接介入，而是充当出现问题之后的仲裁者。在我国，地方政府是关键性的角色，一方面要与开发商商议如何开发土地，建立哪些楼堂馆所，城镇如何布局，另一方面负责征地拆迁，进行村民的安置工作，将征地补偿款交给村委会或者村民小组。所以，村委会直接面对的不是开发商，而是政府。由于一村一策甚至是一组一策，征地补偿款的分配就更为复杂。随着集体蛋糕的份额迅速增大，父权制的规则不断强化，政府渐渐将更多的集体分配权交给了村委会，在征地拆迁过程中，一些村委会越来越赤裸裸地剥夺出嫁女及其家庭的征地权益，妇女土地权益引发的矛盾越来越成为尖锐的社会矛盾。

（二）剥夺征地补偿款的方式

第一，根据土地面积进行补偿。政府的耕地补偿往往是依据土地面积，发放补偿款。可以说，有耕地就有补偿，成为一个铁律。根据这一铁律，凡是有承包地的出嫁女，自然就可以得到补偿款，与村里的儿子户没有任何区别。一些村庄采取偷梁换柱的方式，硬是将出嫁女的承包地收走，使得出嫁女无法得到征地补偿款。

西宁市SJHW（苏家河湾的拼音缩写）村，有860户，3000人，约180名出嫁女找的是外地的老公。土地承包到户的时候，每人分得8分地，主要是种植蔬菜。到了2006年，政府开始征地，耕地全部征走，征地补偿标准是每亩地8.3万元，还有青苗费补贴、公共面积均摊等，每人分了十几万元。出嫁女没有得到一分钱，村里的理由是，1999年土地二轮承包时，出嫁女的耕地已经收回，自然得不到征地补偿费。这些出嫁女十分不解：一直种着蔬菜，怎么说耕地没了呢！既然种着地怎么得不到耕地补偿款？[①]

第二，根据户籍人口进行分配。有一些村庄，特别是在南方农村，耕地承包不久又收回到集体，或者压根就没有进行家庭联产承包，集体土地依然是集体使用集体所有。一旦出现征地，只能按照户籍人口来分配补偿款。户籍就成为是否可以分配征地补偿款的依据。在农村，出嫁女天然拥有娘家村的户籍。她们出生在村里，从小在父母身边生活，由此获得村里

① 中央党校性别团队2014年在青海西宁市城郊接合部对出嫁女进行群体采访。

的户籍，即便是结婚后留在村里，户籍没有发生任何改变。有些村庄为了剥夺这些妇女的收益分配权，采取了取消户籍的做法。这种做法从不少出嫁女的访谈中得到印证。

一位湖北HL村的出嫁女说，她所在的村紧靠洪湖市区，土地性质为国有，地价很高。分配土地补偿款时，每户至少分到20万元，可出嫁女一分钱都得不到，因为这些人的户口被村干部取消了。丈夫又不许落户，如果非要落户，就要签约：放弃村里所有福利待遇。取消出嫁女户籍的做法，在全国具有一定的代表性。①

2000年，3000名广西南宁出嫁女给自治区妇联主席写信，谈到村里将出嫁女的户籍取消，村干部气势汹汹地说："这是外公和舅舅的世界，没有你们出嫁女的份！"

在调查中经常听到签约的说法，比如，上门女婿要进入女方所在的村庄，就要和村委会签约，不允许女婿享有村民待遇。这种签约不是契约关系，不是以双方自愿为基础，而是以一方妥协、一方强制为条件，属于霸王条款。这种"霸王条款"成为剥夺弱势人群权益的杀手锏。

第三，根据多数村民表决进行资格认定。重大事务要经过村民代表会议表决通过，是村民自治的体现，对此村民委员会组织法作了翔实的规定。这种运作从2000年随着村组法的实施逐渐推展开来，其标志是基层政府要求村委会提交村民多数人同意的签名名单。应当说，这对于村民约束村干部的权力是必要的。但是，这里有一个概念不知不觉被偷换了，重大事务换成妇女的村民资格，前者涉及的是公共事务，如分配方案、财务公开。而后者则关系到村民个人的基本权利，个人的基本生存权和财产权。结果，

① 中央党校性别团队2015年在湖北洪湖市的城中村对出嫁女群体进行采访。

不少村庄对于征地拆迁中的矛盾，常常引入多数决，多数人同意就保留村民资格，多数人反对就取消村民资格。妇女的征地补偿款等权益就这样被多数决决定。

胡可（化名，本文所有的名字都为化名），1978 年生人，女，属于湖南铁皮村旺塘组成员，经村民小组同意有一份承包地，丈夫可以落户。2012 年，湘潭市推出韶山润泽东方文化城项目，该项目涉及韶山乡 TP 村旺塘组土地征收。同年 6 月，旺塘组收到征地补偿款 1819 万元。如何进行分配？同年 7 月，依据村组法，旺塘组委会召开户主会议，会议最终形成了《旺塘组土地征地收款分配户主会议记录》，户代表表决决定“外嫁女胡可一家三口不参与分配”，将胡可一家的村民资格取消掉。[①]

在这里，村民表决时，遵循着一个潜规则，与自身利益无关就支持，一旦自身利益被侵占了就反对。一夜之间，多数决就将胡可一家变成无家可归的流浪者。

（三）征地补偿款分配导致的后果

征地补偿款分配的男女差别对待，通常有两种结果：

其一是“男有女无”，即儿子户可以一夜暴富，女儿户则一贫如洗。征地补偿的后果将两性差距迅速拉大，曾经有房有地的女儿户，现在一无所有，他们被城镇化的车轮碾轧之后抛了出去，从集体成员一下子被打成另类。用她们自己的话说，自己不知道是哪儿的人，出现了身份认同上的困惑。一位 SJHW 村的妇女讲道：耕地征走以后，村民失去收入来源，基本靠打工生活。出嫁女们受年龄和学历等多种因素限制，只能做保洁员之类的工作，收入低且非常不稳定。一位出嫁女说：“钱也没有，房子也没有，

① 中央党校性别团队 2016 年在网络上收集到的湖南某村组的出嫁女典型案例。

日子没有办法继续过下去，一半以上的农嫁女都离婚了。”

其二是“男多女少”，即在补偿款的发放上男性比例高，女性比例低。一些村庄承认妇女的村民资格，但是，分配补偿款的额度不同。这常常出于出嫁女的反抗，村委会作出的妥协和让步。不过，这种妥协和让步是有限的。有的妇女获得的是征地补偿款的20%，最多的可以达到30%。如果不同意就一分钱没有。势单力薄的出嫁女明明知道是不平等条约，也不得不接受。

洪湖市WJD村地理位置优越，在城镇化进程中，村里的许多土地先后被征用，村集体得到一大笔征地补偿款，一开始分配时，出嫁女及其家人全部被排斥在外。出嫁女不断上访争取权益，村委会感受到来自政府的压力，才同意给出嫁女20%的征地补偿款。其结果是，如果每位村民可以得到3万补偿款，出嫁女的家庭每位成员可以得到6000元。如果按照一家五口人计算，男性村民一家可以得到15万元，出嫁女一家只有3万元。

二、股份分红

（一）农村集体股份合作经济的出现

改革开放以来，大多数农村实行土地联产承包，集体土地、山林等资源性资产，几乎都分到农户手里，原先的集体经济消失殆尽。但是，有一部分村庄（大多在南方地区）始终没有分地，还有的村庄分地后又收回，利用集体资源性资产，建起厂房、楼房，或出租或经营，在乡村搞起工商业，建起股份经济合作组织，出现了效益可观的经营性资产，集体经济如火如荼。这种农村集体多种股份合作经济的做法得到中央高度肯定。

十五届三中全会作出的《中共中央关于农业和农村工作若干重大问题的决定》指出：“农民采用多种多样的股份合作制形式兴办经济实体，是改革中的新事物，要积极扶持，正确引导，逐步完善。以农民的劳动联合和农民的资本联合为主的集体经济，更应鼓励发展。”十六届三中全会作出的《中共中央关于完善社会主义市场经济体制若干问题的决定》指出：“农村集体经济组织要推进制度创新，增强服务功能。”十七届三中全会、十八届三中全会也都作出了鼓励农村发展合作经济的条款。

2010 年前后，围绕破解城乡二元结构，深化农村经济体制改革，完善集体经济的有效实现形式，南方农村率先进行集体资产的清产核资，明晰农村集体资产产权主体，实现资产所有股份化，收益分配股红化，股权流动规范化，监督约束法治化。这一改革推进了集体土地资产与经营性资产的分离，推进了社会成员与经济成员的分离，有利于创新村级集体资产管理体制和运行机制，深化农村集体资产产权制度改革以及分配制度改革。

股份可以设置为集体股和人口股，比如，深圳的农村设立 40% 的集体股，用来发展经济，60% 的人口股分给个人。人口股的配置又可以分为基本股（10 股）和特定股（2—9 股），也可以每人 1 股。南方试点地区，清人分类搞得十分细致，比如：正在就读大中专的本社社员、正在服兵役的本社社员、正在劳教和服有期徒刑的本社社员、户口已落实本社的纯女户家庭的入赘女婿及其子女等等，还有的分为 14 类受益人和 7 类非受益人，不同年龄配置的股份也不同。一旦受益人享有股份，就成为股民，可以享有股份分红。试点村可以建立股份合作公司，股民推举股东理事会成员，选举董事长，可以建章立制，形成民主管理监督机制，有效发展公司经济。而一旦成为非受益人，就会与集体经济完全分离，不能成为集体资产产权的主体，只是集体收益的局外人和旁观者。股份分红与征地补偿款不同，后者是一次性的，而股份分红则是持续的，只要经济效益好，就可以持续地从集体经济分配中受益。

所以，村民成为受益人十分重要。如何成为受益人呢？调查发现，南方试点村大多依据“待遇”确认，有的叫村民待遇，也有的叫社员待遇，即合作经济的成员待遇。

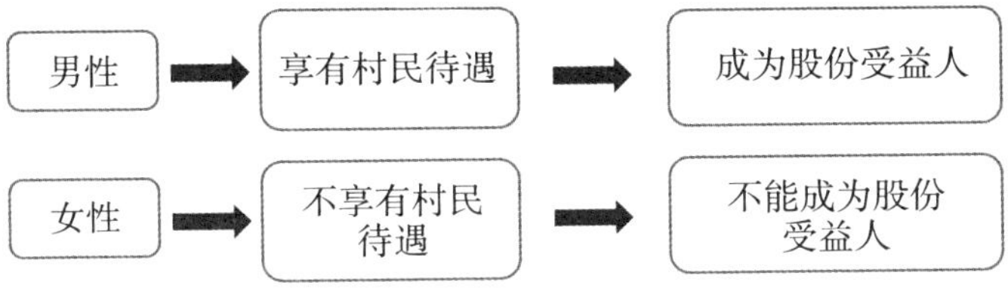

图 2 男女有别的村民待遇与股份待遇

这里的逻辑是，你如果曾经享有村民待遇，就可以成为股份的受益人；如果你不曾享有村民待遇，就不能成为股份受益人。比如，浙江某试点村 DJC 的农村集体资产产权制度规则的表述是，享受股权的对象是基准日前享有本村福利待遇的且有本村农业户籍的社员。湖北 BJ 村享受股权的对象是有本村户籍并享受村民待遇的村民。

耐人寻味的是，几乎没有试点村在集体经济改革中涉及村民资格，村民资格更像一个隐匿的话题，隐藏在村民待遇的后面，村民待遇却成为一个令人关注的话题浮出水面。深究起来，村民待遇是村民资格的结果，村民资格是村民待遇的原因，村民资格的原因消失不见了，村民待遇的结果却凸现出来。原因和结果是倒置的，这种倒置的后果之一是，忽视村民资格的合法性与公正性。

本来农村股份合作经济组织的建立，是农村农业经济向工商经济转变的重要标志，农村股份合作经济组织是适应工业社会的要求出现的一种经济组织形式，以多劳多得为分配原则，性别的因素应当弱化。而事实上，股民的确认却延续了农耕社会的传统惯例，男女有别，亲疏有别，性别与婚姻依然作为基本的清人分类的标准。

（二）对女性及其家人进行严格的限制

我们先看看对女性及其家人的做法，大体分为三种[①]：

① 中央党校性别团队 2016 年根据在南方搞股份合作社的调查进行的概括。

第一，将女性及其家人从受益人中完全排除，比如，有的村庄规定：嫁出的女性成员及其子女，离异的、丧偶再嫁的配偶，离异的女性，不能成为受益人。在这里，对女性设置了苛刻的条件，不要说女性离异就等于自动丧失成员资格，连丧偶这种难以抵御的风险都成为排斥女性的理由。

BJ 村的夏英，1940 年生人，1958 年嫁到丈夫所在的村子，夫妻二人生活了 40 年，有 5 个女儿。当她 68 岁时，丈夫去世。她与市里一位退休职工结婚，但一直居住在村里，户口也在村里，她强调，村里的义务都承担了，应当享有村民同等待遇，可是村干部就是不同意享有股民待遇。

第二，对农村女性进行分类对待。在江浙一带的农村搞股份合作经济组织时，采取的措施五花八门，不同的经济组织采取不同办法。有的允许农嫁城的妇女享受分红，而城嫁农的妇女不能享受分红。有的规定出嫁女不享有，在基准日前离婚的农嫁女给予股权。

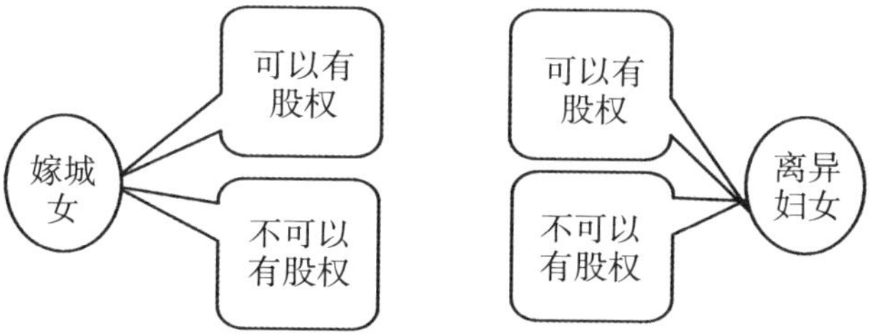

图 3　一村一规、一组一规、五花八门、相互矛盾

2011 年股改以来，为了拿到股权证，MIX 村有 30 多对夫妻（从妻居）离婚了，还有的姑娘想结婚，可迟迟不敢领结婚证，导致出现缺乏合法手续的非法婚姻。为了永久性地剥夺出嫁女的股权，村集体还推出一项专门针对出嫁女的经济配送的规定："户口在本村的农嫁女于 2013 年 9 月 30 日前办理户口迁出手续，与本社签订不享受福利待遇的协议，本社一次性经济配送2万元。”

第三，招婿女性的子女不能享有。在深圳，不少妇女抵制男女差别对待的做法，组织起来上访维权，当地政府采取积极措施，要求各个股份合作经济组织提交申请时，必须明确规定男女平等的分配条款。否则，不予审批。应当说，政府的积极干预产生了效果。不少村庄不得不修改股份分配的标准，取消了对妇女的排斥性条款，但是，依然保留了对农嫁女子女的限制，将农嫁女子女打为另类，使得性别歧视得到代际传承。

（三）对男性及其家人予以保障，乃至增加种种优惠待遇

浙江省乐清市DJ村是集体资产产权制度改革的试点村，2003年，该村集体资产总值达到4亿多元，2008年集体经济收入约1800万元，村民人均收入3万元，是远近闻名的富村。2012年成立改制小组，提出改革实施方案，实行静态的管理，一旦确认股份之后，实行生不增、死不减、进不增、出不减，股份可以内部转让，可以由子女继承，但不可以退股兑现。该村设置每人1股，男性到了20岁要补1股，等于是2股。

图4　享受股份，男女有别

同样是结婚，男女的命运截然相反，农嫁女不享有股份，农娶非的社员及子女、媳妇、孙女，户籍不在村里，可以每人补0.5股。这种股份配置制度，大大强化了生男偏好，社员一定得要儿子，哪怕罚款也要，因为有了儿子，就有了集体资源的保障，不仅保障男性自身，还包括妻子以及子孙后代。在这里，经济发达并未弱化重男轻女，反而通过股份分红得到强化。

需要提出的是，这些股份合作经济组织几乎都是当地政府树立的典范，对于未来的经验推广具有示范作用。那么，这将意味着男女有别的股份分红在更大的范围内得到复制和推广。

三、农村福利分配

农村福利分配可以分为两类：

第一，国家建立起来的农村社会保障。2000 年到 2010 年，是农村社会建设的起步阶段。此时不仅免除了实行上千年的农业税费，而且建立了覆盖整个乡村的社会保障制度，2003 年重新建立新型农村医疗，触动了大病致贫和乡村卫生医疗的匮乏问题；2007 年首次在农村推行最低生活保障制度，专门为农村贫困家庭提供救助；2009 年首次推行农村养老保险制度，政府为每个农村参保人员提供基础养老金。由此，在一定程度上打破了社会保障和社会救助的城乡二元格局，有利于保障农民的基本医疗和基本生活。

第二，农村集体福利。即由村集体提供的社区福利，有两种形式：其一，经济条件好的村集体，常常为村民缴纳社会保险，其二，村集体可以提供种类繁多的福利，如老年教育补助及外出旅游等等。村集体收益越好，村集体干部越办事公道，集体福利就会越多，村民越是成为集体收益的受益人。这些村集体往往受到周边村民的羡慕，也常常得到当地政府的关注和推崇，成为农村社会保障的标杆和楷模。然而，当这些村庄备受青睐的时候，却往往遮蔽了极少被看到的隐性性别问题。我们将分类进行具体分析。

（一）社会保险与社会保障

2003年是一个值得记忆的年头，由此，社会保障由城市推及农村，农村开始实施医疗保险，此后渐渐推开农村养老保险。政府要为农民提供一定比例的资金，与此同时，村集体和村民也要缴纳一定比例的资金，解决农民的看病和养老问题。在农村社会保险推行的程度与村庄的集体经济水平相关联。在观察农村村庄时，不可以回避的是村庄之间的分化，一大部分村庄已经没有集体经营性资产了，也就谈不上集体福利，所有的社会保险都是农户自己来交。还有一些村庄集体资产如日中天，不仅可以缴纳集体的部分，甚至可以缴纳个人的部分。

浙江永嘉县的QH村，在征地过程中逐渐修建起来的菜市场、汽车修理厂、十几层高的办公楼等等，价值总和已达十几亿元，是该村村集体的重要资产，而这些不动产的出租收入也成为村集体经济收入的主要来源。像菜市场就有几百个摊位，每个摊位每年出租收入为3万—8万元，整个菜市场一年的摊位出租收入就高达上千万元。从1987年起，QH村每个月给村民发放几十元的养老保险金，以后逐渐递增，及至2013年，养老保险金已达到每人每月700元。

有经济实力的村庄为村民缴纳保险金，可谓一举两得，一方面体现了集体经济的优越性，减轻了个人和家庭的压力，另一方面提高了当地农村社会保险的参保率，得到当地政府的肯定。永嘉县QH村多次被评为先进党支部、治安综合治理先进单位和创建治安安全示范村，也是永嘉县第一个设置村民养老保险补贴的文明村。[①]

① 中央党校性别团队2014年在浙江经济发达的农村社区进行的福利分配调查。

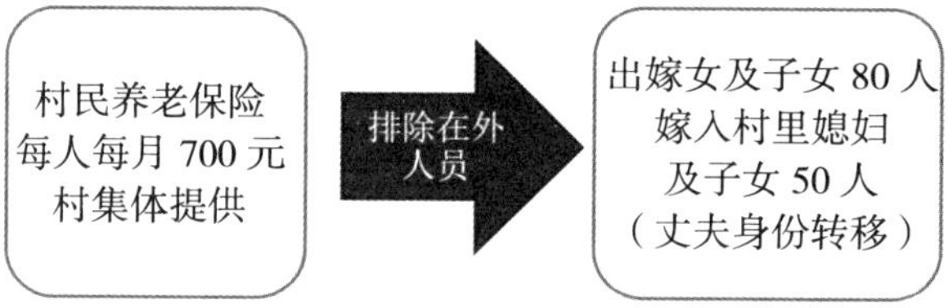

图 5　养老保险，男女有别

然而，在这个拥有 350 人的村民养老保险补助文明村，有两个群体并不享有补助，一个是出嫁女及其子女 80 多人，另一个是嫁入该村的媳妇及其子女 50 多人，她们的丈夫已经转入城镇，从而导致丧失村民资格，均不能享有养老保险补助。

这种做法几乎成为先进村的普遍现象。有些村庄（如 DJ 村）还将医疗保险纳入其中，无论村民的医疗保险还是养老保险，都由村集体支付，对于 60 岁以上的老人，村里每个月给其发放 1000 元的养老金，而该村出嫁女的户口未迁出，且长期生活居住在此，却得不到养老保险补助。

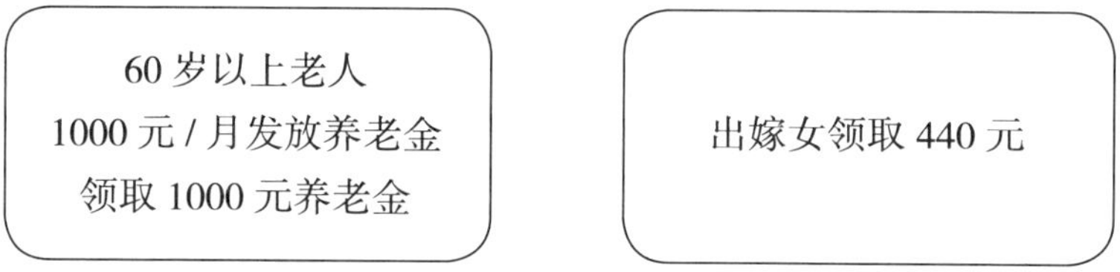

图 6　养老金同样排斥出嫁女

湖北省洪湖市的 BJ 村，主要以水面养殖为主，现今已经成为地地道道的城中村，土地大量被征收。为了给村民一个保障，村干部积极协调各种关系，让村民一步到位享受城市居民的社会保险。为了鼓励家家户户缴纳养老保险，提出每户可以有一人享受 1.2 万元的补助。可是，出嫁女所在的家庭不能享受也不能购买这个养老保险。迫于无奈，出嫁女及家人只能找关系把户口转到一些单位上挂靠，通过这些单位购买城镇居民养老保险，不过转户口要花很多费用，同时保险的钱还要自己出。出嫁女家庭由于当时没有那么多钱可以交，现在每个月拿到手里的养老金比其他村民少，其他村民每个月可以拿到 1400 多元，而她们只能拿到 440 多元。两性之间的差距持续拉大。

在这里可以看出，出嫁女及其家人的权利剥夺不是一次性的，而是终身的，从青年一直到老年，性别的印记如影随形，始终伴随着她 / 他们。

（二）低保救助及其他国家福利

2007 年，最低生活保障制度（亦称低保救助）在农村全面推开，从此，这一制度不再是城市人的专利，乡村人同样可以享有。低保救助是针对贫困人口和家庭，由政府提供资金保障贫困者的基本生活和生存权利，使得农村中的贫困户可以有尊严地生活。低保救助并不动用村集体资金，但需要村集体确认贫困户并向乡镇政府申报。

低保救助的关键是确定贫困户，贫困户确认准确，就可以体现这一制度的公平合理，否则，会导致严重的分配不公与救助对象错位，贫困户得不到救助，得到救助的并不贫困。在低保救助中，一类显性的问题是，人情保、关系保和轮流保，导致不应该享受低保救助的家庭享受低保救助。这类问题已经被关注到，重点是如何设法解决。此外，还有一类隐性的问题极少被关注，就是出嫁女和离异媳妇的贫困救助问题。后者有两种表现形式。

第一种是杨改兰式的贫困，这类家庭没有按照从夫居的婚姻形式到男方村落户，被村民视为“倒插门”、不正常，女方无经济来源，男方的经济收入过低，工作极不稳定，整个家庭在贫困线上苦苦挣扎，却得不到低保救助。甘肃农村的杨改兰就属于这种情况，她招婿上门，才 28 岁就已有 4 个孩子需要抚养，经济压力非常大，丈夫的收入很不稳定，家里住的是全村唯一的土坯房。而村集体在评定低保户时，又将她们家过去的低保救助取消了，杨改兰最终走投无路陷入绝望，杀死 4 个孩子然后自杀，酿成全家死亡的惨烈悲剧。

第二种与城镇化进程及出嫁女的身份有关，村庄拆迁之前，这些出嫁女住在父母家，有房子居住，有土地耕种，生活无忧，谈不上富裕，但也可以维持基本的生活。征地拆迁之后，不仅得不到征地补偿，无处居住，还找不到活做。西宁市SJHW村的出嫁女年龄不等，有的已经四五十岁了，文化程度低，又无任何技能，找不到工作，全家的生活一下子陷入困境。当采访者问道："是否可以申请低保救助？"有了低保救助就可以保障她们的基本生活，这些农嫁女摇摇头说，"没有低保救助，村集体不会管我们"。

这种现象绝非个例，在全国不同地区均有发生。

农嫁女的贫困成为低保救助中的一个隐性问题。之所以说是隐性问题，即表面上看不出来，因为村集体根本不承认她们的集体成员资格，实际上，她们的村民资格已经受到排斥，那么低保救助自然与其无关。然而，这些出嫁女又无处可去，她们的户口在这里，她们的生活在这里，她们的低保救助也只能在这里，但她们不能享有低保救助，她们的低保实际上是缺失的，最低生活保障制度不能发挥应有的效力。此外，低保救助是一个完整的救助链，享有低保救助，子女的义务教育还会有相应的补贴，看病也会提供相应的医疗救助。可以说，是贫苦家庭的福音。因此，需要将农嫁女的低保救助显性化，使其能够成为低保政策的目标群体。否则，农嫁女的贫困化就会加重。

除了低保救助，国家还有一些优惠政策，如计划生育的优惠政策，独生子女可以得到计划生育奖励，孩子考高中和大学可以适当加分。此外，在村庄安置新房时，可以奖励一人份的面积，有的村一人份是25平方米，有的是50平方米。这些优惠政策，符合计生条件的农嫁女也得不到。

在采访中，湖北、浙江和青海的出嫁女都会讲到村民义务，在她们看来，义务与权利是对等的，在村里尽了义务就应当得到相应的权利。可是，事实上，农嫁女往往只有义务却没有权利。BJ 村的农嫁女说，我们响应国家号召，只生一个孩子，生了女孩也没有再要，村里应当给我们奖励，不但没奖励，反而连村民资格都没了，这不是变相鼓励违反计划生育政策吗!

（三）名目繁多的村庄福利

经济富裕起来的村庄，搞起了各式各样的集体福利，以至于这些村庄的村民令周边村羡慕不已。不过，这些村庄的集体福利分配是内外有别的，甚至村民的子女也有不同的待遇。

1. 免费安装家用设施

湖北省洪湖市的 HL 村是当地政府树起来的红旗村，集体福利成为该村的一大亮点。家家户户安装液化气设施，方便村民使用液化气，不用提着液化气罐子换气，还免费安装有线电视，村民可以看到更多的电视频道，天天享有丰富的文化生活。不过，农嫁女的家庭就要掏钱安装，对于农嫁女来说，没有免费的午餐。一位上门女婿说，处处感到自己是外村人，福利越多，这种被排斥的感觉越强烈。

2. 集体出资旅游

西宁市 WJ 庄搞起了集体出资旅游，每两年外出旅游一趟。新闻登上了报纸的头条，支部书记也不断接受采访，一时间成为农村致富奔小康的带头人。不过，记者没有看到的是，400 多名出嫁女及其子女是不能参加旅游的，出嫁女说，WJ 庄是男子汉的天堂，是出嫁女的地狱。

这种村庄福利在深圳出现得更早，深圳 2004 年已经没有农村了，是我国城镇化进程最快的地区，几乎原有的村委会都改为居委会，集体福利特别丰富，集体外出旅游成为居民的一种生活方式，不过，旅游是不允许农嫁女及其孩子去的。住在一起的孩子们享受完全不同的待遇，一位妇女说，我的女儿才 5 岁，什么福利都没有。她问我：为什么叔叔家的孩子可以去旅游，我就不可以去？我不知道该怎么对孩子说，我不愿意让她幼小的心灵感受到性别歧视的苦痛。然而，这却是孩子面对的现实，对于农嫁女的排斥正在延续到下一代身上。

3. 子女教育两种待遇

江苏 YL 村是全国闻名的先进村。在实施九年义务教育免费之前，村里给每位适龄小学生和初中生免除了学费、学杂费等。同时为鼓励小孩上学读书，加大智力投资，给每个学生每年 1000—5000 元的助学金，给考上重点院校的学生 5000—10000 元的奖学金。但是这些待遇出嫁女家的小孩是不能享受的。

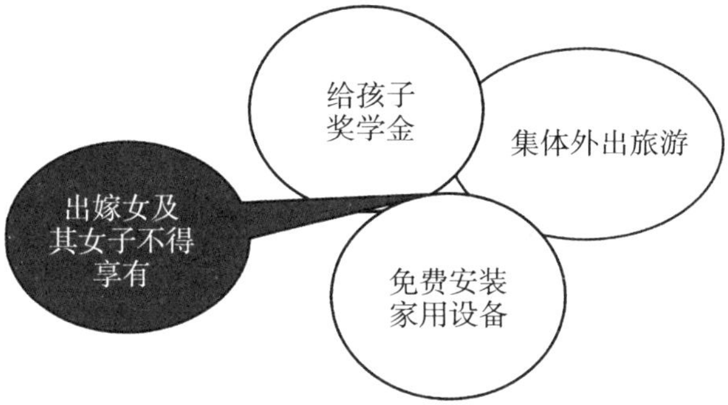

图 7　村民福利种类繁多，统统排斥出嫁女及其子女

HL 村为鼓励村里的小孩读书，出台了很多奖励政策。凡是考取国家重点一本院校的，一次性奖励 10000 元，考取非国家重点一本院校的，一次性奖励 3000 元，考取二本院校的，一次性奖励 2000 元。同时在实施九年义务教育免费之前，村里小孩子的学费、学杂费等费用全部由村集体承担。但是这些好的政策出嫁女家的小孩不能享受，同时他们还要缴纳比较高的“借读费”。

通过教育和旅游的案例，可以看到性别分层的持续性，已经从上一代人延续到下一代人，使得孩子幼小的心灵就体会到性别歧视，强化了性别分配不公的烙印。

四、结语

我国乡村社会一直延续着一条看得见的轨迹，农民从耕种土地转向进城上班务工，从分配宅基地转向入住成品房，从家庭养老转向社会保障和村庄福利。但是，沿着性别视角又可以看到另外一条不变的轨迹，男女有别，村民身份因性别婚姻而异，男娶女嫁似乎成为一条不变的定律，导致性别分层不断扩大与延续。

性别分层的核心是，不按照男娶女嫁规则行动的男女村民，有没有村民资格，谁来确认村民资格。在村集体进行资源分配时，政府与司法始终是缺位的，没有制定相应的公共政策，而是将确认村民资格的权力交给村集体。尽管已经有了性别觉悟的少数男女，不断争取自己的财产权，但往往身单力薄孤军奋战。而村集体可以任意决定如何对待出嫁女、离异女、丧偶女、上门女婿以及他们的子女。

性别分层加剧给我们的启示是，不能仅仅关注农村经济和社会的发展，还需关注农村男女两性是否可以共同受益，性别平等并不是与社会经济社会发展无关的话题，而是有着紧密的联系，需要在推动经济社会发展的同时，推动性别平等在分配制度中的实施。

（原文载于《乡村社会治理与性别分层加剧》，中国社会科学出版社2019年版）

农村集体资源收益分配与村民自治

无论是农村土地资源、征地补偿款，还是集体收益发放，都有一个如何分配的问题。这个问题解决得如何，关系到每个村民的切身利益，也关系到社会公平正义以及社会稳定。在我国农村通常的做法是，首先由地方政府对于分配什么作出统一安排，分配框架形成之后，交给村委会以及村民小组，村委会通过村民会议或者村民代表会议形成分配方案，报乡镇政府批准后开始实施。

1998 年，我国《村民委员会组织法》中规定将涉及村民利益的事项交给村民会议决定，第十九条规定："涉及村民利益的下列事项，村民委员会必须提请村民会议讨论决定，方可办理：……从村集体经济所得收益的使用；村办学校、村建道路等村公益事业的经费筹集方案；村集体经济项目的立项、承包方案及村公益事业的建设承包方案；村民的承包经营方案；宅基地的使用方案；村民会议认为应当由村民会议讨论决定的涉及村民利益的其他事项。"第十七条规定："召开村民会议，应当有本村十八周岁以上村民的过半数参加，或者有本村三分之二以上的户的代表参加，所作决定应当经到会人员的过半数通过。"所谓"多数决"，即通过多数成员表决决定公共事务的一项制度，该制度在 2010 年修订的村民委员会组织法中再次得到确认。

这一分配原则在其他法律中一再得到确认，例如《土地管理法》第十五条规定："农民集体所有的土地由本集体经济组织以外的单位或者个人承包经营的，必须经村民会议三分之二以上成员或者三分之二以上村民代表的同意，并报乡（镇）人民政府批准。"对于宅基地、农地征用及其他村集体资产分配，目前已经纳入农村集体分配管理的制度与程序当中，凡是没有经过村民代表会议表决同意的方案视为无效。

“多数决”包括几项核心内容：第一，由村民会议或村民代表会议决定，而不是村委会或村民组长决定。第二，人员要求，召开村民会议，应当有本村十八周岁以上村民的过半数参加，或者有本村三分之二以上的户的代表参加，女性户代表不能低于三分之一，所作决定应当经到会人员的过半数通过。第三，讨论决定内容，涉及村庄的管理规则与行为规范，村民利益的诸多问题，包括村集体的资源转让与否、集体收益如何使用分配、集体福利如何发放等等。

作为一项村民自治的制度安排，“多数决”在我国农村的实践是很不完善的。“多数决”经常被少数有权者控制，甚至被乡村黑恶势力操纵，成为剥夺农村妇女村民资格以及妇女土地权利的工具。

一、“多数决”被农村权贵集团与黑恶势力操控

我们一直从事农村妇女土地权益研究，在全国各地作过大量的调查与深度访谈。我们发现，越是农村妇女土地权益问题受侵害严重的地区，也越是乡村干部谋取私利猖獗的地区，更是黑恶势力嚣张活跃的地区。在那里，“多数决”已经严重背离了民主管理的本意，而成为少数权贵集团操控与谋取私利的工具，他们将集体资源转化为个人资产往往首先是从剥夺最弱势的群体——农村妇女开始的。

对多数决的操控通常有三种方式：

第一，不让农嫁女（即结婚后依然留在女方村的妇女）参加村民会议，也不允许她们入党和参与村庄管理，剥夺了她们的知情权和参与权。西宁城西区火东村的农嫁女说：“我们出嫁女现在在这个村里什么权利都没有了，连个选举权都没有，选民证都不给我们发了。”西宁城西区路家庄村2006年制定村规民约，由党员代表大会制定村规民约，出嫁女们并

不知道党员和党员代表是怎么产生的。农嫁女告诉我们说：“我们出嫁女好多是团员，我们也是上过学的，我们都想入党，可是从来没有一个出嫁女入过党，党员是要参加党代会，有表决权的，村里不可能让我们入党。我们去村里问，就说不合格或者直接说申请书弄丢了。村里的女党员和女干部全部是嫁进来的媳妇，出嫁女无一人在村中任职。”党代会上书记说：“嫁出去的姑娘，泼出去的水，这个口子不能开，如果开了，你们姑娘们就没完没了了。”

这种现象在各地很普遍，农嫁女不能入党，不能当村民代表，没有参与村庄事务的表决权。今年上半年，中央党校妇女研究中心对全国21个省1126名农嫁女进行参与集体事务表决的调查，结果如下：

表1　对全国21个省1126名农嫁女参与集体事务表决的调查

选项	小计
A. 都可以参加	37
B. 不可以参加	767
C. 部分可以参加	114
D. 不清楚	149
本题有效填写人次	1067

回答“都可以参加”的占3.47%，“部分可以参加”的占10.68%，“不可以参加”的高达71.62%。

第二，村干部对村民代表的表决结果进行操控。通常上级政府检查村级表决的结果，是要求村委会提供多数决的签名。签名并不一定表明认真严格遵循了民主表决的程序，其中往往隐含了不被人知的隐情。河北石家庄高新技术产业开发区宋营镇南辛庄村，2005年7月制定了村规民约，“有儿户不允许招上门女婿，自行招入的男方不准迁入户口，女方自登记之日起，半年后不享受村民待遇，无儿户允许招一个女婿，户口可迁入享有村民待遇，自行招入第二个女婿的男方不许迁户口，女方自登记之日起半年后不享受村民待遇”。以此为依据剥夺本村多名农嫁女的村民待遇。根据该村农嫁女的反映，村规民约只是一个幌子，实际上是村干部背后操纵。这些农嫁女专门写了要求与村民同等待遇的“请求书”，找村民代表签字，该村共19名村民代表，找了17名代表，他们人人表示支持并签名，完全符合多数决的程序，结果，村规民约不但没有一个字的改动，反而，村干部将这批村民代表全部撤换掉。

在我们对1126名土地权益受损农嫁女的调查中，土地分配由村委会和乡镇政府决定的比例几乎达到30%。由此可见，村规民约并不一定代表民意，很可能成为少数村干部侵犯农嫁女土地权益的挡箭牌。

表2 对全国21个省1126名农嫁女土地分配决定情况的调查

C. 村两委决定	293	26.02%
D. 当地乡镇政府决定	41	3.64%

第三，红萝卜加大棒，对于村民表决结果进行诱导和控制。在一些必须进行村民多数决的地方，乡村干部常常对表决者进行诱导乃至威胁恐吓，以便得到预期的结果。例如，西宁城西区苏家河湾村，2006年对农嫁女是否享有分配住房和补偿款进行全村村民表决，会议召开之前，一些小青年喊话：谁要是支持出嫁女，就打死谁，就把他的一份给出去。转天表决大会开始，区政府派人参会并讲话：“这是一个馒头，是掰成两半多，还是自己吃一个多，这是傻子都知道的事情。”现场，村委会中间拉了一条红绳，让大家站队签字，凡是不同意给出嫁女分钱分房的就给五块钱，凡是同意给出嫁女分房分钱的一分钱不给。村主任还说，“谁同意给她们分钱我就打死他”。最后只有六个老太太同意给出嫁女补偿，这六个人都是出嫁女的母

亲。其他人都跑到反对的一边。

这种被操控的多数决，表面上是村民自治，实际上是乡村黑恶势力把持控制。这种黑恶势力掌控着黑白两道，白道是用金钱进行贿选，从而掌握村集体的领导权和管理权，使得自己摇身一变成为“村主任”“村书记”，制定有利于自己的分配规则，利用手中权力最大限度剥夺村民首先是妇女的利益，从而化公为私，是农村集体经济的最大蛀虫。黑道是收罗一批流氓恶棍和打手，违法乱纪胡作非为，任何反对的力量都会受到打压和人身伤害。应当看到，在这里“多数决”徒有其名，所谓的村民自治只是权贵集团将个人私利最大化的手段。

二、对农村妇女集体成员资格的剥夺

所谓村民资格，也称作集体成员资格，是集体成员身份的标志。有了村民资格或集体成员资格，村民就可以享有村民待遇。在社会福利、土地补偿逐渐增多的农村，集体成员资格成为享有集体福利待遇的必备前提。所以，集体成员资格的界定显得越来越重要。

至今为止，我国国家法律政策尚未对农村集体成员资格重新认定，而是默认地方政府自行解决。基层政府处理成员资格通常采取两种做法，第一，对其中一部分“人户分离”的人群作出明文规定，比如，大学生、士兵、服刑人员和失踪人员，要求同等享有村民待遇；第二，将争议大的人群成员资格认定如农村婚嫁妇女纳入村民自治范畴：交给村民会议或代表会议进行表决，乃至交给村民小组签字同意。多数决通过就可以拥有村民资格，多数决反对就取消村民资格。

从依靠多数决选举村干部，到依靠多数决决定出嫁女的村民资格，村民自治的属性悄悄发生改变。依靠“多数决”决定村民资格，至少有两种方式：第一种方式，一事一议，这种做法在村民小组更容易使用，户代表有限，组织起来容易。有时，村组表决会接二连三，表决结果往往会随着自身利益而调整，当接纳出嫁女在本村落户，与自身的利益不发生冲突，就会倾向于投赞成票。一旦接纳出嫁女会影响到自身利益，就会投反对票，甚至后面的表决会否定前面的表决。更何况，出嫁女作为“嫁出去的姑娘泼出去的水”被普遍认同，将其从集体分配中予以排除，最能为户代表接受。农嫁女不属于户主，几乎没有资格参加表决，不能形成表决当中的反对派。在一些村民自治实行得比较充分的村庄，通过多数决直截了当地剥夺农嫁女的土地、征地补偿款以及所有的集体福利，使她们失去土地、住房，变成赤贫，是司空见惯的事情。第二种方式，通过多数决形成分配方案或村规民约，以便村民有章可循。这种多数决更多出现在村委会一级，通过多数决剥夺“农嫁女”村民资格的做法，在村委会或村民小组屡见不鲜，在“村民资格”的认定中，“性别与婚姻”作为一项隐性的清人分类标准起到了关键作用：在这里，根据与男性的从属关系，将“妇女”划分为两类，一类是妻子、母亲的身份，另一类是女儿、离婚、丧偶妇女或大龄待嫁女的身份。在一段稳定的婚姻关系中，前者的“成员资格”可以依附于男性户主而得到保障；对后者而言，由于一旦出嫁或者婚姻关系发生破裂，她们既脱离了和男性娘家户主的依附关系，也失去了婆家男性家庭的“成员资格”，成为“成员资格”界定中财产权受侵最为普遍的群体。

三、村规民约对妇女土地权益的显性剥夺

村规民约是村庄制定的管理规则和村民行为规范，分为两类：一类是综合性的（如村民自治章程、村规民约），涉及村庄事务的各个方面，具有很强的综合性和规范性。另一类是专门性的，即将“集体资源分配”单独抽取出来，形成村庄内部的经济管理规则和分配方案，如：征地补偿分配方案、农村社区建设拆迁与分配方案、农村经济组织股份合作社章程等。

2014年5月，中央党校妇女研究中心收集整理了上百份全国各地的村规民约、村级分配方案以及股份合作社章程，在中、东、西部十几个省份开展了深度访谈，发现“一村一策”“一组一策”在全国各地十分普遍，村规民约五花八门，混乱不一，但有一点很相似，都以“性别”为由剥夺妇女土地权益，主要表现在四个方面：

第一，村规民约强制要求出嫁女的户口迁出娘家村，且明确规定出嫁女不得享受村民待遇。如浙江东街村的村规民约规定：“凡婚嫁外单位农业户口的村民，应当在办理结婚登记的同时将户口迁往男方，如未迁移的则作为待定户籍暂挂本村，并与村签订协议或保证书，保证其本人及子女不享受村各项福利待遇。”再以浙江金华市为例，余宅村村规民约第二条规定：“出嫁女结婚后超出六个月，户口未迁出本村的，根据本村村规民约执行，不得享受本村一切待遇及向村提其他任何要求。”广东江门有涉及征地补偿的村庄，如《桐井村委会户口管理及村民小组收益分配的暂行规定》第二条：“本村农业户口的出嫁女户口可留在本村，出嫁女如户口不迁出，以婚姻登记日为准，一年后取消其分配权，户口可保留本村，出嫁女及其子女不享受村民待遇。”国家“增人不增地，减人不减地”的政策，在执行过程中被村规民约扭曲为：不减人也减地。

第二，村规民约规定多女户只允许一个上门女婿享受村民待遇，其他家庭类型的女儿不得享有。天津赵庄村的土地补偿分配方案对分配人员作出如下界定：“本村村民有女无男户，在我村正式办理男到女家落户手续的，男方户口迁入我村，其本人是农业户口的参加分配，两个女孩的只有一个享受。”河南省登封市少林办塔沟村的村规民约规定：“多女户只允许一个女儿招婿上门落户，享受本村村民待遇；有儿有女的家庭不能男到女家结婚落户，违约者不享受村民待遇。”这样的村规民约导致农村妇女婚后必须“从夫居”，而且，通常女方村庄不会考虑与男方村庄的衔接，只要结婚就会在半年之后拿走承包地，在1126份调查问卷中21%的受访者由此导致土地“两头落空”。

第三，村规民约限制离异女的待遇。对离异女另眼相看，有的村完全不给离异女村民待遇，有的村虽然给予离异女部分待遇，但条件非常苛刻。如浙江井马村的村规民约规定，“嫁外村离婚后，户口仍在本村的，凭离婚书按人口40%计算，2010年12月3日后离婚，户口仍在本村的，不得再参加分配”；“外村嫁入本村离婚后不结婚（12年以上，45周岁以上，两个条件同时具备），可享受本村村民待遇”。

第四，给予男女村民差别性待遇。在这里，集体分配方案并没有完全排斥婚嫁妇女，但是集体资源分配却大打折扣。浙江义乌市季宅村新农村建设中旧村改造的方案规定：男方离异按照标准户型安置，分配108平方米的宅基地；女方嫁入本村离婚且未婚的妇女，安置18平方米的宅基地；若女方带有原配偶的1个子女可以安置54平方米。男方女方同属于离异村民，男性的宅基地比女性多出90平方米。此外，测婚测嫁成为分配住房的一个前提条件，男性20岁属于可以立户子女，可一个人安置90平方米，已婚未育的男性村民可以安置108平方米。这种歧视性的分配方案，还出现在全国“红旗村”“先进村”，尽管这些村庄的集体资源已经上亿，依然秉承的是男娶女嫁的古老乡土社会规则，而制定该方案的村干部因为经济社会发展的成就，还成为全国党代表和人大代表。

性别不平等的村规民约，将男到女家的妇女或者离异妇女视为另类，进行“有根据”的剥夺，首先通过“多数决”取消她们的村民资格，进而取消她们所有的村民待遇。由此，国家土地政策包含的男女平等原则，就被村规民约掏空了，最终导致一部分妇女承包地由“有”变成“无”，她们具有农民身份，靠种地为生，却失去了属于自己的承包地。这是村规民约对妇女个体土地权益的显性剥夺。

（原文载于《修订村规民约手册》，河南人民出版社2011年版）

公共政策：村民资格的重新认定

妇女土地权益受剥夺，从根本上来说是村民资格的认定问题，农嫁女是否属于农村集体经济组织中的成员是有争议的。村干部认为“不再是”，而农嫁女看来“依然是”。这就涉及村民身份与资格的认定问题。这个问题的界定至关重要，有了村民资格，村民就可以拥有资源分配的权利，否则，都不具备村民资格，自然就谈不到村民的权利。本文着力探讨界定村民资格的必要性，探讨界定村民资格的主体，以及公共政策制定中需要注意的问题。

一、界定村民资格的必要性与迫切性

农民依靠土地为生，土地越来越成为稀缺性资源。随着城镇化发展和农村政策演变，农民的户籍流动、土地流转与居住地变化，大致经历了三个阶段：第一阶段，土地家庭联产承包责任制施行初期，仅有少量村民外出务工，村民的“户籍、土地权利与常住地”一致且相对稳定。第二阶段，自20世纪90年代中期，国家推行集体企业转制并放松对农村户籍的管制之后，大量村民选择外出务工，甚至通过购买的方式将农业户口转为城镇户口。一部分购买城镇户口的村民，由于落实了工作单位，取得了享有城镇社会保障的资格；另一部分并未能获取城镇社会保障，甚至仍在本村生产或生活。第三阶段，进入2000年以来，随着国家征地开发、城镇化进程推进，土地成为新的稀缺性资源，土地价值不断攀升。土地越是升值，农民的集体成员身份越是受到认可。因为只有集体成员才能得到征地补偿款和股份分红。

（一）集体成员资格没有明确的界定

我国现有国家层面的法律法规只是提到集体成员，尚无明确具体的界定。

《中华人民共和国土地管理法》（1988 年 12 月 29 日公布之日起施行，2004 年 8 月 28 日修改公布之日起施行）第十条规定，“农民集体所有的土地依法属于村农民集体所有的，由村集体经济组织或者村民委员会经营、管理；已经分别属于村内两个以上农村集体经济组织的农民集体所有的，由村内各该农村集体经济组织或者村民小组经营、管理；已经属于乡（镇）农民集体所有的，由乡（镇）农村集体经济组织经营、管理”，并将第二条第四款修改为：“国家为了公共利益的需要，可以依法对土地实行征收或者征用并给予补偿。”《中华人民共和国土地管理法实施条例》（1999 年 1 月 1 日起施行）第二十六条进一步规定，“土地补偿费归农村集体经济组织所有；地上附着物及青苗补偿费归地上附着物及青苗的所有者所有”。此处，所有者一般是农村集体土地的承包经营者或农村宅基地的使用者。《中华人民共和国农村土地承包法》（2003 年 3 月 1 日起施行）第五条规定：“农村集体经济组织成员有权依法承包由本集体经济组织发包的农村土地。”第十五条规定：“家庭承包的承包方是本集体经济组织的农户。”由此可见，法律规定国家可以依法有偿征收或征用农村集体所有的土地，征地补偿分配的对象是“农村集体经济组织成员”，但相关法律未就“成员资格”作出说明或界定。

（二）户籍标准不适用

此外，过去的集体成员的标准已经不适用于当下。过去的标准是以户籍为准绳，这是计划经济年代人口高度稳定的产物。随着城镇化发展和户籍制度的松动，农民工群体的城乡流动带来了农民的户籍、村籍与地权的不对应，导致大量的“人户分离”“人地分离”“空挂户”“双重户口”等情况。同 2000 年第五次全国人口普查相比，2010 年居住地与户口登记地不一致且离开户口登记地半年以上的人口增长81.03%。“人户分离”占总人口比重由1990年的不足2.6%升至2010年的近20.0%。这就需要重新确认集体成员资格。

（三）制定的意义

依法确定集体成员资格，可以纠正依靠多数决决定村民资格的现象，使得司法执法可以有法可依。多年来，由于我国在农村集体成员资格认定方面没有立法以及司法解释，以至于绝大多数法院对于涉及农村集体成员资格的案件，采取回避的态度，不予受理。而少数勇于捍卫法律原则的法院处理这类案件时会陷入无法可依的窘境。结果导致维护权益的最后一道防线不能正常发挥作用，妇女土地权益受损的问题长期得不到解决。在城镇化快速推进过程中，公共政策界定集体经济组织成员资格问题，显得尤为必要，有利于法律原则切实转化为可以操作的具体规则，堵住法律漏洞；还可以在集体资源分配中有法可依，规范集体经济组织的管理。

二、国家：作为立法主体立法滞后

可以说，村民资格的确认是公共政策内容之一。公共政策不仅包含了具体的内容和规定，同时还包含政策目标的受益人群，这就需要对受益人群进行界定。我国有最低生活保障政策，就涉及低收入人群的界定，还有社会保障政策，涉及社会保障人群的规定。同理，在农村村民资格也是需要界定的，正确界定村民资格才能保证集体资源分配的公平正义。

那么由谁来界定呢？概括起来是制定法律政策的部门，包括人大司法行政机构等责任主体。因为，只有人大立法机构才是制定公共政策的权威与责任主体，不是任何人任何组织都有权制定公共政策的。如果不通过公共政策加以统一管理，就会出现政出多门，在一个地区目标人群参差不齐，导致社会管理中的混乱与失序。

然而，需要提出的是，到目前为止在国家的公共政策层面，没有任何关于村民资格的规定，可以说，这方面的立法是滞后的。何以至此？我们从立法、司法和行政三方面作些分析。

（一）立法机构

可以说，村民资格的认定涉及村民身份，界定身份的事宜交给立法机构，应当是更为适宜的。从立法授权来看，全国人大和省人大拥有该方面的立法权。可问题是，无论是全国人大还是省级人大，却很难发现村民资格的界定之必要性，作为国家的立法机构，其位阶是最高的，距离村一级的基层组织最远，其间隔着省地县三级立法机构。当村级诉求一级一级逐渐向上传递时，村民资格的信息会随着立法层级的提升而不断弱化，以致最终消失。距离基层组织较近的县地立法机构，没有立法权，而层级高的立法机构，面对大量立法工作，则很难关注村民资格的界定问题，也就很难将最基层的问题提到法律议事日程上来，法律法规制定的滞后就不可避免。由此可以考虑，部分立法权是否可以交给基层立法机构，以便在实践中提出的问题与立法的回应能够及时一些。

（二）司法

从立法敏感来看，应当说法院作为司法机构，更容易发现界定村民资格的必要性。基层法院特别是县级法院，最早接触到妇女土地诉讼，接触到生动鲜活的土地权益案例，对于法律诉讼上的变化，会有深切而具体的感受，也会遇到一些从来未有的司法实践中的难点。正因为如此，村民资格的问题最容易被法院发现并提出，随之会将棘手的一些难题反馈给高院，听取高院的意见与答复。高院可以根据来自全国的典型案例，进行分析研究并进行深度调查，出台确定村民资格的司法解释。司法解释的颁布，又反过来为司法审判提供论据。

遗憾的是，高院没有进行这一有益的探索与尝试，而是把村民资格的认定问题轻轻地推给了全国人大。这是高院对于出台村民资格司法解释的态度：涉及“农村集体经济组织成员资格”认定，属于身份问题，依据2000年7月1日施行的《立法法》第八条的规定，应属立法机关通过立法解决的问题，不应该由法院以司法解释或指导意见的方式解决，通过指导意见，法院似有越俎代庖之嫌。

（三）政府

此外，村民资格的认定还与相关政府部门相关，如农业部及土地资源部也有着界定村民资格的相关职能。这些部门经常在相关的文件和通知当中提到集体成员资格，提到农村经济组织的成员资格等等，但是，几乎无一例外都不对其进行界定。国家部委的领导认为，不适宜对村民资格进行界定，因为几十万个村集体非常复杂，差异极大，很难统一规定。一旦统一规定，常常会以偏概全。的确，中国之大，乡村之多，村民资格界定确实充满复杂性和差异性，这为公共政策的制定提出了挑战。但是，能否因为村民资格的界定有难度，就不去制定相应的政策？其实，当代公共政策的职责，就是为了回应复杂的现实，寻找解决问题的对策。不能遇到复杂的问题，就不去想方设法解决。

应当看到，国家层面对村民资格不加以界定，并不能够自动化解现实生活中的矛盾与问题，只是变相地将问题下放给地方政府。地方政府会不断面对村民资格引发的种种问题，由于缺乏高层决策主体的明确规定，会形成地方政府各行其是的规定。华东某省农业厅关于《农村集体经济组织成员认定及集体土地收益分配问题政策解释》的函中规定，农村妇女要求在原居住地长期居住并享有土地承包经营权，只要符合以下五项条件者应当依法支持：一是嫁给具有非农业户口人员（城镇居民）的；二是离婚或丧偶的妇女；三是结婚妇女本人为独生女；四是结婚妇女虽有兄弟姐妹，但都因残疾无力尽赡养父母义务的；五是姊妹在两人以上，可确定其中一位享受本项政策规定。在这里，地方政府的回复函就存在着对多女户分配财产的限制。在这里，我们不仅看到家庭父权制、集体父权制，还看到了地方政策中的父权制。按照这种政策确定村民资格，就会导致公共政策背离公共性，出现弱肉强食的丛林法则。

三、村民公认，就有一份

其实，无论国家一级的责任主体怎样回避，村民资格的界定都是一个在现实中不得不面对的问题，几乎在所有的集体经济资源的分配中，村干部和村民都会一次次把村民资格的问题尖锐地提出来：那些已经离开农村到城市工作的人员是否可以保留土地权？那些已经离开农村土地留在农村的公务人员是否享有征地补偿款？那些多年外出杳无音信的失踪人员是否可以参与分配？那些婚姻变动的妇女能不能享有村民待遇？集体经济资源分配确实是村庄的一件大事，会引起村民和村干部的高度关注。由于没有相应的政策，村民资格的问题再一次抛给了基层政府。

（一）政府认可：村民公认

基层政府往往采取灵活狡猾的策略，一般来说，对于民众争议不大的人群，由政府制定规则，如大学生等。对于民众争议大的棘手问题，比如农村妇女的身份认定，往往交给民众讨论表决决定，避免政府承担责任。

通过村民多数人的认可来决定村民资格，这一不是公共政策的政策，得到了国家一级政府领导的认可，并由国家政府部门的领导在媒体当中广泛宣传和倡导。

2017 年 1 月 3 日，国务院新闻办在京举行当年首场新闻发布会，请农业部主要领导介绍日前中共中央、国务院出台的《关于稳步推进农村集体产权制度改革的意见》有关情况，并答记者问。农业部领导回答，改革的目标之一是要保障农民的集体经济组织成员权利，使得农民在集体产权制度改革中拥有获得感。农业部领导说“是成员就有份”，“份”就是集体收益分配的一份权利，“谁是成员，农民公认”，也就是说，谁是成员，要由集体组织的成员来共同民主讨论确认。“我们提倡在县域范围内，出台成员身份确认的指导性意见，最后由群众来民主决定。”

如何认识村民公认就有一份？对此，一些领导干部认为是村民自治的体现，是农民主体性的体现，村民自治的核心就是村民参与，村民参与决策、监督和管理。村民资格的界定就是村民参与决策和管理，所以是村民自治的典型体现。

（二）村民自治的应用范围

应当看到，政府在强调村民自治的同时，忽视了村民自治的范围和边际。无论是民主协商、民主管理还是民主决策都有一定的适用范围，即针对的是村集体公共事务的范围。什么是村集体的公共事务呢？即涉及每个村民的公共利益和公共需求，针对村一级具体来讲，包括选举村干部和村民代表、讨论制定村庄的分配规则、对村庄财务运行进行监督等等。凡是村级公共事务都必须采取村民自治的方式，要经过村民会议充分讨论协商和表决。这样，既有利于充分地行使民主的权利，还可防止村干部大权独揽以权谋私。但是，需要特别提出的是，村民自治不适用于私人领域，不能延伸到个人的基本权利，不能触及个体的财产权。村民资格的认定就是对个体基本权利的认定，作为公民的基本权利，只能由公共政策依法制定，而不能采用民主表决来进行确认。否则，村民自治就越出了自己应当归属的领域，就会出现越出边界的问题。

村民自治越出边界，至少会带来两个后果：第一，决策主体悄悄发生置换。作为公共政策，本来应该由政府决策，在这里却转换为村民决策，其结果是，地方政府实际上赋予村委会更大的权力：可以决定什么人拥有村民资格，决定什么人取消村民资格。第二，当基层组织的权力过大的时候，如果当地民众没有一定的法律上的自我约束，不能秉持性别平等的原则，如果村干部和村民具有非常浓重的父权制思维方式，善于按照惯习和性别刻板定型处理问题，就会通过多数人的决定，将违背传统性别规则的妇女排斥出去，使得妇女们失去村民资格，从而实现多数人剥夺少数人权利的暴政。

（三）公共事务与村民资格

一定要清醒地看到，多数人对村集体公共事务进行民主决策，与多数人对村民资格进行界定，是性质不同的两回事，不能混淆起来一概而论。对于公共事务一定要交给村民自治，要学会依法按照民主程序进行协商与表决，这是在乡村治理中一定要坚持的民主原则。对于村民资格不能交给村民自治，只能通过公共政策确定集体成员资格，政府作为政治法权主体，承担着制定政策的法定职责。只有依法界定集体成员资格，才能使得农村集体成员资格的认定有所依据和遵循，否则就会出现妇女土地权益不断被剥夺的倾向与趋势。

四、确认集体成员资格的实践与建议

随着城镇化进程的加快，土地升值空间不断加大，农村土地纠纷案件数量迅速上升。2003 年，西安中级人民法院接到有关土地补偿款的分配、土地权益和村民待遇问题的投诉，特别是失地农民，尤其是一些“嫁城女”及农村离异、再婚妇女的投诉达到了高峰。无独有偶，河北邢台中级人民法院发现，无论是中级人民法院还是基层法院，土地纠纷案件数量变化的趋势基本一致，都在 2004 年达到顶峰。这些收益分配纠纷案件，不仅涉及妇女，还涉及其他村民：有出嫁、嫁入或离婚妇女及其子女要求参与分配的；因收养或遗赠抚养协议在该村生产生活而要求参与分配的；随改嫁的母亲或入赘的父亲户籍迁入的子女要求分配的；丧偶或离异后续娶的妻子要求分配的；在校大中专学生或正在服刑人员要求分配的；非正常“农转非”而实际在农村生产生活要求村民待遇的。林林总总都离不开村民资格的认定。由于没有统一的令人信服的界定，在很多情况下，法院法官各行其是，裁决说服力不强，非但不能化解矛盾，反而导致群访、群诉案件。2003 年以前邢台法院受理的土地权益纠纷案件一般是农户与发包方的村委会、单个农户与农户之间的纠纷，而 2004 年以来，集体性的群诉案件时有发生，从 100 多人发展到 900 多人，涉及人员众多。就土地权益纠纷的当事人来说，往往是其中一方持有承包合同，另一方是众多村民，无论哪一方败诉，都经常引起上访或申诉。

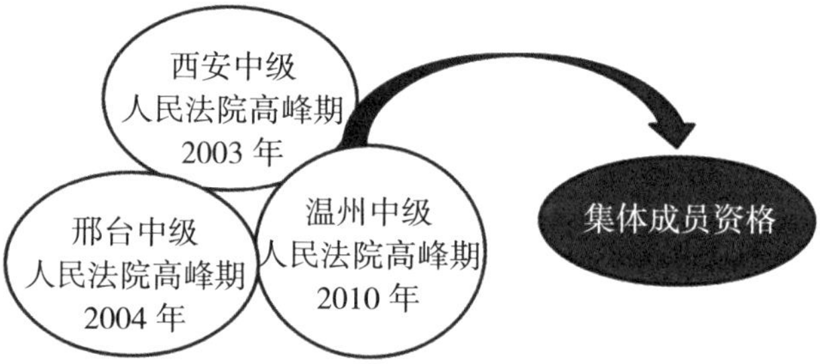

图 1　法院土地纠纷案件的高峰期

浙江温州中级人民法院受理的 2010 年以来集中爆发的有关农嫁女权益纠纷的案件，与河北陕西的征地补偿款不同，主要涉及股份分红。2011 年 12 月，温州市成为 18 个“全国农村改革试验区”之一，具体承担“农村产权制度改革”试验项目。在温州市提出以“三分三改”为核心的城乡统筹综合改革后，农村集体产权交易、农村集体经济组织成员资格认定、农嫁女权益保护等问题显得尤为突出，特别是在几个经济比较发达的县市和城乡接合部，涉及农嫁女权益的纠纷呈井喷态势。在这些案件中，都涉及集体成员资格的界定。

妇女土地权益遇到的困境，最早引起妇联维权部门的关注。2004 年上半年，陕西妇联与省委政策研究室、省农业厅组成联合调查组，在全省 10 个地市发放了 6000 余份调查问卷，形成了《关于农村妇女土地承包及其相关土地权益落实情况的调查报告》，引起了省委书记的注意。省委书记批示要求相关部门加强此类问题的解决力度，为省市法院探讨解决该问题提供契机。此外，河北省妇联维权部部长吴美荣，深知法院在维护妇女权益中的作用，不断邀请邢台法院马维东等法官参加有关国际妇女权益保障内容的培训，马维东有感而发，妇女权益要维护，法院必须拿起自己的武器，如果法院也不上，光靠政府，等着上边出台法律，其他部门也不管，妇女权益将得不到支持。与省市妇联多次协调沟通，前后三次去省委会争取支持，最终决定出台审理意见。

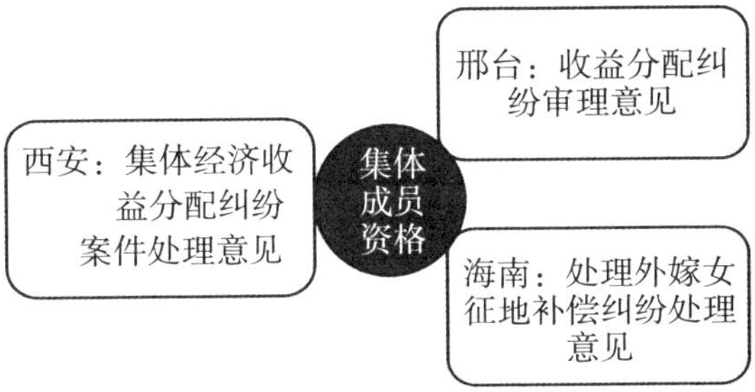

图 2　地方法院探索集体成员资格的界定

2003 年，陕西省西安市中级人民法院率先颁布了《关于审理农村集体经济收益分配纠纷案件的意见》，成为全国第一家涉及集体成员资格界定的法院。2006 年，陕西省高级人民法院形成了《关于审理农村集体经济组织收益分配纠纷案件讨论会纪要》。2008 年，海南省高级人民法院颁布了《关于处理外嫁女请求分配农村集体经济组织征地补偿款纠纷案件若干问题的意见》，将出嫁女作为分配纠纷的关注主体专门列出。2010 年，邢台市中级人民法院颁布了《关于审理农村集体经济组织收益分配纠纷案件若干问题的意见》。2013 年，温州市中级人民法院颁布《关于为我市农村综合改革提供司法保障的若干意见》（以上综合称之为《审理意见》），都触及一个根本性议题——对农村集体经济组织的成员资格进行界定。

首先，《审理意见》对农村集体组织成员进行了界定，即一般是指在本集体经济组织所在的村组生产生活，依法登记常住户籍并与该经济组织形成权利义务关系的人。在这个界定中，将户籍作为确定成员身份的形式要件，将常住、履行村庄义务、依靠本集体经济组织所有的土地作为其基本生活保障为实质要件。

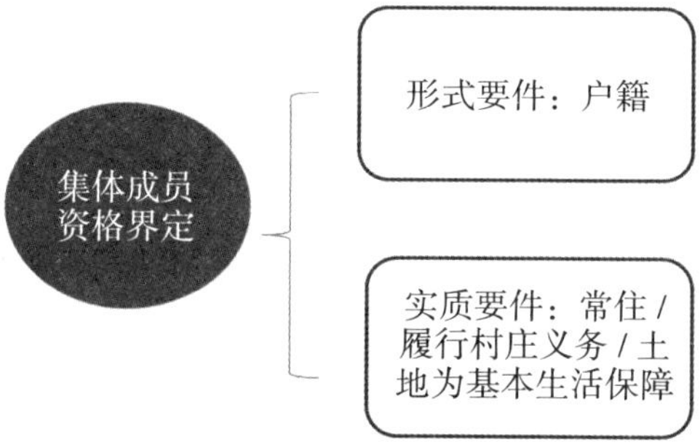

图3　集体成员资格的界定

其次，以是否以本集体经济组织所有的土地作为其基本生活保障为实质要件。农民土地权利的初始获取，即以家庭承包责任制为始点、以户为单位的土地分配，是以出生地是否在本村为条件的最为平均的土地分配。但是基于出生地获取的土地承包权，也不能作为村民资格认定的唯一依据。经过1984年的1号文件《中共中央关于一九八四年农村工作的通知》和1997年的16号文件《中共中央办公厅、国务院办公厅关于进一步稳定和完善农村土地承包关系的通知》的实行，“鼓励不调整”的政策导致新生人口和迁入人口的土地权利得不到保障。以“是否以本集体经济组织所有的土地作为其基本生活保障为实质要件”，而非以土地承包权为标准，体现了保障农民财产权的公正、公平原则。

再次，以成员对村集体经济的“义务”作为获得村民“权利”的条件之一。村集体资产，包括集体土地是各个时段集体成员劳动成果的积累。一方面，在不同历史阶段尤其是包产到户后，与农民身份、农民的土地权利是捆绑的，更多是将农民身份作为“交粮纳税者”“计划生育管制对象”的义务主体身份。进入新世纪以来，一系列旨在导向平等公民身份的政策相继问世，农民身份更多则是作为土地增值收益、惠农政策的受益主体身份。本着公平公正、权利与义务对等的原则，成员资格的界定，应将不同历史时期不同成员的义务大小纳入衡量标准。另一方面，强调了村民资格要考虑与村庄的权利义务关系，即权利与义务的对等性。这是一个法律概念在村民资格中的运用，即拥有村民资格的权利就要履行对村庄的义务，反之履行了村庄的义务，也就应当享有村庄的权利。

围绕上述对村民资格的界定，考虑到农村种种复杂情形，《审理意见》对于不同类型的人群进行具体划分，以便形成判案的依据。如以下情形之一，应视为具有集体经济组织成员资格：

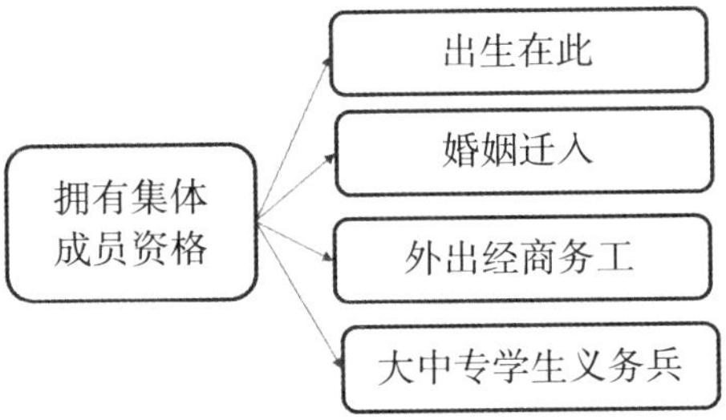

图 4　拥有集体成员资格

出生时，父母双方或一方是本集体经济组织成员，且本人户籍登记在集体经济组织所在地的；因婚姻（包括妇女和入赘人员）或依法收养已进入本集体经济组织的农户实际生产生活，并与该组织形成权利义务关系的，包括已迁入户口或常住户口非自身原因未迁入的，但原集体经济成员资格仍保留的除外；婚姻关系发生在农业户口和非农业户口人员之间，持有农业户口且未取得其他经济组织成员资格或获得其他社会保障的；根据《土地承包法》第三十条规定，妇女或入赘婿在原居住地保留承包地的，不影响在新嫁入（入赘）地成员资格的取得（原居住地集体经济成员资格仍保留的除外）；因外出经商、务工等原因，脱离集体经济组织所在地生产生活，且未迁出户口也未取得其他经济组织成员资格的；因在大中专院校学习、服义务兵或初级以下士官兵役等原因被注销迁出户口或仍保留户口的；因服刑劳教等原因被注销迁出户口的。

再如，农村集体经济成员具有以下情形，丧失原集体经济组织成员资格：

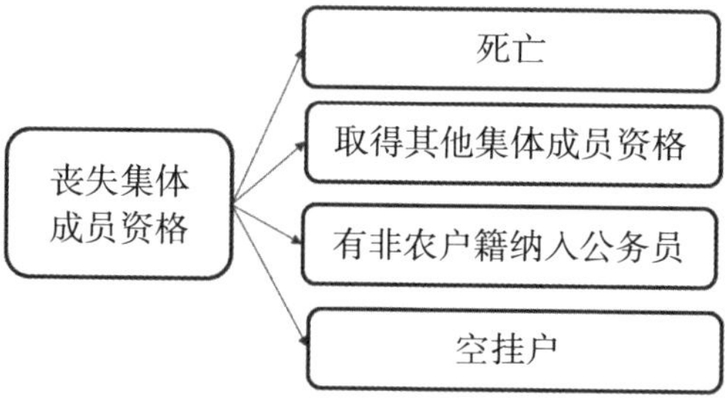

图 5　丧失集体成员资格

死亡的；

已取得其他集体经济组织成员资格的；

取得非设区市城镇非农业户口，且纳入国家公务员序列或者城镇企业职工居民社会保障体系的，居民只参加医疗保险而未参加养老保险和失业保险的除外；

以下成员不享有集体经济组织成员资格：自户口迁入时未在户口所在地生产生活，未与农村集体经济组织形成权利义务关系，不以该集体经济组织所在的土地作为其基本生活保障的；因结婚离婚等原因离开原集体经济组织，不以该组织所有的土地作为其基本生活保障，已取得新居住地集体经济成员资格，只在原经济组织保留户口的；回乡退养人员随即将户口迁回农村并在该地生产生活，但以离退休人员的工资及福利待遇为基本生活保障的。

《审理意见》还特别提出对下列情形的人员仍保留集体经济组织成员资格，要求给予收益分配权的应予支持。

第一，离婚或丧偶后仍在原集体经济组织生产生活，并在此之前因婚姻关系已取得该集体经济组织成员资格的，包括妇女和男到女家的女婿。

第二，已婚或再婚的妇女，婚后未迁转户口，并在户口所在地生产生活，且未享有男方所在村组收益分配权，其要求户籍所在地的集体经济组织给予本组织成员同等收益分配权的。

第三，离婚或丧偶的妇女及其子女虽未在户籍所在地生产生活，但其未享有新区土地集体经济组织收益分配权，要求原户籍所在地集体经济组织给予收益分配权的。

第四，已婚或再婚的入赘人员，婚后非自身原因未迁转户口，且未享受女方所在地集体经济组织收益分配权，其要求原户籍所在地集体经济组织给予本组织成员同等收益分配权的。

第五，仍应保留农村集体成员资格的人员，请求所属家庭给付已经收到的收益分配的相应份额的应予支持。

可以说，司法部门制定的《审理意见》，既考虑到成员资格的认定，也考虑到成员资格的丧失，既考虑到哪些人员不能享有成员资格，也考虑到哪些人员必须享有收益分配权，是一部概括性强而又可操作的文本，是司法部门针对疑难问题的探索和创新，从根本上改变了立法滞后的局面，有利于走出司法执法的困境，也应当为立法行政部门借鉴。

（原文载于《中国妇女报》2017 年 1 月 11 日；《乡村社会治理与性别分层加剧研究》，中国社会科学出版社 2019 年版）

性别不公：今日中国乡村社会观察的一个新视角

观察中国乡村社会的变迁，可以有不同的视角，可以是城乡视角，凸显城乡二元结构，强调城乡的均衡发展；也可以是阶层阶级的视角，关注底层民众的困境，探寻其生活保障与尊严维护；还可以是性别视角，聚焦乡村性别关系，探究两性的地位差别。

乡村性别是一个既公开又隐蔽的话题，说公开，没有人怀疑乡村人口在城镇化中的撕裂，青壮年男子大多跑到城市打工，成为城市工人阶级的主体，而妇女儿童和老人留在家乡，妇女成为农业和农村的主体。说隐蔽，妇女的主体作用和权利极少被“看到”，谈起新农村建设，农村被看作没人的“空壳村”，这里的妇女和老人的作用完全被视而不见；谈到村民身份，男性村民无论怎样背井离乡，都是永久的村民，女性村民无论如何扎根乡村，也是临时的村民；谈到资源分配，男性获得资源分配理所当然，女性要获得资源分配必须依靠男性。急剧变化的乡村社会正在呈现出性别不公正的三维（政治经济文化）结构。

一、经济上：集体分配的性别不公

分析乡村性别不公正通常会从性别分配不公入手，因为该问题最容易发现。在我国乡村集体经济分配中，性别分配不公的问题已经由隐性走向显性，成为21世纪中国多种社会矛盾之一，它不同于土地改革时期的地主与贫雇农之间的阶级矛盾，也不同于当今城镇化进程中日益严重的干群矛盾，它是以性别身份为轴心，以男娶女嫁为依据，以性别权益剥夺为重心。这种性别矛盾十分具有中国特色，需要两个背景因素：第一，是在农村经济集体所有制的基础上产生的，在农村经济私有制的条件下，只有家庭和家族内部的分配，不会出现集体经济的分配问题。第二，是在农村集体经济的土地所有权与使用权分离的条件下产生的，农村集体经济有多种实现形式，在人民公社时期，集体土地采取的是农民参加集体劳动计算工分，农民并不具有土地使用权，自然不存在农村妇女的土地分配问题。1980 年以后，土地实行联产承包，以户为单位分配土地，家庭按照人口（不分男女老幼）平分，只有在这种条件下，妇女才可能出现婚姻流动与土地处置的问题。

美国女性主义政治学者弗雷泽在性别公正观中提出了再分配的概念[①]，再分配首先属于经济范畴，是针对分配不公而言。分配不公不仅反映在阶级之间，还反映在性别之间，不仅在城市企业有，在农村集体内部也同样存在。我国当代乡村集体资源性别分配不公，伴随 20 世纪 80 年代土地家庭联产承包责任制渐渐呈现出来，主要表现为生活资料和生产资料的集体分配。

从生活资料来看，主要是宅基地分配表现为“男有女无”。从政策文本来看，并无对女性的有意排斥，一户一宅是宅基地分配的依据，只要村民结婚就会形成新的户，就可以分得一宅。而在乡村实际操作中，男女是差别对待的，只有男性（儿子）结婚成家算作一户，获得一宅。而女性（女儿）结婚后只能从夫居（到丈夫的村庄居住），不能单独立户，也就不能作为一户获得集体分配的宅基地。中央党校妇女研究中心性别平等课题组（简称课题组）先后在河南、湖北的两个县进行调查，结果是河南 A 县 194

① ［美］南希·弗雷泽等:《再分配，还是承认？——一个政治哲学对话》，周穗明译，上海人民出版社 2009 年版，第 31 页。

个村宅基地全部分给男孩，湖北B县426个村65%无偿分给男孩。① 与此同时，课题组还对广西和安徽的4个县进行宅基地分配调查，结果印证了上述情况，数据表明：免费获得宅基地是男性农民的特有权利，而不是男女农民的平等权利。在城镇化进程中，对宅基地被征用的农民来说，宅基地的安置是一项重要的收益，有的地方甚至是已经建好安置房，包含很大的经济利益。不少地方在分配宅基地和安置房时采用不同标准，有的家庭能分到一套甚至几套宅基地的安置面积，而招婿女、离异女等家庭却一套得不到。

从生产资料来看，其土地分配是男性可以“一直拥有”，女性则是“得而复失”。20世纪80年代初，农村实行土地联产承包的时候，耕地是按照土地保障的原则——男女老少人均一份进行分配的，男性农民获得土地后可以“一直拥有”，哪怕上学、当兵、外出务工也可以保留耕地，而得到土地的女性农民则会因为结婚离婚而出现“得而复失”。课题组2014年对21个省市初始权利受到剥夺的1126位农村妇女进行问卷调查，发现52.85%的妇女结婚后，被取消原村庄的土地承包权，而婆家村并不对土地进行调整分配。② 而男性农民无论怎样长期在外务工，都不会被收回其承包地。课题组2016年对全国1508个村进行问卷调查发现，90%的男性农民不存在承包地的得而复失问题。③

在城镇化进程中，城中村城郊村集体所有的土地被征用，并因此获得巨额土地补偿款。在分配征地补偿款时，像户口尚未迁出的出嫁女及其子女、离婚后户口没有迁走的妇女及其子女、未经村里认可招婿上门的妇女及子女等等，在征地补偿分配中均遭到严重歧视，村里对于这些妇女往往

① 中央党校妇女研究中心2005年12月在河南A县进行194个行政村的问卷调查，2016年12月在湖北B县进行426个行政村的问卷调查，并对各个县的调查数据进行统计分析。

② 中央党校性别平等政策倡导课题组2014年5月对1126名嫁女的调查数据分析统计。

③ 中央党校性别平等政策倡导课题组2016年在广西、安徽、湖北的6个县进行村级问卷调查，共计收回1508个村庄的问卷。

少分或者直接不予分配。调查发现，就有77.6%的女性（被调查者）住房与耕地被收回却没有被分配征地补偿款，[①]由曾经有地有房的女农民变成一无所有的无产者。

城镇化过程中农村土地功能日益多元化，为了提高集体经济效率，南方乡村在不改变生产资料集体所有的前提下，率先将集体经济资产折股量化到人，只要是集体成员就有按股分红的权益。而不少村庄在分配股权时，却不给或者少给婚嫁妇女及其子女。比如：不少村庄在《股份经济合作社章程》里就明确规定："户口未迁出的农嫁农妇女及其子女、户口在本村的外嫁女、现已离婚妇女均不享受股权。"[②]股份经济合作社对股权实行"生不增，死不减，进不增，出不减"的静态管理，股权可以依法继承，还可以在内部转让、赠与，该章程的这一规定将农嫁农妇女、离异妇女及其子女的股权资格永久性地剥夺了。

农村妇女的土地权益问题是一个长期存在的问题，随着城镇化的推进呈现不断加大的趋势。在我们调查的村庄中，在第二轮土地承包之前发生妇女土地权益受损的村庄只占5.6%；而第二轮土地承包（1998年前后）以来，猛增到60%。参与问卷的857名土地权益受损者所在的村庄，属城中村的占24.4%，属城郊村的占67.5%，属于边远乡村的只占5.1%。[③]绝大部分权益受损者都来自城中村和城郊村，数据表明城镇化水平越高的地方，妇女权益受损越加严重。

农村集体经济分配的性别不公，成为乡村社会不公的一个显性的社会问题。这一问题既属于经济范畴，更属于政治经济范畴，与经济分配相关，而是否获得集体资源的分配，源于村民身份的认定。一般说来，被承认村民身份就享有分配权，不被承认村民身份就失去分配资格。

---

① 中央党校妇女研究中心性别平等政策倡导课题组2014年对1126名权益受损害女性的调查数据统计。

② 中央党校性别平等政策倡导课题组，陈菊红执笔:《农村妇女土地权益保障深度调查与政策建议》。

③ 中央党校妇女研究中心性别平等政策倡导课题组2014年对1126名权益受损害女性的调查数据统计。

二、文化上：村民身份的认定

英文单词“Identity”可以依据语境和所强调的内容译为“身份”或“认同”等，旨在说明我们是谁以及本源何在。身份是能否享有某种权利的资格，一个人或群体的身份决定了他 / 她们的主体性、资源财产与权利的拥有与获得。村民身份决定了村集体资源的拥有和获得，是村庄资源分配和享有的先决条件。

如何确定集体成员资格或身份呢？在我国现有的法律中并没有明确的规定，《农村土地承包法》《土地管理法》等法律规定了集体经济组织成员的诸多权利和义务；《物权法》也给权益受到侵害的集体成员提供了诉诸法院的救济途径。但是这些法律都没有界定农村集体（也有的地方加“经济组织”）成员资格，因此，集体成员权利实际上成为一个有权利内容、救济渠道，但权利主体不明确的基本概念。可以说，这是我国公共政策制定中的一项空白。

至今为止，我国国家法律政策尚未对农村集体成员资格重新认定，而是默认地方政府自行解决。基层政府处理农村集体经济组织成员资格问题通常采取两种做法，第一，对其中一部分“人户分离”的人群作出明文规定，比如，大学生、士兵、服刑人员和失踪人员，要求同等享有村民待遇。第二，对争议大的人群成员（如婚嫁妇女），把其资格认定纳入村民自治范畴：交给村民会议或代表会议进行表决，乃至交给村民小组签字同意。也就是说，村庄干部和村民代表的表决决定婚嫁妇女是否拥有村民资格。因此，他们如何界定婚嫁妇女的村民身份就至关重要。

根据课题组收集的100份村规民约和集体分配方案，绝大多数村庄无论富有还是贫困，都是依据性别与婚嫁来确认男女的村民身份。男性村民被视为世居者，世世代代都是村庄的成员，女性则是暂住者，是村庄的临时村民，期限依据结婚时间而定。女性一旦结婚就意味着从夫居，标志着离开生长的父亲家庭，迁移到丈夫所在的家庭和村庄。这不仅仅是女性居住空间的改变，而且是妇女家庭身份的改变，还是妇女村民身份的改变，对于原有的父亲家庭和村庄，由“家庭成员”变成了家庭以外的“亲戚”，由“村内人”变成了“村外人”。

乡村社会十分讲究“差序格局”，将人分为内外、亲疏、远近，其中“性别”是一个非常重要的因素。在这里，女性的身份是从属于男性的，只能根据男性的身份确定女性身份，比如：男性是老板，女性就是老板娘，男性是地主，女性就是地主婆。一旦女性和男性结婚，就意味着女性身份的改变。也就是说，大多数村庄就是根据男性的身份来确定女性的村民身份。

依据性别与婚姻确认女性的村民身份，使得任何越界与反叛的行为都会陷入困境，比如，女性结婚招婿留在出生的村庄，就会被村民剥夺身份和资格，又如，妇女与丈夫离婚，以独立个体在村庄生活，村民身份就会受到质疑乃至被取缔。

在社会主义新农村建设时期，这一家庭父权制的逻辑，没有随着土地私有制转向集体所有制而自动消失，反而按照家庭与集体同构的原理，由家庭自动延伸到集体成员资格的认定，即将女性结婚视为失去原集体经济组织成员资格的标志。这一古老的身份认定与我国现行的法律原则是冲突的，却被村民自治制度认可，成为女性村民主体不被承认或者说对抗女性主体身份的一项刚性规则。

对农村女性身份的排斥，不仅体现在成员资格的认定上，还体现在日常生活的惯习和婚丧嫁娶的仪式当中。在以汉民族为主的农村地区，特别看重婚姻仪式，几乎所有的婚礼都是男方迎娶女方出嫁，其中安排的所有细节，如相亲、送礼、迎娶、进门等等，都在暗示女儿要出嫁了，要离开娘家成为婆家的人了，家庭身份发生了改变。倘若与男娶女嫁的仪式相悖，女儿招娶上门女婿，就会被瞧不起，被视为“倒插门”，被认为是不正常的，婚礼冷冷清清，缺乏村民的认同。此外，汉民的孩子一出生，名字前就要冠以父姓，一般不能冠以母姓，由此，标志父系血脉的传承。不可小视婚丧嫁娶的性别“仪式”，正是这些与日常生活紧密连接的仪式，不知不觉建构着乡村社会的性别文化：男娶女嫁天经地义，女性的身份由男性的身份决定，女性具有从属男性的特点。①

在这里，性别分配不公并不是来源于阶级的对抗与冲突，而是与性别的从属身份紧密相关，由此可以解释为什么女性结婚会丧失娘家村的村民身份。那么，女性的从属性身份又是怎样转化为分配规则的？这又涉及政治代表权，即政治参与村庄管理规则议题。

三、政治上：制定规则的代表权

自20世纪90年代起，弗雷泽进一步思考第三个公正维度即政治维度存在的可能性。为此，她更多地关注人们平等参与政治生活的问题，并根据平等所遭遇的制度化障碍来思考社会不公正问题。在她看来，即便没有“分配不公”和“错误承认”，也可能存在平等参与的政治障碍，它直接带来政治上的不公正，这可以被称为政治上的错误代表权。②这一观点与妇女代表参与乡村分配方案的制定结果不谋而合。

集体经济资源的分配，需要制定分配方案。一些人的权益能否得到保障，另一些人的权利是否被排斥在外，都要通过分配方案来确定。应当说，分配方案的制定已经不是经济议题，而是政治议题。在分配规则制定中，有两个关键问题：谁有权参与制定？谁参与表决？弗雷泽意识到政治是有边界的，分为圈内和圈外，圈内参与者的倾向和诉求会直接影响到分配方案的走向。通常，在制定排斥女性村民身份的方案时，往往会首先排斥她

① 李慧英：《修订村规民约 推进性别平等》，中国水利水电出版社2012年版，第71页。

② ［美］南希·弗雷泽：《正义的尺度——全球化世界中政治空间的再认识》，欧阳英译，上海人民出版社2009年版，第35页。

们参与制定分配方案。

2014 年，我们在青海省西宁市调查时发现，一批已经留在村里的招婿女了解到党员可以审议村庄分配方案，便申请入党。她们认为自己是共青团员，又有文化，期望通过入党来表达招婿女的利益诉求，然而，申请书递交之后杳无音信。她们便去问党支部书记，支部书记毫不掩饰地说，“你们要是入了党闹得就更凶了”。在村党支部书记看来，同意这些招婿女入党就等于让她们在分配方案中“说三道四”，她们就可以直接参与决定村庄经济利益的分配方案，而保障分配方案排斥招婿女的村民身份，最好的办法就是将她们拒之门外，不让入党，不让参政议政。

这种阻止妇女参与分配方案制定的做法，在全国乡村具有一定的普遍性。我们对 19 个省 1126 名农村妇女进行问卷调查，发现只有 3% 的权利受损的女性可以参与村民会议表决，而 68% 的权利受损者不被通知参与村民会议表决，接近七成的村庄分配方案是在将她们赶出“圈外”的情况下作出的。

正如弗雷泽所说，“当政治空间的分割阻止那些穷人或被剥夺者挑战压在他们身上的力量时”，便会导致这种错误代表权以及由此而来的不公正状况，而“当政治空间被不公平地建构时，其结果便是对一些人政治发言权的否定，这些人被抛到了那些被算作圈内人的范围之外”。[①]

在制定分配方案或村规民约时，村干部为了排斥女性，往往会选择错误的代表，即代表者不能代表其利益诉求，甚至会打压其利益诉求，从而结成错误代表的联盟。在联盟中，那些掌握村庄权力的村干部往往会排斥招婿女离异女的村民身份，强调资源紧张和村民自治；推举出的村妇代会主任（有的是妇女委员），会站在媳妇的立场上，阻止出嫁女留在自己所属

① ［美］南希·弗雷泽:《正义的尺度——全球化世界中政治空间的再认识》，欧阳英译，上海人民出版社 2009 年版，第 71 页。

的丈夫家庭，阻止招婿女享有同等的村民待遇；村民代表也会站在村民共同利益的角度，通过排斥招婿女和离异女，将村民的共同利益最大化。当错误代表的联盟建立后，就会形成排斥招婿女和离异女的分配条款，将排斥女性村民身份的诉求转变为多数人表决同意的分配方案。

政治、经济和文化的三个维度不是等量齐观的，政治维度规定了其他维度的限度，即谁有资格参加公正分配与相互承认的成员圈，谁又被排斥在外。代表权是政治参与的核心，谁没有代表权，便没有身份承认，也就失去经济利益的公平分配。

四、结论

本文分析了乡村社会性别不公正的三个维度。第一个是经济维度，在集体经济分配中直接取消女性的集体财产权。这种取消不是源于多劳多得的市场规则，而是来源于性别身份的从属性。第二个是文化维度，从身份和资格方面审视分配不公正，这是极少被发现的一个视角，而又是一种不容忽视的存在，通过这个视角，可以看到女性对于男性的从属身份，成为一种看不见的身份排斥。第三个是政治维度，反映在村庄政治和规则的制定中。媳妇作为男性的附属品列入圈内，招婿女和离异女排斥在平等参与的圈外，从而使其不能参与村庄规则制定，她们成为制定规则的局外人和边缘群体。三个维度的性别不公，相互作用相互依赖相互强化，形成了稳定的三角形结构。

人们曾经善良地期待，伴随城镇化的冲击，乡村社会的三维性别结构会出现松动乃至瓦解。然而，残酷的事实不断告诉我们，当性别不公正结构稳固地存在并持续性发挥作用时，城镇化非但不能使其松动，反而使其强化和固化，导致今日中国乡村社会正在出现的性别分层。

揭示乡村社会的性别不公正的三维结构，目的在于发现并予以矫正。

在三维的性别结构中，可以通过一种维度的公正去矫正另一维度的不公正，例如通过身份认可去矫正错误承认，通过政治代表权制定新的分配规则，从而为改变性别不公正提供多种可能与路径。

（原文载于《武汉大学学报（人文科学版）》2017 年第 4 期）

土地性别矛盾与乡村治理探究

我国乡村土地矛盾日益凸显，有多种表现形式：村委会与政府的矛盾、村委会与开发商的矛盾。近年来，有村干部与村民的矛盾，还有农嫁女与村委会的矛盾，这些成为 21 世纪以来中国社会的多重矛盾。在我国的土地矛盾纠纷中，性别矛盾往往成为盲区。专家学者更多关注的是干群矛盾、阶层矛盾和土地征用补偿引起的社会冲突，地方政府更多关注社会稳定和政绩，农嫁女的土地权益很少被纳入工作视野，更不要说防患于未然了。笔者将从乡村治理的角度对土地的性别矛盾予以关注与探究。

一、土地性别矛盾的产生机制

乡村土地性别矛盾是怎样产生的？需要两大土地管理机构和三大要素——国家政府、村委会和性别规则的交互作用。我国土地管理具有双重管理结构，一重是国家管理机构，即相当一部分的管理权力掌握在国家手里，由国家来确认农村土地的性质、使用方式、承包的单位和时间、征地补偿标准以及土地的退出等公共政策。比如，家庭联产承包责任制的核心内涵是以“户”为土地使用单位。农地按照人口的“平均分配”和宅基地的“一户一宅”，都力图体现土地资源的平均分配原则，所以，土地承包以来，男女同等享有耕地分配权利是一个不争的事实。但是由于对于性别的盲视，存在着政策漏洞，如没有详细规定一户一宅必须男女平等，给家庭父权制留下漏洞。因为按照乡土社会父权制的运作逻辑，只有男性在本村结婚娶妻，才有资格形成一户拥有一宅，女性结婚根本不能在娘家村落户，没有一户的资格，不能获得一宅。当父权制文化与一户一宅的政策相结合就发生了化学变化，在农村宅基地的无偿分配中，就有了性别取向——只给儿子不给女儿，女儿全部排除在外。这是性别矛盾产生的政策因素。

与此同时，国家政府又将一部分集体分配权力下放到基层自治组织——村委会，即将村集体掌管的土地资源以及相关的收益分配权力赋予村委会。由村民确定婚嫁妇女的村民资格、根据村民意愿分配资源，无论是事实上还是程序上，都形成了村民委员会的一项重要权力。这使得村委会有了更大的权力按照自身意愿分配集体资源。村委会和村民小组担负着国家土地管理资源规则的具体实施职责，在村集体内部如何进行分配，国家法律规定的妇女集体资源资格能否实现，农村婚嫁妇女的土地权利能否得到保障，这些都需要由基层农村自治组织决定。这就是基层自治组织管理土地的功能与效力。

村级基层组织依据何种规则确定妇女身份就成为第三个重要因素，因为，它们决定着妇女是属于内部成员还是外部成员，是同等享有村民待遇，还是不能享有村民待遇。从 2005 年开始，中央党校妇女研究中心成员组成调查组，深入全国 20 多个省市进行调查，发现绝大部分农村地区村委会都是将“性别与婚姻”作为一项隐性的分类标准：根据与男性的从属关系，将本村的“妇女”划分为两类：一类是妻子、母亲的身份；另一类是出嫁女、离婚女、丧偶妇女或大龄待嫁女的身份。在一段稳定的婚姻关系中，前者的“成员资格”可以依附于男性户主而得到保障；而对于后者，她们不愿意依赖丈夫，期待改变婚姻模式——从妻居，或者已有的婚姻关系发生破裂，她们既摆脱了本村（原）家庭中对男性户主的依附，又无法依靠丈夫获得“成员资格”，由此陷入身份认同上的困境。在农嫁女的村民资格认定中，根深蒂固的父权制起到至关重要的作用。父权制凸显性别与婚姻的因素，强调婚居方式必须服从“男娶女嫁”模式，即女子婚后必须“从夫居”，到男方所在的村落定居。这种婚居方式已经成为民间习俗，成为布迪厄所说的“惯习”。在当今的社会主义新农村依然延续着这种古老的惯习。2005 年，我们在中原农村作调查，发现在汉民族为主的乡村，依然有 99% 的妇女“从夫居”。所以，婚姻对于绝大多数农村妇女来说，意味着身份、生产和生活的全方位迁移，即从娘家村搬到婆家村安家落户，无论是内地封闭的乡村还是开放的沿海乡村大多如此。一个普遍的性别居住模式是，男性婚后居住地保持不变，而女性的婚后居住地则随婚姻状况不断变化。从夫居并不仅仅是居住空间的移动，同时也是家庭和基层单位的转移，对此，女性个人是无权进行自主选择的，从夫居是必须的和强制性的。

父权制的规则及其弊端在我国的公共政策中极少被意识到和纠正，它诞生于古老的农业社会，而今在社会主义新农村建设中依然发挥着重要作用。父权制一旦与乡村自治相结合，就会深刻地影响现今农村集体的分配方式，还将在城镇化的发展战略中持续发酵，从而产生两方面的后果：

第一，村组干部和村民可以通过集体权力和多数表决，将农嫁女已经分得的土地资源轻而易举地“拿走”，不需要任何成本，只要通过多数人表决认可，通过村委会盖章同意，农嫁女的土地权益就不再属于她本人以及她的原生家庭，而无偿地成为其他村民利益的一部分。

第二，通过村集体的权力和民主表决，将农嫁女从集体经济组织中排斥出去，使其失去集体组织成员资格，从而失去土地资源的收益。农嫁女与村集体组织的关系，发生了调整和改变，她们不再得到集体的庇护和对于需求的“应责”从而获得国家利益的利好，而是成为集体组织的局外人：

国家的土地补偿原则对于农嫁女是不适用的，她们的土地不会增值，而土地资源的被征用和被转移也是无偿的。她们从土地承包者和房屋居住者成为净身出户的一无所有的无产者。

二、政府依法进行社会治理

土地性别矛盾的有效化解，需要改变乡村管理思路，即从乡村的社会管理转向乡村的社会治理，“管”与“治”，一字之差，差之千里。乡村管理注重控制与服从，忽视个人权利，将维权与维稳对立起来；乡村治理注重互动与合作，尊重个体权利，将维权与维稳统一起来，将个体权利的保障看作社会稳定的基石，不仅重视乡村自治，也重视依法治理。尊重和维护个体的合法权利，是乡村治理的核心理念，个体权利不分阶级、民族、年龄和性别，一视同仁。需要围绕个体的合法权利建立社会治理的运行机制，确切地说，建立促进性别权利平等的乡村治理运行机制。

第一，建立具有性别敏感的公共政策。乡村社会治理分为两个层面，一是政府依法进行社会治理，二是乡村依法进行自我治理。我国有五级政府，国家和省级政府要制定公共政策，对土地进行管理。这就需要国家对土地性别矛盾作出积极回应，满足作为公民的农嫁女的合法权利诉求，制定保障男女权利平等的具体规定，堵住公共政策中的性别漏洞。

一是要做实家庭土地承包“户”中的个人或性别权利。土地承包的单位是“户”，已经成为一项基本制度安排。它可以最大限度地调动家庭的积极性，其中隐含的最大危险是，在父权制规则普遍得到认可的情况下，会掩盖家庭成员的个体权利，会剥夺女性的权利。防止权利丢失的办法，就是做实户中的个人权利特别是女性的权利，比如，在一户一宅的政策中，要明确规定男女结婚都可以单独立户，夫妻双方都可以成为户主，在房产和宅基地证书上签字，并将该规定纳入公共政策予以监督执行。又如，在土地确权证上，家庭所有成员都为土地承包共有人，耕地转租、抵押和流转，需要共有人签字认可。

二是启动公共政策重新界定村民资格，杜绝民主表决村民资格的方式。迄今为止，我国相关土地政策没有对于村民成员资格进行界定，而原有依照户籍确定村民资格，又不能适应社会变化。界定村民成员资格应当属于公共政策中的一项重要内容。此外，还应严格禁止村民民主表决决定集体成员资格。民主表决只适用于严格意义上的（政治性）公共事务，比如选举村主任、人大代表以及进行立法等，而不适用于针对个人基本权利的决定，包括集体成员资格的确定。涉及集体成员资格的认定，不应遵循少数服从多数原则，而应遵循法治原则。

第二，地方政府要建立维权保障机制。地方政府特别是县乡两级政府承担承上启下的责任，一方面要将国家的公共政策予以实施，另一方面要纠正违法违规的行为，这就需要建立维权保障机制。保障机制包括：责任主体，哪个部门要承担相应的责任，承担责任的部门需要具有哪些相应的权力。有了责任主体，就要接受权利受损者的投诉；要制定罚则和纠错机制，责任主体对于侵权主体予以制止和纠正。这一机制的建立可以及时接受村民的合法投诉，及时纠正村委会的侵权行为，而不是相互推卸责任。

除了纠错机制，还可以建立防范机制。县乡政府对于村庄分配方案进行审查。通常来说，依据村组法的规定；乡镇政府担负着对于村庄规则（包括村规民约、分配方案等）的审查职责和纠错职责。对于村委会分配方案中不合理的条款（包括潜规则），乡（镇）政府应要求村委会限期予以删除，并在重新修订后以书面形式报乡（镇）政府备案。为了杜绝征地拆迁中侵犯妇女土地权益问题的持续发生，南宁经开区管委会采取了两项措施：第一，村委会提交的集体分配方案要体现男女平等，否则政府不予审批与拨款；第二，已经分配过的村庄要从三产中提取就业补助资金给农嫁女。地方政府监管到位，有效预防了农嫁女与村委会之间土地矛盾的大量发生，也改善了地方政府与农嫁女的紧张关系，农嫁女提出永远不再上访。

（原文载于《学习与探索》2016年第12期）

第七章

生男偏好与村规民约修订

作者手记

依法确认集体成员资格，不仅涉及公共政策的制定，还涉及村民的认可与接纳，以及乡村父权制的变革。如何启动这场社会变革？我们不是从妇女权益入手，而是从纠正生男偏好入手。2003年出生性别比失衡的社会问题引起中央政府关注，中央政府提出要用五年时间遏制这一问题的发展，为我们解决妇女土地权益问题提供了契机。笔者从出生性别比失衡中发现了村民资格与生男偏好的内在联系：妇女越是失去村民资格，越会强化生男偏好，有了男孩就有耕地宅基地和集体收益，有了女孩就会失去生产资料生活资料，村民自然就会倾向于生男孩，出生性别比失衡就会加剧。推进性别平等成为治理出生性别比失衡的治本之策。

2007年底，中央党校妇女研究中心与国家计生委开始合作，探索治理出生性别比失衡的治本之策。之所以与计生委合作，并不是因为它最合适，而是因为它对推进性别平等态度最积极，当时分管治理出生性别比失衡工作的赵白鸽副主任对于从根源上治理性别比失衡表现出极大的热情和主动性，主动伸出橄榄枝提出联合搞课题。不过，这种合作并非一拍即合，有着不少碰撞与磨合。但是，难能可贵的是，这一切都是可以沟通的，这里没有长官意志，没有等级排序，而是开诚布公的平等交流与真诚合作。记得有一次，我们打算举办一次60人的培训，赵白鸽副主任觉得人太少，没有签字同意。得知消息后，笔者立即写了一封信，讲明理由：我们深知在领导干部中推进性别平等并非易事，其中的阻力实在不敢低估，不要说排斥性别平等，就是对性别平等表示沉默，就足以使我们的愿望化为泡影。我们在党校系统举办过200多人的师资培训，在50多家党校开过性别平等的课程，往往是课讲了，到底有多少改变却不得而知。我们期望不仅是宣讲性别平等，还要促使政府部门有所行动和改变。我们不仅仅要在领导干部中进行性别平等的培训，还期望能够影响部分政府官员的社会政策的制定和执行，真正将性别平等融入政策制定当中去。接到这封信，赵白鸽副主任欣然同意了。

笔者和同人们共同组建了跨地区的性别平等政策倡导课题组，并将平等合作、坦诚沟通作为团队的一个重要原则，与此同时，还作为与试点村和村民共同行动的基本原则，形成了性别专家、地方政府、村委会干部及村民多元主体合作的格局。在河南登封周山村第一个成功修订平等民主合法的村规民约，在登封市全面推进修订村规民约的工作，形成了登封经验，于2010年12月11日在北京成功地进行了纠正生男偏好修订村规民约的高层倡导。生男偏好的硬骨头终于出现了松动。

这一章记录了笔者在纠正生男偏好、推进性别平等方面的探索与思考，为此，笔者深切地感受到作为知识分子的责任和使命，感受到多元主体合作的价值和意义。

男孩偏好与父权制的制度安排

我国出生性别比严重失衡已经成为公共政策需要关注和解决的社会焦点问题之一。探索我国出生性别比失衡的根本原因，是解决出生婴儿性别比失衡问题的关键，正所谓“对症下药”。男孩偏好对于出生性别比失衡的影响，已经形成共识。本文力图提出和论证男孩偏好的理论假设，即父权家庭制度是导致性别偏好的根源，并将其分解为三条主线：其一，儿子养老与婚居制；其二，父系姓氏传承与家族势力；其三，父系继承制度与传宗接代。依据三条主线，设计调查问卷的内容和框架，主要包括：性别偏好的原因调查；家庭养老、财产继承和婚居形式的状况；集体资源在两性之间是如何分配的；婚丧嫁娶的习俗与家族势力。

为了论证和比较，我们选择了两类调查点：一类是出生性别比问题严重的地区，主要是根据国家计生委2003年推出的11个关爱女孩试点区域进行挑选，其中有河南A区[①]、江西的B县[②]、广东的C县[③]。另一类是出生性别比基本解决的汉民族地区和村庄，在这里家庭养老、婚姻居住、姓氏继承和财产继承，都呈现出不同于大多汉族地区的多样性和丰富性，对于两种不同类型的调查比较，可以获得更为充分的论证。其中有婚育新风进万家的先进县陕西略阳县、江西宜黄县梅湾村，以及江苏

① 河南是全国人口大省。

② 该县是全国出生性别比失调最严重的县。

③ 广东经济发达但性别比问题突出。

苏南一带。

从调查方法来看，是多种调查方法并用，包括问卷调查、入户访谈、参与式调查和座谈。问卷调查是其中一种最主要的方法。我们在B县、A区、C县和陕西省略阳共计发放近700份问卷，每个县、区平均150份左右，共收回问卷670份。为了保证填写的真实性，我们采取了两种方式：一种是集体讲解和同步填写，在河南A区的140多位计生专干的培训中采取的就是这一方法，以免不理解而填错。另一种是入户询问，由经过培训的调查员根据回答进行填写。

参与式调查是中央党校妇女研究中心与河南社区教育研究中心合作创造的一种新型调查方法，对来自村级的计生专干40人进行分专题的参与式调查，其中包括两方面，一方面进行了性别培训，另一方面比较全面地了解了该地的婚居、姓氏、家族、继承等情况，同时对于关爱女孩的政策效果进行了评估。[①]

座谈与访谈。调查人员几乎每到一个县都要与计划生育、民政妇联、土地农业、统计部门等县乡干部进行座谈，了解该县的总体情况，然后选择独女户、入赘户等进行深入访谈。

本研究重心在于：系统论证现存的家庭制度与父权制的联系，论证我国父权制的特征以及如何将女性排斥在家庭传宗接代和家庭养老之外，论证目前我国的公共政策与集体资源分配机制对于父权制的容忍和强化，从而使家庭父权制转向单位父权制和集体父权制，不断延续和强化了男孩偏好。原因分析包括三个方面：家庭功能与对女儿的排斥；中国的父权制与男尊女卑的机制建构；公共管理对于父权制的无视乃至强化。

① 详见中央党校性别平等政策倡导课题组撰写的《参与式调查过程记录》，未公开发表。

一、家庭功能与对女儿的排斥

从调查中可以发现家庭的两项主要功能：传宗接代与养老送终。前者是父母为子女提供的利益和财产，后者是子女为父母提供的物力和人力。这里蕴含着一个家庭功能的因果链，父母为子女提供物质利益和财产，并通过姓氏确定所属关系，目的是保障父母老年生活以及整个家庭的繁衍和持续。反过来说，如果子女不能成为父母老年生活的保障，不能使家庭的姓氏延续，就不能获得财产继承权。

家庭功能之一：养老送终

养老与送终是两项实用功能。这两项都是子女为父母老年生活提供物力和人力。

养老功能：可以分为经济赡养和照顾赡养。经济赡养即由子女提供经济支持包括日常生活、生病费用，照顾赡养即照顾失去生活能力的老人起居。家庭养老的资金来源，一种是老人提供一点有限的积蓄，另一种是由享有财产继承的子女全部负担。通常来说，采取这种方式的老人不具有养老金，城市里的家庭妇女、没有养老金的工作者，以及绝大多数农民父母都在此列，只能依靠子女提供。所以后者对于子女的经济依赖度极高，子女的养育就成为一笔养老金的储备。第三种是政府给予的低廉补贴，比如，广东C县60岁以上父母的每月100元养老金，其他大多经济贫困地方提供50元的补贴。

家庭养老，主要是子女赡养老年人。赡养方式分为两种，一种是经济赡养，在老人生活可以自理，但无退休金的情况下，由子女提供经济支援。另一种是照顾赡养，在老年人生病或年事已高，生活不能自理的情况下，由子女照顾陪伴。

家庭经济赡养，主要依靠家庭中的子女提供现金与食物。经济赡养不包括领取足够数额养老金的退休工作者，他们并不需要子女经济支持，对于家庭依赖度比较低。经济赡养主要是针对没有经济来源或者经济来源不足的老年人而言，包括城市里的家庭妇女、没有养老金的工作者，以及绝大多数农民父母。他／她们往往一生都在辛勤劳动，但是却没有固定的收入和养老金，于是，子女就成为年轻时储备的老年生活保障。经济赡养的方式之一是食物赡养，它曾经是农耕社会一种主要的养老方式，在农耕社会即非货币经济领域内，是以粮食和食品为主，维持老人的基本生活。在我国，家庭以核心家庭为主，子女结婚以后往往分家单过，形成不同的家庭利益单元，给父母提供基本的食物，父母依靠这些食物，独自生活。在部分农村地区，父母依然以此来养老，这种食物赡养方式对于距离的要求高，空间的阻隔几乎使食物赡养难以为继，女儿结婚从夫居就意味着无法养老。随着货币经济的日趋活跃，现金赡养越来越突出，现金赡养要求子女都要有独立的经济来源，而且有现金收入，对于空间距离的要求大大降低，只要汇款就可以了。在中国农耕历史上，女性被禁止参与有酬经济活动，现金赡养根本无从谈起。而现在，女性参与经济，有了独立经济来源，参与家庭现金养老的程度明显提高。我们在广东C县、江西B县的调查都证实了这点。我们在调查问卷中问：如果儿子养老，女儿是否需要承担养老责任？C县回答“是”的占56.1%，江西B县回答“是”的占50.4%。老人生病医药费谁来承担？C县回答“共同承担”的占47.7%，B县回答“共同承担”的占34.4%。老人去世丧葬费由谁承担？C县回答“共同承担”的占52.9%，B县回答“共同承担”的占37.7%。在这里可以看到，嫁出去的女儿不再是泼出去的水，她们一旦有了经济来源，对于家庭养老就会有所贡献。不过，也应当看到，儿子在家庭经济赡养中依然是主要的承担者，表现在两方面，其一，在儿子、女儿经济赡养的比例上，儿子居多。在B县，儿子单独支付医药费的占到61.5%，女儿单独支付医药费的占3.5%，儿女相差58个百分点，C县儿子支付医药费的52.9%，女儿支付医药费的2.6%，儿女相差50.3个百分点。其二，在儿女共同赡养的经济支出中，儿子提供的财力占大头。儿子拥有财产继承权，所以必须提供经济支持，女儿不享有继承权，只是应当提供经济支持。

家庭照顾赡养，在我国是不同阶层的老年人大多需要的一种养老方式，不仅是没有经济来源的老年人，即便是有养老金的老人也在此列，他们到了人生的暮年，生活难以自理，或者是长期生病需要照顾，依靠经济赡养已经不能维持正常的生活，使得照顾赡养成为必需。即便在经济发达国家老年安全制度已经建立，“很多老人空间居住相对独立，但当老一代病弱无力自顾时，子女仍是主要照顾者。和一般人想象中的病弱美国老人均住到养老院的印象，大有出入”①。所以，养老金并不能解决养老面临的全部问题，但是会增加选择的可能性，老一代或者是去养老院，或者请人照顾，或者由家庭成员照顾。而没有经济来源的老年人，失去了配偶的照顾，别无选择，只能是家庭子女照顾。

家庭子女谁来照顾老一代，这是养老必须面对的问题。在美国，大多数老人选择的是女儿，而不是儿子。女儿照顾年老病弱的父母，几乎成为司空见惯的事情。而在我国农村以及城市，更多的是儿子、儿媳照顾，女儿、女婿照顾老一代的情况极少，同时儿女共同照顾趋于增加。C 县回答儿子照顾的有 47.7%，女儿照顾的仅有 2.6%，儿女共同养老的占 38.6%，其他人照顾的占 11.1%。B 县回答儿子照顾的有 60%，女儿照顾的 2.6%，儿女共同照顾的 31.2%，其他人照顾的占 6.2%。

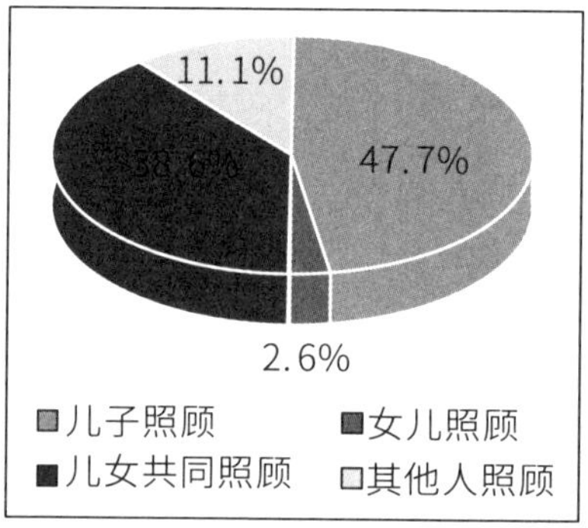

图 1　C 县家庭的养老照顾情况

① 胡幼慧:《三代同堂：迷思与陷阱》，台湾巨流图书公司 2004 年版，第 155 页。

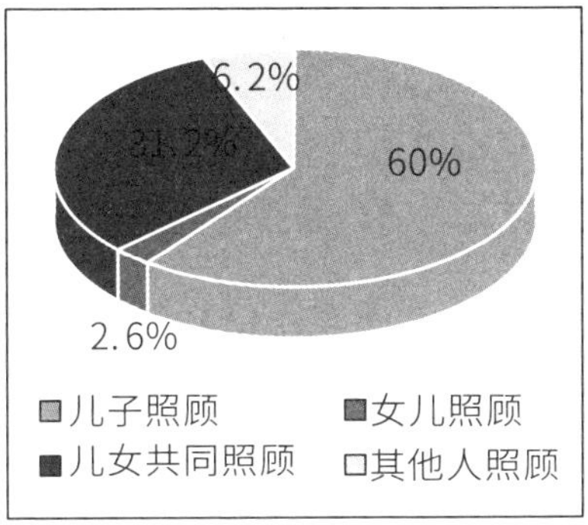

图2　B县家庭的养老照顾情况

为何在照顾养老中，我国的家庭中女儿照顾老一代的比例如此之低？是不是女儿不愿意照顾、没有传统美德？在我们的调查中结论正好相反，对于女儿的评价最高的是孝敬父母和细心体贴，B县认为女儿心疼父母的比例最高达到84.2%，认为女儿细心体贴的占71.3%，C县认为女儿心疼父母和体贴的都是66.7%，略阳认为女儿心疼父母的是63.3%，细心体贴的60.4%。

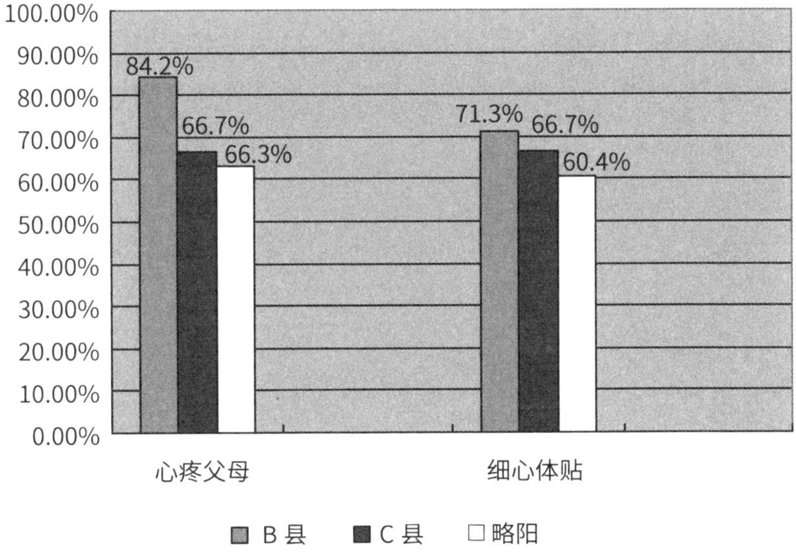

图3　B县、C县、略阳各地对女儿心疼父母和细心体贴的评价

我们2005年12月在河南A区开展的出生性别比原因的参与式调查中，进行了家庭养老的辩论，辩论方分为儿子养老和女儿养老两组，参加者都是村里的计生专干和妇代会主任，分别阐述跟儿子和跟女儿养老的好处，非常有趣的是儿子养老组在辩论中更为强调的是儿子的责任，流露出的是父母的无奈，比如，“父母的土地给儿子，所以跟儿子生活”“儿子养老是责任，不跟儿子怕笑话”“父母有病医药费得靠儿子”。而女儿养老组则更多强调的是女儿的感情，流露出情感的满足，比如“女孩靠得住，和爹妈说知心话”“女孩经常关心老人的生活，有点小病早知道”“女孩温柔体贴，是父母的知心人”。协调人问：既然，女儿养老更多感情的归依和慰藉，为何现实中更多的却是儿子养老？村民回答：最主要的还是闺女不能守在父母身边，要结婚出嫁。男婚女嫁，强制性地规定女儿外嫁，致使父母只能与儿子一起生活，这是导致我国父母主要依靠儿子养老的原因。女儿的婚姻意味着从父母家庭分离出去，从而属于丈夫家庭，承担另外一个家庭的养老责任。

送终功能：家庭安葬与仪式以及提供丧葬费用。如果说，养老涉及生的问题，而送终涉及死的问题。临终遗言、临终关怀、遗体的安置、安葬仪式等等，都是送终的组成部分。亲人的离别是家庭中一件非常重要的大事，会触及人的情感最深层的地方，也涉及社会普遍认可的安葬风习。

送终对于死者和生者都有着重要的意义。对于死者来说，即将离开人世，期望儿女和亲人在身边，获得更多的关怀和情感，表达自己的遗愿，能够较少遗憾地离开这个世界。对于生者来说，是最后的关怀和情感的表达，对于更加疼爱父母的儿女来说，更为难过与心痛。所以，向亡灵表达思念，尽其所能地提供丧葬费，成为许多家庭儿女的选择。我们在调查中问道：如果老人去世，丧葬费由谁承担？略阳答“共同承担”的占34.5%，B县答“共同承担”的占37.7%，C县最高是52.9%。女儿的责任在增加，但是，在民间丧葬仪式上依然受到排斥。

河南的民间丧葬仪式是以儿子为主轴的，女儿无足轻重。民间丧葬仪式强化了儿子特别是长子在家庭中的地位和作用，进一步削弱了女儿在父母家庭中的地位和作用。

家庭功能之二：传宗接代，即家庭男性血缘共同体得到传承和延续

家庭是以血缘为纽带建立起来的初级社会群体，所有的家庭成员通过相同的血缘关系连接起来，并通过血缘相同的身份而相互认同，组成一个紧密的整体。没有这一血缘关系的连接，家庭就不能得到延续，“血缘属于生物性因素，是通过先天因素自然获得的”[①]。如果仅仅从血缘的生物性因素来看，祖母、外祖母没有亲疏远近，都可以界定为“祖”，兄弟姐妹都属于同一血缘共同体，都具有传承后代的功能，都可以界定为“后”，传宗接代是可以不分性别的。

然而，在汉民族的家庭宗族文化中，血缘特指男性血缘共同体，而将女性血缘共同体排除在外。在这里，父子是家庭中的主轴。所谓的“宗”，“指的是亲族之中奉一人为主，族指的是凡血统有关系之人”[②]，是父系的祖先。所谓的“代”是指儿孙，他们才能使男性血缘共同体得到延续。所以，子孙是父系链条上的连接点，没有子孙就无法传后。可见子孙在家庭传宗接代上的重要作用，传宗接代也成为子孙家庭养老送终功能之外的另外一件大事。

如何界定后代的归属和价值？对于父系制来说，有两项内容，一个是传承父姓，解决家庭父母的归属问题，另一个是传承财产，解决家业的继承问题。姓氏是家庭私有制的产物，从而确定孩子属于谁。当孩子只能随父姓，标志着孩子属于父系家庭。孩子随父姓是比婚居制还要顽固的制度，几乎是跨越了城乡和阶层的界限，犹如基因一样不断传承，似乎已经如我们天天呼吸的空气一样自然，而任何对其的挑战都显得大逆不道。

改革开放以来，父姓继承制反而变本加厉。祭祀父氏祖宗修建父氏家谱的现象渐渐多了起来，特别是在我国中部和南方地区似乎成为一种新的

---

① 杨月如:《社会哲学视野中的中国社会资本研究》，尚未公开发表，第 61 页。

② 吕思勉:《中国制度史》，上海教育出版社 1985 年版，第 317 页。

时尚。在父权制的家庭建构中，姓氏与性别有如此紧密的联系，以至于没有儿子家族就无法延续，就会“绝后”，要儿子就成为必需，而不是可有可无。这已经内化为许多人心灵深处的“情结”，即便在城市里已不存在养老问题，而且家族文化已经大大削弱，一些父母依然有要儿子的强烈渴望，没有儿子似乎就是人生的失败和无法弥补的缺憾，而生了儿子通常充满难以言传的幸福感和喜悦。这绝不仅仅在农村在村落，而且在城市也处处可见。

我们在4县调查中是将村民与乡村干部分开进行调查和统计的，于是，发现了村民与干部的性别偏好上的排序差异。村民对于男孩养老送终的需求（46.1%），要高于传宗接代的需求（45.1%），而乡村干部对于传宗接代的需求（48.9%），远远高于养老送终的需求（39.65%）。在这里，由于缺乏经济保障，村民更容易将儿子作为家庭保障的储备。而乡村干部已经有了一定的经济实力，他们对于养老送终的需求大大下降，而对于传宗接代仍然保持了强烈的渴求，乃至上升为第一位的需求。这不能不引起我们对于将传宗接代作为唯一信仰这一顽固性思维的关注和思考。

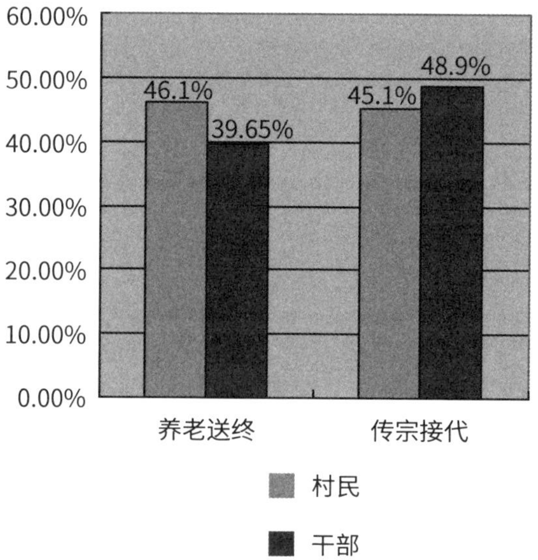

图4　村民和干部性别偏好原因的差异

传宗接代的另一项内容是家庭内部的财产继承。家庭财产的传承通常不是在父母去世之后，而是在子女结婚之时或者与儿子分家的时候开始的。儿子结婚与女儿结婚对于家庭资源的重新分配具有不同的意义，女儿结婚往往是离开娘家，“自动出让”已有的家庭财产，比如房子、土地使用权和家庭用品等自行转变为兄弟财产的一部分，在这里，自动出让是一个无须争议的过程，不需要认定和商量，已经成为诸多家庭内部的潜规则。当然，这并不排除娘家给一些嫁妆，但是，这些嫁妆的价值与儿子结婚的投入，几乎是无法相提并论的。更何况在贫困地方的一些嫁妆是从男方家的彩礼中拿出的一部分，女儿结婚几乎等同于买卖婚姻。

儿子结婚成家意味着一个新的家庭利益单元的形成，它通常有两方面的扩张：一是通过结婚获得父母的更多家产。在一定意义上，应当说儿子养老并不是父母的自愿选择，而是父权制的精心安排。二是通过姐妹结婚自动接收她们原有的家产，对于很多家庭的兄弟来说，是没有家庭内部的个人财产权利意识的，他们理所当然地认为，姐妹结婚就意味着家产自动转让给兄弟，家庭财产的重新分配只能在儿孙中进行，与出嫁女没有关系。于是，这种家庭财产分配，经常使得儿孙理所当然地享有家庭的所有财产，而将女儿排除在外。所以，在我国的家庭制度中性别等级依然顽强地持续地发挥作用，而对此已经形成集体无意识。

二、中国的父权制与男尊女卑的机制建构

根据前面的调查分析，可以看到在我国汉民族地区，绝大多数并不是依据父母的意愿，而是依据父权制的安排由儿子养老送终的。为什么父权家庭制度一定要安排儿子养老，又怎样保障儿子养老将女儿排斥在外？深究原因可能会对男孩偏好有进一步的认识。

笔者认为，规定儿子养老是父权家庭制度将男尊女卑观念具体化机

制化的有效举措。我们总是说封建社会男尊女卑重男轻女，其实，要实现性别等级和性别尊卑是需要载体和路径的，没有载体和路径，男性尊不起来女性也卑不下去。而规定儿子养老，就是实现男尊女卑的有效路径。它的高明之处是抓住了家庭的主要功能，而又将这一功能与性别功用的划分联系在一起。在农耕社会，家庭的主要功能就是养老送终，这是一个十分现实的问题，没有任何人可以回避这一现实。哪些孩子可以养老，就有现实的功用，价值自然上升，哪些孩子不能养老就没有用处，价值自然会下降。而规定了儿子为父母养老，将女儿排除在外，就标志着男孩是有用的，女孩是没用的，这是男孩、女孩家庭价值评判的重要标准之一。

那么，在现实生活中如何保证一定是儿子养老呢？在这里父权制抓住的关键环节是妇女结婚从夫居。农耕社会属于非货币经济范畴，几乎不存在货币赡养，主要是食物赡养和照顾赡养，养老的基本前提是需要居住在一起，所以，儿女结婚后可以与父母住在一起，是养老的基本条件。居住的空间距离过大，就使得养老不可能，居住的空间距离极小乃至等于零，就使养老具有可能性，就可能照顾老人的生活起居。可能性并不等于现实性，但是连可能性都不具备，就更谈不到现实性了。为了实现儿子养老，一个有效措施是规定婚居方式，即男婚女嫁，也叫做“从夫居”或者“父居制”。妇女结婚从夫居作为一种制度确定下来，就使得女儿不能为父母养老，必须依靠儿子养老，成为必然，在这里父母与子女的意愿都变得无足轻重。在这里，从夫居并不仅仅是一种传统和习俗，而是蕴含着深刻的男尊女卑内涵的制度安排。当从夫居依然成为主要的婚居方式，偏爱男孩就是家庭养老的唯一选择。

从夫居，这种蕴含男尊女卑的性别制度建构，在现代社会是否已经改变，还是依然作为主要的婚居方式存在？这成为我们调查性别偏好的要件之一。[①]在河南A区的调查问卷中，我们设了一栏：本村是否有上门女婿？由A区194个村计生专干填写，结果是在194个村庄共计有143个上门女婿，平均一个村只有1个多一点。99%都是男婚女嫁。女性结婚后一定要住到男方所在村，不一定和公婆住在一起，但离公婆很近。这就形成了一个男性血缘为主轴的家庭网络。我们在江西B县和广东C县进行的问卷调查，也证实了从夫居的普遍存在。B县的婚居方式是，单立户占33.3%、住男方家的占61.2%、住女方家的占5.4%。C县的单立户占11.1%，住男方家的占82.4%，住女方家的占2.6%。在这里，单立户的比例迅速增多，特别是B县高达33.3%，与城市化的规模和速度有关，但是单立户的家庭大多并不是夫妻经济独立所致，而是男方家庭支持的结果，作为男方家庭的养老投资，其中隐含的儿子养老责任是不言而喻的。从夫居与从妻居的比例反差极大，住男方家依然是主要的婚居模式，B县占60%以上，C县占80%以上。从妻居的婚居模式比例相当低，最高的B县都只有5.4%，仅仅是从夫居的一种补充，而从夫居的模式主导并强化着家庭养老主要依靠男孩。

父居、父系、父姓，是父权家庭制度的三大支柱：父姓，通过儿子继承姓氏，强化儿子作为家庭后代的唯一价值，从而贬低女儿的价值；父系，通过儿子继承财产，强化儿子在家庭中的主导地位和支配地位，从而使女性在经济上完全依赖男性；父居，通过男婚女嫁，将养老责任分配给儿子，排斥并贬低女儿的养老作用。三大支柱相互强化，构成稳固的三角形。父居的普遍认可，可以强化男性继承财产的合理性：女儿出嫁了，自然财产要给儿子，不尽义务还要利益于理于情讲不通；父系，使得女儿有心而不能为父母养老，嫁到丈夫家，住的是婆家房，怎么可能将父母接来养老，老觉得理不直气不壮；父姓，强化了财产归男孩的观念，长子长孙传宗接代，自然要继承财产，给了女儿等于给了外人。

① 民政部的婚姻登记中通常忽略婚居模式。

父系、父居、父姓相互支撑、相互依靠，是重男轻女男尊女卑的有效载体，也使得汉民族的性别等级趋于完备，成为人类历史上最为完备、最为典型的父权家庭制度。对父权继承制，恩格斯有着深刻的认识，恩格斯认为：最初的阶级压迫是与男性对女性的压迫同时发生的。父权制的建立是妇女的最大失败。中国汉民族的这种父权家庭制度，在公元前 841 年就建立起来了，延续了 2800 年，比起很多民族都更为完备、更为悠久，它形成了一个精心构筑的网状结构。这一网状结构包括三个方面：父系、父居和父姓。而这三个方面都一定以儿子为前提和必要条件，没有了儿子，纵横交错的网状结构就无法建立。所以，儿子是必需的，非要不可。

1949 年之后，我国的社会主义制度以及男女平等运动，触动了私有制和两性分工制度、家庭财产制度，但是没有触及更谈不到改变父权家庭的性别根基——父系、父姓和父居。在 20 世纪 50 年代的《继承法》和《婚姻法》中规定：男女有平等的继承权。然而，在当时的法律中始终没有涉及父姓、父系和父居的调整。即便是国家所有制和集体所有制占据支配地位时期，传统的父权家庭制度依然存在。金一虹提出：20 世纪 70 年代始，国外的女性主义从人类学和社会学视角审视中国社会主义革命和妇女解放的关系，分析在社会主义制度下尚存的父权制，[①] 并引用了诺玛・戴蒙德在《集体化、家族与中国农村妇女的地位》中的一段话：不能把中国妇女依然处于从属地位归咎于封建意识残余，而应从社会组织结构上找原因。农村集体化组织形式未能改变传统的家族权力结构，尤其是男婚女嫁的婚姻形式继续存在，这是父权制在中国社会主义制度下再生的重要原因。

但同时也应看到，我国社会主义制度（20 世纪 50 年代—20 世纪 80 年代），将私有财产转化为国有财产和集体财产，建立集体所有制和全民所有制，大大削弱了家族势力，核心家庭出现了并不断增多，成为家庭的主

① 金一虹：《父权的式微》，四川人民出版社 2000 年版，第 340 页。

要形式，同时弱化了家庭的负担。中华人民共和国成立后的20世纪50年代—20世纪80年代，我国形成了低水平的公共福利，在城市建立了公费医疗制度、退休制度等，在农村建立了五保户制度、合作医疗，在全国建立了义务教育制度，弱化了家庭的经济负担，使得家庭负担的教育、医疗和养老职能部分转移到社会，政府承担了一部分公共职能，对于家庭养老起到辅助和保障作用，使得孤寡老人老有所养。此外，对于封建残余“四旧”（旧风俗、旧习惯等）的泛政治化的严厉打击，使得婚丧嫁娶中的大量带有性别歧视色彩的习俗进入冷冻期，然而，并没有对其进行认真深入的反省和清理。这就为泛政治化解冻之后传统习俗的复苏埋下了伏笔和隐患。

改革开放以后，我国经济体制由单一经济成分转向多元经济成分，公有制和集体所有制极大削弱，建立在公有制基础上的公共服务和低水平的社会保障迅速瓦解，曾经弱化的家庭的功能和作用凸显出来。社会的控制和政治上的高压减弱，人们的自主性和社会参与空间扩大。原先遭到封杀的社会传统习俗也随之解冻复苏，已经失去经济支撑的家族势力重新成为乡村依赖的社会支持网络。

但是，在鸡犬之声相闻的农村则不然，它不仅具有更为传统的婚丧嫁娶的习俗，而且有更大的村落趋同压力。婚姻，等于男婚女嫁，等同于女方脱离娘家进入男方家庭，等同于为男方父母养老送终，几乎是婚姻习俗中的要义与精髓。这种长久形成的心理预期和对于性别规范的认可，在婚姻习俗中演化为几个惯例。其一，男方家庭在定亲和结婚的时候，一定要给女方家彩礼，通常是2万—3万元，太穷的家庭是娶不起媳妇的。其二，男方家要盖房子和买家具，女方家只是象征性地购买一些东西。其三，女方出嫁一定要离开娘家，标志是一定要哭，表示离开娘家心痛。这种男女双方家庭悬殊的财产配置，其含义是显而易见的：新娘由此脱离原有的家庭，进入另一家庭，对于亲生父母仅有道义上的帮助和报答义务，而不必承担赡养责任，也不享有对于男女双方家庭遗产的任何继承权。

在农村婚丧嫁娶的风俗强制性很厉害，几乎没有任何商量的余地。社会学家李银河曾经于20世纪90年代到山西沁县南山头村进行调查，分析了村落文化的趋同压力。她在《生育与村落文化》一书中写道：在生儿育女、婚丧嫁娶、盖房修墓这样的大事上，村民全都显示出“身不由己”的样子，为什么一定要生儿子？因为不生就会被人骂为“绝后”。为什么婚事一定要大办？因为丢不起面子。“在农民心目中重得不得了的面子和别人的闲话，就是村落文化规范的压力”，“村落文化中的每个人都受到压力，要求他们按既定规矩办事，而且争取超过别人”①，否则，闲话和唾沫就会把人淹死，更何况十分紧密的村落支持网络是农民赖以生存的基础之一。正是在村落文化的趋同压力下，人们显得十分无奈，往往身不由己地按照既定习俗和规则办事，父权制通过社会习俗得以延续。

父权制强化着男性血缘基础上的人多势众：男孩可以传承姓氏，使得家族势力有着明显的标志，通过姓氏就可以确认其血缘联系，而女孩子无法传承姓氏，血缘关系含糊不清；男孩可以聚集成众，不会因为婚姻而离散，而是始终生于斯长于斯，还可以娶妻生子，女孩子外嫁，人会减而无法势众。

三、公共管理对于父权制的无视乃至强化

进入20世纪80年代，控制人口数量的计划生育政策出台，从倡导一对夫妻只生一个孩子，到强制性规定生育的数量，计划生育逐渐上升为基本国策，与此同时，具有庞大数量和极富中国特色的计生干部成为这一国策的执行主体。从此，计划生育不再仅仅是家庭私事，而成为政府的责任和公共管理的重要内容。这一政策的影响之广泛，可以在1980年修改的《婚姻法》中看出：夫妻双方有实行计划生育的义务。这是在苏区建立男女

① 李银河：《村落与生育文化》，文化艺术出版社2003年版，第77页。

平等、一夫一妻的婚姻法以来第三次修改第一次提出的问题，由此，原本看作家庭私领域的问题，进入了国家的政策和立法。

国家立法规定夫妻实行计划生育，实际上触动了中国最为习俗认可的生育文化，它可能遭到传统生育文化怎样的顽强抵抗，出现哪些后果，并没有人作出分析和预测，政府也没有重视这一问题。但是，中国要求按照父系、父姓和父居传承后代的家庭生育观念，在与计划生育的冲突中，很可能会继续强化重男轻女，导致对女性权利的侵害，这已经被一些婚姻法专家意识到了。而怎样弱化重男轻女的观念，仅仅喊喊口号是无济于事的，根本的解决方法是削弱父系制，建构父母双系制。于是，在该《婚姻法》中，婚姻法专家列出了两条与否定父权制的世系、命名、居制密切相关的规定。《婚姻法》第八条：登记结婚后，根据男女双方约定，女方可以成为男方家庭的成员，男方也可以成为女方家庭的成员。第十六条：子女可以随父姓，也可以随母姓。应当说，这是对于2800年前建立的父权制婚姻制度的一种极具挑战性的颠覆。但是，要真正改变根深蒂固的父权制，并不是仅仅依靠立法就可以奏效的，还需要采取一系列有效措施，像计生工作一样在公共管理中建立执行主体，持之以恒地加以改变。遗憾的是，公共管理对于这项工作的艰巨性和严肃性缺乏最起码的认识，更不要说采取任何积极干预举措了。所以，婚姻法中的规定就像飘浮在空中的云，在现实中找不到自己的根。

与此同时，家庭父权制伴随着公共福利的瓦解和家庭功能的凸显，随着婚丧嫁娶旧习俗的解冻和社会舆论空间的增大，非但没有销声匿迹，反而日趋活跃和强化，扩张为村落父权制或者单位父权制，乃至成为公共资源分配的“合理”依据。

（原文载于《妇女研究论丛》2012年第2期）

我国三省六县生男偏好调查报告

联合国人口基金第八周期“应对性别选择与出生性别失衡治理”项目，旨在全国三省六个项目地区探索从根本上治理出生人口性别比失衡的模式。中央党校性别团队承担了六个项目县（区）的生男偏好调查，该调查以性别平等为重心，从生男偏好等方面着手，进行深度访谈座谈以及数据收集。

中央党校性别团队于2016年11月15日至12月1日，分别赴广西壮族自治区宾阳县、宁明县，安徽省长丰县、宿州市埇桥区，湖北省黄梅县、嘉鱼县，进行性别平等与村规民约现状调研。团队分别在十二个村和六个社区召开座谈会并进行深度访谈，在各地项目办的大力支持和组织下，发放并回收1508份调查问卷，从而获得十分宝贵的第一手资料，在个案分析与问卷统计的基础上，我们发现生男偏好十分强烈。

一、生男偏好的表现形式

生男偏好有两种：一种是喜欢某一性别，但不会为此进行生育选择。另一种是必须要男孩，不生男孩誓不罢休，我们在本文谈到的生男偏好指的是第二种情况，它已经成为一种生育情结。

了解生男偏好，可以采取多种手段，可以从观念入手，也可以从行为入手，我们的调查是两种手段并用。定性调查了解生育观念，定量调查了解生育行为，后者主要调查生男生女以及男女户的比例，此数据的比重可以展示出生男偏好对于人们行为的深刻影响。

（一）纯女户家庭比例最低

数据统计方法：由于问卷填写的总户数将儿女另立门户的算作无儿无

女户，纯女户、纯男户、有儿有女户占比计算中的总户数是纯女户、纯男户、有儿有女户三者之和。

数据统计结果显示，纯女户所占比例最低，纯男户所占比例居中，有儿有女户所占比例最高。统计数据中，湖北嘉鱼县交卷 94 个村，总人口 29.9 万；湖北黄梅县 426 个村，总人口 84.6 万；安徽长丰交卷 259 村，总人口 70.5 万；安徽宿州 362 村，总人口 172.7 万；广西宁明 138 村，总人口 34.3 万；广西宾阳 230 个村，总人口 90 万。

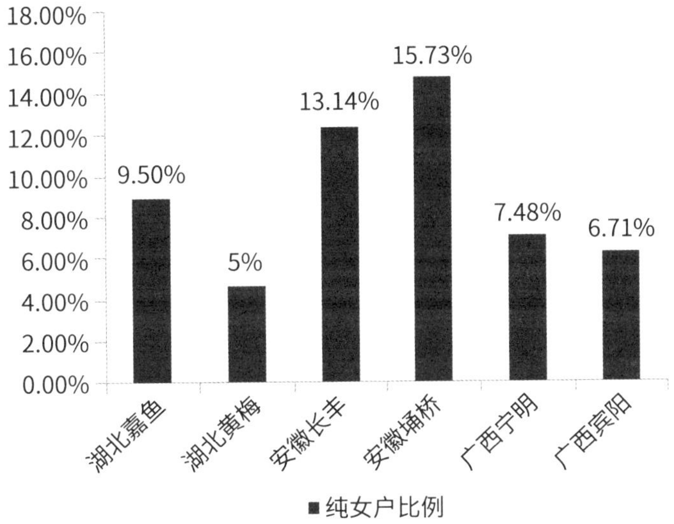

图 1　纯女户比例

从项目县（区）纯女户比例来看（见图 1），纯女户占比最高的是安徽埇桥区，为 15.73%，占比最低的是湖北黄梅县，为 5%。在没有人为干预的情况下，纯女户占比应当是 23.33%，而实际数据显示，六个县（区）的纯女户大大低于这一比例，四个县都在 10% 以下。这反映出生育观念导致对生育行为的干预，使得生育行为有着强烈的性别选择。

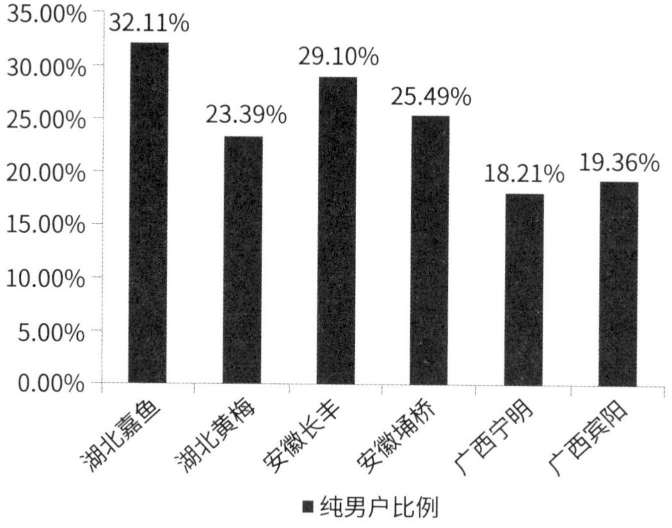

图 2 纯男户比例

纯男户占比最高的湖北嘉鱼县，为 32.11%（见图 2），占比最低的广西宁明，为 18.21%。这里存在着一个规律，纯男户占比高的地区，有儿有女户占比就会低一些，反之，有儿有女户就高一些。这说明两点：第一，在生育数量受到严格控制的地区，一定要男孩的性别偏好在强化。第二，在二孩控制不严的地方，生育二个孩子，其中一个必须是男孩。

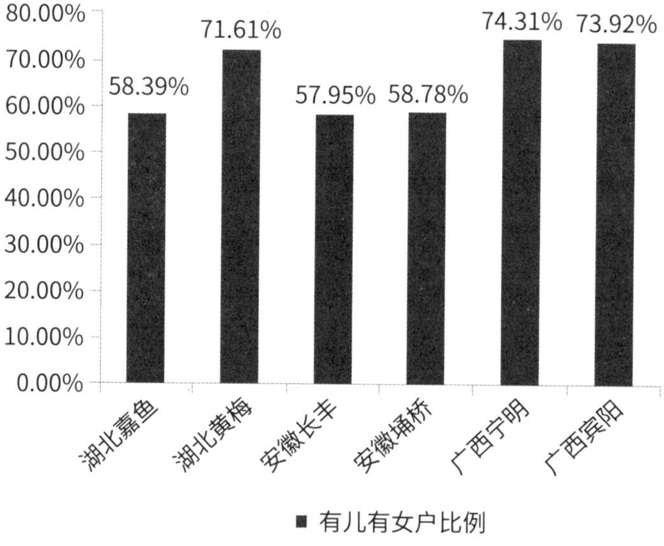

图 3 有儿有女户比例

出乎预料的是，有儿有女户所占的比例最高（见图 3），也就是说一孩半政策实际上已经演化为二孩政策，有儿有女户占比最高的是广西宾阳，为 73.92%，最低的是安徽长丰县，为 57.95%。这里满足了村民的双重愿望，既要二孩，在二孩中儿子又是必需的。

（二）平等背后的男孩情结

调研发现，村民讲出来的生育观念与隐含的生育理念，以及生育行为之间是有距离的。当被问到生育意愿时，很多村民都说，现在男女平等了，男孩女孩都一样。似乎男女平等的生育观不成问题，经过深入追问，才会发现隐藏在平等背后的男孩情结。

在湖北、广西和安徽不同社区 / 村的访谈中，村干部和村民对于生育男孩还是女孩的意愿并没有太多的不同，基本都是希望“一儿一女最好”。在社区访谈中，大多数村干部和村民会表达“男女都平等了，现在很多人家喜欢女儿”，“养儿子压力太大，养女儿还轻松”……但是从对相关村干部及不同性别、年龄、婚居模式的村民的访谈中了解到，目前基本认为是“老的时候要和儿子居住在一起，依靠儿子养老”，“农村就是喜欢儿子，风俗习惯”，“有儿子就可以传宗接代，没有儿子就断子绝孙”，“（没有儿子）村子里闲话总是有的”。

即便有纯女户的男性家长再三表示，“站在我的角度，男女都一样”，但深入访谈还是会谈道：“在农村的风俗习惯，还是要儿子，毕竟她生了儿子，人家（女儿的公公婆婆）对待不一样”，尤其是在自己的女儿生了女儿的时候还是希望她继续生一个儿子，“再生了是姑娘，还要再生，政策允许的情况下，还是要生一个儿子”，因为“肯定男方的父母会因为没有儿子不高兴，肯定会有想法”，所以“能做到的事（能生儿子）就一定要做（要生）”。

由此可以看出，采访中的所谓的生男生女都一样，更多是一种表面的说法，而非内心深处的价值观念，即便是农民也会戴上一副面具，这一面具是给外人看的，生男情结却包裹在面具里，这就需要透过现象看本质。

二、村庄的风俗习惯

从2003年综合治理出生性别比开始，打击两非，利益导向，宣传倡导，至今已经15个年头，为什么乡村社会依然有着强烈的生男情结？其实，我们的很多治理方式没有触及生男情结的根本，更多的是治标。生男情结的本扎根在乡村社会的风俗文化里，从婚丧嫁娶，到姓氏传承，以及家谱祠堂等，都在延续、固化一定要儿子的生育观念。这种观念已经司空见惯，已经成为集体无意识，成为无所不在而人们熟视无睹的文化现象。

（一）婚礼习俗：男娶女嫁

各个地区的婚礼仪式在细节上差别不小，但是男娶女嫁却惊人一致，不论是在汉民族还是在少数民族，男娶女嫁是一种强制性的婚居模式，即女方结婚一定要居住在男方家，而不能留在娘家，女方要为男方父母养老送终生儿育女。这种婚居模式的生命力更多来自村民内心对此的认同。从调查的情况来看（见图4），女孩结婚后必须住到婆家的认同度普遍在78%以上。其中黄梅县高达90.85%，宾阳县达到89.57%，埇桥区达到84.8%。

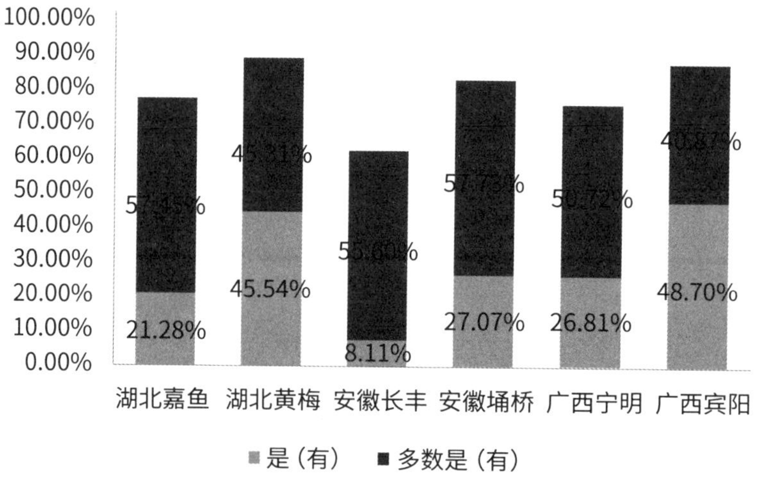

图4　女孩结婚必须住到婆家的认同度

从调研情况来看，汉民族更讲究男女有别，男娶女嫁渗透在每一个细节中，从定亲到迎娶，男方家要花掉更多的钱，女方家则是要钱的。现在年轻人在外打工，自己认识定亲对象的情况多起来。在广西，壮族为主的乡村，一般是媒婆亲戚介绍，男女双方互相满意后，进行定亲，即两三个亲戚陪同男方到女方家，男方准备两只鸡、稻米、酒水、糖果等礼品。定亲一到两年后，男方才能到女方家提亲。中途如果觉得不合适，女方需将礼品折现还于男方。上门女婿则是相反，是女方到男方家去，但这种情况寥寥无几。客家人居多的乡村，结婚时女儿要哭嫁，哭诉对父母的感恩之情，哭拜兄弟照顾父母，结婚对于女儿意味着离开父母。总之，男性结婚要娶妻，女性结婚要嫁人，男娶女嫁的婚居模式始终没变。这就使得生男生女不一样，儿子可以为父母养老送终，女儿是为公婆养老送终，成了赔钱货，女儿大大贬值。

（二）葬礼习俗：男女有别

生老病死是人的生命历程，死亡是生命历程的终点，也就有了葬礼。之所以宗教影响大，往往与介入日常生活有关，比如通过教堂举办葬礼。性别排斥的观念正是通过葬礼被强化的。在汉民族葬礼上对于男女、亲属、辈分都有严格规范，通常是男性在葬礼上扮演主要角色，如儿子主持葬礼（见图5）。

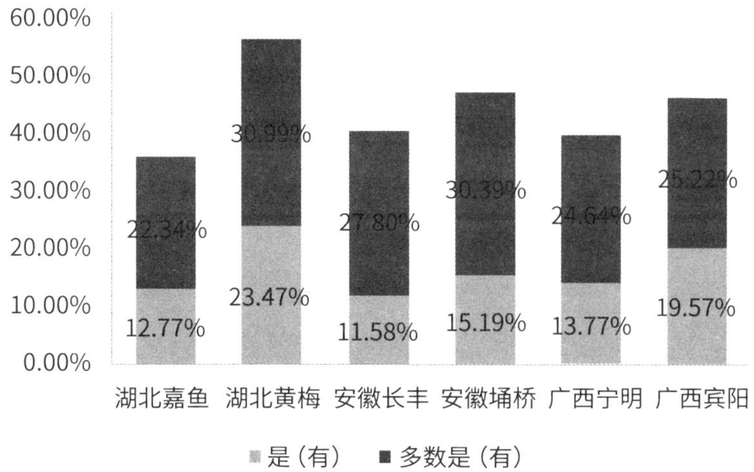

图5　儿子主持葬礼的认同度

在这里男性主持葬礼，可以分为两类，一类比较低一些，嘉鱼县为35.11%，宁明县为38.41%，长丰为39.38%，另一类更高一些，宾阳县为44.79%，埇桥区为45.58%，黄梅县为54.46%。在六个县（区）里都有排斥女孩祭祖的情况（见图6），不过比例远远低于男性主持葬礼的情况。最高的是宾阳县为19.13%，其次是埇桥区，为17.7%，最低的是宁明县，只有2.17%。

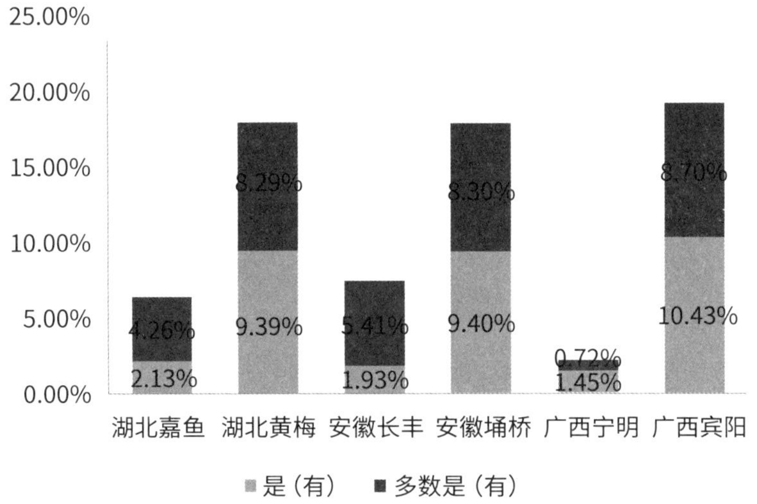

图6　女孩不能祭祀的认同度

不过，随着地域和时代变化，很多细节不尽相同。从广西调研的情况来看，壮族中男性、女性哭丧是大量存在的。在汉族地区，有些地方是不允许女人去哭丧的，比如长丰县举办葬礼时，手持香炉的一定是男性，首先是儿子，没有儿子的侄子也可以，总之是自己家族的人，在男性家族内部也要考虑亲疏远近，女婿作为外人不能染指。在壮族乡村，家族的差序格局有所松动，如果没有儿子，女婿也可以主持，必须是男性，女性则不可以主持，因为依靠男性才能传续家族的香火，继承家庭财产。女性只能挑担祭拜用的果食。

这种男女有别的习俗，使得有男孩成为必需，哪怕在家里不能为父母尽孝，也能在大庭广众的葬礼上，显示出有男孩的面子。这种男女有别的葬礼使得没有男孩的家庭压力特别大，以至于送终的葬礼难以举行。

（三）生育习俗、节日习俗

从生育习俗来看，绝大多数乡村和社区会吃满月酒、百岁宴。但男孩与女孩是有差异的，从数据来看（见图7），男孩出生仪式更为隆重的认同度普遍高于女孩，其中较低的是嘉鱼县（23.4%）和长丰县（30.12%），居中的是黄梅县（52.58%）、宁明县（52.89%）和埇桥区（55.52%），宾阳县最高，达到70.87%。

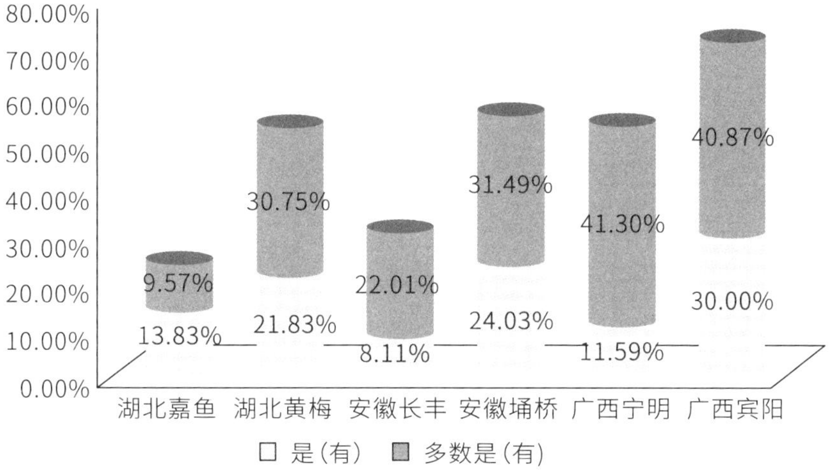

图7　男孩出生仪式更为隆重的认同度

在对湖北、广西、安徽的调研中发现，结婚的女儿不能大年三十回娘家，拜年只能是正月初二。显然，嫁出去的女儿，不仅居住地变了，连身份也变了，由自己人变成外人，不属于自家人。风俗再次强化女儿与儿子不同，有了儿子过年热热闹闹，媳妇孙子一起过年，仅有女儿过年冷冷清清，女儿女婿和外孙子都无法聚在一起。

正月十一是宾阳县传统节日炮龙节，原先叫做“灯酒节”，是专门庆祝生男丁的节日，当年生了男孩的家庭要出猪、阉鸡宴请四邻以示庆祝，因为家里添丁光宗耀祖，而生女孩的家庭可以去吃，但只是参加。显然，男孩的仪式比女孩隆重，生男孩家里人高兴，生女孩的家里窝气。生了男孩，孩子的爷爷奶奶家要放鞭炮，祝贺生了个“儿子”，生女孩，则不放鞭炮。街坊邻居打架时，骂的最难听的话，就是说女孩户是绝户头。所以，生了女孩的家庭在社区里面临很大的心理压力，有一种抬不起头的感觉。

（四）祠堂神台与家谱

在湖北、安徽和广西，不少家庭都摆有神台，神台指的是家中摆放的祖先的排位。

在黄梅县等汉族地区，神台放在一进门的厅房里，在宁明县壮族地区则放在楼上最高的地方，用来祭拜祖先。这里的祖先全部是父系祖先，在各种节日祭拜祖先已经成为固化的风俗。父系祖先是家庭延续的链条，没有儿子链条就会断裂脱落，这就使得男孩价值远远高于女孩价值。

调研发现，六个县（区）都有大姓，一个大姓、二个大姓、三个大姓不等，在各个县村庄中所占比例少则达到一半以上（见图8），如嘉鱼县（58.51%），最多的是长丰县（85.32%）。不少大姓都争先恐后修建祠堂，其中黄梅县、长丰县和宾阳县修建祠堂所在村庄比例均超过60%，有些将废弃的小学校改为祠堂，有些在空地上建起祠堂。

祠堂的出现说明，乡村的家族有一定的凝聚力，很多祠堂都是家族内部成员按照财务公开透明的原则集资修建的，同时，祠堂也强化了父系祖宗的重要性，没有儿子就没有办法形成父系，所以，儿子的繁衍是必需的。此外，男女对祠堂这个公共空间的占有和使用是非常不同的，比如除夕晚上男性可以使用祠堂，但女性就不可以。大年初一的时候，男性可以作为祠堂活动的重要主体，而女性就不可以。祠堂的这种排斥，不仅区分性别差异，更突出男性的主体地位。

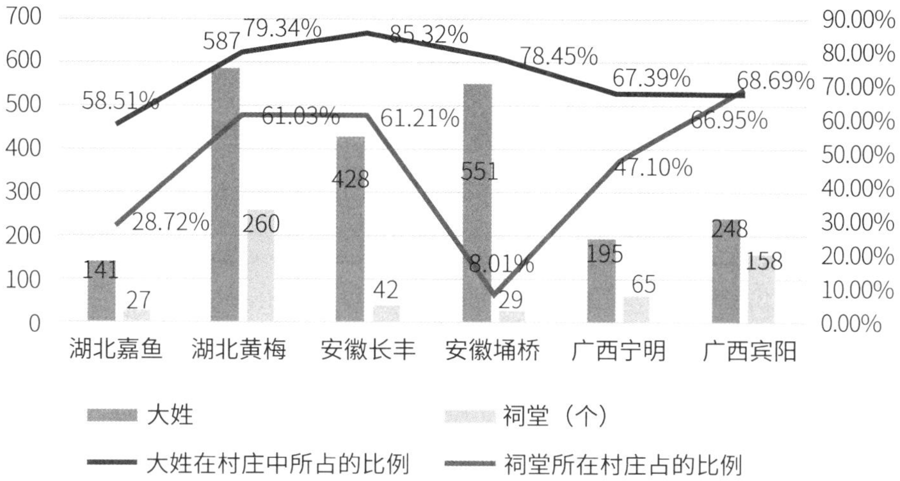

图 8　大姓、祠堂数量及其比例

几乎每个县都有家谱和族谱，越是有经济实力，同时认同父权制文化，家谱族谱就越兴旺。在弘扬中国传统优秀文化的氛围内，家谱族谱成为新时尚被推崇。族谱和家谱一定会强调姓氏，如杜家族谱、王家家谱，姓氏是按照父系传承的。这在农耕社会是天经地义的，是毋庸置疑的，女孩子不能传姓氏，也不能入族谱家谱。只有宁明县和长丰县不许女孩进家谱族谱的比例低于 20%，嘉鱼县、黄梅县和宾阳县都达到 30% 以上（见图 9）。

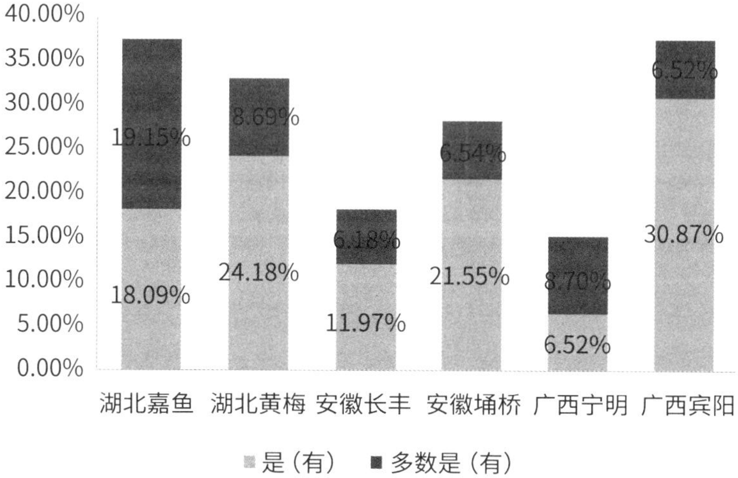

图 9　女孩不能进家谱的认同度

在广西宾阳县的南街社区、新模村，女儿是不能写进家谱的，因为女儿要嫁出去，无儿户的女儿才可写进族谱。有的媳妇可写进族谱，因为媳妇为男性添丁生子，延续香火。湖北项目地的村民介绍，虽然有的家谱从清末就陆陆续续有“女儿姓氏”的加入，但女性只有本人的姓氏和简单的基本情况介绍，相对男性内容更简单，并且只是介绍个人，而没有对其家庭和子女的介绍。更重要的是，女儿的名字即便写进去，也并不能改变父系传承的状况，因为家谱族谱需要姓氏，姓氏通常是按照父系传承的。

在六个项目县（区）中，绝大多数的村民都认为孩子要跟父姓，因为女方家会有自己兄弟家的孩子。子女随父姓的认同度在所有选项中认同度最高，有一半在 90% 以上（见图 10）。

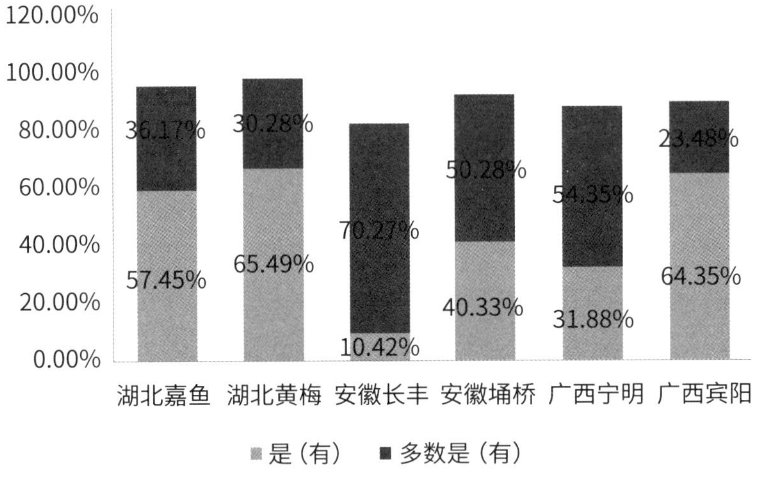

图 10 子女随父姓认同度

即使是少数招了上门女婿的家庭，孩子也是随父亲的姓氏。一位纯女户的女性家长对自己将来女儿的希望是，“无论男女，也没有想过随自己家姓，毕竟一直以来都是随父亲姓的，别人家的孩子娶自己女儿也是希望孩子随父亲姓，进行传宗接代，不太想闹出更多矛盾”。在广西走访的村庄中，不论是壮族还是汉族，村民都认为孩子要跟父姓。结果是，生育男孩就成为必需，否则，家谱族谱就无法续下去。

女儿养老的责任与继承家庭财产权利不对等。在调研中，女孩养老的重要性已经凸显出来。比如在湖北的调研中发现，很多人家在实际生活中依靠女儿，尤其是纯女户父母会要求自己的女儿只能嫁在“县城范围之内”甚至最好是“本乡镇范围之内”，“方便照顾父母”。很多人也承认“女儿比儿子照顾得好，女儿体贴，细心”，但是在重视女儿照料责任的同时，女儿的身份地位、财产继承等权利并没有得到保障。比如在湖北，所谓的女儿照顾，仍然强调的是外嫁女儿在父母需要的时候（生病或者特别的年迈）或女儿有空闲的时候，到娘家“看望”以及“照料”父母。女儿通常没有正式的养老身份，财产继承也不会有女儿的份。在湖北黄梅县停前镇的海山村，一位双女户的50多岁老人表示，他的女儿在每次过节都会给自己钱，但“如果我们老两个老得动不了，姑娘们会回来照顾我们的，家里的房产，将来要给侄子们”。

即便是招婿上门，也依然是在传统性别观念的框架内，女婿不承担养老的观念也存在。从数据来看，除湖北嘉鱼和广西宾阳外，对双女户只有一个女儿招婿的认同度都占50%以上。以走访的安徽长丰县左店乡九里村为例，根据村民的说法，当地处于城乡接合处，不少女孩子为了打工方便或是孩子上学，结婚后户口未迁走，仍然住在本村。上门女婿必须承担女方父母的养老责任，因为绝大多数家庭认为女孩要为婆家养老，养老还是要靠儿子。在湖北，对于上门女婿，当地的看法是“不需要招婿，招一个也是外人，招一个也不是自己养的，招的儿子和娶来的媳妇不同”。所以即使是招了上门女婿，其也并不能代替儿子，甚至还不如自己的侄子。

这些文化的内化，使得六个项目县（区）招上门女婿的比例非常低。

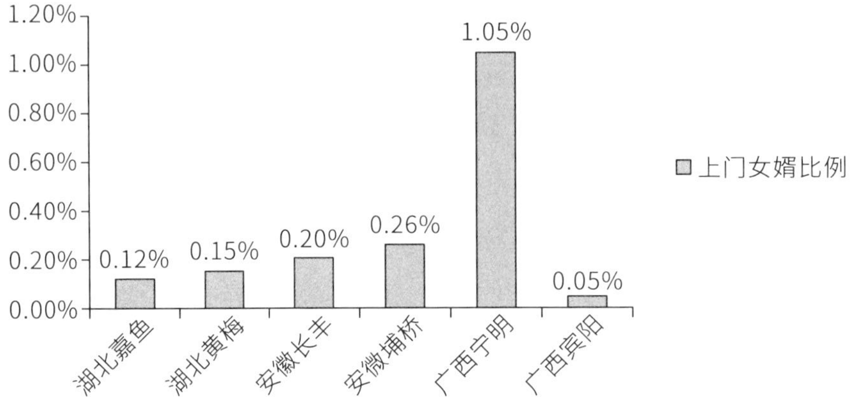

图 11　上门女婿的比例

上门女婿在调研村 / 社区占比都很小。上门女婿占比最大的是广西宁明（1.05%），占比最小的是湖北嘉鱼（0.12%）。通常生男情结的改变，与上门女婿增加是成正比的。根据我们在湖北宜都的调研，上门女婿达到 20%，生男情结就会大大弱化，出生性别比就会走向正常。

（原文载于《中国妇女报》2017 年 3 月 22—29 日）

陕西省略阳县招郎上门的调研报告

笔者在寻找一种实证经验，它不是来自其他民族，而是来自地地道道的汉族。2005 年 3 月，在与国家计生委宣教司官员的交谈中，笔者意外地发现了陕西略阳县有着招上门女婿的风俗，改变着主流的从夫居和儿子继承制度，据政府官员说，那里的出生性别比是112∶100，比整个陕西125∶100低了13个百分点。于是，我们于2005年12月25日走进神秘的略阳县。

一、调查地点的选择与调查方法的运用

略阳县地处秦岭南麓西端，位于陕、甘、川三省交界地带，有“秦蜀襟带”之称。全县面积2831平方公里，辖21个乡镇、183个村，大约有20万人口。宝成铁路纵贯县城南北，309省道横穿东西，是交通动脉的必经之路。整个略阳县山大沟深，河流众多，村民住居相当分散，经济发展十分滞后，属于国家级贫困县。

在这个国家级贫困县，2000年出生性别比是108.5∶100（略阳县统计局提供的数据）。在我国，数据获得的真实性，是一个容易受到质疑的问题。由于“干部出数据，数字出干部”导致统计数据的失真，几乎任何数据的获得都会打个问号，所以，谨慎对待并核实已有的数据是必要的。我们进入调查点要召开相关村镇的干部座谈会，收集上门女婿的名单和基本情况、近五年的出生婴儿的人数和性别以及纯女户和纯儿户的数据，并请相关村镇干部填写村镇的宅基地和土地的分配情况以及个人基本情况。统计结果是2005年的婴儿出生性别比是102∶100。此外，由于统计口径的不同，统计数据也会呈现出很大的差别。略阳县统计局提供的出生性别比数据要高于计生委的数据，统计部门的数据是根据实际的出生户籍人口统计的，往往在人口普查之前，公安部门都会张贴公告，要求未进行户籍注册者登记户籍，这里没有任何处罚措施，而且对于登记者来说有利于孩子的上学和就业。而计生部门一旦发现计划外的指标是要予以经济处罚的，为了避免处罚，就会故意漏报、少报。所以，计生部门的统计数据往往要低于统计局的统计。不过，无论是哪一口径的数据，都显示出趋于正常值。

我们调查的重点是略阳县上门女婿的状况，由此导致的继承制度、家庭养老制度和婚姻制度的变化与互动，以及这些制度对于出生性别比产生的影响。在这里，婚居制是一个切入点，也是一个关键点。我们查阅了略阳县的县志，试图发现略阳县招婿上门的历史记录，在社会志中记载本县汉族人口占99.16%。“招赘”记录写道：女方家中无男儿，经家族同意，男到女家落户 。遗憾的是，这方面的史料几乎等于零。

由此，我们必须通过入户访谈和问卷调查进行现实考察，从村民的切身经历和经验中挖掘活的历史。我们的问卷设计了三个方面的内容：个人和家庭的基本信息包括婚居等，目的是考察家庭性别关系的要素；性别偏好与家庭养老、传宗接代等之间的关联；村委会的固定资源如何在两性之间进行分配。现代农村家庭的固定资源获得已经不是通过家族，而是通过村委会，由于集体经济的性质，村委会管理和掌握着一定的经济资源，比如土地和宅基地，集体资源在两性之间如何分配又会影响到家庭性别关系的建构。

我们采取了抽样调查和入户访谈的方法，在略阳计生委的全力支持和配合下，选取了婚育新风搞得好的三个试点镇：两河口、接官亭和徐家坪。每个镇选择1—5个村，由计生专干带领，分别到上门女婿户、纯女户和婚嫁户（女到男家）三类家庭进行入户调查。上门女婿户是我们采访的重点，只有通过深入访谈，才能搞清招郎上门的原因、家庭财产的分配、家庭养老责任的分担等等。纯女户在这三个镇占到27%，其中一部分纯女户不再生育，生男意愿出现弱化现象。婚嫁户的比例大大降低，更认可的依然是古老的父权观念。为了防止问卷填写的疏漏和随意性，我们一般不将问卷交给采访对象，而是由接受过社会性别培训的访问员直接提问，根据回答填写问卷，保证问卷的准确性。每个镇发放问卷不少于50份。

二、略阳上门女婿户的状况与特点

通常，在许多地方民政部门的结婚登记没有婚居方式的记录，显然，婚居方式没有作为与婚姻密切相关的要素引起关注，而在略阳县却可以找到这样的数据。不过，不是在民政部门，而是在计生专干的统计表格中，是作为婚育新风进入计生工作视野的。在略阳究竟有多少上门女婿？这是我们关心的议题之一。略阳县提交的婚育新风进万家的汇报材料显示上门女婿达到32%。据我们的调查，在略阳县上门女婿的比例要低于上报材料比例。偏远的两河口镇坐落在大山深处，这里的上门女婿比例最高，在1124户中有265个上门女婿户，上门女婿户数占总户数的24%。这里统计的仅仅是在本村落户的上门女婿，并不包括到外村落户的上门女婿。我们在两河口镇的唐家沟村，走访了50多人，随处都可以接触到上门女婿户，而且很多家庭的婚居方式令人吃惊，不仅仅是纯女户招郎上门，而且在有儿有女户中也有儿子出嫁、女儿招郎的情况，汉民族固有的男婚女嫁模式在这里受到强烈的挑战。接官亭镇距县城只有10多公里，交通便利，经济条件明显好于两河口镇，但人均土地只有0.3分，在这里没有上门女婿的历年数据，上报的数据有很大的随意性。在《接官亭镇开展婚育新风进万家活动情况》中，上门女婿由88人改写为564人，数字猛增了5倍多。我们走访的上门女婿户要少于两河口镇，不过，有儿留女的情况依然存在。徐家坪镇位于略阳县以西的嘉陵江畔，该镇的统计资料非常翔实，有2000年到2005年的统计数据，在徐家坪镇的秦家坝村，我们从破旧不堪的村委会，查到了所有上门女婿的姓名、年龄、文化和出生地。在该村上门女婿户占到18%，其中一半以上的上门女婿来自四川、甘肃、河南等外省。我们在收集现有数据的同时，也对三个镇的干部进行了家庭调查，结果是在已婚干部中普通婚嫁模式的占38.7%，入赘模式的占22.6%，单独立户的占35.5%。根据以上数据，推算上门女婿户占20%以上是比较合乎实际的

（不包括外出的上门女婿）。

上门女婿户可以分为四种情况：

第一种情况是独女户家庭招婿上门。这种情况在独女户家庭成为必需的选择。不过，在略阳独女户比例是相当低的，政策允许生两个孩子，所以，有生育能力的父母一般生了一个女儿还会再要。一些原因会使一些家庭成为独女户，如因为夭折、贫困、疾病，最后只剩下一个女儿，成为独女户。此外，父母由于没有生育能力，通过抱养女儿而成为独女户。当家庭养老作为唯一的养老方式时，独女为父母养老就责无旁贷。长大结婚的时候，女方通常会向男方提出男方到女方家的要求，要为自己的父母养老，男方的家庭有的属于多子户，并不需要一定要为父母养老，有条件选择男到女家的婚居模式，这与略阳历史上招郎入赘的传统一脉相承。

案例 1：秦小兰，1976 年生人，家住陕西略阳县徐家坪镇秦家坝村。独生女儿，1994 年结婚，在家招女婿；丈夫，1974 年生人，甘肃人。女方在认识男方的时候就提出为父母养老，男方家共七兄妹，有四个男孩，愿意做上门女婿。

案例 2：柴某，男，62 岁，陕西略阳县接官亭镇亮马台村的上门女婿。他接受访谈时说："我是 1966 年结婚。当时，我在略阳县一家石棉矿厂工作，但是单位不景气，后来到一家砖瓦厂做事，砖瓦卖不出去。因此，就到接官亭镇一带的农村找事做，经人介绍认识了我老婆。我妻子家就一个女儿，我就留下来做了上门女婿。"

案例 3：唐家明，1951 年生人，当过兵，两河口镇唐家沟村人，1973 年到 1990 年担任村书记。妻子和自己是一个村的，因为妻子是家里唯一的女儿，要为父母养老，而自己家里还有其他兄弟，所以就同意做上门女婿。

第二种情况是多女户家庭的两个女儿结婚后都居住在父母家。这类家庭的父母往往有着招婿的历史，女孩一定要外嫁的意识淡薄。在他们看来，招婿上门绝不是独女户的特权，两个女儿也同样可以，根据其婚居意愿作出决定，而且，这类家庭经济条件比较好，可以为结婚的女儿提供居住条件。在接官亭镇入户访谈时，我们接触到几个类似案例。接官亭镇接官亭村徐宝琴姐妹，年龄在 30 岁以下，都招了上门女婿。一个住在东厢房，另一个住在西厢房。我们来到徐宝琴家时，她正照看 3 岁女儿，被问到姐妹俩为何都招郎上门，她一点也不觉得奇怪。她说，自己的母亲也是招婿，生活得很好。在这里，招郎上门是司空见惯的事情，两姐妹这样做无非是传统的延续。

第三种情况是儿女只婚不嫁，与父母一起生活。这通常是在有儿有女的家庭，女儿结婚不外嫁婆家，留在娘家居住。在这里，男大当婚、女大当嫁受到了挑战。作出这类选择，大致有两种可能：一种可能是儿子或女儿一方残疾，而导致女儿结婚留家。另一种可能是根据父母或儿女意愿自愿作出决定。

案例 4：接官亭镇接官亭村的村民闫小琴有一儿一女，女儿结婚时，父母腾出了房子，让女儿女婿住。问起缘由，50 出头的闫小琴说：大女儿是聋哑人，本来不聋哑，看病吃药最后搞成了聋哑，她嫁出去我不放心，担心不好交流，于是就给她招了上门女婿。女婿是开拖拉机的，给包工头打工，儿子现在还小，没到结婚年龄。

案例 5：王新怀，1964 年生人，略阳县接官亭镇亮马台村上门女婿。其妻张某，1965 年生人，是父母抱养的，但是，几年之后，其养父母又生有一儿一女。他们 1983 年结婚后留在女方所在村，王新怀是上门女婿，与岳父母住在一起。儿子结婚后也留在父母身边。

案例 6：张小梅，唐家沟人，1965 年生，1985 年结婚，自己开了一个理发店，丈夫是乡镇干部。小梅家有四个孩子，她最小，有两个哥哥、一个姐姐，都是农民，小梅的户口在农村。母亲愿意跟着小梅生活，父亲跟着二哥过。小梅说："结婚时，我就和丈夫表达了和母亲一起过的想法，他没有二话，似乎这是不成问题的，母亲一直和我们生活在一起，一直到她去世。"

第四种情况是男嫁女婚，即家里的男孩到女方家当上门女婿，女孩招郎上门，父母选择了女儿而不是儿子养老送终，或者儿子愿意为岳父母养老送终。在允许婚居模式多样化的多子女的家庭，儿女的婚居选择空间要大得多。儿子既可以留下来，也可以选择走出去，女儿可以走出去，也可以留下来。在我们访谈的许多家庭里，儿女的婚居形式丰富多彩，有的长子外嫁，小儿子留家；也有的儿子外嫁，女儿留家；还有独子在同村当了上门女婿，还时常回家看望父母，性别规则完全被打破了。

案例 7：接官亭村的上门女婿张波不到 30 岁，只有兄妹俩，由于喜欢妻子，离家当了上门女婿，家里的妹妹担负起为父母养老的责任。

案例 8：徐家坪秦家坝村张某是养父母抱养的独子。他爱上了本村的小秦，于是提出当上门女婿的请求，住到了岳父母家，时常回家看望年事已高的父亲。

在这里，我们看到汉民族文化在婚居方式上并不是单一的从夫居，在主流文化之外还有着丰富的支流，而且，这些支流更富于弹性和活力，给父母与子女更多的选择，形成与父权文化抗衡的亚文化。1980 年婚姻法的规定：根据男女双方的约定，男方可以成为女方家庭成员，女方也可以成为男方家庭成员。在这里，法律的规定已经成为活生生的现实。

三、家庭养老与儿女共同承担养老义务

婚居方式的改变与家庭养老责任是相互联系的，在某种意义上可以说，家庭养老职能是婚居方式改变的推动力，婚居方式的改变促进了子女共同承担家庭养老责任的观念变革。

在农村，特别在偏僻的农村，家庭养老是每个家庭面临的极为现实的问题。在略阳的大山深处，家庭养老的负担格外沉重，是城市的核心家庭无法想象的，家庭养老不仅仅是为父母养老送终，还要赡养爷爷奶奶、叔叔大爷（当地人称为大爸二爸）。略阳县几乎每个村都有20—30个光棍，或者因为贫穷、或者因为残疾，终生不能结婚生子。残疾的原因，一是近亲结婚，二是生病，残疾的男性往往找不到对象。这些无儿无女的老光棍，也面临着养老问题。可是在略阳的乡镇没有一所养老院接纳这些五保户，因此，这些人只能依靠家庭养老。

在略阳的历史上，家庭养老是有性别选择的，主要依靠儿子，而女儿通常被排除在为父母养老的范围之外，只能为公婆养老。这是汉民族性别制度的安排，略阳亦不例外。不过，这一制度的安排有个必要前提，就是必须有儿子。这种对于男孩养老的强调，既是必要前提，又会导致养老困境，即一旦没有儿子，整个家庭养老就会陷入困境，也就是说无人养老。如何解决这一养老困境？也许，在一种偏执而顽固的文化环境中，人们会千方百计适应性别文化的规范，不生儿子不罢休，直到有了儿子为止。而在富于弹性的文化环境中，人们会根据现实情况对文化进行调整。没有男孩的家庭同样有养老的现实需要，为了满足这一需要就要在性别选择上进行调整，由女儿代替儿子承担家庭养老责任，以解决男性为主的性别制度安排上的养老困境，采用一种变通的方式使文化适应现实需要。招婿上门就是解决养老困境的一种办法。

在略阳历史上，只有独女才能招女婿，才能为自己的父母养老送终。

如果有儿子，势必是儿子养老，女儿就只能外嫁。所以，女儿为自己父母养老有着严格的约束和限制。它仅仅是男性为主的养老制度陷入困境的一种应急措施，是家庭养老的一种补充，儿子依然是家庭养老责任的主要承担者。但是同时，这也昭示着一种新的文化：女儿也可以为父母养老送终，儿子并不是唯一的家庭养老责任的承担者。

20世纪90年代以来，随着上门女婿的增多，家庭养老选择空间也在拓宽。在略阳，家庭养老不是集体责任制，养老作为一种义务并不是每个子女平分，而是个人责任制，要落实到具体的人，是哪个儿子，哪个女儿。略阳县农村出现了多种家庭养老方式，有儿子养老、女儿养老和儿女共同养老。有的家庭将女儿留下为父母养老，将儿子留下为爷爷奶奶养老，有的家庭父母分别选择自己喜爱的儿女一起生活，还有的夫妻将两边的父母接到一起生活。

案例9：唐家沟村的农民张小梅，在镇上买了两层小楼，做起了理发师，母亲愿意和她过，父亲愿意和哥哥过。于是，兄妹俩一个照顾父亲，另一个照顾母亲。

案例10：文红艳，女，在两河口镇小学任教，丈夫李家福，现入赘文家。当访问员问起家庭养老时，她说："我的父母、爱人家的父母都是我们在照料，照顾两边的父母是我们的责任。"

应当说，女儿在家庭养老中的作用在逐渐增大，已经由拾遗补阙转向共同分担。我们在调查问卷中发现：在回答"家庭中的老人一般由谁养老"时，认为儿子养老的占41%，女儿养老的占15.8%，儿女共同承担的占30.2%。认为即便是儿子主要负责养老，女儿也要承担一定的养老责任的占56.1%；认为即便是女儿主要负责养老，儿子也要承担一定养老责任的占54%。正是随着女儿家庭养老责任的增大，传统的养儿防老的观念受到质疑和挑战。在判断"没有儿子没法养老"是否正确时，84.9%的村民和96.8%的村干部认为“不正确”，因为事实告诉他们，女儿也同样可以养老。在判断“女儿要嫁出去给公婆养老”是否正确时，54.8%的村干部和48.2%的村民认为不正确，因为女儿既可以外嫁给公婆养老，也可以招婿给父母养老。不可否认，在略阳，家庭养老正从儿子养老转向儿女共同养老。

在略阳，不少人对于女儿养老、男到女家大有赞美之词，通常的说法是男到女家的家庭翁婿和睦，不像婚嫁模式中婆婆与儿媳关系紧张。这多多少少有溢美之词，我们在调查中就发现翁婿关系也有紧张的，在接官亭村一位老人就对他的姑爷很不满意。但是，这并不妨碍大多数人对于女儿养老的满意。究其原因，与性别分工与角色有着内在的联系。在许多家庭，男女的分工是男性主外打工挣钱，女性分管农活和家务。其结果，儿子或女婿更多的时间是在外打工，与双方父母相处的时间比较少，自然摩擦的机会就少。女儿和儿媳在家的时间长，而且往往与母亲或婆婆共同管理家务，自然就会出现摩擦和矛盾。在入赘模式中，长期的感情与血缘联系使得矛盾与摩擦在女儿与母亲之间更容易化解，而婚嫁模式中公婆与儿媳之间缺乏感情联系，更多是责任，矛盾与摩擦更容易积累和加剧。所以，不同的分工模式与婚居方式给家庭关系带来的影响不尽相同，入赘模式更有利于女性养老和家庭关系和睦。

四、财产分配规则的调整与革命

家庭养老不仅仅意味着一种义务，也意味着一种权利，规定谁承担养老义务是财产分配与继承的前提条件。“规定”在这里很值得玩味，是一种假定而不是一种事实。规定了是否可以做是一回事，规定了就可以获得继承财产的资格，却是铁定无疑的。这是整个父权制之所以要规定儿子养老的关键，即合乎情理地继承财产和地位，获得资源和财富，获得继承权。

当女儿分担了家庭养老责任之后，传统的男性财产继承制度也在进行调整。在略阳，有一不成文的规定：谁养老谁继承财产，不分男女。这种朴素的公正观成为略阳村民资源分配的基础。在略阳，只要双方家庭的父母和成年子女确定了婚后居住地，就确定了未来养老的责任，同时也就确定了家庭财产的分配与继承。本着谁养老谁继承的原则，房子等不动产要由赡养人使用和继承，由赡养人的父母提供房产。换句话说，在双方家庭决定男到女家之后，男方家就不再提供房产和家庭用品，而由女方家来提供，男方也不再办理结婚酒席，由女方家来承办。我们走访了几十户的上门女婿，他们大多居住在岳父母家里，他们住的新房是岳父母出资建的。也有的上门女婿自己有了一定的经济实力之后，建起了新房搬出来住，但一定会信守承诺将女方的父母接过来，女方父母最终会将自己的房产交给女儿继承。在秦家坝儿女分别为爷爷奶奶和父母养老的，分别继承爷爷奶奶和父母的财产。在唐家沟儿女分别为父母养老的，儿子继承父亲财产，女儿继承母亲财产，而外嫁的长子就不继承财产。在接官亭，我们见到一家四代独女的家庭，每一代都是招郎上门，为父母养老，继承父母财产，女方今年50来岁，是村里不多的女党员，善于经商，家里的摆设完全是按照城里格局设计的。总之，在有着入赘经历的家庭，男孩没有天生的特权，女孩也没有天生的自卑感，财产的继承与养老责任是紧密挂钩的。

财产的分配与继承上的变革，首先是在家庭里开始的，但又不仅仅局限于家庭，还和村庄的集体资源分配规则发生联系。当女儿招郎上门，不仅牵扯到女儿的土地权要保留，还涉及女婿土地使用权的变动以及宅基地的分配等。这些资源的使用权属于村委会，个人能否获得又与村委会的分配规则发生联系。在略阳农村，土地和宅基地的分配规则更少性别歧视。先看土地分配，大多是按照户口来分配，而不是按照性别来分配。无论是儿子还是女儿结婚，只要户口自愿迁出，土地就要变动，将迁出的人口土地重新分配给新生的和迁入的人口，包括媳妇以及姑爷。在这里，因为是女性结婚就强迫迁出户口的事情很少发生，也较少强行收回责任田。在回答问卷“如果女儿结婚，户口在娘家，村委会是否收回责任田”时，87.1%回答“不收”，3.2%回答“收”。即便在经济条件较好而土地资源人均只有0.3亩的接官亭，土地分配依然是分男也分女，不会因为土地紧缺而对已婚妇女另眼相看。在接官亭镇接官亭村，我们专门采访了负责分配的村小组长，他说，无论土地怎样紧张，我们都会给上门女婿分地。

还有宅基地分配。在许多地方宅基地是男性的一种特权，与女性是没有关系的，女性往往是通过结婚解决住房问题。而在略阳，女儿结婚是可以获得宅基地的。宅基地所有权属于国家，使用权属于集体，是农民家庭建房的必备条件，想获得宅基地的人要向村委会提出申请。申请的时间是结婚的时候，当确定了婚居所在地，办理结婚酒席前，要申请宅基地建房。

五、姓氏多样富于弹性

在略阳，入赘模式与婚嫁模式的一个明显区别在于，后者模式下孩子的姓氏是单一的、强制性的、刚性的，前者模式下孩子的姓氏是多样的、协商的、具有弹性的，父系传承模式已经逐渐打破，父母双系的传承关系正在逐渐建立。

上门女婿在20世纪80年代以前是没有地位的，他们来到女方家类似当年的小媳妇，不仅孩子要随母姓，女婿也要改随妻姓。否则，结婚不能进女方家的门，死了之后不能进女方家的祖坟。我们在调查中经常发现这种情况，如汉中的王家兄弟四人，先后来到略阳结婚，其中最小的弟弟叫王老五，1987年入赘秦家后改姓秦了。这是采访记录：

问：请问您是什么时候到这个村的？

答：1987 年。

问：以前你们认识吗？

答：不认识。

问：那你们俩是怎么认识的？

答：是经过大哥介绍后，我就到这里来了。

问：你还有个大哥在这里？

答：嗯哪，我大哥、二哥、三哥都在这里。大哥前一段时间去世了。

问：都是上门女婿？能说说是什么原因让你们弟兄四人都到这个地方吗？

答：我大哥是在 60 年代到这里的，当时我们家被划为地主，由于阶级成分不好，所以，在汉中日子很难过，我大哥为了躲避（政治压力和生活压力）就跑到这边了，他在这里落户以后，就相继给二哥、三哥和我介绍了对象，我们那边土地少，生活比较困难，这边只要肯干，什么都可以有。

问：你上门后改姓了？

答：是的，在这里，上门之后必须改姓，包括两个孩子都姓秦。结婚当天，秦家族长（年纪和辈分最大的）在婚宴上根据辈分，为新郎取名字。

问：你认为这个做法合不合理？

答：没有什么关系。

问：村中上门女婿有没有不愿意改姓的？

答：有，但极少。

问：改不改姓名，对你的日常生活有没有影响？

答：没有什么影响，虽然我改了姓名，但平时村里的人都叫我王老五。

问：那么，改姓和不改之间有没有区别？

答：平时也没有什么区别。

问：那为什么族长要在婚宴上隆重宣布呢？

答：这我也说不清楚。

问：那么，假如你不改姓，最终会有什么样的不好的后果？

答：平时也没有什么，只是到死的时候，如果不改姓，就进不了秦家祖坟。

问：你现在有一个儿子、一个女儿，将来你会把媳妇娶进来呢，还是愿意把女婿招进来？

答：这个我倒没有想，我还是愿意把闺女留在身边。

不过，2000年前后，结婚入赘的姑爷，已经不再改姓了，子女的姓氏越来越多样化。有的家庭第一代随父亲姓，第二代随母亲姓。略阳县徐家坪镇秦家坝村的阎振，生于1953年7月，河北易县人。他讲述了自己家的故事。父亲肖炳义在略阳县打日本人的时候认识了本地女子任秀莲，此时，已婚的任秀莲丈夫去世，留下了与前夫秦靖邦所生的儿子秦家贵。肖炳义和任秀莲结婚，肖炳义就留在了任秀莲家做了上门女婿，不过，婚后所生的两姊妹都随了父姓，一个叫肖雪英，另一个叫肖雪平。肖雪英1981年招了一个上门女婿，就是被采访人阎振。他们于1982年和1984年分别生了一儿一女，女儿肖平（村里女教师，准备在家招婿），儿子肖军（外出打工）。此时，姓氏都是随着母亲的姓氏。

在招婿家庭，姓氏传承非常富于弹性，几乎看不到族谱，我们在调查中自行排列家谱，来发现姓氏传承的变化。以唐家沟的一位已婚女性为例，她叫郭培芝，1964年6月生于略阳两河口镇关地门村。现在在两河口镇唐家沟街上租了一间12平方米的楼房。郭培芝家三代都招婿，这在当地并不新鲜。她说，她所在的关地门村，村里只有300来人，有20个招婿的。招的女婿都是本县的，有一个是从四川来的。她的丈夫从小被本乡姓李的人家领养，后来被她招婿。郭培芝家的姓氏传承非常特别，首先是根据女方的姓氏传承的，男方招婿后也要改姓，可以说父辈都是按照女方姓氏传承的，男方的传承出现了中断。到了第三代，按照母亲的姓氏传承出现了变化，四兄妹传承了三个姓氏，女儿都随母姓，哥哥随了爷爷的姓，弟弟随了爸爸的姓。

奶奶姓郭　爷爷原来姓蒋被招婿后改成郭姓
爸爸原来姓汪　被招婿后改姓郭
妈妈爸爸生了四个孩子
哥哥随爷爷姓蒋 姐姐和郭培芝随母亲姓郭　弟弟随爸爸姓汪，出嫁当了女婿
郭培芝丈夫原叫李玉成　招婿后改为郭X
郭培芝的儿子随母姓　郭X

图1　郭培芝家三代招婿的家谱

姓氏越丰富，人们对于姓氏就越无所谓。我们采访的一户为两个女儿招婿的韩家，女婿朱明武是走南闯北的人，到处打工，去过山东、湖北、河北、湖南，见多识广，来略阳打工时经人介绍认识了韩家大女儿韩建平，建平只有23岁。韩建平父母提出招上门女婿，朱明武家有三个兄弟，他排行老三，凭着对韩建平的感情就答应了。以后的孩子跟谁的姓，韩建平根本没想过，第一个孩子随母亲姓，第二个孩子随父亲姓也行。

在招郎上门的家庭，女婿总是表现得通达和开明，较少受传统性别文化的束缚。我们采访的唐家沟原村支部书记唐家明就是一例。唐家明是1951年生人，当过兵，唐家沟村人，1973年到1990年担任村书记，妻子和自己是一个村的，因为妻子是家里唯一的女儿，要为父母养老，而自己家里还有其他兄弟，所以就同意做上门女婿，照顾岳父母。我们问：家里不穷，为什么还要做上门女婿？他说：她的家庭需要有人养老。

在略阳，有个不成文的规矩：只要同意做上门女婿，就要为岳父母养老送终，女方的家庭财产要由女儿、女婿继承。而且，他们的孩子大多都要随母亲的姓。这里通常没有契约，也许这种约定已经被人们普遍认同，不需要文字确认。不过，不同的家庭也因人而异，唐家明和妻子的三个孩子依然都跟随父姓，三个孩子都已经长大结婚，大儿子有了一个男孩、一

个女孩。此时，妻子提出要一个孩子随奶奶的刘姓，不然刘家的姓氏就会失传。唐家明同意了，于是将孙子的姓改为刘，孙女的姓则为唐。在父权文化浓厚的地方是十分看重姓氏的，它往往意味着家庭所属，特别是对于男孩子更是视为家族香火延续的根，孙子姓氏的改变是一件具有重大意义的事情。于是，我们问：你怎么看孙子改姓？他说：姓就是个符号，没啥，随爷爷奶奶谁的姓都无所谓。随父姓，在父权文化中认为是不可置疑的规矩，在唐家明的脑子里已经改变了，在中原文化看来需要一场革命才能破除的东西，在这个贫穷的山沟里已经被颠覆了。

1998 年国家计生委倡导“婚育新风进万家”，发现了略阳县，发现了另类的性别文化，这里展现了一个环环相扣的链条：先是婚居模式多样化，接着是养老模式的多样化，以及村集体分配规则的男女平等，然后是姓氏的弹性与丰富，最终使得出生性别比走向均衡。

（原文载于中共中央党校妇女研究中心的内部期刊——《社会性别与公共政策通讯》第 1 集）

修订村规民约，探索农村社区治理的有效途径

中央党校性别平等政策倡导课题组，由全国的性别研究专家和热心农村社区治理的实践者构成，从 2007 年起，与政府部门合作，致力于推动男女平等与乡村发展。课题组选择河南省登封市周山村作为试点，从 2008 年开始协助该村连续三次修订村规民约，探索农村社区治理的有效途径，充分发挥了村规民约在社区治理中的积极作用。

一、周山村修订村规民约的实践

村规民约是村民共同约定的村庄管理规则和村民行为规范，是村民自治的体现。村规民约根据村庄的实际情况制定，能直接反映村民的意愿和利益需求，容易被村民接受，在农村社区治理中不可或缺。

从2008年至2015年，课题组与周山村两委（村党支部、村委会）密切合作，在登封市委、市政府的支持下，进行了三次村规民约修订。

第一次修订："破冰"（2008年10月—2009年3月）

2008年10月，在中央党校举办的性别平等培训班上，周山村村支部书记主动要求课题组帮助该村修订村规民约。为了慎重搞好修订工作，课题组进入该村进行了深入的调查。

周山村位于登封东部，距省会郑州约70公里，地处山区。全村有398户，1520人，10个村民组，已经实现"退耕还林"。2006年，土地流转给大冶镇政府管理，乡镇政府将土地流转给企业，村民每年每人可分得土地补偿金（村民称为"口粮款"）800斤小麦折合款。为了处理口粮款发放中的纠纷，2007年6月，村两委制定了"兑现粮款十三条"，其中第四条规定，"妇女结婚后户口未迁出者，不论时间长短一律不给口粮款；离婚、丧偶后回村居住的妇女，不参与口粮款分配"。大多数村民认为这是按"老规矩"办事，没有表示异议，但一些由于各种原因户口没有迁出的外嫁女、离婚回村妇女及其家人意见很大，每到分配粮款时，各村民组都会发生纠纷与争吵。村干部认定一条：老规矩不能变！妇女结婚后户口就得迁出，该走的不走就不能给。

调查之后，课题组与村支部书记协商达成共识，要修订村规民约，首先要转变干部村民的思想观念。于是，在修订村规民约之前，课题组对村组干部和村民骨干进行培训，把依法自治与村民的日常生活、现实需求紧密联系起来，使培训入脑入心，收到了很好的效果。

干部村民在起草修订草案时，取消了对女儿婚后留在村里的限制，写上了关键性的条款，鼓励“婚居自由”，“男到女家、女到男家均可，享受村民待遇”（第七条），“婚出男女因离婚或丧偶，将户口迁回本村者，可享受村民待遇”（第九条），以上条款在村民代表大会上出人意料地顺利通过，以男性为中心的资源分配制度的“坚冰”开始突破。这是因为村民们认识到“时代变了，老规矩也该变变了”，但也有人认为这“不过是说说而已，不会动真格的”。

第二次修订：“深入”（2009 年 4 月—2012 年 5 月）

因为有些村民认识还不到位，在第一次修订村规民约后不久，就遇到了“执行难”的问题。有的村民小组为了自身的利益，依然坚持将外嫁女赶走，与新的村规民约发生冲突。在村支部的坚持下，最终使新的村规民约得到落实。

2011 年底，周山村换届选举，新上任的“村三委”（村支部、村委会、监委会）认为，第一次修订的村规民约已经实施了几年，有些条款需要完善，再次邀请课题组进行培训、指导，接连召开了村干部会议、党员会议和村民代表会议，于 2012 年 5 月 17 日第二次修订了村规民约。有了第一次落实新村规民约的经验，这次修订格外认真，几乎每个条款都经过仔细推敲。在村民代表看来，这次修订是“动真格”了。

第二次修订村规民约最大的突破点是离婚妇女的村民待遇。第一次修订时只照顾到周山村的女儿离婚回村后可享受村民待遇；第二次修订则考虑到媳妇或上门女婿离婚后如果不愿离开周山村，也应保障她 / 他们的合法权益。第十八条规定：“婚入男女离婚后愿意留村，户口仍在本村并常住者，继续享受村民待遇。若再婚，其配偶及所带子女将户口迁入者，可享受村民待遇。”

第三次修订：“全面推进”（2014 年 10 月—2015 年 12 月）

修订的动议是在 2014 年 10 月党的十八届四中全会召开之后产生的。

四中全会公报提出："推进多层次多领域依法治理……支持各类社会主体自我约束、自我管理，发挥市民公约、乡规民约、行业规章、团体章程等社会规范在社会治理中的积极作用。"课题组与村三委成员反复讨论后，一致认为应遵照十八届四中全会的精神，对村规民约进行一次更深入、更全面的修订，以此为切入点，推进农村社区治理的法治化和规范化。

村干部与村民代表反复学习了公报精神和相关法律文本，经过充分酝酿，形成第三次修订草案。草案曾拿到中央党校听取相关专家和基层政府官员的建议，经过不断修改完善，于 2015 年 3 月 12 日经村民代表大会表决通过。

这次修订是全方位的。"总则"中明确提出，制定 / 修订村规民约的原则是依法、民主与平等。修订后的村规民约进一步规范了村级党组织和村民自治组织的职责范围，规范了村庄事务管理和决策程序，创新了村务监督委员会的制度设计，规定由村监委会组织村民评议村组干部工作，每年一次，对村民意见较大的村组干部及时提出批评、劝诫。同时，在界定村民资格、保障村民权利、明确村民义务、集体资源保护与分配、村庄环境保育、推进男女平等、推动风俗变革、促进乡风文明等各方面取得了全方位的进展。

经过长达七年坚持不懈的努力，周山村产生了一部由村民自己制定、符合村庄实际、体现性别平等、有效治理农村社区的新的村规民约，将全面推进依法治国的方略落实到了基层。周山村人也尝到了依法民主修订村规民约的甜头。照着村规民约干，建设社会主义新农村，正在成为周山村人的自觉行动。

二、周山村修订村规民约的经验

修订村规民约牵一发而动全身，至少面对三个层面的挑战：观念层面——“男娶女嫁”的婚居制度延续几千年，为大多数村民认可和接受；制度层面——挑战以男性为中心的资源分配制度，牵动村民的实际利益；操作层面——既不能走过场，不敢触动不合法的条款，又不能急于求成、操之过急，在多数村民尚不接受的情况下强行修订，激化矛盾冲突。周山村应对这些挑战的主要做法是：

（一）着力观念更新

观念变革是前提，只有观念变了，制度变革才能彻底。课题组通过参与式培训和推动风俗变革努力促进村民的观念转变。

参与式培训，即培训者与培训对象共同参与，围绕主题，通过充分讨论和深入分析，更新观念，达成共识。培训对象包括村干部和村民组长（他们居于村庄领导地位，掌握着集体资源的分配权）、妇女代表占其中三分之一的村民代表（村规民约能否通过要靠他/她们每人一票来决定）。

培训要选好切入点，选择的切入点最好是牵动千家万户、和村民的需求紧密相关的问题。在周山村，课题组选择了农村养老问题。由于实行“男娶女嫁”制度，家庭养老变成儿子养老。这种养老模式强化了“养儿防老”的观念，使村民在“儿子养老”之外没有别的选择。一旦儿子“不愿养老”或“不能养老”，老人就会陷入困境。走出困境的对策是提倡“婚居自由”，取消强制女儿外嫁的规定，为养老模式多样化创造条件，以利于老人生存状况的改善。而要改变单一的婚居模式，就要变革村规民约，允许男女婚居自主，女儿婚后也可以住在本村，与儿子享有同等村民待遇。通过环环相扣的分析，展现了家庭养老与村民资格认定、村庄资源分配的内在联系，引起了人们对传统观念与规则的反思。

在中原农村，嫁女娶媳、生儿育女、养老送终，都有既定的仪式，在民间习俗中大量存在着重男轻女观念的影响，使男女平等基本国策不能落实到基层，这就需要对民间习俗进行变革。变革不要求“一刀切”，而是提倡“多样化”，既可以男娶女嫁，也可以男到女家，既可以由男性为父母养老，也可以由女性为父母尽孝。在课题组的推动下，村两委支持鼓励男到女家，凡是男到女家的婚礼，村两委都要参加祝贺，当证婚人，倡导“男到女家也风光”。变革民俗的效果十分明显，村民说：“周山村几十年、几百年都没见过这样的婚礼，提倡男女平等就是中！”一次次民风民俗的变革，悄悄改变着周山村人的婚居观念。

（二）着力制度变革

巩固新观念的最好方法，就是制定出新的制度。修订村规民约时争论的焦点是村民资格的认定，因为村民资格是集体资源分配的依据，牵涉到村民的实际利益。由于国家法律对村民资格没有明确的界定，各级政府也没有对外嫁女村民资格认定的指导意见，因而，全国绝大多数村庄都是按照“老规矩”——“男娶女嫁”的婚居规则来确认村民资格。男子基于出生，天然拥有村民资格，是永久性村民；妇女则基于婚姻，是临时性村民，要根据婚姻状况确定其“村民资格”。一些不愿离开本村的外嫁女、离婚或丧偶回村的妇女，以及男到女家落户者等，都有可能失去村民资格，进而失去集体资源分配的权利。因此，修订村规民约，一定要写入最关键的条款“婚居自主，男到女家、女到男家均可，享受村民待遇”。

将这一条款写入村规民约的最大难题是村庄资源有限。许多村民认为，儿子、女儿结婚后都不离开本村，将直接影响到全体村民的切身利益，留下的人越多，每人得到的资源就越少。面对这一难题，课题组和周山村的干部村民经过充分讨论厘清了两点：

一是必须依照国家法律办。村庄资源有限是现实，但为什么无论有几个儿子娶媳妇，给她们分配资源都能接受，女儿招婿就被看成“抢资源”呢？如果以“牺牲妇女的合法权益”来解决资源分配问题，既不公平，还会引发新问题。

二是应该在遵循男女平等的法律原则下，找出相应的解决办法。“有形资源”有限，可以取消专门针对妇女的限制，制定一些所有村民都应遵守的限制条件；还可以开发“无形资源”，如给予男到女家落户者以优惠政策、入党等政治待遇。只有将“男到女家、女到男家，均可享受村民待遇”纳入村规民约，刚性的制度约束才能形成。

（三）坚持民主协商

七年来，课题组和周山村三委在修订村规民约工作中，自始至终坚持民主协商原则。因为修订村规民约挑战了以男性为中心的资源分配制度，牵动村民的实际利益，多数人往往会持反对态度。如果采取行政手段压制多数人的意见，就难以取得实效，还会造成村庄不稳定。

周山村强调协商主体必须多元化，既有村组干部，也有群众各方代表，包括妇女、老人、权益受损者及持反对意见者，大家平等参与，理性地表达利益诉求，经过民主协商逐步取得共识。具体做法是把疑难问题作为协商主题，例如：“村庄资源有限，该不该限制女儿招婿”“如何解决外嫁女土地权益‘两头落空’的问题”等。由富有经验的课题组成员与村干部采取灵活多样的方式组织村民反复协商，让村民充分发表各种意见，深入讨论，有时还要展开辩论。实践证明这样做的效果很好。

正是通过观念更新的文化建设、村规变革的制度建设和村民参与的民主建设，周山村成功地应对了挑战，实现了农村社区的现代化治理。

三、周山村实施新村规民约的综合效应

（一）推进了村庄治理的法治化和规范化

新村规民约清除了原有村规民约中不合法条款（如对村民的任意处罚权），将性别不平等的“潜规则”，转化为性别平等的“显规则”，保证了村规民约内容的合法性。

新村规民约进一步明确了村级党组织和村民自治组织的职责，规范了村庄事务管理和决策程序；加强了对村干部行使权力的监督；积极推动本

村互助性、服务性、公益性组织的建立与发展，支持这些组织依法开展自治活动；使得村庄治理进一步规范化。

（二）解决了农村社区治理中的棘手难题

当前，农村社区治理存在不少棘手难题：村庄管理缺乏法治化、民主化与规范化，出现某些村规大于国法的现象；许多农村社区村民资格的认定不遵循“男女平等”的宪法原则，以男性为中心的资源分配规则导致集体资源分配不公，不少农村妇女的土地权益受损，引发了农村社会矛盾，强化了“生男偏好”，使出生性别比长期失衡；村干部很少受到村民有效监督，出现不少滥用职权以权谋私的现象；等等。

周山村过去最让村干部头痛的就是年年分配口粮款的矛盾纠纷，现在村干部高兴地说，公平公正的村规民约，让我们从矛盾纠纷中解脱出来。迄今为止，周山村已有12个离婚后回村的妇女享受了村民待遇。离婚后不愿离村的媳妇或上门女婿，也可以留在村里，没有人再说“不”字，因为村规民约明文规定：“只要户口在本村，再婚前可享受村民待遇；再婚后如对方愿来周山，将户口迁入并常住本村即可。”登封市信访局反映，周山村已连续多年没有一起上访事件。

认可新村规民约，赞同男女平等，已经成为周山村大多数村民的价值观。男女村民平等享有集体资源分配权、提倡婚居自由与婚俗葬俗变革、反对家庭暴力、夫妻共同承担家务劳动等观念被越来越多的村民接受。村民的生育观念和行为也有了很大变化，非法鉴定和人为选择胎儿性别的现象大为减少。

（三）积累了村民民主参与村务管理的宝贵经验，促进了男女平等和精神文明建设

周山村的村规民约是村干部和村民自己逐条逐句讨论出来的，至少有2/3的成年村民直接参与了修订村规民约的各项活动。在民主协商的过程中，村干部和村民的积极参与和主人翁精神，为村规民约的修订和实施打

下了坚实的基础。修订前，村民们说："我们不知道村里有没有村规民约，有也是贴在村两委办公室墙上的，是给上级领导检查时看的！"修订中，村民们为自己能够亲身参与而感到兴奋："这是周山村第一次由村民自己修订村规民约，俺们有当家做主的感觉！"修订后，绝大多数村民都能自觉遵守新村规民约，遇到执行难的问题，就会有人主动站出来说："这都是咱们举手表决通过的，咋能说变就变呢？"

周山村妇女在民主参与修订村规民约的过程中渐渐成长为一支重要力量。第一次修订村规民约时，两委班子只有1名妇女委员，10个村民组中，只有1位妇女组长，35个村民代表中，妇女仅有2人。第三次修订村规民约之后，村三委中妇女比例达到41.6%；20个村民组长中，妇女占60%；村民代表53人中，妇女占54.7%。妇女们还建立了妇女手工艺协会，参与修订、宣传和执行村规民约，参与村庄事务的管理与监督，参与村庄环境的保育和建设。许多妇女都表现积极活跃，自信自强，在村庄事务管理中发挥了重要作用。

周山村民主参与的另一支力量是老年协会。老年人是村庄的资源和财富，他们自愿组成"常青树志愿队"，积极参与村庄事务管理，带头宣传落实村规民约，推进乡风文明建设，展现了积极、向上、健康、乐观的精神风貌。

今年5月31日，中办国办颁布了《关于深入推进农村社区建设试点工作的指导意见》(简称《指导意见》)，明确提出要依靠全体村民，完善村民自治，将法治建设与德治建设紧密结合，积极推进农村基层社会治理的理论创新、制度创新和实践创新，发挥村规民约的积极作用。课题组认为，周山村的实践，符合党的十八届四中全会决定和《指导意见》的精神，对于推进农村社区建设有借鉴意义。

（原文载于《农民日报》2015年8月17日）

黑龙江妇联率先推动全省修订村规民约

如果说，河南登封是第一家修订性别平等村规民约的试点县，那么黑龙江就是第一家在全省范围推广修订性别平等村规民约的先行者。2009年12月，黑龙江妇联参加了中央党校妇女研究中心举办的培训班，培训班介绍了河南成功推动修订村规民约的经验。黑龙江妇联敏锐地发现，修订村规民约可以从源头解决农村妇女土地权益问题，于是，2010年3月，首先选择试点县修订村规民约，2011年11月，在省委的支持下，省妇联与民政局联合发文修订村规民约维护妇女土地权益。修订村规民约时间就放在换届选举之后的1—3月，利用农闲之机在全省13个地市全面推开。

为了避免修订村规民约走形式走过场，省妇联开始认真筹划和分步实施。首先，在各个地市召开“黑龙江省以维护妇女土地权益为重点的村规民约修订推进会”，省妇联分管妇女权益的副主席吴华逐个地市参会做动员讲话，讲解修订村规民约对维护妇女权益的意义，解决领导干部的认识问题。其次，要求地市主管领导和民政部门分管领导作表态发言，从而使该项工作纳入当地党委政府的工作议程，要求参加会议的是县级党委和政府主要领导，以及重点县的县乡分管领导和村一把手。最后，省妇联研究所副所长孟广宇进行1—2小时的培训，提出修订的步骤程序和具体要求。同时发放培训光碟和新村规民约草案模板，供村规民约修订时参考。由此，展开了黑龙江省以维护妇女权益为重点的修订村规民约工作。

一、哈尔滨南岗区：纳入党委政府工作战略

哈尔滨修订村规民约推进会是在南岗区召开的，南岗区是哈尔滨的一

个城区，有18个街道办事处，只有1乡、1镇、20个行政村，处于撤乡并村、跑步进城的进程中，目标是建成现代化国际化大都市的核心承载区、城市建设与管理的人民满意区。

这次推进会引起了南岗区委的重视，工作开始的最大难点是各级领导干部的认识障碍，无论是乡镇干部还是村干部，普遍认为农村妇女地位很高了，家里妇女说了算，男人靠边站，没有推进性别平等的必要，况且经济发展的工作如此繁重，根本无暇顾及妇女权益议题。部分存在妇女上访问题的村庄，则担心村规民约修订，会引发更大的社会矛盾，没有勇气触动分配规则。针对以上认识误区，结合区妇联提交的村庄中的妇女权益受损的问题报告，区委认为有必要专门讨论，于是召开区委常委（扩大）会议，专门讨论修订村规民约工作，给大家充分表达意见的机会。

讨论十分热烈，有的干部提出了自己的看法：表面上看，妇女当家做主，在家庭中的地位明显提高，从实质来看，男女不平等仍然存在，农村经济以一家一户的小农经济为主，以家庭承包为主的联产承包把家族的利益牢牢控制在以姓氏为主体的家庭中。家庭中的男性都是自己家里人，女性却分为三类，姑娘是别人家的人，媳妇是暂时的自己家的人，婆婆是永久的自己家的人。在土地分配、财产继承、福利待遇等方面，财产是儿子的，尽可能落到孙子名下，土地分配要倾向于媳妇，家庭的福利由婆婆主导，从而使男女不平等成为一种普遍现象。男女不平等在各个家庭利益的维护中具有广泛的思想基础，又通过村规民约的形式使其合法化。这些问题如果不能及时得到解决，会引起村民土地纠纷、村集体权属纠纷、生男生女家庭矛盾纠纷等等。最后，扩大会形成共识，修订村规民约对于新农村建设和城乡一体化意义重大，于是将作为妇联民政的专项工作提升为党委政府的根本性、全局性、战略性工作，形成了党委领导、政府支持、妇联维权、民政指导四位一体的推进格局。这种四位一体的组织体系一直延伸到村庄，建立起党委（支部）“一把手”挂帅的三级四位一体推进组织。

修订村规民约是民政部门的一项日常工作，以往修订村规民约强调村民的责任和义务，这次特别强调村民包括妇女的权益和男女村民的共同参与。在修订村规民约之前，村庄推进小组要广泛听取村民（妇女村民也包含在内）代表意见，让农村妇女有“说话”的权利与机会，用南岗区的话说，就是三听：入农户调查听实话，开座谈会听真话，与有意见的妇女谈心听牢骚话。让农民发声参与，农村男女的参与热情一下子迸发出来，他们感受到了受尊重和当家做主的感觉，参与修订村规民约非常积极踊跃，提出意见建议 415 条，涉及村庄管理与男女不平等的问题，包括禁止家庭暴力和保护妇女人身权利，要求婚姻自主反对包办婚姻等等。从村庄的建议与意见中，可以看到，一旦村规民约的制定建立在民意的基础上，农民特别是妇女民主参与的主动性和积极性就可以被激发出来。紧接着是“议”，这是自上而下和自下而上的有机结合，修订模板是根据周山村的村规民约拟定的，涉及性别平等的 13 条内容，可以为草案提供参考，也为讨论提供启示。此外，结合来自村民的意见建议，组织村民代表摆事论理，讲是非曲直，在村级骨干讨论的基础上，最终形成村规民约草案。草案形成后，由乡镇和法律专家依法进行评议，防止产生违法的条款。最后召开村民代表大会，进行讨论与表决。删除 39 条全区原有村规民约中的男女不平等条款，新增 270 条条款，专门维护妇女权益的条款有 103 条。

在区级层面，建立了区委常委（扩大）会议半年听取一次村规民约执行情况汇报制度，设立了“三个挂钩，一票否决”的奖惩制度。一是将村规民约执行情况与乡镇领导干部的提拔任用挂钩，二是纳入乡镇、村集体目标考核，与评先评优挂钩；与村干部录用为公务员挂钩。在乡镇层面，建立了季评审排位制度，每个季度对村规民约执行情况由区职能部门、乡镇和村民按照 2∶2∶6 的比重评分排序，对排在前三名的行政村予以奖励，排在后三位的行政村予以通报批评。同时，在 20 个行政村建立起监督员队伍，组成人员有妇女主任、村民组长和妇女代表，监督村规民约的执行情况。

二、南岗镇卫星村：解决多年老大难问题

南岗镇卫星村姑爷户的土地权属问题，在修订村规民约时被尖锐地提了出来。卫星村有 25 户姑爷户。姑爷们刚刚来到卫星村时，就与村委会签订了不得参与村庄分配的协议。有的已经来了 20 多年，村庄集体收入一分钱也得不到。村规民约明确写着：男到女家不接受落户，私自进村不能享有村民待遇。姑爷被村庄视为外人，始终不能与村民平起平坐。这成为村规民约修订的重点，也是难点。

要解决姑爷户的问题，首要的工作是先修改村规民约，删除性别歧视性条款，增添性别平等的条款。村两委充分利用黑板报、宣传栏、网络和广播等多种形式进行宣传。通过召开村“两委”会、村民代表大会和妇女代表会议，大力宣传村规民约修订的目的，强化村民的男女平等意识和维护农村妇女合法权益的责任意识，做到家喻户晓、人人皆知，对《妇女权益保障法》《村民委员会组织法》进行了再宣传、再教育。

接着进入村规民约修订阶段。为了做好维权工作，在村民参与中强调女党员、女村民代表的参与率，女村民代表由 1 名增加到 1/3，在修订性别平等村规民约中发挥了至关重要的作用。经过充分的准备，村民代表大会召开了，在支部书记和村民代表的引导下，村规民约草案顺利通过。

性别平等村规民约制定了，可是姑爷户的问题仍然没有解决。这不仅仅是制定规则，还要拿出资源来切切实实让姑爷户受益，可是机动地都已经分完了，怎么办？卫星村党支部书记付秀敏和村主任组织村民代表、党员代表、妇女代表专题研究解决姑爷户、姑奶户的待遇问题。最后的方案是，村委会与这些姑爷户、姑奶户协商，在原有协议的基础上重新签订了新的协议，新协议规定“2010 年 10 月起，三年内如果卫星村大部分土地没有被征用，第四年这些户就可以每年年末领取 1.2 亩的土地收入款”，收入款来源于土地征用后村庄 30% 的土地补偿金。不过，这种权宜之计并未

从根本上解决姑爷户的承包地问题，付秀敏一直考虑如何寻找机会予以解决。2015 年对农村承包地进行测量，机会来了！测量的结果几乎家家承包地都超出了规定面积，多余的面积如何处理，付秀敏提议分给姑爷户，这样做既符合国家立法，又符合村规民约，村委会立即进行操作，由此，姑爷户终于实现多年梦寐以求的资源分配公平、公正。

让男女平等的立法落地生根

——城关社区攻坚克难修订居民公约

在全国修订性别平等的村规民约（居民公约），保守估计也有上千个村庄（社区），绝大多数都是借助外力和上级政府的支持来开展这项工作，而云南华宁县的城关社区则是一个例外，它是在没有任何外力支持的情况下，依靠社区自身的力量，攻克重重阻力，依法修订完善居民公约，成为修订社区规则的典范。

城关社区是一个村改居社区，2001 年建立了居委会，共计 10 个居民小组，具有 13000 人超大的社区人口规模，尽管名称改为城市社区，户籍成为居民，却不同于城市社区。城关社区坐落在云南华宁县城中心，2006 年基本实现土地的集体管理，拥有小组和社区两级集体资产，依靠独特的地理优势，进行商铺出租和土地出租，依靠工商业快速发展集体经济。社区居民不仅年年可以分红，还可以由集体缴纳养老金和医疗保险，享有社会保障和集体福利。这就涉及如何确认集体成员资格的问题，城市社区一般是依据出生地确定成员资格，而村改居社区却保留着传统的男娶女嫁习俗，依据“婚姻 + 性别”确定成员资格，一旦女儿结婚或离婚，就被视为“空户”，这是小组村规民约作出的规定：“家中女儿出嫁3个月内，必须把户口迁出本小组，如不迁出者，3个月视为自动迁出，小组不予以承认其身份，也不享受小组的分红等集体权益和安置”，要想享有小组福利待遇，就得交4.5万元/人的安家费。每年分红时，这些权益受损的妇女以及家人就会到社区反映情况，甚至到县政府、街道办等多部门上访，要求男女同等对待。当问题迟迟得不到解决时，有的村民开始冲进县政府的会议现场。

随着不断接待上访的妇女，2003年上任的社区党总支书记何永辉开始关注妇女权益问题，在他看来，我们的国家正在进入新时代，不应该抱着老规矩不放，女儿一结婚就取消成员资格应当改一改了，这个想法得到社区张主任的支持。于是，他们四处寻求外力的支持，先是找到街道和县里的相关部门，无果而归，又找到相邻的社区期望一起干，得到的是拒绝。2017年底在无任何外力支持的情况下，社区领导下决心依靠自己的力量，建立一份规范10个小组的社区居民公约，对于各组制定的村规民约进行一次全方位、多角度、颠覆性的修改；改变陈规陋习，对土地承包权分配、拆迁补偿、村集体利益分配等损害妇女权益的条款进行修改；对不符合男女平等、带有性别歧视的条款予以删除。

一、修订居民公约的艰难推进

2018年初，城关社区成立了修订完善居民公约的领导小组，召开社区动员会，通过小组民主投票推举社区起草小组成员，开始了修订完善的艰辛过程。

在起草居民公约时，社区党总支发现，经过讨论和商榷居民公约的大部分内容是可以达成共识的，如社区卫生、环境保护、反对家庭暴力、倡导文明新风，最困难的是妇女的集体成员资格认定，常常成为争议的焦点，阻力非常之大。几乎在社区干部中有一半人反对，在一次讨论会中，社区三组组长拍着桌子说道:“我不可能同意这样的修订，嫁出去的女儿泼出去的水，她们不能享受组里的利益，这样的修订完全违背了居民的意愿，损害了小组其他人的利益。”三组的组长家就是双女户，他的态度引起其他干部的支持和效仿，每次的讨论会最后都变成了争吵会。

干部不支持，居民不理解。各小组反对的居民纷纷来到社区反映不同意“男女平等”，社区每天都要接待四五批居民的来访，社区的何书记和张主任经常在上班的路上被居民堵住，居民反反复复说着“不同意男女平等，社区不能改变多年执行的《村规民约》”，更有甚者把张主任堵在路上破口大骂:“你们胆子大啦，想方设法地把集体的东西拿去分给别人，你们是要把我们的东西完全分完才甘心，你们这些当官的就是没良心……”诸如此类的谩骂，在那段时间里是常见的。

面对重重阻力，书记主任没有退却，而是迎难而上。他们找到坚决反对的干部反复做工作，动之以情晓之以理，采用算账法进行分析，一笔账是居民反对的账，小组给了女儿利益，小组成员就吃亏了，做的是减法。另一笔账是不断提高集体收入，增加收入让男女都获益，做的是加法，社区要在加法上下功夫。此外，采用换位思考法，提出只分男不分女，一定会排斥女儿，谁能保障自己家世世代代都生儿子？男女平等分配，家家户户都受益，而且可以持续受益。经过入情入理的分析，社区干部终于由反对转向同意。打通干部思想后，再由干部做群众工作，最终形成了起草小组意见的统一，将女儿结婚后可以选择留在社区的条例纳入居民公约之中，与此同时，为了防止集体资源“两头吃”的现象，对于落户成员严格审查，明确作出规定：已经在另一集体经济组织享有福利待遇，不能在本社区同时享有。

在修订草案的日子里，何书记常常夜不能寐，为了完善居民公约草案，组织起草成员到已经修订村规民约的玉溪试点村镇进行考察学习，多方收集将“男女平等”条例纳入居民公约的成功案例，探讨修订内容中存在的突出问题和需要改进的地方，在草案中吸纳了男女共同分担家务、反对家庭暴力等条款。

整个居民公约草案修改了40多次，进行了3次公示。经过8个月的社区干部协商和6个月的居民民主讨论，新《居民公约》于2019年4月19日终于经社区代表表决通过，与此同时，还通过了本社区集体成员资格的认定办法。居委会以张贴公示、入户宣传等形式向居民公布，宣布其生效日期，并印制成册，一户一册免费发放到居民家中，随后将通过的《居民公约》《认定办法》报宁州街道办备案，接受政府监督。

二、居民公约修订的成效

要检验居民公约修订的成效，重要的是一丝不苟地落实。党总支书记何永辉说："践行公约，任重而道远，重在落实，贵在坚持。"公约制定以来，城关社区一直在扎扎实实抓落实，凡是办理了结婚证的女儿，小组要去过问当事人的意愿，凡是愿意留在社区的，一律按照个人意愿确定，凡是社区成员反映的违背居民公约的问题，居委会都会认真核实限期纠正。

2019年底，又到了分红的日子，这是对于居民公约成效的一次检验。社区要求每个小组都要根据居民公约和成员资格认定办法确定分红资格，不再进行民主表决。年底的集体分红风平浪静，没有人到县镇上访告状，没有人提出不同意见。何书记说，男女平等正在被居民接受，结果比我们想象的还要好。

点评：

修订社区规则难在哪儿？难在历史的欠账太多。多年来，一些部门习惯于避重就轻，回避问题，而不敢于直面问题。一旦遇到妇女土地权益受损的投诉，各个部门或者相互推诿，或者就事论事，而不善于追根寻源，从本源上寻找解决问题的办法，更不会触动以男娶女嫁为核心的集体成员资格认定。至今，我国没有对集体成员资格认定的公共政策，而是交给各个地方政府自行其是。地方政府往往对于大学生义务兵服役人员作出明文规定，而将棘手的难题——婚嫁妇女成员资格交给村民代表表决决定。如此一来放大了村民自治的权力，坐失改革婚居模式的良机，默认乃至纵容村集体的性别分配不公。久而久之，使得集体分配制度的性别不公，由小变大，由个别村组成为普遍现象，四十年来不断加剧蔓延。

修订社区规则难在哪儿？难在找错了责任主体。政府一直将维护妇女土地权益看作妇联的事情，而未能视为政府部门的责任。结果导致错位，掌握着社区公共资源分配权的干部无所作为，不去制定性别平等的规则，而根本不具备相关职权的妇联却要不断推动，妇联往往心有余而力不足，工作上难以取得进展，问题迟迟得不到解决。

城关社区案例也告诉我们，尽管修订合法的公约阻力重重，但困难是可以攻克的。城关社区几乎是孤军作战单枪匹马修订公约，却卓有成效地实现了居民公约的三个转变。第一个转变是由单一的男娶女嫁转向男女双方婚居自主选择，也就是触动到多数村民认可的婚居规则。新修订的居民公约第二十七条明确规定，登记结婚后，根据男女双方约定，女方可以成为男方家庭的成员，男方可以成为女方家庭的成员，凡是女方招婿在本社区举办婚礼，居委会要予以协助和支持。凡是子女随母姓的家庭可以得到集体200元的奖励。这是集体资源平等分配的关键点，当居民公约修订后，城关社区一直着力抓落实，当本社区的女性结婚时，不再成为“空户”，而是征求意见，让当事人自主选择，是留下还是嫁出，从而动摇了家庭父权制根基，使得分配制度发生了悄然而深刻的变革。

第二个转变是完成了社区自治到依法治理的转变。在修订居民公约之前，城关社区都是由居民小组自行制定规约，采取多数决的方式来决定，只要多数决认可，无论是否合法均可生效。而今，城关社区制定统一的居民公约，将男女平等制定公约作为依据，不允许任意剥夺妇女的集体成员资格，在集体成员资格的认定中，依法作出规定：登记结婚后，根据男女双方约定，女方可以成为男方家庭的成员，男方可以成为女方家庭的成员，有一方属于集体经济组织成员资格，另一方在认定集体经济组织成员资格时，必须出具原户籍地是否享受集体经济组织成员资格的证明。这里的依法自治不是空洞的口号，男女平等的法律文本开始落地生根，转化为集体成员资格的认定。这是一个法律、公约与民主程序结合的过程，首先是居民旧观念的转变，逐渐得到干部居民的认可，最终通过了依法依规的居民公约，最终完成了法律与村民自治的统一。一旦依法自治完成，集体成员资格认定条件确认下来，就成为判断集体成员资格的依据。

第三个转变是完成了修订责任主体的转变，过去是将修改规约交给了妇女和妇联，而她们所处的位置根本不可能启动这一修订程序，现在则是交给了社区党支部和居委会干部，社区书记主任带头启动修订居民公约，将性别平等作为修订居民公约的重要内容。当社区主要干部认识到修订的意义，敢于担当主动推进，想方设法做工作，就可以形成一波一波的推动力。从书记主任开始，说服居委会干部和各组组长，再由社区和小组干部说服居民，从而形成由核心向四周的扩展。城关社区几乎无外力支持，完全依靠社区内部的力量，之所以能够走向成功，与责任主体的准确定位敢于担当密不可分。

应当看到，城关社区主动积极修订居民公约，非常可贵，十分罕见。要在全国广泛地开展与推进，需要得到各级政府的支持与引导。从这个意义上来看，民政部颁布的《指导意见》非常有必要，需要政府强化责任主体。民政部门主抓基层政权建设，组织村居干部依法修订居民公约，是不可推脱的责任，要有攻坚克难的思想准备。农业农村部担负着确认集体成员资格的职责，应尽快出台相应的公共政策，防止各个社区自行其是，引导依法进行社区治理。妇联应当做好监管和协助工作，特别是在社区内部协助社区干部修订居民公约。要形成社区与政府多元主体分工合作的格局，使得性别不平等的分配制度得到彻底改变。

（原文载于《中国妇女报》2020 年 4 月 7 日）

制定性别平等村规民约的过程与成效

从 2009 年周山村第一个制定性别平等的村规民约开始，至今已在全国十个省上百个试点村进行推广与探索，成功地将性别不平等的潜规则转变为性别平等的显规则，触动了千百年形成的重男轻女的文化根基，形成了以性别平等为目标的乡村治理模式。本文依据全国各地试点地区的成功案例，探讨在我国乡村推进性别平等村规民约制定的过程与成效。

一、制定性别平等村规民约的过程与程序

（一）制定村规民约的三原则

1. 制定主体合法。村规民约是由村民自己制定的，而不是村干部制定的，要充分反映村民意愿。《村民委员会组织法》规定，村民或村民代表是村规民约的制定主体。许多村庄制定村规民约时，往往是村组干部“暗箱操作”，几个人关在屋子里一讨论，然后在村民大会上宣读一下就算生效；或者按照县、乡政府的意愿，根据上级提供的范本抄写，造成不同村庄的村规民约格式一致，甚至内容也完全相同，与各村实际情况几乎不发生任何关系。这样的村规民约，村民们肯定不关心、不认同，也就失去了群众

自觉遵守的基础。

2. 制定内容合法。《村民委员会组织法》第二十七条规定："村民自治章程、村规民约以及村民会议或者村民代表会议的决定不得与宪法、法律、法规和国家的政策相抵触，不得有侵犯村民的人身权利、民主权利和合法财产权利的内容。"

3. 制定程序合法。召开村民会议时，"应当有本村十八周岁以上村民过半数，或者本村三分之二以上的户代表参加，村民会议所作决定应经到会人员的过半数通过"（《村民委员会组织法》第二十二条）。

（二）村规民约要体现权利平等与性别平等

全体村民享有平等权利，村规民约应消除因性别、年龄、婚姻状况（如上门女婿、离异丧偶）、生理条件（如残障）等造成的歧视，维护全体村民的合法权益。

权利平等体现在两性之间就是性别权利平等。村规民约应当将性别平等具体化，如：姓氏多样，子女可以随父姓和母姓，随母姓予以奖励；婚嫁自由，双方约定，女到男家，男到女家均可；村民资格，女儿可以招婿，儿子可以娶妻，不受任何限制，同等享有村民待遇。以上三条都是针对父权制制定的新规则，不仅涉及家庭规则，也涉及集体规则，集体财产分配的男女平等，是要改变男性中心的分配制度，这是村规民约的一个关键点，也是最难突破、争议最大的条款，一旦突破就会带来村规民约的深刻变革。

此外，妇女参与村庄管理，妇女村民代表比例不低于40%。妇女代表的比例设定，是基于农村妇女参与村庄管理的现状，农业女性化与妇女代表比例严重不均衡，需要提高性别比例走向均衡，从而使得妇女的合法诉求在村庄管理中得以体现。

村规民约的条款是否可以保证所有村民的平等权，是体现内容是否合法的关键。在修订中不能泛泛而谈村民权利，要与村民资格和纠正父权制的规则紧密结合起来，与乡村社会的日常生活结合起来。如周山村村规民约第三条，因出生、合法婚入、收养、迁入的人员，户口在本村并常住本村、履行村民义务者，具有村民资格。因死亡、户口迁出，不在本村居住且不履行村民义务，成为国家公务员和国企/事业单位正式成员者，则失去村民资格。

（三）搞好培训转变观念

修订性别平等的村规民约，触动了父权制的根子，触动了千百年的老规矩，倡导姓氏多样婚居自主，是悄然而深刻的变革，谈何容易！启动这个深刻变革的钥匙不能仅仅依靠行政手段，还必须是入脑入心的培训，使得村民的老观念发生动摇。

动摇老观念，不是简单地宣读法律文本，而是要与村民的切身利益相联系。周山村从家庭养老找到切入点，黑龙江妇联将妇女土地权益作为切入点，安徽长丰将纠正生男偏好作为切入点。经验证明，从村民的日常生活入手，通过培训让村民看到生活中性别不平等会影响到每一个人的生活，这是做好培训的关键。

培训的目的是改变观念，只有改变观念才可能建立保障村民权利的规章制度。几乎在所有的试点地区都是从培训入手，通过培训发现愿意推进性别平等修订村规民约的村官。

（四）村干部是修订村规民约的关键

一提到性别平等，人们就会想到妇联干部。其实，妇联在村庄是不掌握制定分配方案的大权的。掌握分配权力和管理权力的是村党支部和村委会，特别是党支部书记和村委会主任，他们是掌握公共资源的分配权力的“牛鼻子”，是村庄公共规则的制定者。所以，修订性别平等的村规民约的责任主体是村干部，村官对于修订村规民约至关重要。当村官尝到修订的甜头，就会千方百计做好村两委的工作，就会想方设法推动这项工作的开展。在党校组织村干部培训，可以打开农村社区工作的新思路。

2008年，河南省登封市大冶镇周山村村支书进京，参加了在中央党校举办的“治理出生性别比失衡”培训班，听了老师们的课，受到很大启发。村支书说，周山村村里存在的许多问题，都和村规民约有关，2003年，周山村实行“退耕还林”，2006年土地流转给企业经营，由企业发给村民土地补偿金，每人每年分得800斤小麦折合款。这样，如何分配口粮款的问题就摆在了村干部面前。2007年6月，村两委成员和村民组长一起讨论出台了“兑现粮款十三条”，其中第四条规定“妇女结婚后户口未迁出者，不论时间长短一律不给口粮款”，第十三条规定“离婚丧偶后回村居住的妇女，不参加分配”。大多数村民认为这是按“老规矩”办事，没有表示异议。可是，前些年周山村很穷，一些男性村民因为娶不起媳妇，到外村做了上门女婿。现在看到周山村可以分钱，携家带口迁回村里，却能享受村民待遇。村民们认为这很正常，因为“他本来就是村里一口人”！这种做法引起一些户口没有迁出的出嫁女、离婚回村妇女和她们家人的不满，每到分配粮款时，各村民组都会发生纠纷与争吵，都会有很多人到村委告状，每一次都吵得不可开交，有人甚至拿着木棍来到村委，准备打架。

一年两次分配“口粮款”成了村两委和村民组的主要工作，每到这个时候，村组干部都处于紧张的“战备”状态，害怕闹出人命来。培训班结束时，景书记当众宣读了“周山村行动计划”，说回村后立刻做两件事：第一是从改变村民观念入手，举办一场“男到女家”的婚礼；第二是在村两委换届选举之后，立即着手修订村规民约。

性别平等的培训，成为村官打开新思路的一把钥匙。成功的培训可以一举多得，可以引入性别权利平等的新观念，可以发现愿意修订村规民约的积极力量，从而主动要求或推动本村村规民约的修订。

（五）起草村规民约草案，广泛征求意见

目前我国正处在社会转型时期，广大农村也发生着变化，作为村庄管理规则的村规民约应该与时俱进，适应这种变化，不断进行调整。

操作程序：首先，由村党支部或村委会提出修订村规民约的建议，也可以由 1/10 的村民提出修订村规民约的建议。建议被采纳后，成立起草小组，最好在村组干部、村民代表和妇女骨干中选拔人员成立“村规民约起草小组”（5—7 人为宜）。小组成员在深入调查、充分讨论、广泛征求意见的基础上，参考成功的性别平等村规民约范本，共同制定村规民约修订草案。

村规民约起草后，要广泛征求意见，可以召开各种群体的座谈会，参会群体包含老年人、残疾人、媳妇、出嫁女、外出打工者等；可以打印成文字，通过大学生和小学生为家长宣读讲解；可以由村干部入户征求意见，将意见反馈给起草小组。不少试点村创造出很多行之有效的方式方法。

黑龙江哈尔滨市南岗区在修订村规民约之前，村庄起草小组广泛听取村民（包括妇女村民在内）代表意见，结合来自村民的意见建议，组织村民代表摆事论理，讲是非曲直，在村级骨干讨论的基础上，最终形成村规民约草案。村规民约草案形成之后，加大宣传力度。比如，卫星村的村两委充分利用黑板报、宣传栏、网络和广播等多种途径先对村规民约草案进行宣传。然后，入户征求意见，特别是征求广大妇女的意见。卫星村领导小组共 6 名成员，先后走访了 390 户农户，发放了 220 份调查问卷，重点针对“双女户家庭今后面临男到女家的婚居模式”，详细了解关于财产继承、户籍迁移、村民待遇、老人赡养和妇女参政议政等涉及村民传统习俗和个人利益方面的问题，确保村规民约内容符合村里的实情，并请村民代表、妇女代表、老党员、老干部和老教师等参加村规民约草案的讨论。

安徽省合肥市长丰县试点村征求意见的方式，是挨家挨户逐条宣讲村规民约草案，让村民充分了解村规民约的条款。安费塘村干部将街坊四邻都召集到一起，让村民大声朗读每一条村规民约，遇到不明白的，村民当场提出疑问，由村干部解答，并解释为什么这样修订。有 8000 人的创新社区，由包组干部分头到各组挨家挨户征求意见，同时召开各种座谈会，将征求意见的人群扩大到嫁到外村的出嫁女，使得出嫁女也有了社区事务的发言权。通过这些方式，得到村民的各种反馈，比如，妇女们提出妇女代

表30%的比例太低了，最好是40%。社区干部立即进行调整，妇女代表的比例增加到40%。在广泛征求意见的过程中，社区干部还发现了一批关心村庄事务的社区骨干，日后可以吸纳其参与到社区管理工作当中来。

征求意见的过程，具有双重意义，是民主参与的过程，是民主决策的过程，让村民感受到当家做主，同时学会民主参与，不是村干部的单方约定，而是村民与村干部的共同约定；征求意见的过程还是普法过程，干部通过入户宣传解释，讲解村民的权利义务。

村规民约草案征求意见修改完善之后，要上报乡镇相关部门依法进行审查，这个环节十分必要，体现政府要监督。政府的监督是依法监督，审查并纠正违法内容，避免召开村民会议之后发现问题的被动局面。黑龙江南岗区村规民约草案形成后，由乡镇和法律专家依法进行评议，防止违法的条款产生。

（六）召开村民代表会议的程序

由村委会组织召开村民大会或村民代表大会，这是修订村规民约的高潮，是民主决策的重头戏，也是对村官民主管理能力的检验，需要按照会议的民主程序一丝不苟地操作。

会议程序：清点人数，妇女代表要在30%—60%，宣布到会人数是否符合法定人数。由村两委制定人员向全体村民或村民代表逐条宣读新村规民约草案，每宣读一条就作出解释，然后进行专门的讨论。

在村民会议上逐条宣读逐条讨论和表决，这一做法当时实施时是有争议的：一种看法是不需要讨论，召开村民会议只是走个程序，另一种看法是需要讨论，让代表充分发言，激发村民代表的参与感。在试点村推进中，赞成逐条讨论的民主要求占了上风，使得民主参与成为始终坚持的原则，也使得村民会议出现意想不到的效果。

2012年7月，长丰县的创新社区百名村民代表讨论和表决村庄规则的草案，其中有40名妇女代表参与草案的讨论，草案是逐条讨论，让每个代表充分发表意见。当讨论到妇女代表比例不能低于40%的条款时，一位妇女代表举手起身说道：既然我们倡导男女平等，我觉得妇女代表就得男女一半对一半，各占50%。妇女参政比例再次扩大的建议提了出来，对修订草案提出新的挑战。主持会议的村官回应道：这条意见提交村民代表表决，如果半数以上举手同意，就将现有条款进行修改。于是马上进行表决，表决的结果是：40%的妇女代表都举手赞成50%的比例，60%的男性代表都举手赞成40%的比例。第一次出现了两性表决的“对峙”。为了打破僵局，有意推进性别公正的主持人提议男女代表双方进行协商：男女代表相互作出妥协，将妇女代表比例规定为45%，协商的结果达成一致，男女双方代表全部举手通过。

在一些试点村，要改变传统的男娶女嫁的老规矩，通过性别平等的村规民约，需要村干部想方设法做工作。哈尔滨南岗区的卫星村，已经召开了几次村民会议，讨论新村规条款，解决25户的上门女婿享有村民待遇的问题，都遭到强烈反对。反对者认为，这25户的上门姑爷一来到村里，就与村委会签订了不得参与村庄分配的协议，不能改变。权利受损者认为，这种契约是被迫签的，本身就不合法，需要改变。召开会议时，只要一提到同等待遇，反对者就会吵成一锅粥，根本不是民主讨论和协商，谁说话都根本听不清，民主程序等于一纸空文。村支部书记发现，每当主持会议的时候，都会出现这样的场面，提到村规民约的条款就会争吵，几个人同时讲话，会议几乎开不下去。只要主持人说，一个一个讲，就没有人说话了，看来民主讨论和民主倾听也是需要学习的。

如何打破会议上的困局？村书记开始在会下做工作了，先是找到三位妇女代表，其中的一位妇女代表叫李金凤，特别有正义感，她是卫星村的媳妇，当年地是在娘家村分的，父亲得到土地补偿款时，就将几个女儿的补偿款全部给了儿子，这使得她深深感到对妇女不公平。她不期望看着这种现象在卫星村村集体分配中再次上演。当书记动员她带头表态，她一口答应。经过一番准备，新一轮的村民代表大会再次召开，村书记要求一个一个说时，李金凤第一个站起来发言："关于土地这个事，我个人认为，我们要献出一点爱心，应该多一点同情心。同在一个屋檐下生活了几十年，这个问题解决不了就没法建立和谐社会。我坚决支持村里决定，这个问题一定要解决好。"接着第二位、第三位妇女代表发言。个个讲得合情合理，反对意见没有了市场，最后，村规民约草案顺利通过。

村民会议的逐条讨论和逐条表决，是村庄民主管理和民主决策的具体体现。这是一个需要学习的过程，需要实践的过程。不要因为出现问题，就否定就排斥，而是在纠错中不断完善。

会议后操作程序：村规民约草案全部表决通过后，要在全村公示七天。公示期过后没有异议，即日生效，提交乡（镇）区、街道办事处备案。乡（镇）区、街道办事处要做好备案准备。

（七）村规民约的执行与监督

性别平等的村规民约制定之后，重在执行，只有执行才有实效。

新村规民约制定之后，一段时间内，村民对于新规则会有"不应期"。特别是集体资源分配的时候，容易出现老规矩与新规则的摩擦与碰撞。

大冶镇周山村修订村规民约半年后，就遇到出乎预料的挑战。村里的王亮有一儿两女，女儿都出嫁了，儿子2003年外出打工被黑煤窑绑架，四年没有音讯。为了身边有孩子照顾，便让出嫁的女儿女婿迁户口回村。2009年，儿子突然回到村里，涉及分配粮款，有人提出儿子回来，女儿、女婿就得走，村民小组40户投票，女儿只有4票。反对的人闹得很凶，一直闹了好几个月。后来，镇政府和村委会做了很多工作，终于为女儿、女婿落实了村民待遇。这件事也教育了周山村的干部，他们发现，仅仅修订村规民约还不够，要加大宣传，让家家户户人人皆知。经过一番周折，性别平等的村规民约终于得到执行。

河南省漯河市的试点村没有出现村规民约执行难的问题，村规民约的落实异乎寻常地顺利，前期民主参与越充分，后期村规执行越顺利。不仅仅是儿女婚嫁自由，甚至连死了丈夫的媳妇也可以招夫养子。在舞阳县天边杨村就出现了媳妇招婿养子的事例，丈夫出了车祸，媳妇不愿意回娘家，招了个上门女婿，同其他村民一样分到了机动地。村支部书记说，过去这几乎是无法想象的事，现在有了新村规民约，村民做事有了依据，按照新规则办，没有村民反对，村干部对于执行新规则也毫不含糊一丝不苟。

2013 年 6 月 15 日，长丰县创新社区村规民约修订大会刚结束，联合国人口基金项目官员文华就向社区干部提出一个问题，怎样使村规民约得到执行？大家提出建立一个监督小组，监督村规民约的执行主体。于是，他们分头从各个社区小组提人选，条件是有热情有兴趣，敢讲真话。女性占比为 60%，监督组长也是妇女，她们在村规民约征求意见时，敢于提意见和建议，热心公益。监督小组与社区两委商定每个月召开一次碰头会，反馈民众意见，对村规民约执行情况进行评估打分，然后，向全社区进行公示。社区干部及时作出改进，例如，监督小组认为社区卫生差，提出垃圾太多，到处飘着塑料袋，居委会一定要管一管。社区干部开会商量作出回应，聘请保洁员 40 余名，天天打扫卫生。为了具备可持续性，村里拿出 15 万元给保洁员支付一年的费用。社区民众与社区机构良性互动，村规民约运行良好，村民的主动性参与性发挥出来，村庄的矛盾纠纷大大减少，村容村貌发生变化。在这里，监督小组和执行主体之间形成良性互动，监督小组定期对执行主体的工作进行评议和监督，执行主体接受监督，不断改进，社区治理进入良性轨道。

二、修订村规民约的效果

试点村社严格遵循基本原则和修订程序，依靠村民或村民代表包括妇女代表，共同制定性别平等的村规民约，一丝不苟地落实新村规民约，产生了令人惊奇的变化和效果，可以概括为五个方面。

（一）性别平等的条款纳入村规民约

修订后的村规民约，在推进性别平等方面有许多重大突破，可以说，找到了解决国家法与民间法相冲突的路径。

突破一：在试点村普遍规定了姓氏多样化的条款，父姓制被父母双姓制取代。

舞阳县刘庄村村规民约第十八条规定，子女姓氏可自由选择，随父姓、母姓、父母双姓均可。长丰县南圩社区居规民约第二十七条，提倡姓氏改革，子女随父姓、母姓、父母双姓均可。试点村还附带宣传倡导的顺口溜——《姓氏改革有高招》：姓氏不过是符号，孩子姓啥不重要；传宗接代老观念，子随父姓成律条。如今男女要平等，姓氏改革呼声高；孩子本是俩人生，只随一方不公道。婚姻法中有规定，随父随母任意挑；父母双姓加上名，这种做法更巧妙；新鲜好听重名少，姓氏改革有高招。长丰县油坊村村民公约第十九条规定，对新生儿随母姓的，给予1000元奖励。长丰县安费塘村村规民约第十八条规定，男方到女方家落户，由村委会主持操办迎娶仪式，并给予1000元补助。这些条款改变了千百年的陈规旧俗，儿子和女儿都可以根据个人意愿，选择婚后居住地，成为男女家庭的成员。

突破二：男女村民享受同等待遇。这是一个资源分配的难点，很多村庄有了重大突破。

舞阳县官杨村村规民约第十一条规定，纯女户、多女户女儿婚后均可居住本村，凡户口迁入者与本村村民享受同等待遇。舞阳县东街村村规民约第九条规定，婚居自由，提倡男到女家落户，户口在本村组，并长期居住在本村者，具有本村村民资格，享受村民待遇。石道乡王楼村村规民约第十二条规定婚出男女因离婚或丧偶，户口可迁回本村并享受村民待遇（所带子女以有效法律文书为准），同时须接受计生管理。

突破三：促进妇女参与村庄事务。很多试点村通过提高参与村庄事务妇女的比例，促进妇女参政议政。参与村庄事务的妇女比例突破了30%，高达50%左右。

石道乡王楼村村规民约第九条规定，鼓励妇女参政议政，村民代表中妇女比例争取达到50%。积极协助村党支部推荐入党积极分子，在推荐的入党积极分子中妇女比例争取达到50%。在换届选举中，妇女入选村、组干部的比例争取达到30%。

长丰县华丰村村规民约第十条规定，支持、鼓励妇女参政议政。推荐的入党积极分子女性不得低于50%。女性当选村民代表不得低于60%。入选村、组干部及其他村民议事机构的女性达到40%。长丰县创新社区居民公约第十三条规定，对男到女家落户者，党小组推荐入党积极分子、选举居民代表及村组干部时，同等条件下优先。

突破四：男女参与社会活动，共同负担家务。

长丰县幸福社区居民公约第十九条规定，提倡男女居民平等参与社会活动，共同分担家务劳动。在教育子女上，男女负有共同、平等的责任和义务。长丰县创新社区第二十条规定，社区开设“爸爸课堂”，提高男性在家庭生活、生产和计划生育中的性别平等意识，促进社会性别平等。这是对男主外女主内的性别分工的突破，从20世纪50年代以来，婚姻法上就有了明确规定，但始终与村规民约无关。直到现在才被村规民约承认。

突破五：村规民约第一次提出消除性别歧视，提出妇女的多种权利。

王岗镇卫星村村规民约第二十二条规定，禁止家庭暴力，包括针对妇女的暴力。长丰县幸福社区居民公约第二十二条规定，消除性别歧视，倡导性别平等，反对任何形式的家庭暴力，禁止歧视生女儿家庭，女儿也是传后人，女儿有平等继承财产的权利和赡养孝敬老人的义务。靖安县新庄村村规民约第三十四条规定，保护未成年人特别是女童的合法权益，父母不得虐待未成年子女。保护妇女在家庭生活中的合法权益，家庭户主男女均可。

性别平等的条款，在村规民约中最多达到十四条。国家的相关法律法规通过村规民约进入千家万户，使得性别平等看得见、摸得着，渐渐演变成民众的自觉意识，成为村民生活的重要组成部分。一场悄然而深刻的变革，就从这些条款开始。

（二）生育观念开始改变

长丰县的试点村修订村规民约后，出现了姓氏革命的新气象，南圩社区、创新社区出现20多个随母姓的孩子，父母拿着新生儿的户口本，高高兴兴来到社区登记，计生专干专门列了一张表格，登记上父母和新生儿的姓名，并按照村规民约的规定予以奖励。为了倡导随母姓，南圩社区计生专干下决心带头，当时，她已经怀了二宝，就产生了让二宝随母姓的想法，此时大宝妞妞已经随了父姓。一天晚上看电视，她对丈夫说，想让二宝随母姓，丈夫随口回答，随就随吧。公公知道了媳妇的想法，通达地说，姓氏就是一个符号，居然也同意了。婆婆十分不愿意，但是，家里多数同意，也就没有强烈反对。二宝出生了，跟了母亲的姓。二宝由婆婆照顾，每次带孩子出去，邻里问起孩子叫啥名字，都会引起周围邻居的不解，怎么不随他爸爸的姓。婆婆感到不爽，回家说起来闷闷不乐。随着社区随母姓的孩子增多，婆婆渐渐接受了孩子随母姓的事实，现在，不等别人问，她都会主动告诉：二宝随的是母姓，大宝随的是父姓。大宝现在10岁了，比二宝大6岁。姐姐会说，我跟爸爸的姓，弟弟跟妈妈的姓，男女都一样。只能依靠儿子传宗接代的老习俗正在渐渐改变。

姓氏的变革引起了生育观念的改变，生男生女顺其自然的新生育观正在悄悄出现。一次专家来周山村作调查，村干部说，过去在周山村如果头胎是女孩，第二胎想方设法也要去作B超鉴定孩子的性别，这种事能瞒过乡镇计生干部，瞒不了街坊四邻和村干部。可是，修订村规民约以来，去作性别鉴定的不见了，反倒是村里的双女户越来越多了。一位妇女说，俺丈夫弟兄两个，大哥家生了两个女孩，我们家也是两个女孩。公公婆婆心里一直不舒服，总觉得没有男孩就提不起心劲儿。村里也有人笑话说：“看看他家，两个媳妇生了四个孙女，‘送子娘娘’也不给他送个孙子！”俺公公劝我抱养一个男孩，和二闺女一起报户口，就说是生了双胞胎，我和丈夫都没同意。两个女孩有啥不好？大女儿学习棒，年年得奖；二女儿的小嘴可会说了，特别招人喜欢。现在国家政策好，俺村又修订了村规民约，将来俺两个闺女，想嫁就嫁，想招就招，多好！

作为性别平等的推动者，我们深深感到乡村生育观念的变化，这一切来源于文化重构，即便是重男轻女的生育观念，也不是与生俱来的，不是农民天然愚昧落后，而是乡村习俗建构的结果。村两委从营造社区性别平等的支持环境入手，生育观念就会渐渐发生改变。

（三）撬动民风民俗变革

民风民俗通常是围绕婚丧嫁娶生老病死展开的，这是老百姓的日常生活。民风民俗涉及婚礼葬礼，也涉及家谱族谱和祠堂，其中都渗透着重男轻女的文化因素。针对这些民风民俗，试点村创造了不少生动鲜活的做法，主动推进民风民俗变革。

1. 推进婚居变革。自古以来，“男娶女嫁”都被看作“终身大事”，无论家里人还是村里人都很重视。有儿子的家庭娶媳妇时，讲究风光排场，常常要大张旗鼓、大操大办；没儿子的家庭招女婿，好像很没面子，办喜事也不愿张扬，几个本家坐在一起商量一下，请两桌客人就算办成了。上门女婿来到村里以后，也常常被人看不起，要“夹着尾巴做人”。如何让女儿招婿不再受排斥，如何改变上门女婿低人一等的看法，周山村别出心裁地举行了一场男到女家的婚礼。

2008年11月，郝玉枝的大女儿要招女婿，按照当地习俗，招女婿也和娶媳妇一样，都是“男娶女”。婚礼前一天，让女婿住在岳父家，闺女送到婆家（或者在美容店等着），女婿再出发去把女儿“娶”回来。村书记景占营知道了这件事，找到郝玉枝说，既然是男到女家落户，干脆让闺女去接女婿。郝玉枝在手工艺协会参加过性别平等培训，听后觉得是好事，马上和亲家商量。亲家公不同意，新女婿开始也不同意，说：“我一个大男人，坐在家里等着她来娶我？”郝玉枝做女婿的思想工作说：“放下架子，丢掉面子，改变一下观念，有啥不好哩？”后来两个年轻人都同意了，亲家也不再反对。

迎亲那天，涛红乘坐“花车”从周山出发，到女婿家接回永涛，在涛红家门口举办结婚庆典。婚礼当天相当热闹，礼台两边挂着对联：“男尊女、女尊男，男女平等；男娶女、女娶男，两样都行。”周山的人、邻村的人都来看热闹，有300多人！手工艺协会的姐妹们上台扭秧歌、唱豫剧，抬花轿，镇领导、课题组的老师、村支书占营都到台上讲话。村民们说：婚礼办得真好，周山村几十年、几百年都没有办过这样的婚礼，招女婿也照样排场、热闹！

涛红办了婚礼以后，周山村又有三家也办了男到女家的婚礼，其中一个有儿有女户，儿子娶了媳妇，闺女也招了女婿，村两委还专门给他派了花车。大家都说，几千年的老规矩真是改变了！

村干部举办男到女家的婚礼，是推进婚居模式多样化的好办法，可以一石三鸟，让女儿女婿和家人扬眉吐气，不再低人一等；在乡村营造一个相互支持的场域；还是性别平等的免费培训，不用邀请不用组织，可以收到想象不到的效果。

2. 推进葬礼变革。在汉民族的不少地区，都有很多禁止女性参加葬礼的规则，在陕西的武功县，发布老人去世的讣告，只能写孝子的名字，不能写孝女的名字。在河南农村，女儿不能打幡、拿照片、摔老盆，也不能在清明节为故去的父母上坟。在安徽长丰县，举办葬礼不允许女儿顶棺下葬、主办葬礼，家里没有儿子就要找侄子。正是这些禁忌，导致很多家庭一定要儿子，没儿子就没人为父母送终。为了改变这种重男轻女的习俗，有的村委会搞起女儿也能送终的新式葬礼，甚至，一些村民也在有意识打破陈规旧俗。独生女杨丽为父亲顶棺下葬的做法在创新社区得到传颂。

创新社区的杨丽是独生女儿，母亲患有精神病，在杨丽三岁时走失了，杨丽从小就与父亲相依为命。杨丽结婚后一直和父亲生活在一起，父亲身体不好，最后病逝。杨丽找到堂叔杨孔连，问他怎么办丧事。当时任村民组组长的杨孔连已经多次参加修订居规民约草案的会议，对居规民约的条款有了解。杨孔连对杨丽说，“现在我们不是修订了居规民约了吗？讲的是男女平等，你如果愿意的话，可以给你父亲顶棺下葬”，但这一想法遭到亲堂叔的坚决反对，老规矩不能变！女儿不能顶棺下葬！杨孔连坚决支持侄女改变旧风俗。跟父亲感情很深的杨丽坚持要送父亲一程。就这样，在杨孔连的支持下，杨丽给父亲办丧事，从摔盆、扶棺走到顶棺下葬都是她一人，成为创新社区第一个顶棺下葬的女性。

杨丽的行为，鼓舞了社区更多的女儿、女婿公开表达对亲人的思念之情。有的女儿和女婿一起在清明节祭奠父母亡灵，有的女儿将思念父母视为自己的权利，县电视台予以采访报道。

如果说，结婚与生育是连在一起的，那么，丧葬与财产则形影不离。之所以葬礼对于女性有种种禁忌，究其根本是维护男性继承财产的父系制，同时，弱化女性在家庭中的作用。拉动葬礼习俗的变革，也就是触动父权制的根基。在这里，改变的力量在民间，在那些饱受父权制压迫的村民身上。

3. 推进家谱姓氏变革。江西靖安县是另一个试点县，这个县十分注重修家谱，过去女性在家谱上没有名字或没有完整的姓名，只写“某某氏”。现在新村规民约都规定“家族修谱，女性基本信息与男性相同对待”，写入家谱。新修订的族谱中，熊、舒、陈、黎、颜、曾氏将女性姓名完整录入。此外，不少试点村都在倡导子女姓氏多样化，随母姓者予以奖励 200 元。据靖安县计生委查阅本地公安部门数据统计，截至 2015 年 3 月，全县随母姓的子女有 1270 名（不包括父母同姓的 3700 人）。

这种新风尚化解了不少老人的苦恼。茶子山一位老支委讲述了自己的心事，他有两个儿子，大儿子生育一女后患上精神病，与妻子离异后未再婚，小儿子生了两个女儿。每每想到以后自己家谱传不下去，心里很不是滋味。现在，看到女儿可以传承姓氏，也可以上家谱，心里的一块石头落地。

靖安县十分注重推动男女都可以做户主，在制定的县级村规民约修订参考文本上，提出“家庭户主男女均可”，得到大多数村委会的响应。户口本、土地承包证、农村建房许可证上开始出现女性的名字。2014 年各乡镇粮食直补“一卡通”显示，女性担任户主的达到 2000 余人，占 10.27%，其中水口乡高达 33%。

4. 推进祠堂变革。改革开放以来，很多地方在重新修建家谱族谱，修建祠堂，增强家族凝聚力，传续父系家谱，强化了“传宗接代”“男孩偏好”观念，可以说与性别平等相冲突。这种现象在 2009 年 3 月第一次修订村规民约的周山村也出现了。2010 年周氏家族的核心成员就开始兴建周氏祠堂，祠堂投资 50 多万元，于 2011 年完工，是周山村最豪华的建筑物。70% 的家庭姓周。如何使周氏祠堂在增强家族凝聚力、约束成员的不良行为、倡导优良风气方面发挥一定的积极作用，同时又能弱化传宗接代生男偏好？经过多次协商，村党支部委员周怀亮牵头，成立了“周氏新家风倡导组”，成员有 5 人，3 男 2 女，表明妇女也能够参与祠堂管理。2015 年 5 月 29 日下午，周氏家族成员 70 余人（包括外地的家族成员）在周氏祠堂门前举办了“传扬周氏新家风活动启动仪式”，发布了“传扬周氏新家风”倡议书，周氏新家风包括八项内容：

（1）爱国爱家、诚实守信、读书知礼、尊老爱幼、男女平等、互助友爱、保护环境、文明节俭。（2）改掉“女孩不能入家谱、妇女不能进祠堂”的陈规旧俗，提倡男女平等，互相尊重。男女共同参与家庭家族事务，共同管理祠堂，共同分担家务劳动。（3）要求每一位家族成员做到孝老敬亲，使周家的每一位老人都能老有所养、老有所医，受到家庭和家族的照顾与保护，过有尊严有保障的晚年生活。（4）保护、教育好周家未成年人，努力创造良好、和睦的家庭环境，促进未成年人健康成长。保护女孩的家产继承权，坚决反对人为选择胎儿性别的行为。（5）周氏家族成员要积极参与村庄事务和集体活动，在宣传落实好村规民约的工作中，周氏家族成员要起到带头作用……

在传扬周氏新家风活动启动仪式上，除了宣读倡议书之外，还选派了周家的媳妇郝玉枝发言，介绍她和丈夫在村里带头举办男到女家婚礼，推动婚俗变革的事迹，缅怀了刚去世不久的乡村教师，表扬了为周山村发展作出贡献的家族成员。祠堂在传统的形式上，赋予性别平等的新内容，可谓“旧瓶装新酒”。

重男轻女的民风民俗，有着顽强的生命力，会打着各种弘扬传统文化的旗号，登堂入室，需要人们加以辨识和反思。民风民俗的改变，不可能一蹴而就，只要人们有耐力，有坚韧不拔的恒心，就可以渐进式地改变。

（四）化解集体资源分配矛盾

当村规民约修订之后，当村两委的观念转变之后，曾经被视为老大难的农村妇女的土地权益受损害问题，正在得到解决。

河南省舞阳县刘庄村针对“两头失”或“两头吃”的问题提出具体对策，如婚出男女在新居住地没有分地，经村两委调查核实，村里继续给予分地，直到在新居住地分到土地后，由组里收回其在本村的土地。又如，婚入男女如在原居住地分有土地，经村两委调查核实，村组不再给予分地，直到原居住地收回其土地后，方可分地；婚出男女因离婚或丧偶，在原居住地没有土地，本人及其子女户口迁回本村者，可享受本村村民待遇。刘庄村的刘秀花离婚回村，12 年没有分得土地，她曾经多次找到村委会，都被拒之门外，在村干部看来，嫁出去的女儿还想要土地，没门！刘庄村与很多村庄不同，留有机动地，创出了在 30 年不变的大原则下灵活小调整土地的办法。村规民约修订后，两委班子确实意识到性别平等的必要性，主动找到刘秀花，帮她丈量土地，选择地块，多年没有解决的土地和宅基地问题终于解决了。

河南省大冶镇周山村开始接纳离异妇女。过去，周山村不允许离异妇女回村落户，2009 年第一次修订村规民约后，离婚妇女的合法权益在一定程度上得到保障。至今有 12 名妇女离异回村落户。村里有一个妇女叫周拂晓，2008 年和丈夫离婚，带着一个女儿回到娘家，当时村里不让她落户。眼看女儿该上小学了，从婆家迁出来的户口还在手里攥着没有着落，她干着急没办法。第二年 3 月村里修订了村规民约，很快就把周拂晓和她女儿的户口落在了周山村，女儿也顺利进入中心小学读书。拂晓的母亲感慨地说："俺闺女真是得着村规民约的济（好处）了！"还有一位妇女在婆家长期遭受家庭暴力，担心离婚后没地方去，就一直忍着。后来看到周山村的新规定，就下决心和丈夫离婚。娘家嫂子对她说："周山村是你的家，不能在那边整天挨打！"村里不仅同意她迁回落户，享受口粮款分配，还让她把女儿带回来上学。

2012 年，周山村第二次修订村规民约。对有关离婚的条款又作出了新的调整。不仅出嫁女离婚回村可以享受村民待遇，媳妇或者上门女婿离婚后如果不愿离开周山村，也同样保障她／他们的合法权益。

安徽省长丰县创新社区在土地确权中保护妇女权益。2015 年，修订居民公约后的创新社区开展土地确权工作。社区发现有 1500 多名出嫁女在社区有地，这些地如何确权？社区一个个通知出嫁女，你们如果想保留土地，就在婆家村开无地证明，交给创新社区。左店社区的计生专干听到这一席话，十分感动：从来是嫁出去的女儿泼出去的水，哪有村集体还想着妇女的地，何况已经出嫁多年。证明开出后，1500 多名出嫁女在村里进行了确权登记，100 多名离异媳妇和女儿在社区保留土地，妇女土地权益得到保障。创新社区的做法产生了"蝴蝶效应"，影响到周边的四个社区，这四个社区都是村改居，主动到创新社区取经，认真修订村规民约，在土地确权中同样保障了妇女土地权利。

妇女土地权益的保障，基础在社区治理，基础不牢，地动山摇，只有制定性别平等的村规民约，村组干部切实保障妇女土地权益，才能有效解决妇女土地权益矛盾。在这里，村组干部不是对问题视而不见，而是敢于面对问题，依法自治。

（五）乡风文明渐渐出现

深入扎实地执行村规民约，悄悄地改变着人们的观念、生活习惯、生活方式以及村容村貌。

长丰县左店社区的计生专干李银芬，是创新社区的女儿，她目睹了娘家村的变化，激发了在左店社区修订居规民约的想法。计生专干和社区妇联主席，一起找到社区书记，提议修订居规民约。居规民约修订后，成功地化解了一起矛盾纠纷。2016年，乡镇修路经过左店社区，道路规划中途有戴氏祖坟群。戴氏后代以毁坏风水为由，阻碍施工队作业，不断上访。李银芬就和妇女主任拿着居规民约找戴氏家族讲道理，告诉他们很多风俗都变了，姓氏多样化，女儿可以顶棺下葬，祖坟不能动的风俗应当改变了，最后终于说服了戴氏家族迁坟。

村民反映，修订村规民约后，民风民俗文明了，以前因为一块地，兄弟二人就吵得不可开交，现在懂得了用村规民约和法律来判断是非曲直，维护权益。村里吵架的少了，邻里纠纷少了，婆媳矛盾纠纷少了。

村干部说，公平公道的村规民约是我们解决矛盾纠纷的依据，过去出现问题是头痛医头，缺乏依据，现在有了矛盾先查查村规民约，按照村规民约办，化解了很多矛盾纠纷。乡镇干部说，哪个村庄的矛盾纠纷多，乡镇政府感受最明显。因为村里问题解决不了，第一个就会告到乡镇政府。修订村规民约后，试点村到乡镇政府告状的大大减少。

（原文载于联合国人口基金赞助的用于指导全国各地修订村规民约工具包，2018年打印成册在项目县推广使用）

第八章

行动研究与政策倡导

作者手记

行动研究是为了解决问题采取行动进行的研究。为了达成性别平等的目标，我们进行了两项政策倡导，一项是父亲育儿假的政策倡导，另一项是探索治理出生性别比失衡治本之策的政策倡导，这两项倡导的特点与效果反差极大。父亲育儿假立法建议的公众支持率极高，高达92%以上，犹如生了男孩特别受欢迎，但是相关的政府和立法机构非常冷淡与排斥，始终无法纳入立法程序无果而终。于是，笔者和刘澄共同撰写了关于父亲育儿假倡导困境探讨的文章，探寻政策倡导困境的深层原因。

另一项政策倡导的支持率几乎等于零，不要说公众了，连基层干部普遍都认为不可能，犹如生了个女孩没人待见。然而，这一政策倡导却得到了国家计生委高层官员的全力支持，经过专家团队的协同，在基层取得了成功试点的经验，最终转化为政府的一项新政策。这一性别平等的政策，是如何进行倡导的？性别专家如何与政府进行合作？遇到了哪些难点与困难，如何进行化解的？最终如何形成行之有效的性别平等政策？《妇女组织与性别平等的政策倡导》《性别平等：自上而下与自下而上》这两篇文章进行了深入的探讨，展现了一段不应被忘记的历史记忆。

我国倡导父亲育儿假困境探讨

所谓的父亲育儿假，指的是当母亲生育儿女的时候，国家给予父亲承担育儿责任的法定假期。最早给予父亲育儿假的国家是瑞典。1974 年，瑞典第一次颁布父母育儿假，从法定责任上明确了父母育儿的责任，但是推进父亲育儿的效果不明显。20 年后，为了倡导父亲休育儿假，瑞典政府明确规定父亲休育儿假至少一个月，母亲不得顶替代用，否则这一个月假期将取消。在公共政策的推动下，一代年轻的父亲开始承担育儿责任。截至 2018 年，已有 103 个国家实施父亲育儿假。从 2006 年开始，我国的妇女组织就致力于倡导父亲育儿假，遗憾的是，至今我国没有父亲育儿假的国家立法规定。

政策倡导的困境何在？成功的性别平等公共政策需要三种要素的相互支持。一是妇女组织，由于对传统性别分工的切身感受，往往期望对传统性别分工进行调整，通常会成为性别平等政策倡导的主体。二是公众参与，即政策倡导需要得到公众的支持与认可，因而形成不容低估的社会力量，从而促进决策层下决心进行变革。三是相关部门的决策层态度，只有决策层采取积极的态度，才会使得社会议题转变为政策议题，最终成为公共政策。本文从政策倡导的三要素入手，探讨父亲育儿假陷入困境的深层原因。

一、妇女组织是父亲育儿假政策倡导的主体

最先提出父亲育儿假政策建议的妇女组织，是中央党校妇女研究中心。2005年，中央党校妇女研究中心一行四人来到瑞典进行考察。研究中心人员第一次接触到父母育儿假和父亲育儿假，感受到公共政策可以成为家庭性别分工调整的助推器，可使过去“男主外，女主内”的分工模式，走向男女共同参与社会活动、共同分担家务。考察回国后，中心成员萌生了向国家人力资源和社会保障部提交父亲育儿假政策建议的想法，当时名称是男性护理假。我们在研究与论证两年后，从四个方面提出父亲育儿假15天的必要性。

第一，男性在配偶生育期间护理其配偶和新生儿的法定假期，称作父亲育儿假。这既是男性公民应当享有的权利，又可以保障妇女儿童的身心健康。中央党校妇女研究中心男性护理假课题组于2006年2—7月在北京、江苏和西安、郑州等地，就父亲育儿假展开了一项涉及840人的专项调查。调查数据显示：83.2%的被调查者认为，生育是夫妻双方共同的事情，愿意及能够承担生育事务的男性高达96.7%；对于“休生育护理假也是男性的权利”的观点，60.4%的人表示非常同意，31.8%的人表示基本同意，两项相加，有92.2%的人对此表示了肯定。① 可以说，给予父亲育儿假是公众的共同需求，获得了包括男性在内的公众的广泛认同。

第二，具有国内外政策的基础。截至2006年，我国至少已有26个省、自治区、直辖市出台了地方性法规或者政府文件，② 确立了男性享受生育护理假和相关津贴的规定。与此同时，世界上超过40个国家或地区通过立法规定了此项公共政策。全国人大常委会以法律形式提及了此项制度，不仅

---

① 刘澄:《我国男性护理假调查报告》，2006年，未公开发表。

② 根据中央党校妇女研究中心男性护理假课题组对于全国各省、自治区、直辖市的相关法规及文件进行统计得出的数据。

是对地方的创造性立法或者政策的回应和肯定，还是顺应世界立法潮流的必要之举。

2005 年，我国修订的《妇女权益保障法》第二十九条规定："国家推行生育保险制度，建立健全与生育相关的其他保障制度。"对于这一条款，全国人大常委会法工委的解释是："与生育有关的社会保障除了生育保险外，还包括：生育休假、生育补助、独生子女生育假奖励、独生子女的父亲护理假、独生子女费等。根据本条规定，我国不仅要建立与生育有关的社会保障制度，还要健全这些保障制度。"可见，通过立法确立男性生育护理假制度等，已经进入我国国家立法机关及其工作人员的视野范围之内。

在国家还没有出台统一的有关男性生育护理假及津贴的情况之下，各地纷纷开始了地方立法和实践。我国至少已经有 26 个省、市、自治区都在地方性法规或政策中，规定了"男方照顾假""配偶护理假""男方看护假"等。虽然名称各异，但实质相同，都是给予男性在其配偶生育期间以生育护理假。根据调查，在假期时间方面，各地一般规定在 5—15 天，以 7 天和 10 天较多，最少的只有 3 天，是上海市；最长的是河南省，为期 1 个月。在具体待遇方面，各地也不相同，但都有相对明确的经济和职业保障，如规定将男方看护假视为全勤，工资、奖金、福利待遇不变，不影响评奖和晋升等。

第三，确立男性生育护理假及相关津贴制度，是贯彻实施计划生育和男女平等基本国策的必要举措。计划生育是我国的基本国策，两性共同承担生育责任是计划生育基本国策的基本理念和重要内容之一，应当在相关法律和政策中予以体现和贯彻。男性在生育中的作用无可替代，计划生育不仅仅是女性的义务，同时也是男性的义务，计划生育应该由两性共同承担。2001 年，我国颁布的《人口与计划生育法》规定："公民有生育的权利，也有依法实行计划生育的义务，夫妻双方在实行计划生育中负有共同的责任。"确立男性享受生育护理假及相关津贴制度，不仅有助于保障公民婚姻家庭生活的正常秩序，保护妇女儿童的身心健康，更有助于强化男性履行计划生育的职责，为夫妻双方履行计划生育义务和培育子女创造基础性条件，是贯彻落实计划生育基本国策的必要举措。

男女平等也是我国的一项基本国策。我国《宪法》第四十八条规定："中华人民共和国妇女在政治的、经济的、文化的、社会的和家庭的生活等方面享有同男子平等的权利。"1995年，在北京召开的第四次世界妇女大会上，中国政府对国际社会承诺，"把男女平等作为促进我国社会发展的一项基本国策"。2005年修订的《妇女权益保障法》第二条第二款规定："实行男女平等是国家的基本国策。"在生育和婚姻家庭生活领域落实男女平等，就要充分强化男性的家庭责任和义务，矫正养儿育女主要是女性和母亲责任的传统观念，在制度措施上给予女性更充分的保障和帮助。确立男性享受生育护理假和相关津贴的制度，不仅在法律上明确男性休假的目的在于护理其配偶和所育子女，还为男性履行为夫、为父的家庭责任提供有力的制度保障，是落实男女平等基本国策的重要措施。

第四，给予男职工享受生育护理假津贴，不会加重企业和政府的负担，因为我国的生育保险基金完全能够承担此项支出。目前，我国除了青海和江西等地区外，均陆续出台了地方生育保险法规或者规章，筹措了生育保险基金。根据1994年劳动部颁发的《企业职工生育保险试行办法》，我国生育保险费最高不得超过工资总额的1%。在如此低的缴费率下，我国的生育保险基金仍有较多结余。2011年，全国生育保险基金收入220亿元，支出139亿元，年末生育保险基金累计结存343亿元。目前，我国生育保险基金大量积余，而且缴费基数在计算时不分男女，而受益的只有女职工，这种状况不利于调动企业缴付的积极性。增加规定男性享受生育护理假津贴，不仅既有的生育保险基金可以承受，而且可以提高基金的使用效率，还有助于提高企业的生育保险缴费积极性，增加生育保险基金的积累，并抵消支付该津贴对生育保险基金的影响。法律将男职工享受生育护理假津贴纳入生育津贴的范围之内，从生育保险基金中支付，不会造成资金支付上的困难，且具有经济上的现实可行性。

该政策建议稿首先递交给社保部，2009年递交给全国人大常委会。此时，全国人大正在审议《社会保险法》，不过该建议递交后，石沉大海，没有回音。2012年，《女职工劳动保护特别规定》在网上征求意见，妇女组织形成联合态势。全国妇联妇女研究所、高校妇女研究中心、社会科学院的性别研究机构等，借鉴中央党校妇女研究中心的论证报告，纷纷在网上递交父亲育儿假的建议。当年4月28日颁布《女职工劳动保护特别规定》时，这一建议仍然没有被采纳。2010—2012年，深圳正在酝酿《性别平等促进条例》草案，这一条例由深圳妇联、深圳大学和深圳人大机构共同起草，在草案中加入了父亲育儿假30天的条款。在这里，妇女研究机构和妇联组织成为父亲育儿假的倡导主体，在政策倡导中发挥了参政议政的先锋作用。

二、公众成为政策倡导的支持力量

公众成为父亲育儿假的参与者和支持者，是第二个突出特点，可以从两个方面加以论证。

第一方面，中央党校妇女研究中心进行了涉及四个城市的调查，问卷约840份，对父亲育儿假的支持率高达92%。调查对象中，男性占59.1%，女性占40.9%，男性多于女性18.2个百分点。问卷调查对象的年龄主要集中于23—40岁，占总数的81.5%，其中23—35岁处于生育密集年龄段的人占66.9%。调查对象的职业分布情况为：企业人员占52.1%，政府部门人员占19%，事业单位人员占16.5%，其他人员占12.4%。问卷调查涉及的企业类型包括大型国有企业、股份制企业、外资企业、合资企业、民营企业、其他六种。事业单位包括全民事业、公有民营事业、民营事业、其他四种类型，涵盖不同类型的部门和单位，以保证调查具有较大的覆盖面。

在进行问卷调查的同时，课题组还访谈了企业雇主、雇员以及政府官员，以便进行定性分析，访谈对象约 50 人，作了详细的记录和整理。

调查对象中的 66.9%，处于 23—35 岁生育密集年龄段。这一年龄段的人绝大多数执行了独生子女生育政策。独生子女政策改变了人们的生育观念，人们已经比较自觉地认同“只生一个好”。与此同时，生育给家庭带来的完美和快乐感却因为生育的稀少而大大强化，人们普遍对生育独生子女表现出更加强烈的关心和重视。

产前定期检查、生产医院的选择为大部分家庭所重视。即使是农村家庭，如果条件允许，也往往选择到城市大医院分娩。在生产过程中，男性尤其是城市男性，已经自觉地接近生育现场，与女性共同体验生育过程。调查问卷显示，大部分丈夫在妻子生产时守候在旁边，有 21.7% 的人进入产房守候在产妇身边，60.8% 的人守候在产房外。①

生育护理事务主要指护理产妇和新生儿，通常集中在产后一个月的时间。根据习惯和可能，承担护理事务的主要是夫妻双方或一方的父母、丈夫、保姆、亲友以及产妇自己。课题组调查显示，目前产妇和新生儿的护理，主要还是由父母辈承担，占 64.1%，其中又以产妇的母亲和婆婆为护理的主力军。她们或者因为提前退休，或者本来就没有工作，在子女生育时，自然而然地承担起护理工作。一方面这是传统习惯，生育不仅是夫妻双方的事，也是家族的事，护理被认为是女性长辈当然的责任；另一方面，年轻的父亲如果参加护理就要离开工作，而现有的工作制度并没有给他们这样的合法机会。访谈中，不少男性表示主要是没有机会，并非不愿意参加护理。即使这样，相较而言，由丈夫请假承担护理工作的比例还是高于产妇自我护理的比例，达到 18.5%，由产妇自己护理的占 10.5%。②

---

① 资料来源：中央党校妇女研究中心男性护理假课题组在北京、江苏和西安、郑州作的个案访谈，2005—2006 年。

② 资料来源：中央党校妇女研究中心男性护理假课题组在北京、江苏和西安、郑州作的个案访谈，2005—2006 年。

在没有法定父亲生育假的情况下，护理事务主要由双方父母，特别是女性长辈承担，但这并不表明男性不参与。实际上很少有男性认为护理事务与自己无关，只不过由于个体情况不同，男性参与的形式和参与程度有所不同。从调查和访谈中了解到，男性参与的护理事务主要有三类：

第一类事务是陪伴产妇。产妇住院期间，绝大多数男性都会到医院陪伴，即使是没有假期的男性，也会抽时间陪伴。他们认为，陪伴是双方的情感和心理需要。比较有责任感的金先生就认为："从感情上讲，我觉得在旁边要踏实些。"相比较而言，女性对陪伴的心理需求更强烈些。

第二类事务是照顾产妇的饮食起居。由于产后恢复和哺乳的需要，产妇的饮食比较特殊，需要用心采购、料理，住院期间还需要送饭，这些事务男性插手较多。产妇饮食是一个客观需要，目前一般医院还不能提供满意的产妇饮食服务，一般人也认为家庭提供的饮食更能满足产妇需要。在没有长辈照顾的情况下，产妇的饮食起居基本由男性一手操持。在这种情况下，边工作、边护理给双方带来的困扰在所难免。

第三类事务是护理新生儿。新生儿在给家庭带来喜悦的同时，也增加了忙乱。护理婴儿被认为是女性天生的能力，其实对于年轻夫妻来说，都是从头学起，而男性这方面的能力并不比女性差：

我先生很细心，月嫂做事的时候他就在旁边学，包括给宝宝洗澡，给宝宝换尿布，都是我先生先学的，然后由他来再慢慢地教给我，他实在有事不在身边的时候我只好自己来。现在如果有一个不满月的宝宝交给我，我还是不敢弄。所以我觉得有这么一个先生，真的蛮幸福的。（访谈者24）

那时候都快过年了，保姆难请呢，只有家里人，我们姑子来帮忙的，还有我老公。护理新生儿主要就是我自己来。别人弄一是不放心，二是还不满意，自己弄最好，这方面的书我看过不少。另外我老公也做得比较多，晚上清洗、换尿布等，他做得不少。（访谈者35）

李一从老婆生养开始，一直到小孩打包、护理，全套的都会！我们都说，李一那么粗，他怎么什么都会。（访谈者 25）

尽管目前生育护理事务主要由长辈承担，男性作为主要护理者仍是少数现象，但绝大多数男性都在不同程度上参与了护理，承担了许多护理事务，而且男性参与的程度还在不断提高，参与愿望也在不断增加。调查问卷问及“是否同意父母或保姆能代替丈夫的护理”时，25.5% 的人表示根本不同意，35% 的人表示不太同意，两项相加共有 60.5% 的人表示了否定性意见。持肯定性意见的人中，只有 9.3% 的人表示非常同意。而在问及“是否愿意让男性在家伺候产妇和新生儿”时，54.8% 的人表示愿意，41.5% 的人表示不太愿意但还是会做，只有 3.7% 的人表示根本不愿意。有意思的是，在表示愿意的人中，男性占 62.1%，远高于女性 37.9% 的比例。这说明，多数男性是有护理愿望和内心需求的，至少是理解和承认男性的护理责任的，并不像人们想象的那样不情愿（见表 1）。

表 1　是否愿意让男性在家伺候产妇和新生儿①

	愿意		不太愿意但还会做		根本不愿意		合计	
	数量	比例	数量	比例	数量	比例	数量	比例
男	259	34%	176	23.1%	15	2%	450	59.1%
女	158	20.8%	140	18.4%	13	1.7%	311	40.9%
合计	417	54.8%	316	41.5%	28	3.7%	761	100%

第二方面，媒体对于父亲育儿假的高度关注。2009 年 6 月 18 日，中央党校妇女研究中心召开理论研讨会，建议把父亲生育假作为一项公民权

① 资料来源：中央党校妇女研究中心男性护理假课题组关于男性护理假的调查报告，2006 年。

利和义务，在即将出台的《社会保险法》中加以明确规定，给予法律保障。新华社、人民网和《法治日报》《光明日报》《工人日报》《北京晚报》《新京报》等媒体报道了此次研讨会的主张。在随后几天，全国许多报纸、网站、电视台纷纷转载该报道，使该主张成为一个重要的社会热点话题。消息在报纸和互联网上引起了广泛的讨论，主要观点有：

（一）支持设立父亲生育假，并从不同角度加以论述。让男人休产假，这不仅是男人的权利，也意味着男人的责任。女性生孩子是最痛苦的事情之一，这个时刻最需要丈夫的关怀，给男性陪护假是人性化的举措。这一举措还可以减缓对女性就业的排斥，平衡男女就业的机会，打破古老的性别分工惯习，促进男女共同分担育儿责任是百年来促进男女平等的又一大革命。

（二）督促国家早日立法保障父亲育儿假权利的实现。不少 80 后的年轻人表达了支持态度。在他们看来，设置父亲育儿假不是一个经济上的考虑，而是性别文化上的改变。已经进入 21 世纪了，不存在女人应该做什么，男人应该做什么。被调查者强烈支持将此入法，盼望尽快实施。还有的年轻人介绍了国际上的父亲育儿假在企业中的实施，年轻的父亲可以陪伴在妻子身边，看到小宝宝出生特别开心。我国如果能够尽快出台父亲育儿假，很多人会举双手赞成。

（三）反思女性产假保障的不足。在一些地方，女职工的生育津贴并不是由社保基金支付，而是由企业支出的，并且很多企业难以支付到位。如果随着男性护理假的出现和完善，改为由社保基金支付，就可以弥补女职工生育保障的缺失。社会在不断进步，我们因而有可能对现有的一些机制进行反思并调整。对于男性产假是否必要的调查揭开了大多数人的心中所想，如此人性化的倡议若能够真正列入《社会保险法》，不仅能给家庭中的父母带来便利，同时还能够让整个民众感受到温暖的社会关怀。

男性产假的权利与责任的双重属性，都要求传统性别文化的改变：生孩子不只是女人的事儿，男人应该也需要参与和生育相关的事务。无论是政府、用人单位，还是男人、女人，都需要对传统的家庭分工和性别角色进行反思，这是男性产假制度最终能够确立并有效发挥作用的文化基础。

——新京报：《男人休产假，权利还是责任？》

这一信息发布的效应，还引发了一些媒体对父亲育儿假的持续关注。人民网、新华网、凤凰网三个网站就此话题自发进行了公众调查。新华网设置了立法保障男性产假投票，共有 1239 人投票，支持票数 1181 票，支持率为 95%。人民网对“男性也该休产假吗”展开辩论，投票时间是 2009 年 6 月 19 日至 6 月 26 日，总票数 2512 票，赞成方 2007 票，占 80%，反对方 505 票，占 20%。凤凰网则作了更为详细的网友调查，主题是：你赞同国家立法设立男性产假吗？调查时间从 2009 年 6 月 19 日至 7 月 19 日。截至 2009 年 7 月 5 日，参与调查人数 16877 人，赞同“以法律形式确立男性假期”的为 15866 票，占总票数 94%，反对的 750 票。调查人数总计达到 2 万人。网上调查显示，高达九成以上的公众对于立法设立父亲生育假持支持态度，比问卷调查还要高出 2—3 个百分点。这么高的支持率在我国的立法建议中并不多见。

可见，公众尤其是 80 后年轻爸爸的传统性别观念发生了极大改变。他们已经成为父亲育儿假的支持者和拥护者，为这些公共政策的出台提供了有力的思想基础和社会基础。

三、主管政府部门对于父亲育儿假的态度

在父亲育儿假的倡导中，主管政府部门的态度至关重要。只有得到决策者的认可、妇女组织的建议和公众的参与，育儿假才可能转化为性别平等政策。遗憾的是，主管部门的态度十分消极，甚至是抵触的。这表现在以下三个方面。

一是主管政府部门对于父亲育儿假不予回应。妇女组织多次提交政策建议，却没有得到积极回应，这与决策者的人员构成与性别观念直接相关。主管政府部门的主要领导在年龄构成上基本上是40后和50后，正好与70后、80后年龄段不同，在性别观念上差异很大。他们对于男性照顾孩子不能接受，这种根深蒂固的传统性别观念，使得他们比较排斥父亲育儿假。

二是主管政府部门坚持以支定收调节生育保险的缴费率。我国2000年以来的生育保险是有富余的，如何对待多余资金有两种意见。一种意见是缴费率1%不变，让男职工也可以享受父亲育儿假，并可以获得生育津贴，这一建议得到卫生与人口计生委家庭司的支持，即2016年“全面二孩”政策开始实施，要解决妇女生育与就业的矛盾冲突，最好的办法就是让父亲也能休育儿假，同时得到保险津贴。另一种意见是以支定收，各地根据当地情况降低生育保险缴费率，父亲育儿假不能成为制定政策必须考虑的选项。政府主管部门坚持后一种意见。

三是主管政府部门阻止地方的相关立法条款。2012年，深圳出台国内首部性别平等条例。该条例中有不少的创新点，比如第一次界定了什么是性别歧视，提出了性别平等的政府机构，提出了明确具体的罚则。与此同时，深圳还提出了一个月的父亲育儿假。倘若深圳将父亲育儿假列入地方立法，就打开了父亲育儿假的口子，会形成意想不到的连锁反应。为了遏制父亲育儿假的蝴蝶效应，政府主管部门专程前往深圳做工作，最终说服地方政府和人大，在最后一轮的审议中导致父亲育儿假没有通过。

四、结论

在我国，妇女组织一直充当父亲育儿假的倡导者和推动者，与国际社会发展趋势一致。1970年到1990年出生的人成为父亲育儿假的拥护者和支持者，男女共同分担育儿责任已经成为这些年轻人的共识。应当看到的是，以上两种力量都处于制定公共政策的外围，而处于制定公共政策核心的决策者并不接受和认同。“民间热、政府冷”，这就导致父亲育儿假陷入了困境。

要走出倡导父亲育儿假的困境，重心是要强化政府改变传统性别分工的意识。一是妇女组织，特别是妇联组织对于决策层进行持续不断的倡导，转变决策者的性别观念，要从单一的母亲育儿转向父母共同育儿。二是抓住实施“全面二孩”政策的契机，需要指出的是，此政策已经颁布四年多了，二孩的实际数量比预期低很多。这和女性的生育与就业的冲突有关，倘若引入父亲分担育儿的责任，就会缓解女性的压力，促进人口结构与社会的协调发展，促进性别平等与社会的协调发展，可谓一举多得。

（原文载于《中华女子学院学报》2020 年第 3 期）

妇女组织与性别平等的政策倡导

——以出生性别比失衡的政策倡导为例

一、妇女参政意识与妇女组织定位

我国民间妇女参政意识在 2000 年左右逐渐形成，作为公民社会的重要基石，它开始于 1995 年第四次世界妇女大会前后。那时，社会性别作为一个重要的分析范畴，刚刚开始进入我国的妇女学界和妇女组织之中，引起了中国一批知识女性的浓厚兴趣。当时，几乎没有人认为社会性别概念与妇女参政意识有什么联系，没有多少妇女学者认为自己的学术兴趣也具有参政要素，也可能会萌生妇女参政意识。因为人们理所当然地认为，妇女参政就是女性执政，社会性别意识与妇女参政完全不搭界。几乎没有人预料到，社会性别意识可以催生妇女参政意识。

2000年左右，知识女性了解并最终掌握社会性别概念，经历了痛苦的精神蜕变和自我赋权过程。首先是“灵魂深处的文化革命”，社会性别理论的力量在于它的彻底性，它引导女性重新审视熟悉的性别观念，解构身在其中的权利关系，它在赋予我们参与权利的同时也要求我们尊重他人的平等参与权利，倡导自信、能力建设、自我选择。这是一种脱胎换骨的文化革命，触及的不是肉体而是灵魂，它教给我们的不仅是掌握批判的武器，也是对于武器的批判。正是通过不断反省和解构，知识女性开始了从“依附人格到主体人格的重新塑造”，依附性人格的特征是不自信、怀疑自身力量，总是将期望寄托于政府和他人，寻找救世主的拯救，甘愿充当工具和实现工具的价值。

主体人格特征是逐渐增长自身的力量，了解自我或者某一群体的权利，同时又尊重他人的权利，参与决策表达自身的诉求。女性参政意识与“女性当官”之间有一条清晰的界线，后者是个人功利目的的追求，它并不挑战也不改变现有的父权社会建构，也不代表群体的利益，只是适应现有的社会秩序获得个人的控制权和利益，而前者是对社会公正和性别公正的追求，它与女性群体权利联系到一起，为她们争取合法权利，挑战和改变现有的女性从属地位，以共同参与决策并共同分享社会发展成果为目标。依附性人格向主体性人格的转变过程，正是知识女性的自我赋权过程。此时，她们的精神世界开始发生改变，她们对于性别问题变得敏感了，更容易发现哪些社会问题与性别有联系，更容易发现性别问题是社会结构性的问题，而不仅仅是妇女自身的问题，单单强调妇女自身素质的改变，不仅不能摆脱妇女发展困境，反而会深化性别与社会发展的冲突；更能够发现父权社会结构与性别平等的社会结构之间的差别，更渴望改变现有的父权社会结构追求性别平等的社会理想。正是在精神蜕变过程中知识女性产生了由内心向外的行动愿望。

个体的行动冲动需要“组织”形式，组织的出现基于两个因素：其一，是个体行动者的内在精神需求，需要得到认同和支持，特别处于社会主流之外，更渴望寻求合作者，搭建生存和发展的平台和空间，以免“夭折”和“流产”。然而，在我国建立组织受到种种限制，特别是组织申办的高门槛，往往难以形成跨地域联合的组织形式，而大多在系统和体制之内孕育和发展，于是，形成了原有系统之内的“组织”形式，如妇联系统、高校系统、党校系统和社会科学院系统中的妇女机构和性别中心。各个系统的特点和关注点不同，使得组织之间的侧重点不同：高校系统侧重于妇女学科和课程建设；妇联系统侧重于妇女维权与政策倡导；党校系统侧重于干部教育，利用课堂话语权，采取特殊方式实现妇女参政；社科系统侧重于深入的性别研究。这些妇女组织得到的更多是体制内的名义支持，而非资金和物质支持，往往要在体制之外寻找资金来源和生存发展空间，国内外的基金会就成为资金的主要来源。其二，基金会的资金支持往往是针对组织而非个人，这就使得组织不是可有可无，而成为必须。

妇女组织的发展受到多种力量的左右与影响，在具有赋权意识的组织中至少两种力量的牵引更为明显：一种是社会性别行动性的牵引，社会性别不仅具有文化的反思性品格，还具有行动性品格，它不仅要清晰地说明社会性别的运作方式和结构方式，还要说明改变是可能的，是必须的，社会性别主流化就是行动性的最好解读。另一种是基金会走向的牵引，国内外基金会的走向正在发生变化，一个显著特点是从培植草根转向影响各级决策。在强政府弱社会的架构中，各级政府的公共政策和管理模式都会对社会发展产生重大的影响，能够建立具有性别敏感的公共政策显得十分必要。所以，对于决策层的性别平等政策倡导就势在必行了。

中央党校妇女研究中心就是在这种背景下将政策倡导作为主攻方向的。中央党校妇女研究中心是一个编外研究中心，没有正式编制，没有办公室，也没有资金，有一些乐于进行性别和政策研究的教师，而且具有推进社会性别主流化的使命感和责任感，具有性别敏感与专业知识的支持，此外，该机构面对的是党校系统进修培训的领导干部，拥有课堂话语权，进行政策倡导具有得天独厚的优势。

二、寻找政策倡导的切入点

在进行政策倡导的时候要清楚地认识到，“倡导什么”非常重要，倡导的可以是任何社会问题，但一定不是公众已经意识到的问题，也不是当前正在解决的问题，要带有一定的超前性。别人已经做过的事情和已经解决的事情再去倡导就没有意义了。正因为具有超前性，就具有挑战性，倡导起来更有难度，只有充分认识倡导的难点，才能充分认识政策倡导的必要性。同时，也要看到超前的幅度有一定的时间性，太超前了政策倡导就难以成功。

在 20 世纪 90 年代初，我们就意识到性别平等倡导的必要性了，但是当时要想把此内容纳入中央党校的课堂非常困难。因为当时是以经济建设为中心，性别问题根本没有被提上议事日程，性别发展与社会发展是联系在一起的，当社会发展模式尚未提出，搞性别平等的政策倡导就缺乏必要的基础。中央党校妇女研究中心是 2005 年以后开始进行性别平等政策倡导的。2003 年之后，当大量的社会问题暴露之后，性别问题也初露端倪，性别平等政策倡导的基础条件具备了，我们再进行性别平等的倡导就相对容易些了。所以，政策倡导的超前性应当考虑“时间段”，要考虑倡导哪些内容在近期更有可能性。

政策倡导要明确目标以及目标人群。性别平等政策倡导的根本目的是增进性别平等的敏感度，将性别意识纳入社会政策之中，它的目标人群显而易见是制定政策和执行政策的政府官员。这一倡导往往会遇到一个很大的难题，即目标人群不认可自身是性别平等的倡导对象。性别问题往往是我国现有的社会政策的一个盲点，大多数政府部门并不认可性别问题与自身工作有关系。不同的社会问题可以与不同领域对接，公共卫生领域问题可以找卫生部，教育问题可以找教育部，环境问题可以找环境部。那么性别问题究竟找谁呢？领导干部会说：找妇联吧。可是妇联不属于政府，没有实权，是群团组织，只能呼吁，不能决策，无法履行政府职能。一个非常有意思的现象是，倡导的人群普遍认为倡导是必要的，但是接受倡导的应当不包括自己。所以，性别平等的政策倡导一定要找好性别问题与政府部门工作的结合点，从而使目标人群发现性别平等与分内工作的内在联系。

政策倡导要关注目标人群的特点（包括性别构成）、对于妇女地位的判断以及思维方式，知己知彼。中央党校是培训中高层干部的机构，接受培训的领导通常是省部级、地厅级、县处级的县委书记，大多是决策层当中起关键作用的人物。在决策层两性比例反差极大，在县委书记中，女性只占 0.25%，低到可以忽略不计的地步，男性领导干部是倡导的重点。男女干部对于性别问题的态度差异很大，女性领导干部从自身的生命体验出发，更容易接受与认同。男性领导干部对性别问题的认识更多表现出盲目的乐观态度，而对于性别问题通常认为小题大做。对男性领导干部倡导，要考虑他们的兴奋点在哪里，他们关注的问题是什么。他们比较喜欢宏观思维，喜欢用数字说话，如果问题占了 60%—70%，那么这个问题就是个问题；如果比例低，就可以忽略不计，这是他们的一种思维方式。所以针对他们的思维方式的特点，我们就一定要用量化的数据说话，让他们感觉到这个问题到底占有多大的比例，值得他们去关注。所以针对倡导对象的人群的研究，也是我们在推进倡导方面需要考虑的一点。不了解倡导对象，倡导的内容无法与他们的实际工作相契合，就会使倡导对象难以接受，进而导致倡导失败。

我们进行性别平等的政策倡导是从2005年开始的，当时是以治理出生性别比失调这个已经成为中央政府与计生委关注的社会热点难点问题作为切入点的。

出生性别比失衡问题是一个长达20年累积的人口结构问题之一，从1982年就初露端倪，到2002年才开始引起中央政府关注。国家人口计生委采取大量措施来解决这个问题，制定了“关爱女孩行动”方案来解决出生性别比失衡。我们觉得，出生性别比失调是政府关注的一个热点问题，而出生性别比失调和性别平等的关系特别密切。

这种关系的密切体现在两个方面：一是从结果来看，我们的决策者谈社会问题的严重性往往关注的是结果，是采取了由果及因的倒推法来说明问题的严重性，对于出生性别比作为社会问题的关注，也同样采取了这一方法。在2002年的媒体上有大篇幅的耸人听闻的专家呼吁——中国未来20年将有3000万到5000万男子打光棍。由此，政府开始意识到，如果出生性别比失衡问题不解决，中国社会治安、拐卖妇女儿童、卖淫嫖娼等问题都会加剧。社会问题转化为政策问题是从男性婚姻挤压的结果提出来的，但是为什么会出现男性婚姻挤压的结果？再往前追溯就与女婴大量被遗弃、被选择性流产发生了联系，就是说与女性生命权健康权长期受损直接相关。于是，我们就把男性问题与女性问题联系起来考虑，从女性被遗弃生命的健康权的后果来看男性的婚姻挤压问题，又从男性问题导致的结果来看社会问题，逐渐将一个性别问题引入了社会问题领域，进而说明：性别问题长期得不到解决会导致社会问题，我们找到了性别与社会问题的结合点。

二是从原因来看，导致出生性别比失衡的原因是什么？为什么会重男轻女？为什么会有强烈的男孩偏好？为什么会进行选择性的性别流产？我们看到，在生育男孩的偏好背后本质上是性别不平等所致，存在着深刻的文化原因。对于中国性别制度的了解和理解，使我们很容易深入家庭的性别关系来分析问题，这是社会性别理论给予我们的洞察力和分析力，我们开始构建一个理论假设——男孩偏好不仅是一个观念的问题，还是一个制度问题。首先体现在家庭制度的三个层面——姓氏、财产和婚姻居住方式，此外还延伸到社区制度中，形成了一个相互巩固的链条。而国家的法律政策是不作为的，纵容家庭制度和社区制度性别歧视的存在。这一理论假设在现有的“关爱女孩行动”中并没有充分地被意识到，必须提出来。那么这个理论假设能否成立？这就需要我们对此假设进行论证，拿出有分量的调查研究报告来，让决策者看到性别发展与社会发展之间的联系。

三、进行实证性的调研和政策建议

政策倡导不仅要提出问题，更要研究问题并提出可行性的建议。研究问题是政策倡导的另外一个关键性环节，政策倡导要“说服”领导者，使决策者认同并接受，就要有说服力，就要有很高的科研含量。如果研究上不去，缺乏深刻性和说服力，即便报告递交给政府相关部门，也不会引起关注和重视，难以起到政策倡导的作用。所以，有针对性和说服力的研究十分重要。我们几乎用了一年半的时间进行研究，研究分为三个方面：其一，通过访谈和问卷，结合现实状况论证男孩偏好的原因，而不仅仅进行书斋理论研究。其二，收集和整理国内外出生性别比的数据和治理经验。其三，提出本土和国际治理出生性别比问题的可行性对策。我们在基金会的支持下，利用了两年时间来专门做这方面的实证研究，力图形成我们的对策性研究报告。

为了查清男孩偏好的原因，我们在全国选择了两类地区，一类是父权制文化主导的地区，另一类是父母双系制文化主导的地区。父权制文化主导地区往往是在出生性别比失调严重的省份和试点县，几乎都属于汉民族，我们根据国家人口计生委提供的线索选择了三个试点县，第一个是江西省的国家试点县，在国家计生委名下的关爱女孩试点县通常是本省出生性别比最高的县，2000 年江西是全国出生性别比最高的省份。第二个是广东——全国经济最发达、出生性别比在第二位的省。人们通常认为经济水平高了，性别平等问题就会自然而然得到解决，男孩偏好就会降下来，广东省恰恰相反。选择这个点对领导干部说明经济水平高不一定解决出生性别比问题是有说服力的。第三个选在河南——全国人口第一大省，也是中原地区。

我们通过三个省的关爱女孩试点县来调查了解男孩偏好的运作方式。当时，出生性别比问题已经成为试点县的一个敏感话题，要进行该方面调查阻力重重。首先进入难，一提到出生性别比调研，政府部门就会开红灯；进入后了解真实情况难，无论在哪里调查都会有政府领导陪同，被调查人顾虑重重，说话常常言不由衷；语言沟通难，很多方言听不懂，交流起来有困难，即便有翻译也会遗漏很多信息。为了了解真实准确的信息，我们与河南社区教育研究中心合作，该中心有着与当地农村妇女交流的丰富经验和智慧，他们进行培训，常常讲一口地道的河南话，能够很快地取得被调查者的信任，而且在调查中注重双方共同受益。我们选择了两种调查方法：其一是参与式调查，由河南社区教育研究中心主持，选择了 50 名计生专干和妇代会主任进行为期两天的参与式培训，通过辩论、贴点、画圈多种生动活泼的方式，了解男孩偏好的种种原因。其二是调查问卷，在参与式调查的基础上设计了有针对性的问卷，收集量化数据。比如，婚居模式即从妻居和从夫居的比例，宅基地和土地的分配在不同性别中的比例。在此之前，我们有很多个案，却没有百分比。那么领导干部可能会问：从夫居和集体资源的分男不分女到底有多大的普遍性？这就需要调查它的普遍性到底如何。

在河南调研的时候，我们把试点县所有村子的妇代会主任、计生专干请来，举办了 150 多人的培训。由调查者用河南话一一讲解，她们根据问题逐一填写，其中包括有多少男到女家落户的女婿、有多少结婚女到男家落户的媳妇，村里的宅基地土地规则是如何进行分配的，各个村子有无差别。统计结果是，男到女家落户的情况非常稀少，只占到1%，女到男家的即从夫居的比例高达99%。河南试点县有194个村，所有的集体资源没有一个是分男也分女的，都是只给男不给女，理由是女孩长大要嫁出去。中国父权制仍然非常普遍地在中原农村地区延续，而且不仅在家庭制度层面，在乡村社区层面也在强化。有学者把这种婚居模式中的性别关系用财产方式来概括，即男性是聚集性财产，女性是分离性财产，在民间这被直接概括为“女儿是赔钱货”。从夫居的聚集作用，使男性家庭的力量壮大，家族势力在社区得以发展，而女性家庭在社区的影响衰减。由于从夫居的原因，儿子养老是可能的，女儿养老变得困难。以父系继承为主的传宗接代也通过从夫居婚姻关系的建立得以实现。两性之间的这些区别都是由婚居模式造成的，从夫居的婚居模式对女孩家庭的不利显而易见，由此导致的男孩生育偏好，确实有其基于现实的考虑。

但是，从夫居婚居模式中存在的性别问题，不仅没有得到应有的重视，还在村规民约和政府管理中得到强化。在对试点县的调查中，几乎所有村庄都是按照“男婚女嫁”的模式设定，进行集体资源和福利分配，比如宅基地、责任田、土地补偿金、集体福利等，凡是男孩，每人都可以得到一份，但出嫁女、上门女婿等却很难得到。政府管理部门一般认为这是属于村民自治范围的事，政府不能干涉。而在对北京157位处级干部进行的调查中，82.6%的人认为：“男娶女嫁”天经地义，不存在性别问题。所以，生育的男孩偏好不仅是历史传统，更是社会现实的复制；不仅是文化观念，更是强制性的制度安排；不仅是乡村习俗，更是政府的不作为。我们的结论是：男孩偏好不仅仅是一种文化观念，还是一种制度建构，在家庭、社区和政府三个层面得到复制和延续。所以，仅仅依靠告诉农民生男生女一样好是不够的，还要进行一系列的文化和制度的变革。

找到了问题所在，那么我们怎么去做？能否解决它和怎样解决它？决策者会问可行不可行，对策性研究一定要跟上。往往我们国家的做法是先做试验，看是否可行。一旦涉及文化的问题，特别是习以为常根深蒂固的文化传统，绝大多数领导都会觉得：改变不了。如果你说，其他少数民族的婚姻习俗已经改变了，广西的瑶族、云南的白族，男女自由选择婚姻居住地的情况非常普遍。他们认为那是其他民族，与汉民族的传统不一样，一种文化传统要改变谈何容易。所以，我们试图在汉民族中来寻找一种不同于父权制的文化圈，我们终于找到了陕西的略阳县、湖北的松滋县和江西宜黄县的梅湾村。于是，我们来到略阳县和梅湾村进行专题调查，调查的结果令我们惊奇不已。

江西宜黄县梅湾村男到女家占了36%，陕西略阳县男到女家占到25%，都是典型的汉民族地区，我们带着一系列问题进行调查：为什么这些地方可以改变婚居模式——男到女家？什么时候开始的？哪些因素促使传统习俗发生改变？其实，整个父权制家庭得以持续的基础是男孩，无论是姓氏和财产的传承，还是养老，都建立在这一基础之上。这一基础常常又是十分脆弱的，一旦没有儿子只有女儿，所有的养老和传承问题都出来了。问题的出现至少有两种解决思路，一种是在父权制的框架内想办法——想方设法要男孩，另一种是跳出父权制的框架想办法，让女儿也来承担养老和传承的责任。在父权制强大的地区，通常是传统的力量大于现实需要的力量，而在父权制不太强大的地区，现实的需要大于传统的力量，会用“变通”的方式来解决问题，其中蕴含着“变革”。变革的历史并没有文字的记载，而是在人们的口述历史中，我们在采访中一点点进行挖掘。

梅湾村婚居的变革开始于“文革”期间，因为一些家庭只有女孩没有男孩，父母养老出现了问题，姓氏传承也出现了难题，基于现实的需要，有的家庭就开始考虑招郎上门。这种想法和做法确实是背离传统的，为了使女婿们能够留下来，开始采用道德规范的方式——家庭契约来进行“约定”，家庭契约通常包括三方面内容：孩子随谁的姓、继承谁的财产、给谁养老。通常达成的协议是随谁的姓，就继承谁的财产为谁养老。用家庭契约的方式来巩固从妻居的婚居模式，是一种农民的创造，我们这些城市长大的汉族人也觉得很新鲜。那么，这种家庭内部的婚居方式的变革如何影响到乡村社区规则的变化呢？这与上门女婿参与村集体管理有关，两届村支部书记都是上门女婿，他们遇到了更多的排斥和歧视，当他们成为村支部书记之后，就开始根据新的家庭制度改变村规民约，从集体资源只分男不分女，改变为按照需要进行分配，进而打破了几千年固有的文化习俗。这可以作为乡村变革的成功案例。

此外，中国台湾地区、韩国、印度都存在出生性别比失衡的问题。韩国的出生性别比经历了10年的攀升，从1990年之后逐步回落到2004年的108∶100，韩国的治理经验是在国家层面上展开的，与推进性别平等的国家立法和机制建立同步。于是，我们也将韩国经验作为研究对策的重要内容之一。

在深入研究的基础上，2007年5月形成了我们的研究建议报告。但是，我们深知：这是一个综合性的社会问题，其中包含着性别平等的问题，还是一个与人口问题紧密相关的问题。对于人口问题，我们又是外行，我们触及的人口问题是否准确，还需要人口专家的指导。于是，我们专门召开了专家评议会，让人口专家给研究报告提意见。意见提得很充分，同时提供了很多有益的信息，其中有61个国家出生性别比的数据，为我们准确判断中国在国际上的位置和状况提供了科学依据。我们得出这样的结论：中国是世界上出生性别比问题较为严重、持续时间较长的国家。国际上很多国家根本不存在出生性别比问题，出生性别比问题是亚洲国家特有的问题，而中国这个问题较为严重。通过数据可以使领导干部充分看到问题的严重性。通过人口学家的评估会，我们获得了很多启发，同时对我们的报告进行重新调整。

这就是我们准备调研报告和实证建议的过程。

四、进行有效的政策倡导

政策倡导与学术研究的不同在于，学术研究者作出了研究成果并能够在学术期刊上发表，就可以完成一个研究过程，至于是否影响决策者就是研究以外的附加产品。而对于前者来说，仅仅是做好了准备性工作，它的全部目的是进行政策倡导，影响决策者和决策行为。所以，政策倡导是一个目标，是整个研究报告和政策建议的最终结果，是民间女性参政的具体体现。

政策倡导要考虑倡导的方法、路径和策略。通常有几种路径：第一种是通过政协人大提交议案的方式，通过人大代表提交议案，可以以团体和单位的名义，议案提交之后通常转给相关的政府部门，政府部门要给予反馈意见。这一路径，不同的民间组织都可以采用，而且是制度化的方式。当类似议案增多，就会对政府决策产生影响。第二种是召开媒体信息发布会与递交议案并举，影响公众的观念，通过媒体传播主张和建议。通常当议案并不能被人们认同和接纳时，首先进行公众的倡导是政策倡导的必要前提，可以将媒体的反应作为政策倡导的一部分附在提案当中，或形成内参上报。第三种是与相关的政府部门联合召开专题研讨会，在会上以生动的方式展示研究成果，引起政府的关注和决策者的注意，如果找好关键性领导，能够使政策倡导产生良好的效果。

我们就是运用第三种方法和路径进行政策倡导的。政策倡导会议在2007年7月5日举行，我们选择的地点是中央党校。我们邀请了三部分与会者和政府官员。一是党和国家领导人彭珮云，她曾经担任国家计划生育委员会主任，对人口问题十分关注，还担任过全国妇联主席，对妇女权益非常熟悉，而且富有推进性别平等的责任感。同时，她还担任过全国人大常委会副委员长。她的出席更能得到主办单位的重视，有利于相关领导参会并了解性别平等与社会发展的密切关系。这是一个倡导的策略。过去，我们忽略这一问题，重视在妇女圈子里自说自话，现在一定要考虑在决策层扩大影响，策略问题一定要考虑，才有可能达到目的。这一做法的直接效果，是党校主要领导和不同部门的领导也来参加会议。

二是国家人口计生委的领导。国家人口计生委副主任赵白鸽是分管关爱女孩工作的领导，非常具有性别平等意识，理论水平和管理水平是一流的，又有开阔的国际视野。她非常愿意参加政策倡导会议，而且将关爱女孩宣教司的工作人员请了过来一起参会。他们是综合治理出生人口性别比失衡问题的措施和决策的制定者和执行者，是政策倡导的主体。

三是在党校学习的各级领导干部。作为学员，他们的学习工作都由相关部门安排和管理，这一政策倡导会议并不属于管理部门的分内之事，而且没有人认为与领导者的工作有关系，我们的工作进行得非常艰难。我们就通过与相关部门领导讨价还价的方式，来确定参加的学员名额，终于争取到 20 多个学员名额。为了让更多的学员获得会议信息，我们在校园内张贴了会议通告，通告开宗明义说明这一问题的严重性。功夫不负有心人，会议来了 100 多人。

政策倡导的内容安排也很重要。应当说，我们已经做了一年多的研究，有了比较充分的准备，对会议内容有比较充分的把握。但是，如果一个人把报告从头念到尾，就显得单调乏味。于是，我们把这方面的问题分成七个专题，专题之间有着清晰的逻辑关系，还推出一个团队来作报告。第一个专题谈出生性别比失衡问题的严峻性，把它放到国际背景下来看，分析出生性别比问题与性别平等的联系，由中央党校教授李慧英来讲。第二个专题是挖掘性别比失衡的严峻后果，由广西东南亚研究所的研究员孙小迎主讲，她在拐卖妇女儿童研究方面进行了六年的调研，注意到出生性别比与贩卖妇女儿童有联系。她谈的题目是“出生性别比失调威胁国家安全”，道出了领导干部的关注点。第三个专题是分析男孩偏好的原因，河南社区教育研究中心的梁军，结合河南的调研情况，用大量生动的案例、数据、图片来讲，给人耳目一新之感。第四个专题是谈本土的经验，我们邀请了江西梅湾村的村支部书记周新华带着他的家庭契约过来讲，现身说法，表达了民间的声音。第五个专题由中央党校妇女研究中心的副教授林梅进行点评，讲梅湾村案例的意义。第六个专题是介绍韩国的经验和机制，由全国妇联妇女研究所的谭琳所长主讲。第七个专题由南京师范大学金一虹教授主讲推进性别平等的国家发展战略。每个专题大概 15 分钟的时间。整个内容十分紧凑，一气呵成，紧紧抓住了与会者的注意力。

最后，由赵白鸽和彭珮云作总结，其实也是一次重要的倡导和反馈。彭珮云讲道："我同意这次会上一些同志的分析，根本原因还是在于性别不平等。虽然新中国成立已经 50 多年了，妇女解放也取得了显著的成就，但是，要彻底地解决性别平等的问题，还有很长的路要走。出生人口性别比失衡就是在深层次上反映出性别不平等的社会现象。""现在在我们国家，已经不会有人再公开地反对男女平等，因为这已经不符合时代的潮流，但是在人们的思想深处，男尊女卑、重男轻女的文化传统的影响还不能低估，不仅普通百姓有，领导干部也有，不仅老年人有，青年人也有，不仅男同志有，女同志也有。在多年的妇女工作中我认识到，要想把男女平等的基本国策真正贯彻到各个领域，必须把先进的性别文化的建设当作先进文化建设的重要部分来抓。我坚决支持在党校的课程中间加入促进男女平等内容，使其成为一项教学制度，以便领导干部及时了解我国性别平等的实际状况，增强决策过程中的性别敏感，将性别平等的观念全面纳入国家总体战略发展之中的建议。"

赵白鸽讲道："我认为出生性别比与性别平等与社会发展是紧密相连的，在这个过程中，必须紧紧地把政府、非政府组织、公民以及我们的媒体、企业联系起来，共同参与进来。因为现在整个社会发展非常之快，人们的需求也在不断增长，像社会性别平等问题，这样一个涉及全社会、全人类的问题，如果没有全社会的参加，是不可能达到其预期目的的。我们国家人口计生委必将尽我们的全力参加这场伟大的运动，推进我们性别平等与妇女运动的发展。”在倡导过程中，我们找到了同盟军。

政策倡导会议还考虑到扩大社会影响，邀请了《人民日报》《光明日报》《学习时报》等媒体的记者，媒体可以迅速扩大影响。《人民日报》第二天就作了专题报道，其中关于“中国是世界上出生性别比问题较为严重、持续时间较长的国家”被网络媒体和短信信息铺天盖地进行报道。但是我们谈到的一些制度性因素没有被报道出来，遗漏的关键信息比较多。

政策倡导会成功了，出现了政策倡导的“后效应”。在中央党校两个公开刊物，刊登了出生性别比失调与制度创新的两组专题文章。在国家人口计生委的内部刊物《关爱女孩行动》刊登了男孩偏好的分析文章。中央党校内参刊发了出生性别比失衡与性别发展战略的专门文章，直接报给中央政治局领导，并在中央党校领导干部中开设了专题课。此外，国家人口计生委开始与我们联系，将中央党校妇女研究中心纳入国家人口计生委的专家组，参与政策制定和执行。2008 年委托中央党校妇女研究中心在 11 个出生性别比失调的重点省进行社会性别培训，进行性别平等的高层倡导，推进性别平等与公共政策的融合。

在进行政策倡导的初期，政策倡导目标是得到政府部门的认可。可以说，这一目标达到了，那么政策倡导是不是就完成了呢？前期的这个过程算不算一个倡导的周期呢？在倡导过程中，我们似乎达到了周期中的一个目标，但是紧接着下一个过程又开始了，接下来我们如何去推进？怎样与政府合作？我们新的目标又在哪里？我们认为政策的倡导周期与我们设定的目标有关系，看我们的目标锁定在哪里，当目标锁定在建议被政府采纳，也可以说政策倡导的周期完成了，如果我们将其锁定在一个更大的范围内，从政策问题提出到政策制定，从政策制定到政策执行评估，我们的政策倡导就没有完成，或者说这是下一个周期的开始。正是伴随着性别平等的公共政策倡导的进程，中国妇女参政开始进入一个新的阶段，一个真正意义上的妇女参政阶段。

（原文载于《陕西师范大学学报》2009 年第 1 期）

性别平等：自上而下与自下而上

——治理出生性别比失衡的治本之策探索

性别平等所强调的男女两性之间的权利平等和机会平等，不仅仅是写在立法中的名词说法，而是体现在现实中的行为方式。1995 年第四次世界妇女大会（以下简称“世妇会”）以来，勇于担当的妇女 / 性别专家结合中国特有的社会问题，在自觉追求性别平等目标的过程中采取了两条路径：一是自上而下，与政府官员携手推进政府制定性别平等的公共政策，有效应对棘手的社会问题；二是自下而上，协同社区修订性别平等的社区规则，促使民众认同平等理念。本文以中央党校与国家计生委合作的“探索治理出生性别比失衡的治本之策”的课题为例，来揭示妇女 / 性别专家进行政策倡导的曲折过程，从而说明中国问题如何转化为中国经验。

一、妇女 / 性别专家：推进性别平等的主体

2008 年，中央党校妇女研究中心开始与原国家计生委（全称是国家计划生育委员会，简称国家计生委）合作，为探寻治理出生性别比失衡的治本之策，组建了性别平等政策倡导的专家团队。这一团队在政策的制

定、村庄的变革中发挥了举足轻重的作用，首次协助民众颠覆了盘根错节的父权制铁三角——父系、父姓、父居，硬是在无人走过的荒野上开出一条路，推动政府制定了具有可操作性与可行性的公共政策。有人说，妇女 / 性别专家的作用是在政府与社区之间穿针引线，笔者认为不仅于此，她们扮演的角色是双重的，既是政府的合作者，又是村庄的协作者，是不可或缺的主体力量。

这个知识女性为主体的团队，平均年龄在 50 岁左右，经历过激情燃烧的岁月，富于理想与责任感，大多经历了由依附人格转向独立人格的心路历程。她们曾经仰视名人迷信权威，将权威置于尊贵的位置，自我贬低、自我否定，将自己置于卑微的位置。通过内心的自我认同，在自我与权威之间形成了一种支配与服从的等级关系、控制与被控制的尊卑关系。这种人格特质自然与政策倡导无缘。世妇会送给中国妇女研究学者的最大礼物是社会性别理论和性别视角，正是这一理论的学习与研讨，妇女研究者学会了对性别等级观念的质疑与反思，学会了尊重权利与自我赋权，既不让义务取代权利，又可把握权利的边界。拒绝威严的权势、尊卑的等级，平等合作的主体意识成为课题组的一大特点。

其次，具有性别敏感意识，即善于从社会问题中发现隐蔽的性别议题，进而发现不同议题的内在联系，这是性别理论训练出的一种敏锐性。1998 年在北京举办的妇女研究会议上，有妇女研究者提出了土地承包长期不变的政策与妇女地权受损的关联性，由此，农村妇女土地权利开始进入妇女研究者的视野，随之而来的还有父权制与从夫居的概念。2002 年，另一个社会问题浮出水面，即出生性别比失衡。国务院总理温家宝提出要遏制出生人口性别比失调。起初，在妇女研究者眼中，妇女土地权与出生性别比失衡是两个不搭界的问题。随着研究的深入，研究者才渐渐发现两个问题都指向一个根子——父权制，它们是孪生兄弟。具体来讲，生男偏好属于生育观念，土地权利属于利益分配，它们犹如一枚硬币的两面相辅相成，女性权益被剥夺得越多，性别的天平越是倾斜，生育观念就越重男轻女。反之，越是强调男孩传宗接代，女孩结婚必须从夫居，女性在集体资源分配中越是得不到公平对待。要想打破生育观念和利益分配的恶性循环，就需要跳出父权制的运行模式，建立两性权利平等的机制与结构，包括制定针对父权制的性别平等的政策，颠覆基层社区的父权制分配规则，形成高层与基层之间的联动与互动。

最后，具有政策倡导意识。政策倡导源于两个因素。从内因来看，妇女研究者感到倡导的必要性，当时存在着圈里热与圈外冷的现象，对于一些社会问题，妇女学者已经形成共识，期望从性别平等角度推动政策的调整，而圈外的政府官员对此几乎浑然不觉，所以，缺乏相应有力的公共政策来纠正性别不平等的现象，这就激发了妇女研究者对政策制定者进行政策倡导。从外因来看，得益于国际组织的建议与支持。2000 年左右，国际基金会在中国境内十分活跃，非常关注性别热点，竭力推动妇女组织利用体制内的资源与优势，针对热点社会问题在调查基础上进行性别平等的政策倡导。

政策倡导不仅要提出问题，研究问题，还要提出可行性建议。我们深深认识到，研究问题是政策倡导的前提条件，政策倡导要“说服”领导者，使决策者认同并接受，就要有令人信服的科研含量，有理念，有论据，有事实，有分析。我们几乎用了一年半时间进行治理出生性别比失衡的调研，就是想增加科研含量，增加说服力。调查与研究分为三个方面：其一，通过访谈和问卷，结合现实状况论证男孩偏好的原因，而不是仅仅进行书斋里的理论研究。其二，收集和整理国内外出生性别比的数据和治理经验。其三，提出本土的和国际的治理出生性别比问题的可行性对策。我们利用半年时间专门作实证研究，最终形成有分量的研究报告。

政策倡导与学术研究的不同在于，学术研究者做出了研究成果并能够在学术期刊上发表，就可以完成一个研究周期，至于能否影响决策者就是研究以外的副产品了。而对于政策倡导来说，仅仅做好研究是不够的，必须采取行动，影响决策者制定政策。政策倡导方式是多种多样的，可以递交研究报告，也可以举办论坛，论坛的效果往往更为有效。经过精心准备，我们于 2007 年 7 月首次在中央党校举办了决策者论坛，名称是“治理出生性别比失衡与制度创新”。每个专题 15 分钟，专题之间构成一个完整的逻辑链条，整个内容十分紧凑，一气呵成，环环相扣，紧紧吸引了与会者的注意力。与会者深深感受到出生性别比问题的严重性，解决生男偏好的紧迫性，推进性别平等的必要性。

正是通过这次倡导，国家计生委向妇女 / 性别研究团队发出邀请，我们由此走进政府部门，成为国家计生委政策咨询的一支力量，开始与政府密切合作，一起探索治理出生性别比失衡的治本之策。

二、自上而下：强化政府官员的性别敏感意识

这里所说的政府特指国家计生委，而不是泛泛而论的所有部委，与其说性别平等议题与计生委工作有关，不如说计生委更具备接纳性别平等的积极态度，不过，研究者对于这一点是逐渐认识到的。2003 年计生委成为治理出生性别比失衡的责任主体，提出综合治理出生性别比失衡的对策，我们认为要解决这一问题，就一定会触及生育观念，也一定会涉及男女不平等的问题，倡导性别平等就可能成为计生委工作的应有之义，这就是我们当时的想法。

在政策倡导中，找到各部委与性别平等的结合点并不困难，难的是使政府有积极的态度。要寻找合作伙伴，需要决策者愿意接纳性别平等观念，有性别眼光和改变现状的魄力。否则，在倡导者和政府之间就无法形成对接与互动。国家计生委恰恰对性别平等和专家咨询采取了接纳和欢迎的态度，分管治理出生性别比失衡工作的计生委副主任赵白鸽，十分愿意吸

纳性别专家进入关爱女孩专家组，这为妇女研究者影响政策打开了一条通道，为政策倡导提供了可能。不过，即便决策层领导欢迎性别平等的专家，支持男女平等的主张，也并不等于可以保障性别平等畅行无阻地纳入决策主流。

妇女研究团队进入专家组之后，被称为性别专家。作为性别专家，我们首先向计生委递交纠正生男偏好推进性别平等的政策建议：倡导父母双系制，子女可以随父姓也可以随母姓，结婚可以从夫居也可以从妻居，无论男到女家还是女到男家均享有村民待遇。在我们看来，一旦递交了政策建议，政策倡导就完成了，接下来就是计生委将政策建议转换为政策文本，由政府制定政策和执行政策。然而，政策倡导并非轻而易举、一蹴而就，有一个磨合与认同的过程。建议刚刚递交不久，我们的政策建议就受到质疑，一是人口专家和大多数政府官员不认同根源是男女权利不平等，而将原因归结为劳动力的经济因素、养老的社会因素、B 超的技术管理因素，而性别因素在诸多的因素中却消失不见了。我们发现，在对复杂的社会问题的认知上，政府部门很容易将一个蕴含性别议题的社会问题，视为与性别无关的社会问题，即便是愿意推进性别平等的部委，也容易走入性别盲区。二是计生委不理解为什么要颠覆父权制，为什么要修订村规民约，这些与计生委工作八竿子打不着，对于性别专家是如此熟悉的概念，到了政府官员那里却是丈二和尚摸不着头脑。计生委中负责治理出生性别比的部门领导和课题组商量：你们最好在一个县里做试点，让我们看看在农村是怎样纠正生男偏好的，生育观念是如何转变的，然后再制定相应的政策。我们这才意识到，政策建议从提出到采纳有一个曲折艰辛的过程，仅仅提出政策建议是不够的，还需要推进变革。性别专家，不仅仅是批评者和建议者，还必须成为行动者和建设者。我们抛出去的建议要转化为我们自己的行动。

在性别平等的政策倡导中，性别专家与政府官员的分歧很快暴露出来，在计生委领导看来，推进性别平等就是对各级领导干部进行培训，最好全国 11 个重点省所有的计生干部都接受性别平等，交给我们的工作就是大规模地给地方领导干部搞性别培训，增强他们的性别意识。而课题组认为这是必要的，但仅仅是第一步，还需要激发领导干部的行动愿望，在基层社区采取行动，切实纠正生男偏好，继而形成性别平等的政策措施。为此，我们专门给白鸽主任写了一封信："我们不仅仅要在领导干部中进行性别平等培训，还期望能够影响地方社会政策的制定，真正将性别平等融入政策制定当中去。我们深知，要推进性别平等，是需要得到领导干部支持的，如果领导对性别平等不支持，而是对性别平等表示沉默，那么，要在农村推进性别平等，是难以取得理想效果的。我们在党校系统作过 200 多人的师资培训，在 50 多家党校开过性别平等的课程，往往是课也讲了，到底有多少改变却不得而知。我们期望不仅是宣讲性别平等，还要促使政府部门有所行动和改变。"最终，计生委接纳了性别专家的意见，压缩了干部培训的规模，给课题组提供了一个激发基层决策者行动的舞台。有了舞台，也有了压力，课题组成员是一批来自高校党校和干校的教师，没有任何行政权力，擅长的是参与式培训，做的是转变观念的工作。不过，这次培训与以往不同的是，要唤起参训者的内在热情，让参训者产生行动的意愿。

为了激发行动，课题组进行了调研、备课和培训的精心准备，首先，选择了河南、安徽和湖北三个地区，进行历时半年的深度调研，走出妇女研究的圈子，深入了解省情社情和民情，将性别议题与领导干部的工作建立联系。为了保障培训的效果，课题组三次集体备课，请基层干部打分评议，成员之间开诚布公进行研讨，毫不留情地指出对方的不足，富于建设性地提出改进意见，认真倾听不同的声音，不断审视修改讲稿，专题课渐渐成熟起来。2018 年 10 月，在中央党校举办了综合治理出生性别比失衡试点专题培训，共计 60 名村乡县党政领导参加一周培训。这次培训可以说是针对基层干部的又一次性别平等倡导，培训不仅深入浅出把道理说透，还增加了反馈和评估以及学员制定行动计划的环节，意在寻找愿意行动的合作者。

培训得到参训者的认可，问卷评估显示97%学员认为培训有说服力，制定了八份行动计划，几乎所有的行动计划都提到四项内容：修订党校课程内容，为领导干部开设性别平等专题课，修订村规民约，移风易俗，重新进行家谱的修订，村委会给二女户办婚礼，促进妇女参政，村民代表50%必须是妇女。周山村的支部书记找到课题组梁军老师，发出邀请：欢迎课题组来周山村，你们讲的道理说到俺心坎上去了，我们愿意修订村规民约。村支书的积极回应，为课题组下一步的行动探索奠定了基础。

三、自下而上：协同制定性别平等的村规民约

制定性别平等的村规民约是从周山村开始的。周山村地处中原登封一带，是拥有1500多人的山村，70%的家庭姓周，从周家祖先落户周山已有400多年历史。1949年后，周山村和全国千千万万个村庄一样，从土地改革到建互助组，从合作社到人民公社，从集体经济到包产到户，不断经历社会结构的变迁。然而，深层的父权社会组织结构却始终未变：男人们生于斯长于斯，娶妻生子，世世代代生活在周山，成为家族血脉的延续者；女人们则要外嫁从夫，为夫家生儿育女照料公婆。在周山要儿子是必须，是家庭最大幸事，不然上对不起祖宗下对不起后代。

在这种土壤里，不需要施肥浇水，生长出来的都是重男轻女的庄稼。2003年周山村推行退耕还林，在耕地上栽种树木；2006年将土地流转给企业经营。山村土地流转后，每人每年可以得到800斤小麦口粮款，村组干部开了三天会，制定出分配方案十三条，其中第四条规定："妇女结婚后户口未迁出者，不论时间长短一律不给口粮款；离婚、丧偶后回村居住的妇

女，不参与口粮款分配。”在他们看来，女儿结婚就要从夫居，不再是村里的人了，不能享有周山福利待遇。性别专家问村干部为什么，回答斩钉截铁：该走不走，就不能给。要在这种土壤上播种性别平等的种子，难度可想而知。

修订村规民约纠正生男偏好，牵一发而动全身，至少面对三个层面的挑战：观念层面——“男娶女嫁”的婚居制度延续几千年，为大多数村民认可和接受；制度层面——挑战以男性为中心的资源分配制度，牵动村民的实际利益；操作层面——既不能走过场，不敢触动不合法的条款，又不能急于求成、操之过急，在多数村民尚不接受的情况下强行修订，易激化矛盾冲突。课题组与周山村干部决定正面应对挑战。

（一）课题组首先与村干部共同协商，试图通过参与式培训和推动风俗变革促进观念更新。在周山村进行培训，要特别考虑方式、方法。从切入点来看，不能直接提出妇女地权，不宜从婚居制入手，以免形成性别对抗，而是适合选择千家万户都关心的家庭养老问题。从方法上来看，要将理论与现实融合到一起，将学术话语转变为大众话语，深入浅出，通俗易懂。课题组抓住了“传宗接代”话题娓娓道来：传宗接代几乎成为农民最大的人生目标，为了实现这一目标，第一步是生儿子，千方百计要男孩。有了儿子之后，做父母的有两项必须完成的义务：一是辛勤劳作、积累家产，以保证儿子有“家业”可承，否则就会落得儿孙抱怨；二是要给儿子娶妻成家，再生孙子，才能保证代代相传。正如古代经典《礼记》中对婚姻的阐释：“婚姻者合二姓之好，上以事宗庙，下以继后世。”这两项义务说起来并不复杂，却会耗去父母大半生的心血和气力。作为回报，儿子在继承家产、成家立业之后，要承担起赡养父母的责任；而娶来的媳妇，除了要为夫家养育传后人（儿子）以外，还要担负起照顾公婆晚年生活的任务。一代代的农民都是在这样周而复始的生活圈里打转。培训入脑入心，得到村干部和村民代表的认同。

此外，课题组还推动了风俗变革，与村干部联手拉动男到女家的婚礼，村两委鼓励男到女家，凡是男到女家的婚礼，村两委都要参加祝贺，当证婚人上台讲话，引导男到女家也风光的新风尚。这渐渐促进了村民观念转变。

（二）修订村规民约，推进男女平等。周山村从2008—2015年三次依法修订村规民约，不仅消除了性别歧视的条款，还将性别平等的条款纳入村规民约。比如，鼓励妇女参政议政，女性当选村民代表的比例不少于50%；当选村组干部的比例不低于30%；提倡婚礼、葬礼中的男女平等，反对歧视妇女的陈规旧俗；夫妻在家庭中地位平等，提倡夫妻共同承担家务劳动；子女可以随父姓、随母姓，也可随父母双姓；男到女家、女到男家均可，都能享受村民待遇。这是我国农村挑战父权制的重大突破，也是移风易俗建新制的历史性变革。

半年后，课题组作了一次评估，85%以上的村民对新修订的村规民约持肯定态度，认为是“自己制定的”，应当遵守。在修订村规民约的过程中，村民的观念、原有的风俗习惯和生活方式都有了改变。在周山村，出现了男女分担家务劳动的新风尚，生育观念也悄然发生着变化，出生性别比失衡情况逐年缓解。

四、持续：自上而下与自下而上的交融汇合

周山村等试点出现之后，课题组认为再次进行政策倡导的时机成熟了，向计生委提出联合搞一次高层论坛，力争将修订性别平等的村规民约纳入政策之中。这次高层论坛要尽力体现“高”字，邀请高层领导参加，因为领导职级越高，政策倡导的力度就越大，越有可能进入决策。然而，作为中央党校的教授要想“够”着“高层”领导谈何容易。不过，我们必须尽全力往上“够”。

课题组简洁明了地写了一份“修订村规民约推进性别平等”的行动研究报告，附在了邀请第九届全国人大常委会副委员长彭珮云的信函里，以便让一向支持我们的珮云大姐了解高层论坛的详细信息。接到信函的珮云大姐立即回复：这项试点工作做得很好，意义重大，值得为之鼓与呼，我可以协助课题组邀请部级领导参会。于是，出现了出乎预料的一幕，领导者成为倡导者，成为性别专家志同道合的盟友。珮云大姐打通了计生委赵白鸽副主任的电话，四十分钟的通话立即改变了赵白鸽的出国行程，她决定将计生委与课题组的联手改为与中央党校联合举办高层论坛。经过性别专家与女性领导一轮轮的接力赛，凭借高层女性领导的主动邀约，邀请到国家计生委、中央党校、全国妇联、宣传部、民政部的七位部级领导以及近百名局处级领导聚集一堂，高层论坛如期举行。

高层论坛第一排坐着省部级领导，与高层领导形成鲜明对比的是来自基层的讲者，这是自下而上的效应在起作用，行动与改变发生在村庄，民风民俗变革在乡村，妇女土地权益的维护也在最基层，基层领导干部最有发言权，这里没有官话、套话，而是真抓实干的实话、真话。与基层行动者相呼应的是性别专家，阐述了修订村规民约推进性别平等的综合效应：可以化解国家法与习惯法的冲突，让性别平等的立法落地生根；促进乡风文明，将一些看似与文明无关的话题纳入文明视野，拉动民风民俗的变革；将农村妇女权益问题解决在基层和萌芽状态，防止社会矛盾的演化升级，真正维护社会稳定；促进农村的民主管理与妇女参政；找到了治理出生性别比失衡、纠正男孩偏好的治本之策。

高层论坛产生了轰动效应，成功影响了公共政策：2011 年初，国家计生委将修订村规民约、推动社会性别平等作为综合治理出生人口性别比失衡的重要举措，纳入我国人口发展十二五规划。2012 年，全国妇联、民政部、农业部联合召开工作会议，提出修订村规民约，从源头维护妇女土地权益。2018 年民政部联合七部委颁布了《做好村规民约居民公约工作指导意见》，提出内容合法、村民参与和政府监督的指导原则。

可以说，经过性别专家、政府官员和基层民众的同心合作，性别平等的政策倡导终于结出了果实。然而，这仅仅是上下联动中的一个环节，接下来还需要进入下一个环节——政策执行，选择新的地区试点，持续推进新一轮的基层社会变革。

五、结论

这是本土性别平等政策倡导的一个成功案例，这里所说的性别平等承载着丰富的内涵，不仅包含性别视角，还秉持着权利、民主、法治、参与、平等的价值观，致力于改造农耕社会的“父系制、父姓制、父居制”铁三角结构，与现代工业社会的法治与人权对接，具有厚重的历史感和鲜明的时代感。

这一政策倡导依靠性别专家、政府官员和乡村民众三种主体力量的深度合作，借助自上而下与自下而上的双重路径交替推进：扎根乡村的性别专家紧紧抓住父权制的“本”，与基层民众合力推进乡村变革，精耕细作，改良土壤；性别团队与政府官员紧密合作，将试点经验转化为制定性别平等政策，将性别平等由点及面渐渐推广，将树木变成森林。可以说，推进性别平等是上下循环联动的过程。

这一政策倡导是属于世界的，因为它生动地体现了1995年世妇会提出的社会性别主流化，推进了性别平等纳入决策主流的进程；同时它又是属于中国的，立足于中国的社会问题，进行中国的社会实践，形成中国的成功经验。

（原文载于《陕西师范大学学报》2020年第5期）

附录一

联合国：政府与非政府组织的互动机制

——第 57 届联合国妇地会观察笔记

自 1995 年世妇会《北京行动纲领》实施之后，近十多年国际妇女运动进入了发展的艰难期，妇女权利作为人权这一无可争议的话题，正面临着国际保守势力的严峻挑战，他们反对由妇女控制自己的身体、性取向以及生育的自主选择权。这种声音之强大，使得 2003 年妇地会就终结对妇女暴力无法达成一致性的结论意见，2011 年妇女赋权的讨论最后无果而终。更为严重的是，在两种力量的博弈中甚至可能出现妇女权利的逆转与倒退。

2013 年 3 月 4—15 日，联合国第 57 届妇地会就是在这样的背景下召开的，会议主题是“反对一切针对妇女和女童的暴力”。联合国妇女署执行主席巴切莱特 3 月 4 日在会议开幕式上提出：必须终止暴力。为了所有人，我们必须达成强有力的行动导向的协议。这同样也是妇女 NGO 的愿望：不能倒退，要向前推进。NGO 在联合国行动纲领的制定中如何发挥推动作用，如何与各国政府良性互动，如何有效地影响联合国文件的出台？在第 57 届妇地会上，笔者亲眼看到国际妇女运动的力量，目睹了她们主动影响各国政府和联合国决议的能力与智慧，目睹了妇女 NGO 与政府部门的良性互动机制。

一、妇女权利 NGO 的大联合 —— 形成共识

妇地会会期两周，政府会议与非政府组织（NGO）论坛平行举行，

总计 6000 名具有联合国经社理事会咨商地位的非政府组织的代表注册参加这次会议，远远超过以往各届妇地会的非政府代表的人数。在政府举办讨论与磋商的时候，300 多场非政府组织（NGO）论坛也同时举行。既然是开放的论坛，就不可能只有一种声音，例如在一场由一个来自加拿大的有天主教背景的机构组织的论坛上，请出两位幸存者现场说法：反对遭强奸后堕胎。用宗教、文化等为借口质疑妇女权利的保守势力也在不断影响着社会。与此同时，更多的妇女组织，如亚太妇女权利行动观察（IWRAW ASIA PACIFIC）、新时代妇女发展选择（DAWN）、国际妇女健康联盟（IWHC）、亚太妇女法律发展论坛（APWLD），表现出毫不妥协的态度：不能用文化多元宽容乃至纵容保守力量，要千方百计促成有利于妇女权利的行动协议的达成。第一周几乎每天晚上各个区域的妇女 NGO 都要召开核心小组会，切磋本区域的 NGO 组织的基本观点和立场，广泛听取不同组织的意见。每天上午 8 点半到 9 点半，总部设在纽约的负责联络和协助各地 NGO 参与妇地会的 NGOCSW 为 NGO 代表召开吹风会，邀请 UN 官员、代表团成员和 NGO 代表介绍会议和谈判的情况，互通信息，了解动态。

在第一周切磋立场书（statement）是主要工作之一。立场书需要明确 NGO 观点和立场，在区域性的民间组织之间达成一致意见，成为游说政府、倡导行动协议的基础。切磋立场书的方法是：首先拟订一份立场书的草稿，召集 NGO 开会，传递消息散发草案，征集意见广泛讨论。经过几个来回，最后形成正式文本。这一协商过程可以说是坚守妇女权利组织的大联合和跨组织行动。

在吹风会上，我们读到了亚太区域的立场书草稿，草案谈到 6 个关键点：（一）要将联合国《消歧公约》、1995 年世妇会《北京行动纲领》和其他的人权公约纳入本国立法政策并切实加以执行。（二）妇女要获得司法公正。妇女面临着诸多障碍：语言障碍，过高的法律诉讼费用，不识字，法律程序烦琐，投诉时限短，等等。各国政府要建立回应性别需求的专门的法律机构，善于识别与解决暴力问题。（三）政府应当建立惩罚制度，援助受害者，改变大部分地区对于施暴者采取的有罪不罚的做法。（四）关注新出现的暴力形式，如选择性堕胎、强迫性取向、网络上的性暴力。消除以异性恋为中心的观念，消除传统的消极观念和负面文化行为。（五）在人口贩卖和移民迁徙中，当事人由于缺乏合法身份更容易遭遇性侵犯。对于人口贩卖，当地政府不仅要打击罪犯，还要采取权利救助的方式帮助受害者。（六）越来越多对于维权者的暴力，包括性暴力和性别暴力，值得引起对维护妇女权利人士暴力的关注与保护。

立场书具有极强的权利敏感性，可以感受到 NGO 的责任心和正义感，她们不仅千方百计推进维护权利的行动，还善于将其总结提炼为政策理念与对策，作为倡导游说政府的依据。NGO 的民主讨论与协商，最大限度地汇集了各种意见与建议，防止顾此失彼以偏概全。

二、NGO 与政府的互动机制

第 57 届妇地会最终能否形成一致性的行动协议，取决于政府代表的协商和最终一致性意见的达成。换句话说，各国政府的态度十分重要，只有达成共识，才可能形成最终的联合国文件。正因为如此，说服政府代表达成妇女权利的共识是游说倡导的关键。NGO 如何影响政府代表不断进行互动交流？在这里，联合国创建了 NGO 与政府代表团的互动交流机制。

其一，在召开政府会议的同时，也平行召开各种与本届会议主题相关的论坛。此外还有 NGO 组织的论坛。政府会议与 NGO 论坛距离很近，只有一路之隔，政府代表在联合国会场进行终结暴力的一般性讨论，NGO 在联合国对面举办民间论坛。如果是各国政府所主办或者合办的论坛，还可以在联合国大厦举办，就会有更多的政府代表团成员参加。其二，NGO 代表可以旁听政府会议，由于今年参加的民间组织人数极多，政府会场的座位有限，采取限制人数的发票和办理通行证办法，部分妇女代表可以旁听政府会议的一般性讨论、专题性讨论和行动方案讨论，但没有表决权。在一些专题讨论会上，来自NGO的代表可以发言，或者提问。在政府会场，专门设立了一些旁听席，提供给NGO代表听会，也为政府与NGO良性互动创造了空间。

NGO妇女代表不失时机地主动与政府代表积极互动。3月5日，笔者第一次进入政府会议室，亲眼目睹了一位年轻的黑人妇女代表，抓紧时机送给南非官员一份材料，官员立即聚精会神地看材料的场面。在中国“官”与“民”的空间阻隔，在联合国极大地缩短了。在一般性的讨论中，每个国家都有5分钟的发言，挪威女部长的发言充满激情，将对妇女和女童的暴力视为人类公害，表达了鲜明的立场和态度：不能容忍、不能接受、不能默认。话音刚落，就有四五个妇女代表跑过来握手并攀谈。一位东帝汶的妇女代表说，她参加政府的会议，发现政府代表的位子是空的，立即给大使馆打电话，问为什么还没有来人。政府回答：马上派人参会。在这里，NGO妇女的参与性极强，不当旁观者，而做推动者。

更有趣的是，一些国家将NGO视为政府的合作伙伴，吸纳了一些具有独立立场的专家，她们原本就不是政府官员，而是民间组织的代表。她们由于长期从事妇女活动，十分熟悉情况，理论水平高，说服力强，提升了政府代表团的整体水平。这些一身二任的妇女代表，还可以将政府会议上的信息及时通报给妇女组织。所以，妇女组织游说政府时更可以知己知彼，有备而来。

三、行动协议：NGO游说政府代表

第二周，政府会议进入成果文件的磋商阶段。最后，是否达成结论性文件，就在此一搏了。从联合国妇女署起草的文件草案来看，是支持妇女权利的，它吸收了人权联盟、妇女组织、防止性暴力组织的观点，承认性取向的多元选择权、反对强制性堕胎，尊重生育的自主选择权，强调建立一个消除歧视的法律框架，对于性暴力和性别暴力进行惩罚，进行社会性别预算，形成多部门合作，对维权人士进行特殊保护等等。

文件磋商的过程不对NGO开放，政府代表团的成员逐句逐字审读草案，不少国家派了专家进行推敲和讨论，各个国家代表都可以提出意见，拿出事实和论据，凡是增加和删减的段落都要注明。文件几乎每天修改一遍，增加的内容都要列出，结果是越来越长。然后将增减的电子文稿放在网上，对外透明公开。到了周三早晨，已经挂出了第三稿。

NGO只能通过电视和网站了解磋商的进度和增减的内容，或者由一身二任的妇女代表进行信息反馈，情况并不乐观，将近200个政府代表团立场差异很大，有支持的代表，但往往在会议上不多发言，沉默的时候更多，反对的国家代表会上发言活跃，常常占据了话语权。进行游说和倡导的组织丝毫不敢懈怠，进不了会场，就等候在会场外边，政府代表一出来，就进行走廊游说、场外游说。

在游说策略中，NGO对于不同态度的国家采取不同策略，对于立场相同的国家，争取更多的支持，与代表团见面交流，提出要删减和增加的段落，说服这些代表表达观点，并为其提供充分的论据。对中间立场态度消极的国家代表，利用已经制定的国内法作为争取支持的理由，促使其转变态度。对于立场相反的国家，进行分化瓦解，削弱反对力量。

游说政府，需要富有激情的游说者具有高超的智慧和能力，至少需要具备三方面条件：知己知彼，熟悉联合国相关文件、不同国家的立场以及本国的法律和实际状况；游说能力强，善于沟通，富有说服力，具有社会活动家的才华，很讲究策略和方法；英语好甚至善于精准的用词，能够使用恰当而确切的语言表达观点。目前，在国际社会活跃着一大批联合国妇女政策倡导者，她们善于将国内立法与国际行动计划连接成一体，试图通过推动联合国制定行动纲领，进而强化各国政府的责任，推进妇女权利的维护。

文件磋商通常放在晚上，下午是相关的专题讨论。正好是NGO与政府代表进行沟通说服的好机会，一些组织不断与政府代表见面。对于一些支持妇女权利的政府来说，也愿意与妇女代表进行交流，从妇女代表这里寻求数据和论据，以便清晰准确地表达自己的观点，产生更强的说服力。

到了会期的最后两天，是角力最激烈、博弈最紧张的关键时刻，此时，比较有共识的段落已经通过了，剩下的都是难点和关键点，争论尤其激烈。3月14日晚，政府会场灯火通明，谈判持续到凌晨两点，NGO的游说者也一直在联合国大楼里工作到深夜两点。15日下午，只有最后的半天时间了，成败在此一刻。妇女署的执行主席一直在不断做着工作，全力以赴推动达成协议，NGO的妇女们站在政府会场的窗外，等候着最终的结果。6点钟，终于有结果了，终结对妇女暴力的结论性意见终于问世了，一个难产的婴儿终于降生。

笔者有两点体会：

（一）经历了这个艰难的推动过程，不能不说，国际妇女NGO的参政议政意识、能力与智慧令人称道。21世纪的妇女组织是公民社会中一支不可忽视的力量，她们不是依靠政府，而是依靠自己的力量进行倡导和推动，展示出极大的主动精神。她们以公民权利为本，建立维护自身利益的组织，自发地形成联盟，讲究策略，积极倡导，成为将社会性别纳入决策主流的中坚力量。正因为有了这支力量，国际妇女运动才能顶住逆流，不断向前发展。

（二）在联合国这个多边机制中，妇女NGO成功地运用了政府与非政府组织的良性互动机制。一方面成员国充分发挥政府政治法权主体的作用，参与联合国的决策，通过协商切磋，达成共识，强化政府的责任；另一方面，联合国的机制为民间组织参与决策，影响决策，表达自己的需求和利益诉求提供了空间，使得大量的问题及时呈现并形成有效的对策。这种双轮驱动的做法值得中国在社会管理新格局创新中借鉴。

附录二

笔者进行性别研究 / 培训 / 倡导大事记

1.1990 年以来，在中央党校开始从事妇女参政研究，在进修部副主任陈瑞生教授的组织下建立妇女参政研究小组，采访并撰写部级局级女性领导的个人参政经历。

2.1995 年参加一系列围绕第四次世界妇女会议的妇女会议，结识了国内的妇女研究学者。同年 3 月与党校王红教师等一起创建了中央党校妇女研究中心，组织了妇女参政研讨会，同年 8 月在第四次世界妇女会议非政府论坛上作“妇女研究在中国”主旨发言。

3.1996 年，依据《北京行动纲领》的社会性别主流化精神，策划并组织了将社会性别意识纳入决策主流的研讨会，会议在中央党校召开，在校学习的政府官员与专家学者共同对话，首次将社会性别意识的概念引入决策层中。

4.1997—1999 年，与王佐芳、冯媛、杜洁、卜卫承接联合国计划开发署的项目（该项目由葛友利争取），共同撰写了中国第一本华语《社会性别与发展培训手册》，该书作为“蓝宝书”被国内的社会性别培训组织广泛采用。

5.1998 年，在中央党校中青班举办社会性别与发展培训活动一天，首次为领导干部进行社会性别与社会发展参与式培训。

6.2000 年 3 月，在杜芳琴教授的组织下，首次参加在美国波士顿哈佛大学主办的“社会性别与发展在中国”研讨会，在会议上作首席主旨发言，题目是“社会性别意识在中国的传播与发展”。

7.2000 年 9 月，在中央党校社会学研究生中，首次开设了社会性别与公共政策的硕士生研究方向，同时经过努力开设了社会性别与公共政策的必修课程，该课程于 2002 年引入社会学在职研究生即政府官员的课程中。每个学期开设 40 课时，引入参与式教学方式。

8.2002 年，本人主编并经过 8 个月的精心修改，中国第一本“社会性别与公共政策”著作问世，至 2010 年该书的引用率高达 300 多次，该书被中国妇女研究会研究年鉴（2001—2005）列为推荐书目。同年组织了全国社会性别与公共政策研讨会。

9.2004 年 7 月策划并组织了全国党校系统的社会性别与性别平等基本国策师资培训。培训产生两方面的效果：一方面，促成社会性别意识课程进入中央党校远程教学中，此课通过党校系统的远程教学向全国 2000 多家党校领导干部同时直播。创建了党校系统的社会性别与公共政策网站。另一方面，形成了一支推进性别平等的师资队伍，2005 年，承接了联合国妇女基金项目，创建了社会性别与公共政策网站，在全国 7 个省份组织了 240 名党校师资培训，主办了 3 次全国的社会性别与公共政策教学与科研研讨会。2005 年应邀担任中加“环境可持续发展与干部培训项目”的性别平等专家。

10.2005 年针对出生性别比问题以及生育保险中的男性护理假，进行全国范围内的调查和研究，2006 年底形成了两份专项的调研和政策报告，出版了 3 期《社会性别与公共政策通讯》，研究生邓飞担任通讯的编辑与网站交流工作。

11.2006 年被评为中央党校科学社会主义博士生导师，设立了社会性别与公共政策的博士生方向，同年，全国妇联为妇女研究中心授牌——妇女 / 性别研究与培训基地。

12.2007 年 7 月，本人策划并组织中央党校妇女研究中心联合国家计生委召开“治理出生性别比失衡与制度创新”研讨会，会议十分成功。第九届全国人大常委会副委员长彭珮云、国家人口计生委副主任赵白鸽在会议上讲话，会议内容在《人民日报》《学习时报》《党政论坛》《人大复印报刊资料》全文刊登，并通过中央党校递交了“应当将社会性别平等纳入社会总体发展战略”的内参。至此，开始了中央党校妇女研究中心与国家计生委的合作阶段。此后，本人应邀担任国家计生委关爱女孩专家组的副组长，2007 年，应邀担任联合国妇女发展基金会的性别平等专家。

13.2008 年，主持国家人口计生委委托项目 —— 治理出生性别比失衡治本之策探索。组织全国性别平等政策倡导课题组，到安徽、河南、湖北进行调查，研究生南储鑫一直参与该项目，并做大量会务工作。同年 10 月在中央党校进行了首批“治理出生性别比失衡试点地区培训”，周山村支部书记要求修订村规民约。课题组成员、河南社区教育研究中心梁军运用行动研究方法，成功地进行了周山村村规民约修订的试点探索，形成了登封经验。

14.2008 年 12 月，主持了全国党校系统的“社会性别与公共政策”的师资竞赛，经过一天的比赛，评出一、二、三等奖，研究生院的研究生观看比赛。2009 年 12 月在北京空军指挥学院组织举办社会性别与公共政策交流会，邀请河南漯河村官介绍修订村规民约经验。王越和王玉桥在研究生期间做了大量培训会务与整理资料工作。

15.2010 年 12 月 11 日，策划并组织“加强村民自治 推进性别平等”的高层论坛，60 多位专家学者、50 多位局级领导、7 位部领导参会，课题组与地方推动者介绍河南登封漯河经验。会议倡导成功，修订性别平等的村规民约纳入国家人口计生委的关爱女孩政策，成为联合国人口基金的最佳实践案例，与此同时，联合国人口基金将其列入第七周期的性别平等项目，在全国出生性别比失衡最严重省份的 3 个县推进登封经验。

16.2011—2013 年，在联合国人口基金的支持下，本人作为性别专家在江苏灌南县、安徽长丰县、江西靖安县、陕西武功县、河北永年县等地，推动村规民约试点。第七周期成功地推广了周山村的经验。2012 年 8 月参加全国妇联、农业部、民政部主办的农村妇女土地权益工作会议，以专家身份发言，提出通过修订村规民约解决妇女土地权益问题。2013 年 4 月，向彭珮云提交 5 份解决妇女土地权益难题的调查报告，彭珮云愿意转交以李慧英名义写给刘延东和李源潮的信，经过反复打电话磋商和修改，5 月下旬递交给有关领导。6 月 21 日，李源潮批示全国妇联主席沈跃跃，“关于农村土地权益，男女有别关系重大，珮云同志的意见请你们认真研究”。6 月 23 日，刘延东在报送材料上批示，“妇儿工委会同农业部、民政部、国土资源部、法制办研究妥善解决相关问题，切实维护农村妇女土地权益，真正实现男女平等”，同时将信件给国务院的几位副总理，修订村规民约工作第一次进入国务院的视野。

17.2014 年 3 月，承担国家人口计生委的委托项目“农村妇女土地权益现状调查报告”，派研究生陈菊红、宋福双、杨焕兵、陈林等到浙江、湖北、陕西西安、青海西宁进行调查和深度访谈，南储鑫等完成 1000 多份的网络调查问卷。研究成果在 2015 年 1 月 3 日中央党校举办的研讨会上宣读并得到好评。

18.2014 年 12 月，主编的《社会性别与公共政策》之二由中国社会科学出版社出版，涉及性别与经济、政治、文化与社会，唐双捷、陈菊红、南储鑫在其中撰文。

19.2015 年 5 月 29 日，邀请彭珮云和国务院妇儿工委办到第三次修订村规民约的周山村进行考察。彭珮云期望将周山村社区治理的经验撰写成报告，李慧英与梁军联合撰写了《修订村规民约，探索农村社区治理的有效路径》报告，经第九届全国人大常委会副委员长彭珮云递交，得到国务院副总理刘延东、民政部、农业部部长等的批示，提出因地制宜地进行宣传推广。

20.2015 年 6 月，本人申请的国家社科基金课题“乡村社会治理与性别分层加剧研究”立项，2016年12月本人与双晓爱到周山村再度考察，由双晓爱撰写调查报告。

21.2015年11月，提出“在城镇化进程中的乡村治理”讲题，组织课题组参加中央党校教务部教学竞聘，在30个讲题中以1/10的概率脱颖而出，争取到在县委书记班讲课的平台。

22.2016年11月—12月，承担联合国人口基金的课题，对于全国6个试点县进行纠正生男偏好的调查，何阳到广西调查，尚泽伟、武承睿到湖北调查，张融融到安徽调查，韩大鹏和尚泽伟进行调查问卷的统计。在此基础上，李慧英和南储鑫完成调查报告的撰写，该文得到人口基金的认可，2017年8月打印成册发给项目县。

23.2016年获得中央党校研究生院教学优秀奖，之前，2013年社会性别与公共政策课程被评为社会学研究生的精品课程。

24.2017年，曾于2015年提交给全国政协委员王怀超的两份提案，即依法修订村规民约和土地确权要保障妇女土地权益，已经通过政协先后转交给民政部和农业部，并得到答复。

25.2017年9月被列入本年度中国哲学社会科学一级学科最有影响力的学者排行榜。

26.2018年10月，国家社科基金课题“乡村社会治理与性别分层加剧研究”经过3年的努力按时结项。

27.2019年9月，组织30名全国各地村官和基层政府官员到周山村进行考察与培训，梁军老师的讲座得到热烈反响。

28.2019年12月，国家社科基金课题“乡村社会治理与性别分层加剧研究”项目成果，在中国社会科学出版社出版。

29.2020年6月被列入中国哲学社会科学政治学最有影响力的学者排行榜。